重庆近代报纸提要

蔡斐　任竞　编著

学术审稿　周晓风　蓝锡麟

重庆大学出版社

图书在版编目（CIP）数据

重庆近代报纸提要 / 蔡斐，任竞编著. —重庆：重庆大学出版社，2020.11

ISBN 978-7-5689-0127-7

Ⅰ. ①重… Ⅱ. ①蔡… ②任… Ⅲ. ①报纸—内容提要—重庆—近代 Ⅳ. ①Z89

中国版本图书馆CIP数据核字（2016）第202214号

重庆近代报纸提要

CHONGQING JINDAI BAOZHI TIYAO

蔡 斐 任 竞 编著

策划编辑：王 斌
责任编辑：张家钧
责任校对：刘志刚
责任印制：赵 晟

重庆大学出版社出版发行
出版人：饶帮华
社址：（401331）重庆市沙坪坝区大学城西路21号
网址：http://www.cqup.com.cn
邮箱：fxk@cqup.com.cn（营销中心）
全国新华书店经销
重庆共创印务有限公司印刷

开本：787mm × 1092mm 1/16 印张：28.75 字数：487千 插页：16开1页
2020年11月第1版 2020年11月第1次印刷
ISBN 978-7-5689-0127-7 定价：268.00 元

《巴渝文库》办公室

（以姓氏笔画为序）

王志昆　艾智科　刘向东　杜芝明　李远毅　别必亮

张　进　张　瑜　张永洋　张荣祥　陈晓阳　周安平

郎吉才　袁佳红　黄　璜　曹　璐　温相勇

总序

蓝锡麟

两百多万字的《巴渝文献总目》编成出版发行，一部七册，相当厚实。它标志着，历经七年多的精准设计、切实论证和辛勤推进，业已纳入《重庆市国民经济和社会发展第十三个五年规划纲要》的《巴渝文库》编纂工程，取得了第一个硕重的成果。它也预示着，依托这部重庆历史上前所未有的大书所摸清和呈显的巴渝文献的可靠家底，对巴渝文化的挖掘、阐释、传承和弘扬，都有可能进入一个崭新的阶段。

《巴渝文库》是一套以发掘梳理、编纂出版为主轴，对巴渝历史、巴渝人文、巴渝风物等进行广泛汇通、深入探究和当代解读，以供今人和后人充分了解巴渝文化、准确认知巴渝文化，有利于存史、传箴、资治、扬德、励志、育才的大型丛书。整套丛书都将遵循整理、研究、求实、适用的编纂方针，运用系统、发展、开放、创新的文化理念，力求能如宋人张载所倡导的“为天地立心，为生民立命，为往圣继绝学，为万世开太平”那样，对厘清巴渝文化文脉，光大巴渝文化精华，作出当代文化视野所能达致的应有贡献。

这其间有三个关键词，亦即“巴渝”“文化”和“巴渝文化”。

“巴渝”称谓由来甚早。西汉司马相如的《上林赋》中，即有“巴俞（渝）宋蔡，淮南《于遮》”的表述，桓宽的《盐铁论·刺权篇》也有“鸣鼓巴俞（渝），作于堂下”的说法。西晋郭璞曾为《上林赋》作注，指认“巴西阆中有俞（渝）水，獠人居其上，皆刚勇好舞，汉高募取以平三秦。后使乐府习之，因名‘巴俞（渝）舞’也”。从前后《汉书》到新旧《唐书》等正史，以及《三巴记》《华阳国志》等方志中，都能见到“巴渝乐”“巴渝舞”的记载。据之不难判定，“巴渝”是一个得名颇久远的地域历史概念，它泛指的是先秦巴国、秦汉巴郡辖境所及，中有渝水贯注的广大区域。当今重庆市，即为其间一个至关重要的组成部分，并且堪称主体部分。

关于“文化”的界说，古今中外逾百种，我们只取在当今中国学界比较通用的一种。马克思在《1844年经济学哲学手稿》里指出：“动物只生产自己本身，而人则再生产整个自然界。”因此，“自然的人化”，亦即人类超越本能的、有意识地作用于自然界和社会的一切创造性活动及其物质、精神产品，就是广义的文化。在广义涵蕴上，文化与文明大体上相当。广义文化的技术体系和价值体系建构两极，两极又经由语言和社会结构组成文化统一体。其中的价值体系，即与特定族群的生产方式和生活方式相适应，构成以语言为符号传播的价值观念和行为准则，通常被称为观念形态，就是狭义的文化。文字作为语言的主要记载符号，累代相积地记录、传播和保存、认证人类文明的各种成果，即形成跨时空的基本文献。随着人类文明的进步，文献的生成形式日益增多，但任何别的形式都取代不了文字的文献主体地位。以文字为主体的文献直属于狭义文化，具有知识性特征，同时也是广义文化的价值结晶。《巴渝文库》的“文”即专指以文字为主体的文献，整部丛书都将依循上述认知从文献伸及文化。

将“巴渝”和“文化”两个概念链接起来和合为一，标举出“巴渝文化”特指概念，乃是二十世纪中后期发生的事。肇其端，在于卫聚贤主编的《说文月刊》，1941年10月在上海，1942年8月在重庆，先后发表了他本人撰写的《巴蜀文化》一文，并以“巴蜀文化专号”名义合计发表了25篇相关专题文章，破天荒揭橥了巴蜀文化的基本内涵。继其后，从五十年代到九十年代，以成渝两地的学者群作为学术研究主体，也吸引了全国学界一些专家的关注和参与，对巴蜀文化的创新探究逐步深化、丰富和拓展，并由“巴蜀文化”总体维度向“巴蜀文明”“巴渝文化”两个向度切分、提升和衍进。在此基础上，以1989年11月重庆市博物馆编辑、重庆出版社出版第一辑《巴渝文化》首树旗帜，经1993年秋在渝召开“首届全国巴渝文化学术研讨会”激扬波澜，到1999年间第四辑《巴渝文化》结集面世，确证了“巴渝文化”这一地域历史文化概念的提出和形成距今已近三十年，且已获得全国学界的广泛认同。黎小龙所撰《“巴蜀文化”“巴渝文化”概念及其基本内涵的形成与嬗变》一文，对其沿革、流变及因果考镜翔实，梳理通达，足可供而今而后一切关注巴渝文化的人溯源知流，辨伪识真。

从中不难看出，巴蜀文化与巴渝文化不是并列关系，而是种属关系，彼此间有同有异，可合可分。用系统论的观点考察种属，自古及今，巴蜀文化都是与荆楚文化、吴越文化同一层级的长江流域文化的一大组成部分，巴渝文化则是巴蜀文化的一个重要分支。自先秦迄于两汉，巴渝文化几近巴文化的同义语，与蜀文化共融而成巴蜀文化。魏晋南北朝以降，跟巴渝相对应的行政区划迭有变更，仅言巴渝渐次不能遍及巴，但是，在巴渝文化的核心区、主体圈和辐射面以内，巴文化与蜀文化的兼容性和互补性，或者一言以蔽之曰同质性，仍然不可移易地扎根存在，任何时势下都毋庸置疑。而与之同时，大自然的伟力所造就的巴渝山水地质地貌，又以不依任何人的个人意志为转移的超然势能，对于生息其间的历代住民的生产方式和生活方式施予重大影响，从而决定了巴人与蜀人的观念取向和行为取向不尽一致，各有特色。再加上巴渝地区周边四向，除西之蜀外，东之楚、南之黔、北之秦以及更广远的中原地区，其文化都会与之相互交流、渗透和浸润，其中楚文化与巴文化的相互作用尤其不可小觑，这就势所必至地导致了巴渝文化之于巴蜀文化会有某些异质性。既具同质性，又有异质性，共生一体就构成了巴渝文化的特质性。以此为根基，在尊重巴蜀文化对巴渝文化的统摄地位的前提下，将巴渝文化切分出来重新观照，切实评价，既合乎逻辑，也大有可为。

楚文化对于巴渝文化的深远影响仅次于蜀文化，历史文献早有见证。《华阳国志·巴志》指出：“江州以东，滨江山险，其人半楚，姿态敦重。垫江以西，土地平敞，精敏轻疾。上下殊俗，情性不同。”这正是巴、楚两种文化交相作用的生动写照。就地缘结构和族群渊源而言，恰是长江三峡的自然连接和荆巴先民的人文交织，造成了巴、楚地域历史文化密不可分。理当毫不含糊地说，巴渝文化地域恰是巴蜀文化圈与荆楚文化圈的边缘交叉地带。既边缘，又交叉，正负两端效应都有。正面的效应，主要体现在有利于生成巴渝文化的开放、包容、多元、广谱结构走向上。而负面的效应，则集中反映在距离两大文化圈的核心地区比较远，在社会生产力和文化传播力比较低下的古往年代，无论在广义层面，还是在狭义层面，巴渝文化的演进发展都难免于相对滞后。负面效应贯穿先秦以至魏晋南北朝时期，直至唐宋才有根本的改观。

地域历史的客观进程即是构建巴渝文化的学理基石。当第四辑《巴渝文化》出版面世时，全国学界已对巴渝文化概念及其基本内涵取得不少积极的研究成果，认为巴渝文化是指以今重庆为中心，辐射川东、鄂西、湘西、黔北这一广大地区内，从夏商至明清乃至于近现代的物质文化和精神文化的总和，已然成为趋近共识的地域历史文化界说。《巴渝文库》自设计伊始，便认同这一界说，并将其贯彻编纂全过程。但在时空界线上略有调整，从有文物佐证和文字记载的商周之际开始，直至1949年9月30日为止，举凡曾对今重庆市以及周边相关的历代巴渝地区的历史进程产生过影响，留下过印记，具备文献价值，能够体现巴渝文化的基本内涵的各种信息记录，尤其是得到自古及今广泛认同的著作乃至单篇，都在尽可能搜集、录入和整理、推介之列，当今学人对于巴渝历史、巴渝人文、巴渝风物等的开掘、传扬性研究著述也将与之相辅相成。一定意义上，它也可以叫《重庆文库》，然而不忘文化渊源，不忘文化由来，还是命名《巴渝文库》顺理成章。

必须明确指出，《巴渝文库》瞩目的历代文献，并非一概出自巴渝本籍人士的手笔。因为一切文化得以生成和发展，注定都是在其滋生的热土上曾经生息过的所有人，包括历代的本籍人和外籍人，有所发现、有所创造的累积式的共生结果，不应当流于偏执和狭隘。对巴渝文化而言，珍重和恪守这一理念尤关紧要。唐宋时期和抗战时期，毫无疑义是巴渝文化最辉煌的两大时段，抗战时期尤其代表着当时中国的最高成就。在这两大时段中，非巴渝籍人士确曾有的发现和创造，明显超过了巴渝本籍人士，排斥他们便会自损巴渝文化。在其他的时段中，无分籍贯的共生共荣也是常态。所以我们对于文献的收取原则，是不分彼此，一视同仁，尊重历史，敬畏前贤。只不过，有惩于诸多发抉限制，时下文本还做不到应收尽收，只能做到尽力而为。拾遗补阙之功，容当俟诸后昆。

还需要强调一点，那就是作为观念形态的狭义的文化，在其生成和发展的过程中，必然会受到一定时空的自然条件和社会条件，尤其是后者中的经济、政治等广义文化要素的多层性多样性的制约和支配。无论是共时态还是历时态，都因之而决定，不同的地域文化会存在不平衡性和可变动性。但文化并不是经济和政治的单相式仆从，它也有自身的构成品质和运行规律。一方面，文化的发展与经济、政治的发展并不一定同步，通常呈现出相对滞后性和相对稳定性，而在特定的社会异动中又有可能凸显超前，引领未来。另一方面，不管处于哪种状态下，文化都对经济、政治等具有能动性的反作用，特别是反映优秀传统或先进理念的价值观念和行为准则，对整个社会多维度的、广场域的渗透影响十分巨大，不可阻遏。除此而外，任何文化强势区域的产生和延续，决然都离不开文化贤良和学术精英富于创造性的引领和开拓。这一切，在巴渝文化三千多年的演进流程中都有长足的映现，而《巴渝文库》所荟萃的历代文献正是巴渝文化行进路线图的历史风貌长卷。

从这一长卷可以清晰地指认，巴渝文献为形，巴渝文化为神，历代先人所创造的巴渝地域历史文化的确堪称源远流长，根深叶茂，绚丽多姿，历久弥新。如果将殷商卜辞当中关于“巴方”的文字记载当作文献起点，那么，巴渝文献累积进程已经有3200余年。尽管文献并不能够代替文物、风俗之类对于文化也具有的载记功能和传扬作用，但它作为最重要的传承形态，载记功能和传扬作用更是无可比拟的。《巴渝文献总目》共收入著作文献7212种，单篇文献29479条，已经足以彰显巴渝文化的行进路线。特别是7212种著作文献，从商周到六朝将近1800年为24种，从隋唐至南宋将近700年为136种，元明清三代600多年增至1347种，民国38年间则猛增到5705种，分明已经展示出了巴渝文化的四个行进阶段。即便考虑到不同历史阶段确有不少文献生存的不可比因素，这组统计数字也昭示人们，巴渝文化的发展曾经历了一个怎样的漫长过程。笼而统之地称述巴渝文化博大精深未必切当，需要秉持实事求是的学理和心态，对之进行梳理和诠释。

第一个阶段，起自商武丁年间，结于南朝终止。在这将近1800年当中，前大半段恰为上古巴国、秦汉巴郡的存在时期，因而正是巴渝文化的初始时期；后小半段则为三国蜀汉以降，多族群的十几个纷争政权先后交替分治时期，因而从文化看只是初始时期的迟缓延伸。巴国虽曾强盛过，却如《华阳国志·巴志》所记，在鲁哀公十八年（前477）以后，即因“楚主夏盟，秦擅西土，巴国分远，故于盟会希”，沦落为一个无足道的僻远弱国。政治上的边缘化，加之经济上的山林渔猎文明、山地农耕文明相交错，生产力低下，严重地桎梏了文化的根苗茁壮生长。其间最大的亮点，在于巴、楚交流、共建而成的巫、神、辞、谣相融合的三峡文化，泽被后世，长久不衰。两汉四百年大致延其续，在史志、诗文等层面上时见踪影，但表现得相当零散，远不及以成都为中心的蜀文化在辞赋、史传等领域都蔚为大观。魏晋南北朝三百多年，巴渝地区社会大动荡，生产大倒退，文化生态极为恶劣，反倒陷入了裹足不前之状。较之西向蜀文化和东向楚文化，这一阶段的巴渝文化，明显地处于后发展态势。

第二个阶段，涵盖了隋唐、五代、两宋，近七百年。其中的前三百余年国家统一，驱动了巴渝地区经济社会恢复性的良动发展，后三百多年虽然重现政治上的分合争斗，但文化开拓空前自觉，合起来都给巴渝文化注入了生机和活力。特别是科举、仕宦、贬谪、游历诸多因素，促成了包括李白、“三苏”在内，尤其是杜甫、白居易、刘禹锡、黄庭坚、陆游、范成大等文学巨擘寓迹巴渝，直接催生出两大辉煌。一是形成了以“夔州诗”为品牌的诗歌胜境，流誉峡江，彪炳汗青，进入了唐宋两代中华诗歌顶级殿堂。二是发掘出了巴渝本土始于齐梁的民歌“竹枝词”，创造性转化为文人“竹枝词”，由唐宋至于明清，不仅传播到全中国的众多民族和广大地区，而且传播到全世界五大洲，这一旷世奇迹实为历代中华民歌之独一无二。与之相仿佛，宋代理学大师周敦颐、程颐先后流寓巴渝，也将经学、理学以及兴学施教之风传播到巴渝，迄及明清仍见光扬。在这两大场域内，领受他们的雨露沾溉，渐次有了巴渝本土文人如李远、冯时行、度正、阳枋等的身影和行迹。尽管这些本土文人并没有跻身全国一流，但他们在局部范围的异军突起，卓尔不群，在巴渝文化史上终究有标志意义。就文化突破价值而言，丝毫不亚于1189年重庆升府得名，进而将原先只有行政、军事功能的本城建成一座兼具行政、军事、经济、文化、交通等多功能的城市。尽有理由说，这个阶段显示出巴渝文化振起突升，重新融入中华文化的大进程，并给自己确立了不可忽视的地位。

第三个阶段，贯通元明清，六百多年。在这一时期，中华民族统一国家的族群结构和版图结构最终底定，四川省内成渝之间的统属格局趋于稳固，经济社会发展进入了新的里程，巴渝文化也因之而拓宽领域沉稳地成长。特别是明清两代大量移民由东、北、南三向进入巴渝地区，晚清重庆开埠，相继带来新技术和新思想，对促进经济发展、社会开放和文化繁荣起了大作用。本地区文化名人应运而生，前驱后继，文学如邹智、张佳胤、傅作楫、周煌、李惺、李士棻、王汝璧、钟云舫，史学如张森楷，经学如来知德，佛学如破山海明，书画如龚晴皋，成就和影响都超越了一时一地。特别是邹容，其《革命军》宣传民主主义国民革命思想，更是领异于清末民初，标举着那个时代先进政治学的制高点。外籍的文化名人，诸如杨慎、曹学佺、王士祯、王尔鉴、李调元、张问陶、赵熙等，亦有多向的不俗建树。尽管除邹容一响绝尘之外，缺少了足以与唐宋高标相比并的全国顶尖级的大师与巨擘，但在总体文化实力上确乎已经超越唐宋。这就好比按照地理学分类，巴渝境内的诸多雄峰尚属中山，却已群聚成为相对高地那样，巴渝文化在这个阶段也构筑起了有体量的相对高地。

第四个阶段，本应从1891年重庆开埠算起，延伸至今仍没有终结，但按《巴渝文库》文献取舍的既定体例，只截取了从1912年中华民国成立开始，到1949年9月30日为止的一段，共38年。虽然极短暂，社会历史的风云激荡却是亘古无二的，重庆在抗日战争时期成为全中国的战时首都更是空前绝后的。由辛亥革命到五四运动，重庆的思想、政治精英已经站在全川前列，家国情怀、革命意识已经在巴渝地区强势偾张。至抗战首都期间，数不胜数的、难以列举的全国一流的文化贤良和学术精英汇聚到了当时重庆和周边地区，势所必至地全方位、大纵深地推动文化迅猛突进，从而将重庆打造成了那个时期全中国的最大最高的文化高地，其间还耸立着不少全国性的文化高峰。其先其中其后，巴渝本籍的文化先进也竞相奋起，各展风骚，如任鸿隽、卢作孚、刘雪庵就在他们所致力的文化领域高扬过旗帜，向楚、杨庶堪、潘大逵、吴芳吉、胡长清、张锡畴、何其芳、李寿民、杨明照等也声逾夔门，成就不凡。毫无疑问，这是巴渝文化臻至鼎盛、最为辉煌的一个阶段，前无古人，后世也难以企及。包括大量文献在内，它所留下的极其丰厚的思想、价值和精神遗产，永远都是巴渝文化最珍贵的富集宝藏。

由文献反观文化，概略勾勒出巴渝文化的四个生成、流变、发展、壮大阶段，当有助于今之巴渝住民和后之巴渝住民如实了解巴渝文化，切实增进对于本土文化的自知之明、自信之气和自强之力，从而做到不忘本来，吸收外来，面向未来，更加自觉地传承和弘扬巴渝文化，持续不懈地推动巴渝文化在新的语境中创造性转化，创新性发展。对于本土以外关注巴渝文化的各界人士，同样也具有认识意义。最先推出的《巴渝文献总目》没有按照这四个阶段划段分卷，而是依从学界通例分成“古代卷”和“民国卷”，与如此分段并不相抵牾。四分着眼于细密，两分着眼于大观，各有所长，相得益彰。

《巴渝文献总目》作为《巴渝文库》起始发凡的第一部大书，基本的编纂目的在于摸清文献家底，这一个目的已然达到。但它展现的主要是数量。回溯到文化本体，文献数量承载的多半还是文化总体的支撑基座的长度和宽度，而并不是足以代表那种文化的品格和力量的厚度与高度。文化的品格和力量蕴含在创造性发现和创新性发展中，浸透着质量，亦即思想、价值、精神的精华，任何文化形态均无所例外。因此，几乎与编纂《巴渝文献总目》同时起步，我们业已组织专业团队，着手披沙拣金，精心遴选优秀文献，分门别类，钩玄提要，以期编撰出第二部大书《巴渝文献要目提要》。两三年以内，当《巴渝文献要目提要》也编成出版以后，两部大书合为双璧，就将对传承和弘扬巴渝文化，历久不衰地发出别的文化样式所不可替代的指南工具书作用。即便只编成出版这样两部大书，《巴渝文库》文化工程即建立了历代前人未建之功，足可以便利当代，嘉惠后世，恒久存传。

《巴渝文库》的期成目标，远非仅编成出版上述两部大书而已。今后十年内外，还将以哲学宗教、政治法律、军事、经济、文化科学教育、语言文学艺术、历史与地理、地球科学、医药卫生、交通运输、市政与乡村建设、名人名家文集、方志碑刻与报纸期刊等十三大类的架构形式，分三步走，继续推进，力争总体量达到300种左右。规划明确的项目实施大致上安排启动、主推、扫尾三个阶段，前后贯连，有序推进。2018年至2020年为启动阶段，着力做好《巴渝文库》文化工程的实施规划和项目发布两项工作，并且形成10种有影响的示范性成果。2021年至2025年为主推阶段，全面展开《巴渝文库》文化工程十三大类的项目攻关，努力完成200种左右文献的搜集、整理、编纂和出版任务，基本呈现这一工程的社会影响。2026年至2028年为扫尾阶段，继续落实《巴渝文库》文化工程的各项规则，既为前一阶段可能遗留的未尽项目按质结项，又再完成另外90种文献的搜集、整理、编纂和出版任务，促成这一工程的综合效应得到充分体现。如果届时还不能如愿扫尾，宁肯延长两三年，多花些功夫，也要坚持责任至上，质量第一，慎始慎终，善始善终，确保圆满实现各项既定目标。

应该进一步强调，《巴渝文库》是重庆有史以来规模最大、历时最长的综合性文化工程，涉及先秦至民国几乎所有的学科。与一般的文献整理和课题研究不同，它所预计整理、出版的300种左右图书，每种图书根据实际文献数量的多少，将分成单册与多册兼行，多册又将分成几册、数十册乃至上百册不等，终极体量必将达到数千册，从而蔚成洋洋大观。搜集、整理、编纂和出版如此多的文献典籍，必须依靠多学科的专家、学者通力合作，接力建功，这其间必定会既出作品，又出人才，其社会效益注定将是难以估量的。

规划已具轮廓，项目已然启动，《巴渝文库》文化工程正在路上。回顾来路差堪欣慰，展望前景倍觉任重。从今往后的十年内外，所有参与者都极需要切实做到有抱负，有担当，攻坚克难，精益求精，前赴后继地为之不懈进取，不竟全功，决不止息。它也体现着党委意向和政府行为，对把重庆建设成为长江上游的文化高地具有不容低估的深远意义，因而也需要党委和政府高屋建瓴，贯穿全程地给予更多关切和支持。它还具备了公益指向，因而尽可能地争取社会各界关注和扶助，同样不可或缺。事关立心铸魂，必须不辱使命，前无愧怍于历代先人，后无愧怍于次第来者。初心长在，同怀勉之！

2016年12月16日初稿

2018年9月27日改定

凡例

《巴渝文库》是一套以发掘梳理、编纂出版巴渝文献为主轴，对巴渝历史、巴渝人文、巴渝风物等进行广泛汇通、深入探究和当代解读，以供今人和后人充分了解巴渝文化、准确认知巴渝文化，有利于存史、传箴、资治、扬德、励志、育才的大型丛书。整套丛书都将遵循整理、研究、求实、适用的编纂方针，运用系统、发展、开放、创新的文化理念，力求能如宋人张载所倡导的"为天地立心，为生民立命，为往圣继绝学，为万世开太平"那样，对厘清巴渝文化文脉，光大巴渝文化精华，作出当代文化视野所能达致的应有贡献。

一、收录原则

1. 内容范围

①凡是与巴渝历史文化直接相关的著作文献，无论时代、地域，原则上都全面收录；

②其他著作之中若有完整章（节）内容涉及巴渝的，原则上也收入本《文库》；全国性地理总志中的巴渝文献，收入本《文库》；

③巴渝籍人士（包括在巴渝出生的外籍人士）的著作，收入本《文库》；

④寓居巴渝的人士所撰写的其他代表性著作，按情况酌定收录，力求做到博观约取、去芜存菁。

2. 地域范围

古代，以先秦巴国、秦汉巴郡辖境所及，中有渝水贯注的广大区域为限；民国，原则上以重庆直辖（1997年）后的行政区划为基础，参酌民国时期的行政建制适当张弛。

3. 时间范围

古代，原则上沿用中国传统断代，即上溯有文字记载、有文物佐证的先秦时期，下迄1911年12月31日；民国，收录范围为1912年1月1日至1949年9月30日。

4. 代表性与重点性

《巴渝文库》以“代表性论著”为主，即能反映巴渝地区历史发展脉络、对巴渝地区历史进程产生过影响、能够体现地域文化基本内涵、得到古今广泛认同且具有文献价值的代表性论著。

《巴渝文库》突出了巴渝地区历史进程中的“重点”，即重大历史节点、重大历史阶段、重大历史事件、重要历史人物。就古代、民国两个阶段而言，结合巴渝地区历史进程和历史文献实际，突出了民国特别是抗战时期重庆的历史地位。

二、收录规模

为了全面、系统展示巴渝文化，《巴渝文库》初步收录了哲学宗教、政治法律、军事、经济、文化科学教育、语言文学艺术、历史与地理、地球科学、医药卫生、交通运输、市政与乡村建设、名人名家文集、方志碑刻与报纸期刊等方面论著约300种。

其中，古代与民国的数量大致相同。根据重要性、内容丰富程度与相关性等，“一种”可能是单独一个项目，也可能是同“类”的几个或多个项目，尤以民国体现最为明显。

三、整理原则

《巴渝文库》体现“以人系文”“以事系文”的整理原则，以整理、辑录、点校为主，原则上不影印出版，部分具有重要价值、十分珍贵、古今广泛认同、流传少的论著，酌情影印出版。

每一个项目有一个“前言”。“前言”，包括文献著者生平事迹、文献主要内容与价值，陈述版本源流，说明底本、主校本、参校本的情况等。文献内容重新编次的，则说明编排原则及介绍有关情况。

四、出校示例

（一）出校改字例

1. 明燕京再被围皆能守，独闯来即破。杜勋、曹化淳[①]献城计早定也。

校记：①淳，原作“渟”，据《明史》卷三百五改。下同。

2. 清节平生懔四知，何劳羊酒祀金卮[①]。夕阳汉口襟题处，暮雨西山帘卷时。

校记：①卮，原作“危”，误，据文义、音律改。

（二）出校不改字例

1. 喉舌穿成珠一串，肌肤[①]借得雪三分。

校记：①肌肤，文听阁本作“容光”。

2. 靴底霜寒光弼刀，壶中唾化苌宏[①]血。

校记：①宏，当作“弘”，避清高宗弘历名讳。以下不再出校。

3. 无依鸟[①]已愁三匝，不厌书还读百回。

校记：①鸟，疑为“乌”之误。

五、注释示例

（一）名物制度类

1. 清时川省田赋，只地丁一项为正供，然科则[①]极轻。

注释：①科则：征收田赋按田地类别、等级而定的赋率。

2. 有其人已死，子孙已析产，然仅分执田契管业，未将廒册[①]上粮名改为各继承人之名，以致此一户之粮，须由数家朋纳者。

注释：①廒册：又名鱼鳞册，是旧时为地籍管理和征收赋税而编制的土地登记簿册。

3. 警察总局，设皇华馆内，为岑云阶制府任内所创办[①]。

注释：①光绪二十九年（1903）四月初一，成都的警察总局正式挂牌理事。

（二）生僻字、异体字类

1. 川省毗连藏卫，又西南之越西、宁远，西北之懋功、松潘，悉属夷巢，种族纷繁，指不胜偻[①]。

注释：①偻：此处指弯曲。

2. 公之声威，虽远近詟[①]伏，然临下接人，仍蔼然如书生。

注释：①詟：zhé，惧怕、忌。

3. 先太守对以宦京八年，措资摒挡[①]，非咄嗟[②]可办。公曰：是固恒情，然或亦规避新疆耶？先太守见其神明，始实谓：寒唆[③]若远宦万里，则骨肉恐无聚日。公曰：谅哉！此等事只可绳受恩深重之大臣。

注释：①摒挡：收拾料理。

②咄嗟：duō jiē，霎时。

③寒唆：穷苦的读书人。

（三）用典类

1. 每岁十二月二十日前后，大小各官署皆行封印礼。次年正月二十日前后，皆行开印礼。其日期悉由钦天监诹定奏明，由部通行遵照。在封印期间内，每日仍照常启用，惟于印外加盖“预用空白”四字戳记。上行公文，则曰：“遵印空白”盖封印、开印，久成虚文，其礼式直如告朔饩羊[①]而已。

注释：①告朔饩羊：古代的一种制度，原指鲁国自文公起不亲到祖庙告祭，只杀一只羊应付一下。后比喻照例应付，敷衍了事。

2. 又尝见公从径尺许之窗孔内耸身而出，复耸身而入，无丝毫牵挂及声响，真可谓“熏笼上立，屏风上行”[①]矣。

注释：①据《太平广记》记载，李泌少时，能屏风上立，熏笼上行。因李泌一生爱好神仙佛道，犹如神仙中人。

前言

重庆近代报业述评（1897—1949年）

蔡　斐

重庆近代报业十分发达。自1897年《渝报》创办到1949年中华人民共和国成立，重庆这片土地上先后出现过800多种报纸。这些报纸，从内在规律上划分，又构成了重庆报业开端、发展、繁荣、调整的四个阶段：1897—1911年为重庆报业的开端时期；1912—1937年（国民政府迁渝前）为重庆报业的发展时期；1937（国民政府迁渝后）—1945年（抗日战争胜利前）为重庆报业的繁荣时期；1945（抗日战争胜利后）—1949年（中华人民共和国成立前）为重庆报业的调整时期。

作为主要的媒体形态，重庆近代报业不仅在不同的历史阶段呈现出不同的时代特点，而且也勾勒出当时重庆新闻传播事业的重要特征，更成为管窥重庆近代历史的一面镜子。为此，本序将力求对重庆近代报业作出客观翔实的历史考察，在本书各张报纸简练提要的背后，尽可能完整呈现重庆近代报业和新闻传播事业的历史原貌。

一、1897—1911年开端时期重庆报业述评

清末重庆报业的产生，是多方面因素综合的结果。重庆开埠后，工商业迅速发展，新式学堂逐渐兴起，近代资产阶级知识分子群体产生，维新思潮和民主革命思想广泛传播，外人办报的示范效应，国人办报的强烈意识，宗教宣传的迫切需要……这些因素，都迫切地催促着重庆产生属于自己的新闻出版物。

《渝报》《广益丛报》《重庆日报》《重庆商会公报》《华西教会新闻》《崇实报》等报纸的先后出现，初步构建了重庆地区的报刊体系。

（一）出现时间上，国人自办报早于外人办报

重庆第一份报纸《渝报》于1897年创刊，是整个西南地区的第一份近代报纸，在时间上早于重庆最早的外人报刊《华西教会新闻》（1899年）。这是有别于此前国内香港、澳门、上海、广州、汉口等地区的。

中国现代形态报刊的出现并非是内生的，而是具有外生性。“与西方的本土文化转型引导本土报业转型不同，中国报业转型的序幕却是由外民族拉开的。换言之，西方的报业转型是自主开发的，中国的报业转型却是被动参与的。”①纵观中国现代形态的报刊，首先源于鸦片战争前西方传教士为传教活动而创设的报刊。他们来自报业发展已经相对成熟的西方国家，在采编、印发等业务技能上具有明显的现代性。从第一批中文近代报刊在马六甲等东南亚华人聚居地区出现，到葡文周刊《蜜蜂华报》在国内澳门地区的出现，包括上海、广州、汉口等地各自最早出现的现代报纸，无一不是外人主持的。直到19世纪70年代，随着洋务运动的勃兴和外报的不断影响，国人才开始自办近代报纸，比较早的有1872年《羊城采新实录》（广州）、1873年艾小梅创办的《昭文新报》（汉口）、1873年江南制造总局主办的《西国近事》（上海）、1874年容闳发起创办的《汇报》（广州）、1874年王韬创办的《循环日报》（香港）等。但是，这些国人自办报纸的出现，在时间上都落后于当地外文报纸的出现。重庆则不尽相同。

需要指出的是，重庆新闻传播事业的这种内生型特征并不具有纯粹性。换言之，也存在外生因素的影响示范。首先，《渝报》的创办者宋育仁曾出使西方多国，知悉现代报业的功能与重要性。其次，他曾加入维新组织强学会，强学会的机关报《万国公报》（后改名为《中外纪闻》）在京城影响巨大，“报开两月，舆论渐明，初则骇之，继亦渐知变法之益”②。所以，宋育仁回到相

① 吴廷俊：《中国新闻传播史稿》，武汉：华中科技大学出版社，1999年，第36页。

② 康有为：《康南海自编年谱》，中国史学会编：《中国近代史资料丛刊：戊戌变法》（第4册），上海：神州国光社，1953年，第130页。

对封闭的重庆后，就萌生了办报的想法，试图通过报刊舆论为维新变革造势呐喊。《重庆日报》的创办者卞小吾考察京沪之后，特别是与邹容、章炳麟等“苏报案”主角以及《中外日报》的汪康年、马君武、谢无量等人接触之后，也产生了效仿陈范（字梦坡）捐产办报的想法。

清末重庆报业的发展，有着各种因素的影响，如重庆开埠后的外来冲击、近代工商业的勃兴、宗教宣传鼓动的需要、新学兴起后的知识渴求，其中，重要的动因之一就是新知识阶层的兴起。

1900年前后，重庆新一代知识分子崛起，形成了新知识阶层。他们与早期近代知识分子有很大区别。虽然也有一些人出身于封建营垒，但是他们与封建统治者联系薄弱，吸收了更多的西方先进政治理论学说、自然科学、历史、地理等知识。他们表现出强烈的趋新意识，尤其是对新政治、新知识、新理想、新历史观的认同。新式知识分子在接受新思想的同时，更加自觉地宣传和实践新思想。他们宣传、实践新思想的主要活动除组织新式团体、创办学校、参与政治活动外，创办报刊也是重要的形式。

事实上，宋育仁、卞小吾、杨庶堪等人作为近代重庆资产阶级革命知识分子群体的代表，他们的政治主张虽不尽相同，但都希望通过创办报刊来宣传维新变革或者民主革命，唤醒民众意识，传播西方先进文化等，这是一致的，这也是重庆新闻传播事业内生型产生和发展的动力之源。

（二）办报方式上，报纸与相关机构紧密相连

在维新派的带领下，国人办报的现象如雨后春笋般在各地出现，中国新闻传播史上出现了近代国人办报的第一次高潮。在这一高潮中，形成了学会、学堂、报纸“三位一体”的组织形式，报纸背后有学会，学会背后有学校。典型的如康有为主持的《强学报》是上海强学会的机关报，《万国公报》是北京强学会的机关报，而强学会背后是大批追随康有为的广东万木草堂学馆的弟子。

新式学堂、学会和新式报纸的兴起，打破令人窒息的文化专制氛围，成为现代公共舆论的真正起点。通过公共舆论，维新派一方面以论干政，为限制皇权、兴民权、立议院奠定舆论基础；另一方面，开启民智，力图造就崭新的先进知识分子阶层。谭嗣同一语道破新式学堂、学会、新式报纸在文化启蒙中的

特殊功用，“假民自新之权以新吾民者，厥有三要，一曰创学堂，改书院，以造英髦之士；二曰学会，学会成，则向不得入学堂而肄业者，乃赖以萃讲焉；三曰报纸，报纸出，则不得观者观，不得听者听”①。陈旭麓先生也指出，“新式报纸可谓启蒙媒介，新式学堂可谓启蒙基石，学会可谓启蒙的信息集散中心”②。三者都是推动现代化进程的动力因素。从这一意义上言，新式学堂、学会和新式报纸不仅属于维新时代，而且属于中国早期现代化的整个过程。

重庆近代新闻传播事业中，《渝报》出版时间较短，虽然宋育仁有一定的官方背景，但没有相配合的机构，这种遗憾在他创办《蜀学报》时得到弥补，此时他的另外一个身份是四川尊经书院的山长，他组织了四川本地第一个有政治倾向的维新团体“蜀学会”，并以学会的名义，在1898年5月上旬出版了《蜀学报》。宋育仁给“两报一会”规定了统一的宗旨，主要刊登讨论和研究学习新学、新法的文章与消息，并且要言之有物，不登空论。宋育仁把“两报一会”和尊经书院作为推行新学的三个有机结合的手段。他说：“报局与学会相表里，学会与书院相经纬，分为三事，联为一气。书院原有堂课佳卷选刊之例，今立学会，不全属书院之人，主于互相讨论，自当与课程有别。今订会内学友论撰，由主会评阅，佳者由报局酬奖登报。书院课卷佳者，由书院送学会参论，交报局发刻，书院已有课奖，报局不另酬奖。学会开讲，报局随即出报。”③书院讲课的讲稿，学会讨论，择优登报。学友“有新得之学，新得之理”，登报表扬。这种“学堂—学会—报社”相配合的方式，与维新派的主张和步调是完全一致的。

卞小吾创办《重庆日报》前，就与杨庶堪、田心澄等人组织“游想会”，以郊游的形式，议论时政，探索救国之道。《重庆日报》出版后，他又与竹川藤太郎办工厂、办学堂。其中他们共同发起创办了重庆东文学堂，“其特色在注重精神教育，一洗奴隶腐败之风。凡来学者，无论学年久暂，皆必使确知国

① 谭嗣同:《湘报后叙(下)》，蔡尚思、方行编:《谭嗣同全集》(下册)，北京：中华书局，1981年，第418页。

② 周积明:《变革的新工具——略说戊戌时期的学堂、学会、报纸》，《湖北大学学报：哲学社会科学版》，1996年第2期，第1-5页。

③ 《蜀学报章程》，《蜀学报》第一册，1898年5月。

民之责任，完其个人之资格而后已”。东文学堂的资产阶级革命办学倾向，被称为“渝中独一无二之学堂”[①]，“希望日本留学者，在本学堂进行基础培训，可达到相当于日本高中教育三年的水平，相当于毫无基础去日留学五年的水平”[②]。1905年5月，卞小吾在培德堂创办“女工讲习所”，女工系半工半读，既授以文化，又授以技术。工厂、教育与报纸相互配合，取得了很好的效果，也提高了《重庆日报》的知名度。

再看其他报纸。《广益丛报》最初的负责人杨庶堪背后有四川第一个资产阶级革命小团体——公强会。1906年同盟会四川支部成立后，《广益丛报》日益被革命党人控制。辛亥革命后，《广益丛报》还短暂成为蜀军政府的临时机关报。《重庆商会公报》为商业报纸，是重庆总商会的机关报。《华西教会新闻》和《崇实报》为宗教报纸，背后的支持力量分别是基督教会和天主教会。

因此，可以看出，早期重庆的新闻报纸在组织形式上不是纯粹的。其背后有着各种显性的力量在支持。这些力量也希望通过报纸发出声音，实现各自的目的。

（三）形态内容上，逐渐向现代报纸的特征过渡

《渝报》是重庆第一家现代报纸，旬刊。印刷上，采用木板雕印，直到停刊一直没有改变。版式上，采用线装书式的期刊形式。内容上，以论说为主，谕旨、宫门钞、本省近闻、各省近闻、外国近闻为辅。新闻文体写作上，新闻不够完善，还常常与评论相混淆。没有副刊，广告直至第九期才出现。可以说，《渝报》在形态内容上还处于古代报纸向近代报纸过渡的雏形，并不是现代意义上的报纸。

这些状况，随着重庆新闻业的不断发展，逐渐得到改观，报纸也开始向现代报纸的特征过渡。《渝州新闻》创办时，已是土纸单张印刷，语言上也“专为通俗之言”，并“日出一纸”，具有日报的雏形。《广益丛报》时期，虽然报纸仍以摘录社论为主，但是科技性内容和小说内容大为增加，这些内容的出

① 《广益丛报》，光绪三十一年（1905年）第二期，纪事十三。

② 《创建东文学堂》（广告），《重庆日报》第84号，转引自[日]加藤雅彦：《梦断巴蜀——竹川藤太郎和他的〈重庆日报〉》，向蜀珍等译，成都：四川人民出版社，1995年，第208页。

现有效地吸引了读者，扩大了市场。等到《重庆日报》创办，言论、社论、副刊、广告四大内容形态都已经具备，外在形式为4开白纸活字印刷，单面印制，每日出4小张，即4版。整张报纸，可裁叠成线装书，又可展开独立成报。这在当时既迎合了读者的阅读习惯，又降低了成本，开创了重庆、四川地区报业现代化的先河。

新闻来源上，《渝报》最初是以摘录、转载为主，其次是“各就其地，托一友人，采访要件”。《华西教会新闻》则开始出现外地编辑和通讯记者的身影，这得益于当时教会庞大的传教网络。到了《广益丛报》时期，就有了专门采访新闻的记者。1912年被袁世凯在四川的代理人杀害的朱山就曾任《广益丛报》的专职记者。[①]除了自己的记者外，《广益丛报》也聘用驻外省（包括北京）的兼职记者，为该报及时提供准确的外省新闻。《重庆日报》创刊后，新闻来源更显多元化：有招聘的访员采写、有卞小吾亲自采写、有群众自发来稿、有友人供稿等。

报纸内容上，早期的《渝报》只有各省近闻、本省近闻、外国近闻三个新闻栏目，分别报道国内、本埠和外国新闻。其他的为摘译外国报刊的论文和各式政论，还有少量奏折等。而到了《广益丛报》，无论是在内容上还是在新闻业务上，都较《渝报》大大前进了一步。它集新闻、时事、政治、学术、文艺、科普为一炉，内容更加宽泛，数量也增多，更是促进了重庆近代文学的发端和科技的启蒙。后期的《重庆日报》则基本上具备了现代报纸的因素，新闻成为报纸的主要内容。

（四）办报宗旨上，众多报纸主张倾向鲜明突出

办报宗旨，是对报纸定位的集中概括，反映了编辑人员对报纸的期待。综观开端时期的重庆新闻传播事业，报纸数量不多，但众多报纸的主张倾向十分鲜明和突出。

一个有趣的现象是，《渝报》主张维新，《广益丛报》倾向革命，《重庆日报》更是“鼓吹革命之健者”。尽管政治主张不尽相同，但报人往往采取了

① 朱山在《广益丛报》当新闻记者时，月薪为银十八两。参见黄稚荃：《朱山事迹》，转引自中国人民政治协商会议四川省成都市委员会文史资料研究委员会编：《成都文史资料选辑（第一辑）》，内部发行，1981年。

共同的策略，将各自的政治主张表述为“办报求通”。如梅际郇在《说渝报》中指出，“夫其开报之利与阅报之益必曰：究新学、达下情、振陋风、存公议、动众耻。凡所论说，皆天下之大务，救时之良言”。杨庶堪等人创办《广益丛报》时也抱定目标，“广市新出书报杂志，并辑录诸报及杂志中新说，汇为《广益丛报》，以树新风，振民气”。《重庆日报》的社长竹川藤太郎也在发刊词中提出“报纸是现代文明的先锋和先驱，运载精神食粮的舟车。然而，在巴蜀土地上，却没有出现过报纸这样的东西，诸君急需精神食粮却得不到满足。《重庆日报》虽力量微薄，但愿意成为大家的舟车”[①]。

“办报求通”的首要意义是突出信息的交流沟通，这对当时封闭的重庆来说，无疑是至关重要的。重庆是中国的一个内陆城市，自然条件特殊，四周被高山和高原环绕，相对封闭，给政治上的割据提供了条件，加上自我封闭的小农经济，重庆实际上陷入了封闭的多重桎梏。重庆开埠后，西方的商品源源不断地输入，在经济变化的同时，也输入了西方的近代文明，加之这一时期知识分子救亡图存意识的觉醒，通过办报来“开启民智”“去塞求通”，进而为政治变革组织舆论和加强指导，就成为这一时期知识分子的不二选择。也正是在这样的背景下，重庆近代报纸在时代的潮流中脱颖而出。

“办报求通”是当时新闻思想的主流，康有为关于报纸“匡不逮、达民隐、鉴敌情、知新政”的“四善说”就是这一思想的集中代表。反观重庆，梅际郇的《论报馆有益无损》与梁启超的《论报馆有益于国事》实际上是同一表达，共同强调了报纸对国家的作用。进一步说，“办报求通”这一早期报刊理论的中心议题，不仅蕴含现代意义上的信息沟通交流，而且强调“求通”在于“去塞除病”——解决现实的政治弊端。因此，“办报求通”充分表达了这一代知识分子“以报救国”的初衷和心志，也由此设定了中国报业起步时期报业角色认识的第一个基点——报刊作为变革政治的“利器”，重庆也不例外。

同时，无论是宋育仁、梅际郇，还是杨庶堪、竹川藤太郎、卞小吾，在这些早期重庆报人的眼里，报刊的社会身份并非是新闻传播者，而是政治宣传

① [日]竹川藤太郎：《发刊之辞》，《重庆日报》，1904年10月17日。

家、精神导师，它是掌握在“先知先觉者”手中的工具，是民众启蒙教育机关。有学者认为，“这种‘觉世’心理既是中国知识分子忧国忧民良好心愿的表露，又带有俯瞰民众的强烈的心理优势。反映在具体的方法上，采取由上而下单向的鼓吹、灌输，注重宣传术的运用；在对象上，以士大夫阶层和资产阶级知识分子为主，且始终抱着‘晓喻愚蒙’的心理”①。因此，借助报刊载体，不同的政治主张得以表达，这实际上也赋予了重庆早期报人“救亡图存”“思想启蒙”两大社会使命。

此外，《崇实报》虽号称“以开通人民智识，传递确实信息之用”，“为社会服务，庶教内教外各界人，得阅于心身有益之新闻，于世界及我国有关重要消息，以副阅报诸君之雅意”②，但并没有放弃对政治的参与。《重庆商会公报》虽然为商办报纸，但倾向于改良主义，主张以进化论的观点来论证中国实行君主立宪制的必要性。这些现象的出现，也从侧面说明了早期重庆报业对政治的关注，或者说，是裹挟在三千年未有之大变局中的必然行为，是一种时代的必然性。“他们处于一个社会结构转变的前夜，考虑的重心是如何实现社会政治体制变革，因此政治意识比较强烈。”③从历史的连续性来讲，亦是“文人论政”的一种继承和表现。

从目前掌握的资料来看，我们可以对开端时期的重庆报纸作一个简单的种类界定：

《渝报》是维新派报纸，属于政党报纸的类型。

《广益丛报》是文摘报，属于汇报的类型。

《渝州日报》是日报，单张形式，是日报的雏形。

《重庆日报》是日报，是重庆和四川地区的第一份现代报纸，同时也是革命派的报纸。

《华西教会新闻》和《崇实报》是宗教报纸，分属不同的教会派别。

---

① 丁未：《论中国新闻事业的三种角色定位》，《新闻与传播研究》，2000年第1期，第44—50页。

② 《新闻学论丛》第2集，《四川大学学报丛刊》第29辑，第117页，转引自隗瀛涛主编：《近代重庆城市史》，成都：四川大学出版社，1991年，第789页。

③ 许纪霖：《中国知识分子十论》，上海：复旦大学出版社，2003年，第85页。

《重庆商会公报》是商办报纸。

《开智白话报》是纯用白话的报纸。相比之前的报纸，白话报的读者范围从知识分子群体扩大到社会大众阶层，语言上更加通俗易懂。

当然，由于重庆并非当时四川省的省会，四川省的官报体系没有在重庆建立，而是建立在成都。但从上述的简单梳理可以看出，重庆报业在开端时期就具备了多样化、专业化的形态，这对新闻传播事业的多元发展是极为有利的。

二、1912—1937年发展时期重庆报业述评

辛亥革命的成功，将重庆报业带入了一个高速发展阶段。截至国民政府迁渝前，重庆报纸数量剧增，通讯社数量众多，新闻团体、新闻教育机构和广播电台先后建立，这些元素集中组合成一股力量，将重庆推上区域新闻传播中心的位置，也刻画出重庆报业当时的时代特征。

（一）与政治的跌宕起伏密切相连

报业与时政关系密切，在那个还没有报业独立的年代中，随着政治的跌宕起伏，报业的命运也随之浮沉，时兴时灭。

1.袁世凯集团对新闻业的冲击

民国初年，正当新闻行业逐渐迎来生机勃勃的局面时，袁世凯篡夺了辛亥革命的果实，短暂的民主共和之后又回到了专制统治。

袁世凯对待新闻业一般采取三种手段：一是收买报纸报人；二是创办御用报纸；三是暴力压制。其中第三种手段最为常见。1913年底，全国继续出版的报纸只剩下139家，较之民国元年的500家锐减300多家，北京的上百家报纸也只剩下20余家，报纸数量锐减，报人大批被捕被害，因1913年是农历癸丑年，这一次新闻界遭受的磨难也被称为“癸丑报灾”[①]。此外，他还先后颁布《报纸条例》《出版法》等，对全国新闻界作出种种限制。

在重庆，原蜀军政府机关报《国民报》因为声讨袁世凯及其爪牙四川都督尹昌衡的罪行，支持二次革命，最终被当局以“横涉党祸”的罪名查封，主编周文钦、编辑燕梓材被捕入狱。

① 参见方汉奇、张之华主编：《中国新闻事业简史》（第2版），北京：中国人民大学出版社，1995年，第152-155页。

后来迁渝的《国民公报》在成都期间，也多次被查封，报人四散，最后只剩李澄波苦苦支撑。

1912年11月，《广益丛报》记者、前咨议局机关报《蜀报》总编辑朱山，被袁世凯在四川的代理人胡景伊逮捕杀害，年仅26岁，是辛亥革命后四川牺牲的第一位新闻工作者。

1915年，袁世凯阴谋复辟帝制，曹锟以金钱贿赂各报为之鼓吹。《商务报》迫不得已，借年终放假之际宣布停刊，以示抵制。

袁世凯集团的这些倒行逆施的行为，不仅让幸存下来的报纸噤若寒蝉，不敢发声，新办的报纸更是小心翼翼，严重打击了民间办报的积极性。直到1916年9月内务部通令解除因反对帝制被禁的各报后，这样的局面才有所改观。同月，被禁止活动的重庆报业俱进会呈请主管机关解禁，获批准。

2. 军阀政治对新闻业的冲击

进入“防区制时代”后，军阀划地自治引发的对新闻业的冲击频繁发生。“防区制时代”是四川历史上一个特殊时期，自1918年7月熊克武正式明令发表《四川靖国各军卫戍及清乡剿匪区域表》始，至1935年初四川政局正式统一，前后17年。这17年，也是军阀当局肆无忌惮地迫害新闻业的一段时间。

1921年底，陈毅等留法学生因闹学潮被遣送回国。1922年春，陈毅回到重庆任《新蜀报》主笔。这时，他已从法国学潮中认识到只靠个人奋斗是软弱无力的，经蔡和森介绍，他加入了共产主义青年团。在任该报主笔期间，陈毅认为新闻主笔是一个极好的工作。他积极撰文，发表大量文章抨击军阀统治，在重庆知识界特别是青年学生中产生了积极的影响，也因此引起当地军阀的忌惮。1923年9月，陈毅被四川军阀“礼送出川”。

1925年，驻防重庆的国民革命军第21军军长刘湘下令查封由共产党人张闻天、萧楚女支持创办的《爝光》《南鸿》，萧楚女、张闻天被迫离渝。

1926年，由重庆市公益联合会创办的《公联日报》，因发表不满潘文华（刘湘部师长、兼任重庆商埠督办）扩修马路、大兴土木的言论，被重庆商埠督办公署督工队队长周瑞麟率人捣毁，社内文件及公私财物被抄掠一空，编采人员燕梓材等10多人被拘押。

1927年“三三一”惨案中，《四川日报》报社被捣毁，社长、总编流亡，报纸停刊。《新蜀报》主笔漆南薰被杀害，总编辑周钦岳被迫离渝，报纸被迫改组。《国民报》创办人冉钧也被杀害。

1927年7月，重庆新民戏院主办的《游戏报》出版第5天，因刊载江巴委员会委员长就职通电一文，被当局认为有影射之嫌，函令重庆警察厅查封。

1928年，《忠州报》主编范新畴在报上发表文字，公开揭露当地军阀的罪行，报纸遂被查封，范新畴被杀害。

1929年5月2日，《新社会日报》因一篇文章讽刺了国民党中央派来勾结四川军阀的特派员曾扩情，被迫停刊。5月20日，在各方声援下，报纸又自行复刊。一个月零五天后，南京国民政府军政部部长何应钦直接电令刘湘，再次明令予以查封，逮捕编辑罗静予，并通缉前总编罗承烈。

1929年7月11日创刊的《新时代报》，同样因为发表了《中国人该坐四人大轿》和《苞谷颜色的革命家》两文，指责国民党中央的特派员曾扩情，被重庆警察局以“言论反动，淆惑视听”的罪名，于8月6日查封。这份报纸前后只出版了26天。

《团悟日报》（原名《团务日报》），本系刘湘接受何北衡倡导办民团的主张后办起的一份鼓吹“团治主义”的报纸。1927年“三三一”惨案时，这张报纸曾出刊揭露事实真相的《紧急号外》，为当局所不容，社长廖维新被撤职。1929年10月31日，重庆警察局在报社大门交叉贴了两张“言论反动、淆惑视听”的封条，当晚又派出警察将报纸已排好的版面撤销。这遭到了重庆报界、工界在内的诸多团体的抗议，要求当局启封，但当局置若罔闻，国民革命军第21军军部批示：“遵照前案，碍难启封”。报纸主笔王鳌溪被迫离渝前往上海工作，1933年4月被杀害于南京雨花台，成为新闻界殉难的又一烈士。

1930年4月6日，《重庆快报》因评论邓晏婚姻案，开罪于国民革命军第21军旅长蓝文彬，总编辑邵天真被蓝部士兵逮捕。

1930年7月26日，《西蜀晚报》副刊“笑林”栏小品得罪弁兵，被弁兵多次捣毁，社长黎纯一逃走，多名员工受伤。

1930年9月1日，《重庆晚报》因于数日前载文讽刺法官和刊登《一塌糊涂之地方法院》等新闻，社长陈伯坚被巴县地方法院拘捕羁押。

1932年3月26日，重庆市公安局给《四川通讯》停刊10天的处罚，称该报滥发号外，所载各电均系捏造。

1933年11月，《云阳日报》因连续发表社论《谣言与恐慌》《希望》《同情》等文章，被指为“宣扬共产”，且“报上素不称匪”，该报负责人刘勃然、杨嗣宗，编辑刘勃然、陈季孟、冉贞谆，被地方当局以“为异党张目，与他人遥相呼应”为由逮捕，报纸被迫停刊。

1934年8月10日，《重庆商会日报》因刊载一条军事新闻，被重庆警备部勒令停刊3周。14日上午，警备部又以“捏造事实，有伤风化”为由，查封《四川晚报》。

1935年6月，《枳江日报》被暴徒捣毁。

在那段黑暗的岁月里，每一个防区实际上都是军阀割据的地盘。他们在所辖地区内生杀予夺，为所欲为。除了他们自己办的报纸以外，凡是不合心意的言论，即可任意处置。重庆地区在20世纪二三十年代有过不少报纸，除了少数几家较有影响外，很多都是时办时停，寿命不长，影响也小。其中固有经济无能为继的，却也有不少是横遭扼杀，新闻从业人员也无端受到种种迫害。

（二）政党报纸、商办报纸、民办报纸三足鼎立

1. 政党报纸的蜂起与堕落

南京临时政府成立后，在建设民主政治的口号下，结党结社蔚然成风，这些政党除了一些有名无实、昙花一现者外，许多政党都竞相运用报纸为自己宣传，短时间内形成了一个政党报纸大量出版的热潮。政党报纸的蜂起与堕落也成为民国初年新闻事业发展的一个主要特征。

与西方商业报纸占主导地位不同，政党报纸一直是我国新闻事业的主流，因为近代中国始终面临着救亡图存的危机，近代报纸在中国的产生和发展首先是适应政治斗争的需要，报纸就自然成为各种政治势力和先进分子宣传救亡图存、救国救民的利器，从康、梁维新派到后来的孙中山领导的革命派，都异常重视报纸在政治运动和革命宣传中的作用。中华民国之前的政党报纸在资产阶级反对封建压迫、争取民主自由和民族独立的斗争中发挥了积极的作用，但

民国初期政党报纸具有依赖政党资助、陷于政党纷争等固有缺陷，重庆也不例外。

当时，重庆的这些政党报纸并不是组织严密、由政党直接掌控的舆论机构，“大多是由资产阶级政党或政治团体资助的有相当独立性的民营报刊，与现代意义上的从列宁开始表述的党报并不完全相同”[①]。这种情况的出现，与民国初期政党的特殊性有关，这些党派表面上看是借鉴西方议会制的政党，但与西方政党并不完全相同，而是带有传统结党结社的浓厚特色，当时许多政客明显缺乏对民主共和的认识和理解，政党被当作争权夺利的工具，许多政党连党纲都没有，所谓政党不是政治主张相同者的结合体，完全就是利益的纠结体。很快，由于思想庞杂、组织松散，民国初期蜂起的政党报纸就消失在历史的长河中。

真正意义上的政党报纸，则是国共两党主导下的产物，而这些报纸，又与重庆、四川等地的军阀政治密切相关。从前述的内容可以看出，中国共产党在早期重庆的新闻事业中的努力是卓有成效的。它们往往借助军阀的“面”，作宣传共产党的“里”，成为党的喉舌。

2. 以《商务日报》为代表的商办报纸

商办报纸不同于商业报纸。商业报纸是以赚取商业利润为目的的报纸，而商办报纸则是商业组织创办经营的报纸，其主要差异除了创办主体的不同外，很大程度在于后者的初衷是促进商业活动，扩大商业影响，繁荣地方经济。

需要指出的是，《商务日报》从1914年创办，到1951年停刊，作为重庆解放前出刊时间最长的报纸，其成功不是偶然的，可以概括为“既小心翼翼，又审时度势”。

一方面，《商务日报》由商会垫资开办，自然受重庆总商会管辖，因而只谈商务、不涉政治成为该报的宗旨和办报基调。再加上首任总编辑周文钦在《国民报》时曾“横涉党祸”，有过惨痛的教训，因此发誓“一生不入党潮”，恪守“超然中立”。于是，初创时期的《商务日报》在民初政党报纸互

① 钱晓文：《民初政党报刊与政党政治》，《新闻爱好者》，2012年第7期，第62-63页。

相攻讦、党同伐异的环境中基本上保持“中立”态度。同时，报纸极力主张道德教化，注意开启民智，不登怪诞淫邪奇闻，不用伪逆、叛贼之语词，这样的办报风范符合当时的文明潮流，因而很快在社会上赢得了“卫生报”的美誉。开办不久，该报的日发行量即由最初的七八百份猛涨到两千多份。这在文化欠发达、交通欠便利的重庆已属奇迹。

另一方面，《商务日报》在事关国家主权和公众利益的大是大非面前，并不固执于中立保守，更不窃喜于明哲保身。相反，该报旗帜鲜明地公开自己的态度。该报有几次杰出的表现，给社会各界留下了深刻的印象：第一次是在袁世凯欲图称帝的1915年。当时曹锟奉袁之命悍然入川围剿护国军，同时以武力威逼和金钱利诱两手向四川各报施压。在一些报纸表示屈服时，《商务日报》不仅予以拒绝，还连续刊发言论对袁、曹进行调侃，结果遭到袁政府两次查办，被罚停刊半年。第二次是在1919年五四运动期间。当北京学生游行示威的消息传到重庆后，《商务日报》在快速转发电传文稿的同时，又在总编辑周文钦的策动下，积极组织商界、学界游行示威，并以重庆总商会的名义通电全国予以声援。第三次是在1927年的“三三一”事件发生时。当时驻渝军方残杀异党人士的消息被严密封锁，新闻检查十分严苛，但《商务日报》还是冒着风险，以刊发上海蜀商公益会快邮代电的方式，巧妙地将事件真相公之于众。“九一八”事变以后，《商务日报》迅速转变立场，改变原本号称的中立态度，在国家危亡迫在眉睫之时，全力进行抗日救亡的宣传鼓动性报道，尤其对学生救亡运动更明确表示予以支持，彰显了爱国的决心和良好的报格。

3. 以《嘉陵江报》为代表的民办报纸

重庆报业，从《渝报》《重庆日报》开始，就充满了民间办报的特色。这种源于民间的力量，成为支撑重庆新闻传播事业生生不息的中流砥柱。

纵观《渝报》《重庆日报》《嘉陵江报》的宗旨，我们可以看出重庆人民虽偏居西南一隅，却有着面向世界的远大抱负。《渝报》《重庆日报》从一开始就为整个四川的事业鼓吹呐喊，从妇女解放到修筑铁路，从言论自由到兴办事业，前者站在了维新变法的一线，后者则立足于民主革命的洪流。到《嘉陵江报》创办之时，卢作孚更是表现出了向世界开放的胸襟。他以“努力的同人”为名在《嘉陵江报》的发刊词中写道：

“嘉陵江是经过我们这一块地方的一条大河，我介绍的却是一个小朋友。两天出版一次的小报。我们盼望这个小报传扩出去，同嘉陵江那条河流一样广大，至少流到太平洋。并且嘉陵江的命有好长，这个报的生命也有好长，所以竟叫这个小报也叫为《嘉陵江》。这个小《嘉陵江》，身体虽小，肚皮却大，大到可以把五洲吞了。各位小朋友，不要见笑，不信试看一看，简直可以从这个小《嘉陵江》里，看穿四川，中国乃至五大洲——全世界。面积之大，诚然不能去比河下面那条嘉陵江，内容之大却又不是河下面那条嘉陵大江够得上同他一天说话的呵！三峡有许多地方，我们要在三峡做许多事业，做到什么程度，各位不晓得，可以在《嘉陵江》上去看它。”①

这样的开放姿态，不仅反映出卢作孚作为那个时代工商界和知识界先进人物开阔的文明心境，同时也反映出“防区制时代”重庆及四川地方士绅阶层及军政开明人士的普遍愿望。

同时，最值得称赞的是，该报在编辑方针上深受京、津、沪、渝各民主自由主义大报的影响，提倡走“大众化报纸”的路子；在资讯内容及语言风格上致力于“服务大众、开启愚蒙”；“白话字句很浅，只要读过一两年书的，都可以看”；“编法简要，比看别的报少费时间”；“新闻丰富，与重庆、成都有名的报馆一样”②。同时，卢作孚在报纸发行后，会派人将报纸张贴在当地各个茶社、酒馆里，并赠送给学校、企业、机关等机构。卢作孚试图通过这种办报实验，从根本上改变中国自有新式报纸以来，只为中上层人士提供资讯服务，而与绝大多数下层民众绝缘的新闻传播局面。可以说，当抗战初期，新闻界和文艺界还在为报纸是否“走向大众”，文艺是否采取喜闻乐见的“民族形式”而论争不休时，以《嘉陵江报》为代表的重庆地方小报，早已进行了富有成效的探索。

①② 《介绍嘉陵江》，《嘉陵江报》，1928年3月4日。

（三）配合报业发展的通讯社等新闻事业开始萌芽和发展

通讯社的发展、新闻团体的建立、新闻教育机构的建立、广播电台的成立，是新闻传播事业发展到一定阶段的产物，这也是重庆报业向纵深发展的有力证明和显著标志。

虽然一些事业，如新闻教育机构和广播电台在这一时期还稍显粗陋，处于起步时期，却在重庆新闻传播史上有着重要的地位。如1929年9月1日开始招生的重庆新闻研究所（附设于重庆高级中学），因为新闻教育属于起步阶段，存在的不确定性内外因素较多，教学标准和招生规模完全由学校决定，学生学习时间的长短、新闻实践的内容形式都难以做到科学合理地安排，但重庆的新闻教育事业就这样蹒跚起步了，打破了中国新闻教育机构办学地点多集中在北京、上海、广州的局面。同时，研究所在校学生在同年12月创办的日新通讯社也表现出当时新闻学教育比较重视业务、注重实践、重视独立活动的倾向。1930年4月，重庆黎明通讯社、中华通讯社联合开办新闻函授学校，这是当时新闻教育的一种普遍形式。函授学校办学方式灵活，学制简单，非常有利于在职学生利用业余时间学习，扩大了新闻学教育的覆盖面。同时由于教学机构由新闻实务部门创办，使新闻教育单位和新闻业务部门紧密结合起来，有利于学生实践操作、开阔视野，也有利于丰富教学内容，让新闻学教育能够更好地为新闻实务部门服务。

通讯社的发展是20世纪20年代重庆新闻事业迅速发展的标志。新闻是报业生存的基础。为了满足报业对新闻的需求，专门为报社服务、提供新闻素材的通讯社应运而生，这是新闻事业发展的产物。虽然存在诸多问题，但“重庆的通讯社按日发稿的有18家”[①]，这一数量在当时是一个不小的数字。通讯社的存在，使采访消息的机构大大增加，能够汇总消息，给予了报社发表新闻的选择空间。

新闻团体的出现，说明新闻事业已经发展到一定的规模，在社会上有着明显的影响力，并且有着相当数量的从业人员。出于维护职业共同体利益的需

① 《国民公报》，1930年7月8日，转引自四川省地方志编纂委员会：《四川省志·报业志》，成都：四川人民出版社，1996年，第148页。

要，新闻团体的出现是一种必然。实际上，尽管初期也存在组织涣散、形式松散等问题，但1927年成立的重庆报界协会、1928年成立的重庆新闻社协会、1928年成立的重庆市新闻记者协会等机构在维护新闻行业权益、保护新闻记者安全等方面还是作了很多努力。如1933年7月8日夜，重庆驻军因各报指责市政府当局而引发冲突，逮捕了《新蜀报》《新民报》记者、职员数人。为此，重庆报界协会立即决议，从11日起，全市各报停刊3天以示抗议。经重庆市政府当局出面调解，释放被捕人员，14日各报才复刊。可以说，这种集体的抗议在中国近代新闻史上是比较罕见的，也是争取言论自由的表现。

1931年10月，重庆反日救国会致函重庆报界协会，要求重庆各报热忱爱国，抵制日货，援沪报之例，一律采用国产纸，或其他国家纸张。重庆报界协会同意实行，并于28日召开扩大会议，决定派员到乐山嘉乐纸厂购买纸张。

1932年重庆市新闻学研究会的成立，在重庆新闻团体发展史上具有重要意义。它在成立时，明确地将新闻学术研究和探索新闻事业的发展纳入组织目标。此后，1935年成立的重庆市青年会新闻学会、1936年成立的重庆市新闻学会都是以新闻学术研究为目的的，这也标志着重庆新闻行业在重视新闻实践的同时，积极进行新闻理论研究的转向。

三、1937—1945年繁荣时期重庆报业述评

国民政府迁渝后，重庆由一个内陆城市迅速一跃成为当时全国的新闻中心，领导和影响着全国的新闻舆论。同时，作为世界反法西斯阵营采访亚洲陆地战场的新闻中心，重庆国际性中心城市地位的确定，注定了重庆报业已经超越了“地方性”，进入了世界反法西斯阵营的传播网络，传递出的是整个中国官方和民间的声音，为争取中国抗日战争和世界反法西斯战争的胜利作出了杰出的贡献。

（一）抗战时期重庆新闻传播事业得到迅猛发展

刘湘在主持川政期间，对科学教育事业比较重视。“重庆的报业得到复苏，在社会上的影响日趋增大，基本上形成了现代报纸的模式。这一时期重庆的各种报纸有39种之多。”[①]不过，这一时期的报纸大多是浮光掠影，旋起旋灭，有影响力的不多，具有代表性的《商务日报》《新蜀报》也基本上属于地方性质（后又迁入《国民公报》）。此间，重庆还出现了广播电台，但设备落后，时断时续。因此，截至抗日战争全面爆发前，重庆新闻传播事业与南京、武汉、上海、北京、广州等地相比，还是相对滞后的。

抗日战争全面爆发后，国民政府迁都重庆，重庆成为战时首都，国内外大量新闻机构迁到重庆，重庆的新闻传播事业迅速勃兴，出现了繁荣的局面。据不完全统计，“从1938年到1945年……重庆前后注册的报纸有127种，通讯社共有30家”[②]，这也从侧面佐证了重庆新闻传播事业空前发展的盛况。中国新闻史学界的权威方汉奇先生认为：“一部抗日战争时期的重庆新闻事业史，顶得上四分之一到三分之一这一时期的中国新闻事业史。”[③]

其中，1938年、1941年、1943年、1945年是这段时期重庆报业发展的四个高点，1940年和1942年是两个低点。

1938年呈现第一个高点，时值武汉沦陷，各大报刊纷纷从南京、武汉、长沙等地迁渝出版。如：1938年10月25日，《新华日报》从武汉迁重庆；1938年12月1日，《大公报》从汉口迁重庆；1938年1月15日，《新民报》从南京迁重庆；1938年9月，《中央日报》从长沙迁重庆；1938年秋，《扫荡报》从武汉迁重庆。这些报纸构成了抗战期间重庆报界的主力军。1940年落入低点，仅新增两家，即《益世报》和《洞庭晚报》，这主要是因为1939—1940年敌机对重庆不断地实施狂轰滥炸，民众多被疏散，局势紧迫，环境恶劣。

到1941年，日机轰炸已成强弩之末，重庆报纸的数量再次跃上高点，新增报纸多达23种，这时增加的报纸多面向社会以满足不同阶层的需要，唤起各阶层民众的爱国抗敌热情，巩固抗日民族统一战线，如：《卫生日报》《重庆快报》《民众小报》《新民晚报》《中国夜报》《新闻导报》《市民周报》

① 重庆抗战丛书编纂委员会：《抗战时期重庆的新闻界》，重庆：重庆出版社，1995年，第2页。

② 重庆抗战丛书编纂委员会：《抗战时期重庆的新闻界》，重庆：重庆出版社，1995年，第2页。不过，由于行政区划、报刊认定标准、是否必须登记等原因，这里的数据和本文统计的报纸并不完全一致。

③ 方汉奇：《报业志中的一部佳作——〈重庆市志·报业志〉读后感》，《史志文汇》，1997年第3期。

《法令周报》《侨声日报》《正气日报》等，尤其是《国语千字报》，更是从小学教材中选取常用汉字1000个为基本用字，以通俗白话报道新闻，适合识字不多的一般民众阅读。可以说，适应战时环境下的社会需要，成为抗战前期重庆报纸发行的主导趋向。1942年的低谷状态则主要是国民政府战略调整的影响所致。

1943年重新跃上高点，新增20家，如：《大美晚报》《世界周报》《远东周报》《华侨导报》等，主要原因是太平洋战争爆发后，世界反法西斯统一战线逐渐形成，重庆成为世界反法西斯阵营在远东的军事指挥中心及新闻中心。

1945年出现了抗战以来的最高点，新增27家，如：《民间周报》《社会报》《天文台》《褒贬周报》《远东周报》《强者报》《数字新闻》《标准周报》等。此时抗战的前景已日趋明朗，最终的胜利指日可待，此后的舆论重心也逐渐由团结抗日转向民主建国，民主浪潮日渐高涨，各派政治力量急于发表政见。这一时期创刊的周报特别多，因为花钱较少，两三个月就可以办起来，还有的为了组织新党，就要“宣传先行”。“当时重庆周报总数在四五十家以上，进步的也要占几十家”，而“属于国民党或党团员个人所办，包括民社党、青年党所办的周报，恐怕达到二十多家到三十家”。[①]通过梳理，实际上可以发现当时重庆报业紧跟潮流的特征。

这一时期重庆也出现了大量的通讯社。国内的有“中央通讯社”，这是国民党和国民政府最高领导机关直接掌控的权威通讯社，也是向世界各国传播国民政府政令制度、报道各大战区战事进展、报道大后方民众抗战热情和敌占区政治经济情况的主流渠道。国民党中央宣传部的国际宣传处还与“益世海外通讯社”（教会性质的通讯社）合作建立“中国海外通讯社”，专门从事发文、宣传和刊物的编写出版工作，如法文月刊《中国通讯》等。此外，还有国际新闻社、民族革命通讯社、远东通讯社、中国新闻摄影通讯社、群力通讯社等。抗战以前，重庆没有外国通讯社的常驻机构，也没有外国常驻记者。国民政府移驻重庆后，重庆成为外国通讯社和外国记者聚集的中心。国际通讯社方面，

① 陈兰荪：《陪都周报联合会始末》，转引自重庆新闻志编辑部：《重庆报史资料》（第十五辑），内部报刊，1993年。

英国路透社，美国合众社、美联社，法国哈瓦斯社、法新社，苏联塔斯社，德国海通社、德新社，也纷纷来到重庆。

国外主要报刊也向重庆派来特派记者。仅美国就有《纽约时报》《洛杉矶时报》《纽约先驱论坛报》《基督教科学箴言报》《芝加哥日报》，以及《时代》《生活》《幸福》《读者文摘》等十多家新闻单位。此外，派员驻重庆的还有英国的《泰晤士报》、法国的《巴黎日报》《人道报》、苏联的《消息报》、瑞士的《苏利克日报》和加拿大《新闻报》，另外还有澳大利亚、意大利、波兰等国的记者。1941年5月，美国著名作家海明威（代表《午报》）与其夫人（代表《柯立尔》杂志）抵渝，蒋介石亲自批准发予随军记者证以方便其进行采访，海明威夫妇还密会了周恩来。1941年5月，美国《时代》《生活》《幸福》三大杂志的发行人鲁斯夫妇到重庆访问，蒋介石亲自为他们举行盛大宴会。5月10—17日，鲁斯夫妇前往成都、西安、宝鸡等地参观后方军训及前线战斗情况。18日，周恩来单独宴请鲁斯夫妇。[①]这种局面的出现，与重庆在整个第二次世界大战中所处的地位是相匹配的。

此外，新闻教育事业日趋发达，新闻学研究日益进步，新闻团体建立健全，这些都推动着重庆新闻传播事业面向全国、走向世界，使重庆成为全国的新闻中心和世界反法西斯阵营的传播中心之一，在中国新闻事业史上留下光辉的一页。

（二）多元繁荣的背后存在着激烈的对抗斗争

抗战期间，重庆新闻传播事业的蓬勃发展，并不能遮蔽国民党政府对新闻事业的残酷迫害。

在抗日战争进入相持阶段后，国民党当局实行“消极抗日，积极反共”的战略方针。在此方针指导下，国民党当局加强了对新闻出版事业的控制，对抗日进步新闻事业横加摧残。其主要手段有：1. 实行“原稿审查”，迫害进步报刊；2. 强迫收买报纸，排斥“异己”记者；3. 封闭抗日报纸，枪杀抗日记者；

① 有关鲁斯参与中国抗战报道的内容，可参见罗宣：《在梦想与现实之间——鲁斯与中国》，北京：人民出版社，2005年。

4. 封锁抗战消息，钳制进步言论。[①]

自抗战以来，在“舆论一律”的思想下，一切消息均为“中央社”所统制和垄断，过去它只包办政闻战报，到战时连社会新闻也要包办。国民党强令各报刊载“无战斗的战报”，而八路军、新四军的光辉战绩则无论击毙敌伪多少，均一字不提，亦不准后方报纸登载。各地设新闻检查所，除“中央社”稿件外，任何报纸自采的稿件均须送检，评论更需将原稿送检。有关抗战的进步言论横遭禁止与删改，连“抗日政权”“抗日民族统一战线”“团结”“解放”“争取民主”等字样都一律禁用，“妇女解放”必须改为“妇女复兴”。

实际上，从20世纪30年代开始，在抗日民主运动不断高涨的形势下，国民党新闻政策有了若干积极变化，即由对日妥协退让、对内专制独裁向联合抗日方向演变。大致说来，这一过程从1935年11月开始，到1938年3月完成。应该看到，“国民党新闻政策的转变是有积极意义的，有利于全国新闻界团结抗日局面的形成。但是，也应该看到这种转变又是被动的、不彻底的和动摇不定的。这就导致了抗战中后期国民党新闻检查制度的全面建立，埋下了日后的祸根”[②]。1939年春，国民党将全国新闻检查权统一起来，成立了“军委会战时新闻检查局”，局长依例由军委会办公厅主任兼任。重庆因是战时首都，与成都、西安、桂林、昆明五地一起，所属的新闻检查所升级为特级新闻检查处。

1940年夏，石君讷任重庆处总检查。据他回忆，当时因《新华日报》发行份数很多，青年学生、儿童、劳苦大众及其他进步人士多喜读此报，所以“新闻检查工作的大部分力量亦多放在《新华日报》上……重庆新闻检查机构若发现不遵章，或预料可能不送检而印报时，便由新闻检查局和卫戍司令部派员去《新华日报》，看消息内容，视情节轻重，进行监督或铲版”[③]。据他透露，这些人员在检查过程中大多都随身携带枪支等，对《新华日报》的检查也很严格。

国民党当局的新闻检查行为给当时的记者留下了深刻的印象。斯诺回忆

① 复旦大学新闻系新闻史教研室：《简明中国新闻史》，福州：福建人民出版社，1986年，第262页。

② 蔡铭泽：《三十年代国民党新闻政策的演变》，《新闻与传播研究》，1996年第2期，第70-77页。

③ 石君讷：《国民党的新闻检查（1934—1945年）》，《新闻与传播研究》，1985年第1期，第165-175页。

说，“最糟糕的事，就是中国的新闻检查完全无章可循。与政府关于禁食鸦片的法律对鸦片军事垄断的管束比起来，新闻检查官所受到的有关条文的管束并不严厉。中国的报刊都心惊胆战，惟恐向当局要求什么权利，因为害怕其主笔会反受其祸”①。外国记者和通讯社的处境比中国媒体稍好，但是也遭遇了严格的检查。1942年2月5日，国民党中央宣传部通知国际宣传处，“外国记者的电稿，不能以是否是在国内报纸刊载过的内容为标准；凡国内报纸违检刊出，或虽经检查但在国家利益上不宜发布的各种消息，应一律检扣”②。在这样的制度要求下，国际宣传处对经手的电讯开展了重点检查，检扣也成为常态，有数据显示，“1944年1—6月，国宣处检查外国记者新闻电讯，删扣九千四百九十二字，其中一至三月五千五百六十字；四月一千七百三十八字；五月一千二百四十六字；六月九百四十八字”③。

新闻检查制度的蛮横无理也激起了重庆新闻界的反对，中外记者不断地进行了斗争。1941年皖南事变爆发，国民党当局蛮横地禁止《新华日报》披露事件真相，报纸总编章汉夫同志就曾为此严词责问新闻检查官：这样做，报纸的“新闻自由权利在哪里？”④此后，《新华日报》充分利用统战优势，联合各报，针对国民党当局开展争取新闻自由、反对新闻检查的斗争，取得了一定的胜利。中国青年新闻记者学会（原为中国青年新闻记者协会，1938年3月15日更名为中国青年新闻记者学会，简称“青记”）1939年由汉口迁渝后，借国民参政会开幕之机，邀集各方国民参政员进行座谈，并起草了《拥护抗战建国纲领，迅立战时新闻政策，促进新闻事业发展》提案交国民参政会，要求官方取消新闻检查法案，得到了国民参政员的普遍支持，最终得以通过。一些报纸面对新闻检查，则以“开天窗”的方式表达无声的抗议。

外国记者也参与到抵制国民政府的新闻钳制的斗争中来。1941年6月27日，

① 斯诺、刘力群：《中国的新闻检查》，《新闻与传播研究》，1984年第2期，第220-229页。

② 武燕军等：《抗战时期在渝外国记者活动纪事》，中国人民政治协商会议四川省重庆市委员会文史资料研究委员会：《重庆文史资料选辑》（第30辑），重庆：西南师范大学出版社，1988年，第175页。

③ 武燕军等：《抗战时期在渝外国记者活动纪事》，中国人民政治协商会议四川省重庆市委员会文史资料研究委员会：《重庆文史资料选辑》（第30辑），重庆：西南师范大学出版社，1988年，第206页。

④ 石西民、范剑涯：《新华日报的回忆（续集）》，成都：四川人民出版社，1983年，第101页。

蒋介石收到美联社记者摩萨等7名美英记者请求调整国际宣传政策的意见书。意见书提出4点要求："（一）集中邮电检查；（二）放宽检查政策；（三）政府发言人多提供与外国记者接触的机会，并给予较大自由；（四）给外国记者摄影等便利"[①]。为了团结更多力量，驻渝外国记者于1943年发起组织了"驻华外国新闻记者协会"，进行了一系列争取新闻自由的斗争。当年5月21日，多名外国记者向国民党中央宣传部部长张道藩提出4点要求：1. 重开政府发言人的新闻会议；2. 放宽新闻检查标准；3. 军事发言人应备详细地图；4.（当日）战讯提前在下午6时发布。[②]1943年4月18日，驻华外国新闻记者协会会长艾金森等15名外国记者联名致函蒋介石，认为中国的新闻检查办法"过于严苛，且失公允"，要求放宽检查标准。

不过，针对中外新闻界的抗议，国民党当局置若罔闻，甚至故意颠倒黑白，混淆是非。1941年7月19日，国际宣传处向外国记者转达国民党中央宣传部副部长潘公展关于十八集团军所谓"不法"活动的通报。其主要内容有："（一）'皖南事变'以来，'不法'活动未曾间断；（二）由于国际形势的转变，各国共产党都改变态度，拥护民主国家，而中共依然如故；（三）中央政府始终希望中共能'改过自新'，屡次电告朱德，促其约束部队"[③]。在这里，不仅可以看到国民党积极反共的明确主张，更为过分的是，国际宣传处还明确要求外国媒体发动舆论力促中共停止"不法"活动。

（三）围绕抗战大局显示出极强的战斗性

抗日战争爆发，民族矛盾上升为国内主要矛盾，国内政局发生了根本的变化，国共第二次合作迎来了全国团结抗战的新形势。为此，国民政府按照"国民精神总动员纲领"提出了"国家至上、民族至上、军事第一、胜利第一"的共同目标。针对这一目标，各家媒体虽然编辑方针和媒体定位不同，但都能摒弃成见，围绕抗战大局显示出极强的战斗性。

---

① 武燕军等：《抗战时期在渝外国记者活动纪事》，中国人民政治协商会议四川省重庆市委员会文史资料研究委员会：《重庆文史资料选辑》（第30辑），重庆：西南师范大学出版社，1988年，第168页。

② 萧燕雄：《我国近代新闻法规的变迁》，《二十一世纪》，1998年第6期，第48页。

③ 武燕军等：《抗战时期在渝外国记者活动纪事》，中国人民政治协商会议四川省重庆市委员会文史资料研究委员会：《重庆文史资料选辑》（第30辑），重庆：西南师范大学出版社，1988年，第168–169页。

《新华日报》在《发刊词》中明确宣布，“本报愿在争取民族生存独立的伟大斗争中作一个鼓励前进的号角，为完成这个神圣的使命，本报愿为前方将士在浴血的苦斗中，一切可歌可泣的伟大的史迹之忠实的报道者记载者；本报愿为一切受残暴的寇贼蹂躏的同胞之痛苦的呼吁者描述者；本报愿为后方民众支持抗战参加抗战之鼓动者倡导者”，“于今团结初成之时，本报更将尽其所能为巩固与扩大抗日民族统一战线而效力”。[①]《新华日报》以本报专电、战地通讯等形式，大量报道了八路军、新四军对日作战的真实情况，深受读者欢迎，极大地鼓舞了大后方军民的抗敌斗志。

1939年5月，重庆大轰炸最惨烈的时刻，《新华日报》发表社评《用战争回答敌寇轰炸》，号召人民与日军做激烈的斗争。“敌寇的残暴绝对破坏不了我后方抗战根据地，绝对沮丧不了我勃勃焕发的士气与良心。敌人的每次兽行，只能更加强我军民奋斗的决心，鼓励我全国抗战的勇气，加强我上下一致的团结，把日寇葬送在我全国四万万五千万同胞的血火交流的愤怒中。”“只是痛恨和愤怒是不够的。必须更有组织，并有准备的来抵抗敌人的轰炸……这需要政府的努力领导，这时更需要民众的积极参加。发挥民众组织和力量，是完成这些工作最主要的条件。更积极的更紧张的抗战工作，这是我们对于日寇惨无人道的轰炸的回答。我们要以工作和战斗，来把日寇消灭在它垂死前的疯狂挣扎中!”[②]

《新民报》在迁往重庆后的《复刊词》中宣布：“目前任何工作莫急于救亡图存，任何意见莫先于一致对外，凡无背于此原则者，皆应相谅相助，协力共处，本报以南京之旧姿态，出重庆之地方版，相信抗战既无前方后方之分，救亡安有中央地方之别。战局虽促，但我们必须坚定最后胜利之信心，社会虽不免有摩擦，但吾人则认定民族统一战线实高于一切。”[③]

1938年12月1日，《大公报》迁渝出版，在第一天的社评中称：“我们自誓绝对效忠国家，以文字并以其生命献诸国家，听国家作最有效率的使用……我

① 《发刊词》，《新华日报》，1938年1月11日。

② 《用战争回答敌寇轰炸》，《新华日报》，1939年5月4日。

③ 重庆抗战丛书编纂委员会：《抗战时期重庆的新闻界》，重庆：重庆出版社，1995年，第197页。

们永远与全国抗战军民的灵魂在一起。”①次日发表社评《抗战大局》，高呼：“我们要彻底觉悟，现在中国只有战斗求生的一条路，绝对绝对没有和平！”接着又发表社评《国际大势》，指出国际黩武主义的猖獗，主张各民族大团结，组成民主阵线，对抗国际黩武主义。之后又发表多篇宣传“吃苦抗战”的文章。1939年4月15日，该报在社论《报人宣誓》中说：“我们誓本国家至上、民族至上之旨，为国效忠，为族行孝，在暴敌凭凌之际，绝对效忠于抗战。我们对国家的敌人必诛伐，对民族的败类必摘击，伐敌谋，揭奸计，是我们不敢后人的任务。”②《大公报》还专门创建了以“战斗的文学”为指导方针的《战线》副刊，张季鸾说：“时代变了，一切在战时，我们的副刊也应该随着时代变，再不能刊载一些风花雪月与时代无关的东西，每篇文章必须是战斗的，合乎时代意识。”③《大公报》在张季鸾的主持下，主张坚持抗战，反对投降，关注国计民生，并且还不断派出大批特派记者奔赴前线、敌后及世界各地，写出了大量战地通讯。

1938年9月1日记者节，重庆各报记者隆重集会庆祝并发表联合宣言：坚持拥护抗战到底，表示“作为战斗员之一的新闻记者无疑要战斗在最前线”④。中国青年新闻记者学会在其成立宣言中则称：“抗战一定能胜利，同时抗战一定会将中国腐败的成分扔掉，而在抗战过程中逐渐产生出崭新的力量，这是我们的信念……无疑的，新闻宣传工作的影响，对于抗战有非常重大的作用，新闻舆论可以坚定抗战胜利的信心，可以鼓舞抗战的勇气，可以打击败北主义的倾向，可以激励英勇的士气。”⑤

抗战期间，中国青年新闻记者学会涌现出一大批可歌可泣的战地记者，他们活跃在战斗的第一线，冒着枪林弹雨，以笔为枪，发回了大量的报道。“青记”理事陆诒约有四年时间在战地奔波采访。他足不停步，手不辍笔，写下了众多记录战争的篇章，如《傅作义热泪盈眶》《马兰村访萧克》《朱

① 《大公报》(重庆版)，1938年12月1日。

② 《报人宣誓》，《大公报》(重庆版)，1939年4月15日。

③ 陈纪滢：《三十年代作家记》，台湾：成文出版社有限公司，1980年，第285页。

④ 转引自重庆抗战丛书编纂委员会：《抗战时期重庆的新闻界》，重庆：重庆出版社，1995年，第8页。

⑤ 《中国青年新闻记者学会成立宣言》，1938年3月30日。

老总胸有成竹》《周恩来派我见陈诚、访叶挺》等，还有战地纪实《娘子关激战》《踏进台儿庄》《热河失陷目击记》等。南口战役时，“青记”干事孟秋江亲临南口山上，与最前线战士共生死，写出了《南口迂回线上》的感人文章。保定会战时，战地记者方大曾为了写《永定河上游的战争》一文，冒险北进，后保定失守，他转至蠡县，仍向后方来信说：“仍当继续北上，以达成最初的决定。”《大公报》记者邱溪映报道了平型关大战。女记者胡兰畦报道了上海保卫战，写出了《大战东林寺》一文，表现了守军坚强的战斗精神。南京会战中，最后退出南京的记者萧韩渠牺牲了。徐州会战中，全国三四十个记者坚守以台儿庄为中心的战场。《星光日报》记者赵家欣，《华侨日报》记者蔡学余，新加坡《星中日报》记者黄薇，华侨记者团的纪志文、庄明崇、龙炎川等，活跃在泰山、运河之间的战场上。徐州突围时，数十位记者经百般艰难，分头突出重围，回到武汉。“中央社”记者刘尊棋、范世勤始终坚持在淮河流域和大别山之间，不离岗位一步。《新华日报》记者陈克寒遍历山西战场，考察了晋察冀边区，写成轰动一时的《晋察冀边区模范根据地》小册子，坚定了民众抗战的信心。九江战役中，菲律宾《华侨商报》记者张幼庭被炸死在江中……

《重庆各报联合版》虽然时间短暂，却可称为抗战史上的奇迹。面对敌人经年累月的轰炸，面对报社设备、人员的损失，重庆新闻界站到了一起，他们在发刊词中申述了自己的主张：“敌人对我的各种残酷手段，我们的回答是加紧我们的组织，我们要拿组织的力量，去粉碎敌人的一切阴谋诡计……重庆这几天的环境太悲壮了！重庆的新闻界，在各种悲壮的经历中，更谋加紧我们的组织，展开我们奋斗的阵容，联合版是这种精神的一个表现。”[①]《重庆各报联合版》同时也把这种战斗性作为动员的力量用来鼓励全国人民，1939年5月8日的评论《仇恨愈深，奋斗愈勇》写道：“暴日给我们仇恨愈深，我们奋斗愈勇！惟有英勇奋斗，才能算清我们的新仇旧恨，争取抗战的最后胜利！”[②]

1938年10月23日，载运《新华日报》工作人员和设备的“新升隆”号专

① 《发刊词》，《重庆各报联合版》，1939年5月6日。

② 《仇恨愈深，奋斗愈勇》，《重庆各报联合版》，1939年5月8日。

轮遭敌机袭击，编辑、记者和职工等16人牺牲；1939年5月3日，《大公报》编辑部和印刷厂被炸，工友王凤山遇难；1939年5月4日，“中央通讯社”总社被炸，战区电台主任刘柏生殉难，当天《中央日报》记者张慕云被炸弹击中牺牲；1939年6月7日，《新民报》总部被焚，文件、账册和多年合订本全部化为灰烬……

敌人的暴行没有击垮重庆新闻人的意志，反而激发了大家努力工作的热情。《益世报》在报社被炸后发表讯息，“本馆虽屡遭轰炸，职工虽处在破壁斜墙漏瓦之中，仍淬励精神，继续出版”①。《新民报》在总部被轰炸后第二天发表社论：“我们自今日起益加奋发，益加咬紧牙关苦斗，不但要保图复兴，还要迅速发展，不使敌人快意，不使爱我者沮丧。”②1941年7月12日，《新华日报》发表短评《陪都报业的精神》，高度赞扬重庆新闻界的这种战斗精神，“我陪都同业如时事、新民、新蜀、大公、扫荡等馆先后受许多物质上的损失。但是这种兽行，所得的结果只是更高度发挥我愈炸愈勇的大无畏精神……我们陪都同业这种坚守岗位、不惧暴力的光荣奋斗，有力地显示了中华民族的伟大，深愿同业继续发扬这种大无畏的奋斗力量，顽强地战斗下去”③！

战时新闻界显示出的这种战斗性，不独是重庆这个战时中心特有的，应该说是流淌在每一个有爱国热情的新闻工作者血液中的。这种战斗性实际上是一种政治上的觉悟，“一个正确的报纸，还应有它的国家性或民族性。一个国家或者民族在一定时间之内，有那一个国家或民族内各阶级各党派的共同利益，为了全国共同的利益，各种态度及各种范畴的报纸，都应修正其原有态度，一致为此共同利益而奋斗，违反国家或者民族的要求，固执狭义的党派的成见，这是落伍的或幼稚的报纸，不是时代的报纸”④。

面对战争，无论是后方的编辑，还是前线的记者，无论是民间的报人，还是政党的媒体，他们都为伟大的抗日战争奉献自己的力量，努力为抗战将士的

① 转引自重庆抗战丛书编纂委员会：《抗战时期重庆的新闻界》，重庆：重庆出版社，1995年，第226页。

② 《为本报被毁告国人》，《新民报》，1941年6月8日。

③ 《陪都报业的精神》，《新华日报》，1941年7月12日。

④ 范长江：《范长江新闻文集（下）》，北京：新华出版社，2001年，第823页。

浴血战斗大唱赞歌，为抗战可歌可泣的史迹忠实报道，为受到日寇残暴蹂躏的同胞详细记录。他们的作品朴实无华、真切翔实并且具有感染力，极大地鼓舞了军民斗志，也为中华民族的反侵略战争留下了一个个生动感人的镜头和一页页珍贵的史料。

（四）呈现出初步的国际交流发展形势

中国抗战作为世界反法西斯战争的重要组成部分，受到国际的广泛关注。因此，加强新闻宣传的国际联系与对外交流，也是抗战时期重庆新闻事业在战争中变化的一个表现。

1937年11月，国际宣传处成立，这是为适应抗战需要而设立的一个“特殊的机构”。它的活动方式、活动内容、人员成分、组织编制很独特，所有工作人员均享受军人待遇，实行军事化管理，人员授予军衔，足见其特殊地位。国际宣传处是国民党政府战时对外宣传政策的执行机构。

1937年11月，国际宣传处西迁武汉，建立了以武汉为总部，以上海、香港、伦敦、纽约、日内瓦、柏林、莫斯科7个支部为附属机构的严密的组织系统。武汉总部内设有四科一会一室，即（英文）编撰科、外事科、对敌科、总务科、对敌宣传研究委员会和新闻摄影室。附属的支部（办事处）完全听从总部指挥，一切宣传材料都由总部供给。各支部（办事处）负责人都是经总部严格考核筛选的，早期的负责人因秘密工作需要而遴选可靠的外籍人士担任。此外，该处在国外还有一支“别动队”，其人员在国外进行独立的个人宣传活动，如演说、游说、募捐以及搜集情报等，直接受命于国际宣传处而不与该处的驻外机构发生联系。该处曾创办多种中外文刊物，如：《战时中国》（*China at War*）、《中国通讯》（*China Communication*）、《现代中国》（*Contemporary China*）等，并出版宣传中国抗日的书籍，向海内外广播新闻等。其职能就是文字宣传、活动宣传、广播宣传、对敌宣传和艺术宣传五大任务，还负责检查外文新闻电讯。①

国际宣传处长期由董显光主持工作，负责抗战时期整个国民党政府的对

① 董显光：《1938年国际宣传处工作报告》，中国第二历史档案馆藏国民党政府中央宣传部档案，718(5)宗63卷。

外宣传工作。在他的协调下，国际宣传处制订出“不露痕迹”的宣传策略，即“利用外国人在各国推进宣传”的工作方针，在迅速扩充国际宣传组织机构和业务职能的同时，努力联络和争取国际友人，特别是外国记者。一些外国记者还接受董显光的聘请，或在国际宣传处任职，或分赴欧美筹设办事处，在各国发起抗日援华运动。在董显光的主持之下，国际宣传处在反击日本对华歪曲宣传、澄清事实真相、争取国际舆论对中国抗战事业的同情和支持等方面，开展了卓有成效的工作，取得了显著的效果。

1938年2月，国际宣传处又改为隶属国民党中央宣传部，但编制仍以军事委员会为标准，该处经费亦由军事委员会款项下拨出。1939年1月27日，国民党五届五中全会通过《改进国际宣传实施方案》。1月29日，又通过《对于党务报告之决议案》，确定今后的党务发展应特别注重海外，“而于宣传方面尤应特别注意”，足见国民党对对外宣传的重视。

国民党“中央通讯社”在新加坡、马德里、香港建有分社，在华盛顿、纽约、伦敦、马赛派驻特派员，在中缅战区司令部设有常驻记者，大大增强了海外采访力量，扩大了对外发稿数量。《中央日报》也加强了国际新闻的刊发。《大公报》则通过萧乾、马廷栋、黎秀石、杨刚、朱启平、严仁颖、张鸿增、郭史翼、吕德润等一批优秀的记者，采写在欧洲战场、太平洋战场和美洲大陆的反法西斯斗争中的所见所闻，他们发回的《国际通讯》也成为报纸的一大特色。《新华日报》努力开辟国外新闻来源，除了有莫斯科专电外，还与加尔各答等地以及美英等国的进步通讯社建立了联系。该报由乔冠华执笔的“国际述评”是最具特色的栏目之一，高屋建瓴地为中国人民解读和分析了国际形势的发展。针对海外华侨亟须了解中国战局的需要，国际新闻社应运而生，并做了大量的工作，创办了《远东通讯》《祖国通讯》《国际通讯》，承担对外舆论宣传的任务。国际新闻社在自1938年10月20日正式成立到1941年初被国民党当局查封的两年多时间里，向海内外报刊发去数以千计的新闻通讯和国际评论稿件。

外国记者也成为当时重庆新闻界对外交流的主要渠道。1942年1月14日，国际宣传处统计：太平洋战争爆发后，重庆共有外国记者17人，代表23家通讯机构，堪称抗战以来“最景气时期”。计有美联社（摩萨），合众社（费许、王公达），国际新闻社（葛兰痕），《基督教科学箴言报》（斯坦因），《时代》和美国海外通讯社（司徒华），美国全国广播公司、《纽约时报》、《纽约先驱论坛报》（福尔曼），美国《青年中国》杂志、路透社（赵敏恒），伦敦《泰晤士报》（麦克唐纳和史密斯），英国广播公司（史密斯），伦敦《每日邮报》和《每日先驱报》（贝尔登），伦敦《每日快报》和《悉尼电讯报》（蒲纪德），伦敦《每日电讯报》（福尔曼），塔斯社（诺蒙洛茨基、莫宁、叶夏明等）。[①]而到抗战末期，长驻重庆的外国记者约有34人，且每月总有10~20名穿梭往来的流动记者。[②]国民政府对这些记者也比较关心，除提供生活方便之外，还积极给予采访方便。

一些由外国机构和外国人主办的报刊也在重庆出版发行。1941年10月，苏联大使馆新闻处在中山二路出版日报《新闻类编》；1944年9月，卫诺德在枇杷山苏联大使馆内出版《苏联公报》；1943年3月，美国大使馆在神仙洞后街出版周刊《大美晚报》；1945年6月，美国人在两浮支路开办的新闻快讯社出版《英文新闻稿》；1945年，欧德伦在顺城街加拿大使馆出版《加拿大新闻报》。

新闻广播在抗战时期的重庆也呈现出了国际化。太平洋战争爆发后，美、英、中决定成立反侵略国家联合宣传委员会，以重庆国民政府国际宣传处为会址，开放“中央国际广播电台”（XGOY）部分时段，供各国记者对外广播新闻通讯，并建电台供外国记者发稿。如美国全国广播公司（NBC）、加利福尼亚广播公司（CBS）、互通广播公司（MBC）、英国广播公司（BBC）等机构的记者，可以到“中央国际广播电台”直接播出自己的节目，并通过本国电台定时转播“中央国际广播电台”的外国语抗战节目。美国新闻处无线电部还派人参加了国民政府“中央国际广播电台”的英文广播和节目制作，并监听日本电台广播。

① 武燕军等：《抗战时期在渝外国记者活动纪事》，中国人民政治协商会议四川省重庆市委员会文史资料研究委员会：《重庆文史资料选辑》（第30辑），重庆：西南师范大学出版社，1988年，第174页。

② 武燕军等：《抗战时期在渝外国记者活动纪事》，中国人民政治协商会议四川省重庆市委员会文史资料研究委员会：《重庆文史资料选辑》（第30辑），重庆：西南师范大学出版社，1988年，第216页。

1941年，美国密苏里新闻学院鉴于《大公报》的表现，授予该报年度荣誉奖章。张季鸾在重庆同人举行的庆祝会上发表《本社同人的声明》表示感谢，“今天的庆祝会，其意义应当不是庆祝本报，而是庆祝中国报界在国际上得到同情的认识，及将来在国际上可以增进与各国报界尤其美国报界的合作……国际友谊，靠报人维持；世界文化，靠报人流通；今天为保卫人类自由、建设世界和平，尤其靠报人合作……中国报界，愿代表四万万人民的公意，声明在美国人民为自由正义奋斗的过程之中，中国定能尽互助合作的责任。我们乘今天的机会，邀请美国报人及各国爱自由的报人，不嫌中国报业的落后，而与我们随时增进合作，相互传达友谊，鼓吹真理，动员人民，抵抗侵略”①。

1942年1月6日，反侵略国家联合宣传委员会在重庆召开成立会议。中、英、美、澳、荷等国派代表参加，由董显光代行主席之职。该委员会每周开一次例会，其主要任务有三项：一是联系各国的宣传工作，二是交换意见与情报，三是研究能够增进各国关系、取得最大宣传效果的方法。②因为同盟国之间相互合作的关系融洽，国民党政府国外宣传据点的宣传活动非常活跃。

太平洋战争爆发后，战时重庆已经被纳入世界反法西斯同盟的新闻传播网络，重庆新闻界和各国记者群体紧密联合在一起，不仅为中国民众提供了大量世界各国反法西斯战线的信息，也为国际反法西斯战线提供了中国抗日的讯息。这些面向世界的传播渠道，让重庆更具开放性。许多外国记者采访了中国战场，有些还访问过延安和其他敌后抗日根据地，客观真实地了解了八路军和新四军的战斗实绩，他们向全世界介绍中国人民英勇抗战和抗日根据地实行民主政治的成果，从精神上巩固了反法西斯同盟的胜利决心，具有重大的特殊传播意义，他们的贡献同样被载入了中国新闻事业的史册。

（五）为国际反法西斯战线的建立和胜利作出了贡献

抗战初期，国民党政府仍寄希望于国际社会的调停，并热衷于策动国际社会对日本施加压力，以迟滞日本军队的侵略行为。然而，国民党政府在这方面的行动与努力大多徒劳无功，除了社会主义的苏联于战争初期在舆论、道义与

---

① 《本社同人的声明》，《大公报》（重庆版），1941年5月15日。

② 荣孟源：《中国国民党历次代表大会及中央全会资料》（下），北京：光明日报出版社，1985年，749页。

物质上给予中国抗战以较大支持外，其他的如英、美、法诸国，均站在维护自身利益的立场，不愿卷入其中，更不愿采取强硬措施制裁日本，援助中国。

在这样的历史条件与国际环境下，国民党政府不得不在军事战略上采取消耗战、持久战、全面战的战略方针，企图用“以空间换时间，积小胜为大胜”的战略，逐步抵御日本军队的进攻，消耗日本的实力，争取最后的胜利。在外交上继续积极寻求外援的同时，国民党政府又主要采用了驻美大使胡适于1938年7月提出的“苦撑待变”的方略，在努力逐步赢得国际社会同情、支持的同时，等待世界局势的变化，也等待敌我内部力量的变化。

在严峻的国际形势面前，中国新闻界紧紧抓住每一次机会，号召英美等国关注中国。1939年2月10日，日军占领海南岛，蒋介石在次日的外国记者招待会上说：“日军占领该岛实为完全控制太平洋海权之发轫。该岛若归日军掌握，则日本海军向西可由印度洋以窥地中海，而在东面，即可以断绝新加坡、夏威夷岛、珍珠港英美海军根据地之联络……日军之进窥海南岛等于1931年9月18日之占领沈阳；换言之，日之进攻海南岛，无异造成太平洋上之‘九一八’。”[①]同时，《中央日报》也配合蒋的讲话发表社论，声称日本此举是对美国的直接挑衅，是与美国争夺太平洋霸权，日本如在太平洋上发动战争，必首先攻击关岛、檀香山。“日本征服欧亚的凶锋，决不会避开太平洋上直接最大的海军主敌。”[②]诸如此类的宣传一而再、再而三，不断推动英美等国将注意力聚焦于太平洋，使他们认识到其在太平洋的切身利益正在受到威胁，从而放弃中立政策，制日援华。

通过持续的新闻宣传和外交努力，1939年6月，美国首批援华物资（卡车510辆、军布300吨）到达海防内运。在援华的同时，美国亦开始采取制日措施，于1939年7月25日宣布对日禁运汽油与废铁，次日废除了《美日友好通商航海条约》。实际上，中国的国家利益与英、美、法等国利益是一致的。英国重新开放了滇缅公路。美国派出了军事代表来中国视察抗战实情，派出了陈纳德的第十四航空队。但是，世界反法西斯统一战线还未正式建立。

---

① 《太平洋上之“九一八”》，《大公报》，1939年2月12日。

② 《太平洋战祸的征兆》，《中央日报》，1939年2月14日。

1941年12月7日清晨，日本海军的航空母舰舰载飞机和微型潜艇突然袭击美国海军太平洋舰队。重庆各大报纸纷纷发表评论、社论与专论，对日本的侵略行为表示愤慨，并抓住契机畅言建立世界反法西斯统一战线的重要性。

12月9日，《新华日报》发表题为《太平洋大战爆发》的社论，指出："太平洋战争爆发了，今后全世界侵略与反侵略两大阵线，从此更见鲜明。欧洲的、亚洲的、大西洋和太平洋的战争，现在已经联成一体，血肉相关，不分彼此，胜则俱胜，败则俱败。每个反侵略的国家和民族，再不能将战争看成局部的战争，利害得失应该从整个打算。"①

同一天，作为国民党中央机关报的《中央日报》也发表题为《太平洋战局的关键》的社论，明确指出两点：第一，侵略集团是按个的，无论其侵略的区域在哪里，也无论其侵略的方法是哪种，彼此"都是有连贯性，有互相响应，互相声援的作用"。因此，"无论侵略集团中那一个分子攻击我们反侵略阵线中任何一国，我们整个阵线应该认为共同敌人，用共同的力量来谋彻底的解决。我们绝对不可旁观，绝对不可犹豫，绝对不可顾惜，只有牺牲，才能得到整个世界的正义和平，才能保障每一民族永远生存。我们无论环境如何困难，必须根据这基本的认识，不顾一切，与我们的共同敌人作最后的肉搏"。第二，同盟各国当务之急，就是迅速完成反侵略的统一战线。"不但在政略上需要统一，在战略上也需要统一"，"不但在设计上需要统一，在行动上也需要统一"，"不但在外交军事上需要统一，在政治经济上也需要统一。统一可以增强我们的力量，统一可以增强我们的信心。现在是我们树立切实的统一战线的唯一时机，也是最后时机，万万不可将这稍纵即逝的时机轻轻放过。我们果能即日促成统一战线，一切难题皆可解决。我们有共同的战线，有共同的兵力，有共同的资源，有共同的财力，还怕打不倒这区区的小丑么！"②

12月11日，《新华日报》刊登了陪都外交团体共同发表的《反侵略宣言》称："在此烽火弥漫之大陆与波涛汹涌之海洋上，显出黑白分明之两条战线，一为诡诈无耻残暴喷血同恶共济之轴心集团，一为人类公理与国际和平而英勇

① 《太平洋大战爆发》，《新华日报》，1941年12月9日。

② 《太平洋战局的关键》，《中央日报》，1941年12月9日。

奋斗之民主国家，今后世界人类之前途，为光明抑或黑暗，为文明抑或野蛮，为自由抑或奴役，为幸福抑或毁灭，均有待于此次战争之决定……除震愤日寇之罪恶暴行，愿本至挚之心，遥向太平洋上受难之友邦人士致慰。凡我民主国家，昔为良友，今本同仇，风雨同舟，互援互助，当欢迎所有反侵略国家加入共同阵线，并肩作战到底，决不单独言和。”[①]14日，《新华日报》又发表了周恩来亲笔署名的《太平洋战争与世界格局》，称：“东西法西斯早已勾结在一起，我们反法西斯侵略的国家，更应该联成一体，休戚相关，要知太平洋之胜利，亦即大西洋之胜利，欧洲的失败，亦即亚洲的失败。今天的战争，已经是世界人类绝续存亡的战争，亦即是侵略者与反侵略者你死我活的斗争。今天的世界正处在光明与黑暗的分野，文明与野蛮的对立，民主与强权的斗争，和平与暴力的对抗。我们坚信：只要全世界万众一心，胜利一定是属于正义一方的。”[②]他从战争双方的正义与非正义，双方的意识形态、经济资源、军事力量、人心向背及当时世界的战局等各方面全方位、多角度地进行比较分析，进而得出反法西斯同盟必胜的结论，并进一步指出：“懂得了以上的目前世界战局的规律，我们便能正确地认识太平洋战争在世界反法西斯阵线中的任务，同时，也必须从世界反法西斯的任务的分担上来解决太平洋战争的问题。这样就必须从作战任务的分担上，从国际交通的建立与维护上，经过太平洋各国的会议和决定，以确定共同的计划。只有这样，太平洋的反日战争，才能有组织的、有配合的、有把握的进行。然而，欲实现这一计划，必须以我们中国来推动英美荷澳及太平洋上其他国家民族的联合，并密切与世界所有反侵略国家和民族的联系。”[③]

12月13日，《中央日报》又因德、意、日三国于12日已在柏林签订三国协定，再次发表《速缔反侵略公约》的社论，指出德、意、日三国签订协定后，必将以整个力量推行其恶毒的侵略。在此情形下，“假使反侵略阵线不速采纳对付方法，或恐有后将无及之悔。……基于事实的需要，基于作战的必要，凡站在同一战线上的国家必须有共同的约束，始能尽量发挥共同的力量。……我

① 《反侵略宣言》，《新华日报》，1941年12月11日。

②③ 《太平洋战争与世界格局》，《新华日报》，1941年12月14日。

们今日必须以反侵略阵线的全力来推动战争，争取胜利”[①]。

大量的新闻舆论通过外国驻华使领馆和外国新闻机构的电讯，对英美等国家领导层的决策产生影响，有利于他们清醒认识整个局势，审时度势，作出正确的判断与决断，推动了世界反法西斯统一战线的建立。很快，重庆成为世界反法西斯阵营的中国统帅部所在地，重庆也因此“突出四川的范围，成为号召全国的大都市，同时亦在政治上成为国际城市，而与伦敦、华盛顿、莫斯科等相提并论”[②]。

中国军民浴血奋战5年，拖住日军100多万，成为太平洋地区的主战场，但在中、英、美、苏四大国中，中国仍遭受歧视。太平洋战争爆发后，重庆迅速成为世界反法西斯阵营在远东的军事政治指挥中心。美国、英国却出于自己国家利益考虑，决定实施“先欧后亚”的战略，在世界战场上将击败希特勒作为“当务之急”。

为改变这种态势，重庆新闻界又代表中国媒体不断呼吁同盟国重视亚洲战场。1942年1月11日，《扫荡报》发表了题为《同盟军应该及时展开太平洋上之攻势》的文章，敦促英美等国尽快履行《大西洋宪章》之共同对法西斯作战的使命，尽快在太平洋对日展开强大攻势，使盟军尽快取得主动。[③]13日，《扫荡报》又发表了题为《增援荷印与长期作战》的社论，写道：“吾人检讨马来西亚战局之各方面，仅获一个结论，即吾人必须立即增援马来西亚，及荷印之实力，且增援办法之实施，决不可如一般政客及英伦当局之泛泛了事。一言蔽之，举凡澳洲、美洲、加拿大、印度、中东各地，倘有军队可调，即应调往。伊朗、叙利亚、利比亚、缅甸以及英伦各地倘有战斗机、轰炸机、大炮及坦克等武器，用以应付尚未发生之危机者，亦应立即调往该两地带。”[④]16日，《扫荡报》接着发表了题为《世界战局的重心何在》的社论，指出目前世界格局的重心毫无疑问是在太平洋，要击败希特勒，只有先解决帮凶日本，“从目前的

① 《速缔反侵略公约》，《中央日报》，1941年12月13日。

② 张国镛、陈一容：《为了忘却的记念：中国抗战重庆历史地位研究》，重庆：西南师范大学出版社，2005年，第273页。

③ 《同盟军应该及时展开太平洋上之攻势》，《扫荡报》，1942年1月11日。

④ 《增援荷印与长期作战》，《扫荡报》，1942年1月13日。

世界战争的发展上估量，日军已在执行轴心强盗的命令，企图囊括英美在太平洋上原料富足的产地，根本打击英美的作战力量。尤其是打击美国成为世界民主国家大兵工厂的计划，这个发展已使日寇对于英美及各民主国家的威胁超过了德意，无论从英美本身的利益着想及从民主国家争取胜利的必需上着眼，英美绝无听任日寇在太平洋上猖獗的理由，更无先败希特勒后解决日寇的余裕”①。

此处再以《大公报》为例，1941年1月14日，《大公报》有一篇题为《世界战局，南洋欧洲同等重要》的报道，行政院蒋廷黻处长招待中外记者时谈道：“舆论界互好辩论南洋之战与欧洲之战之孰轻孰重问题，其实此问题毋庸多辩。第一，南洋之战关系南洋地区之资源。第二，南洋之战关系印度洋之交通。因此，南洋之战与各民主国家均有重大关系。”②当天配发的社评则称：“先打倒希特勒，再解决日本，恰如俟河之清，况且日本也绝不会那么呆，而坐待被解决。要知道同盟国若把轴心区分先后，轴心就一定不分先后而一齐逞凶。暴日也知道它与希特勒共命运，所以它除了为自己争得能够长期作战的地位而外，也可能对希特勒作些较大的贡献。它对苏联下手是巩固了自己的战略地位，同时也是帮助了希特勒。假使新加坡与印荷有失，日本势力达到了印度洋，暴日很有可能进兵印度，而与希特勒夹击中东。到那时，世界战局变成轴心的绝对优势，同盟国要区分德日谁先谁后，也不可能了。”文章结尾告诫同盟国要绝对注意太平洋战局的危机，不可轻易放弃新加坡，同时要警戒日本进攻苏联的可能，须在太平洋上先发制敌。

重庆新闻界关于战争动态的言论，虽显书生意气，却是卓有远见的。在当时南洋战场告急的形势下，这类新闻报道对扭转太平洋战局，推动战争向着对同盟国有利的方向推进无疑是起了重大作用的。后来的历史也验证了这些言论的正确性。

抗日战争时期，重庆新闻界的热情号召也使远离战区的老百姓从浑浑噩噩的生活中觉醒，投入到大后方的各项建设中；他们的激扬文字鼓舞着国防前线

① 《世界战局的重心何在》，《扫荡报》，1942年1月16日。

② 《世界战局，南洋欧洲同等重要》，《大公报》，1941年1月14日。

百万将士忍受艰难困苦而英勇杀敌；在极其艰苦的条件下，大后方的重庆新闻媒体，通过报刊、广播迅速地将新闻传递给人们，让世界各国了解中国的抗日战争、了解战时首都重庆的状况，也反映了解放区及敌后的艰苦斗争。

昨天的新闻，就是今天的历史。抗日战争时期，重庆报业以及整个新闻传播事业进入了辉煌的顶峰时期，是当之无愧的全国新闻中心，也是远东地区新闻传播的中心，在国家生死存亡的关键时刻向全世界传达出中国的声音。这里对重庆抗战时期的新闻传播活动只能算是一种全景式的掠影，其中的点点滴滴，与抗战时期重庆的政治、文化、经济、军事、外交等领域紧密相连，与中国近现代政治史，特别是中国现代新闻思想史密切相关，不仅值得在中国报业史和新闻传播史上大书特书，而且更催促着当下的研究者细细品味，拓宽研究视野，调整研究的角度，进一步挖掘史料，与时俱进，以史鉴今。

四、1945—1949年调整时期重庆报业述评

这一阶段的重庆报业，经历了比较微妙的一段历史时期。抗战胜利后，国共谈判还在进行时，1945年11月16日《新华日报》发表了《国民党调动二百万大军发动全面内战真相》的长文，表明局势已到严重关头，全面内战一触即发。而从10月起，《新华日报》就在新闻报道中不断揭露国民党军队向解放区发动进攻、挑起国内战争的事实。

1945年底，国共恢复谈判。1946年初，政治协商会议在重庆召开。这让重庆人民看到了一丝和平的曙光。特别是政协会议中允诺的言论自由让重庆新闻界的同行备受鼓舞。但是很快，2月10日的“较场口事件”击碎了人们的梦想，《大公报》《新民报》《商务日报》等报的4名记者被打伤，这也拉开了新闻界血雨腥风的序幕。

（一）报业在收缩后得到一定发展

抗战胜利后，随着国民政府回迁南京，许多新闻机构纷纷离开重庆。特别是海外媒体的驻华机构，因重庆不再是中国的政治中心，也先后离开重庆。这对重庆新闻传播事业的国际地位造成了巨大的影响。

从新闻传播的规律上来讲，这种现象是正常的。新闻作为对新近发生事实的报道，基于重大性的新闻价值元素，新闻机构往往偏重追求重大的政治、经济、军事、文化新闻。在这种情况下，重庆一旦不再是战时中国的中心，新闻机构的撤离也是符合新闻传播规律的。另外，由于许多新闻机构，如“中央通讯社”、“中央国际广播电台”、《中央日报》等媒体的性质，决定了它们必然要随着国民政府回迁南京。同理，随着战后短暂和平的到来，复旦大学新闻系、中央政治学校新闻系等新闻教育机构的撤离也是必然的。从这个角度来讲，战时重庆新闻传播事业的繁荣，得益于战时中心地位的确立；战后重庆新闻传播事业的调整，也缘于战后中心地位的丧失。

不过，获益于战时重庆阶段事业的发展，一些新闻机构尽管主体迁离重庆，但仍在重庆设有分支机构，如《中央日报》《大公报》《新民报》《时事新报》《南京晚报》《中国学生导报》《世界日报》都设有重庆版，重庆本地的《商务日报》《新蜀报》《国民公报》继续出版，《西南日报》很快复刊，这无疑保留了重庆新闻事业的基础力量。

实际上，民国时期许多新闻人是有着新闻实业梦想的，如成舍我、陈铭德、张友鹤等，他们希望通过报纸形成一个巨大的新闻体系，因此，他们不会轻易放弃报纸在重庆经营发展的基础，更不会放弃重庆版。如陈铭德、邓季惺夫妇在抗战胜利后，除保留重庆、成都两社四报继续出版外，还由邓做开路先锋，飞赴南京，恢复南京社，出版日、晚两报。南京社的基础初定后，她又转往北平、上海，在这两大城市建社，各出日报、晚报一份。于是，《新民报》成为拥有“五社八报”的民营报系。

在这段时间，新闻传播事业虽有所收缩，但不久后又取得了一定的发展，如重庆的新闻传播学教育。抗战期间，随着中央政治学校、复旦大学、重庆新闻学院、民治新闻专科学校等机构的迁渝，重庆成为国内新闻学教育的中心。抗战胜利后，这些机构先后离渝，重庆的国内新闻学教育的中心虽不复存在，但却先后出现了重庆社会大学新闻系、重庆建国新闻专科学校、西南学院新闻系、南泉新闻专科学校等新闻学教育机构，这些机构的出现，让新闻学教育更加本土化，具备了“重庆特色”。

以设在重庆市渝中区和平路管家巷14号的重庆建国新闻专科学校为例，该校在1946年12月底由《中央日报》总编辑王抡楦提议建立，得到重庆各报支持，随即组成校务委员会筹办。参加筹组的有《大公报》、《国民公报》、《世界日报》、《中央日报》、《和平日报》、“中央通讯社”、重庆市政府新闻处等单位。学校聘请顾建平（《大公报》编辑主任）、王国华（《世界日报》总编辑）讲授新闻编辑学，曾俊修（《国民公报》总编辑）和王抡楦讲授新闻采访和新闻写作，施白芜（《大众晚报》主笔）讲授新闻评论学和修辞学。学校还邀请老作家曹禺讲授副刊文艺写作，高龙生教新闻漫画，美国新闻处翻译教新闻英语，以及老报人杨中慎讲授新闻史、解宗元讲报业管理与经营和广告学。学校每周还临时聘请重庆新闻名家主持“时事评论”“世界新闻思潮”，如《大公报》王文彬、《世界日报》陈云阁、《时事新报》王研石。这种由新闻机构来创办新闻教育的形式，改变了战时重庆的新闻学主要由高等院校主持的教育模式，是新闻教育和新闻实践紧密结合的一种尝试。

此外，在调整阶段，重庆还创办了不少新的报纸和通讯社，晚报大量流行，各区县又重新掀起了办报高潮，谷声广播电台、陪都广播电台、万国广播电台先后创办，还成立了重庆市记者公会[①]，这些都是新闻传播事业发展的表现。

（二）新闻界的生存环境日趋恶劣

1945年下半年掀起的“拒检”运动没有维持多久，国民党反动派就撕下了政协会议上伪善的面具，开始对新闻界进行迫害，新闻界的生存环境也日趋恶劣。

1946年2月10日“较场口事件”爆发后，当天下午出版了两张完全对立的晚报。一张是《新民晚报》，发表了记者廖毓泉、胡星原所写的长篇报道，指明这是有人蓄意破坏政协成果；另一张是停刊已久当天方才复出的《新蜀夜报》，不但发了消息，还发了评论，指责大会主持不公，指使暴徒打人，还把被打之人说成是打人的。当晚“中央社”所发通稿则把这种情况说成是“群众互殴”，意图推卸主使人的责任。这则新闻是由国民党中央宣传部部长吴国桢亲自到“中央社”坐镇执笔编写的，而且还向各报发了必须编发此稿的

① 重庆市记者公会于1947年9月20日成立，公会常务理事为刘觉民、陈云阁、高允斌、黄卓球、曾俊修等7人。参见重庆报业志编纂委员会：《重庆市志·报业志》，重庆：重庆出版社，2000年，第164页。

“通知”。

不过，各报的处理方式却不尽相同。《新民报》和《国民公报》两报都以版面上的显著位置刊发了本报记者所写的报道事实真相的新闻，同时也编排了“中央社”所发的通稿。《新华日报》在题为《较场口暴行》的社论中质问：“这些有指使有组织的暴徒，竟敢利用特殊势力，在万目睽睽之下，公开破坏一般民主国家人民应享受之自由权利，大打出手，这置政府之诺言何地！且置政治协商会议之协议何地！”《大公报》在以《民主的习惯》为题的社论中说：“沧白堂的石块和较场口的铁条，打不了四亿人民，更打不退世界的潮流。”《新民报》的社论《民主自由的考验》提出必须惩办破坏分子，慰问被殴打人士，并发表了受重伤的民主人士施复亮的专文《愤怒的抗议》。《民主报》赶在当天发表了《较场口惨案》号外，次日又刊发了以《快发动保障人民自由运动》为题的社论。

“较场口事件”后的这段历史，只是重庆新闻传播事业调整阶段的一段插曲。此后，以《民主日报》冒充《民主报》、以《新华时报》冒充《新华日报》这样鱼目混珠的丑闻更是让人发笑。在这场斗争中，《中央日报》和《新华日报》作为维护各自政党利益的机关报，其斗争是相当尖锐和复杂的。1947年2月28日，《新华日报》被查封，中共四川省委、八路军驻渝办事处撤回延安。不久，民主同盟的机关报《民主报》也遭到查封。

民间报纸遭到的迫害也是相当惨重的。如1949年7月，《世界日报》因刊发《请西南执政诸公拿话来说》一文，被国民党重庆市党部接管。《新民报》抢在当局出手之前找到国民党四川省党部主任曾扩情，邀请其担任发行人兼社长，宣布报纸与南京总管处脱离关系，并刊登总主笔罗承烈“辞职修养”的消息后才幸免于难。《大公报》在1949年受到国民政府西南长官公署的逼迫，原国民党中央宣传部副部长彭革陈和“中央社”编辑主任唐际清入驻报社主持编务，对外则宣称“改组”，并刊出《本报紧要启事》，宣布报纸与总管处脱离关系。《国民公报》的康心之试图走中间路线，力求办成金融界的报纸，也遭到国民党当局的迫害，只能请出国民党元老李伯申担任社长，才得以支撑下去。

此外，由于全面内战时期财政金融政策的极度混乱，重庆新闻界也陷入了严重的经济困窘中。1949年4月9日，《新华时报》曾刊登一则《新闻界走上末路》的诉苦报道，“报纸本身收入，只够支出的十分之一。《和平日报》靠卖吉普车维持同人生活，《中央日报》卖发电机发薪水。一般认为收入好一点的《大公报》《新民报》，都随时闹恐慌。”“《国民公报》同人为着薪水太少，闹了一回总辞职。其余的民间报更不堪设想了，随时都有关门的可能。”[①]《西南日报》作为国民党三青团重庆支部的机关报，也遭受到经济上的压力，曾专门刊登《谈新闻贷款》的社论，指出“在经济的压迫下，我们报业比战时更加紧迫更艰难了。假如说战时的报业是贫血的，则今天大多数的报纸简直已干枯到无血的地步”[②]。

在这样残酷的斗争环境下，中国共产党的新闻战士没有退缩。《新华日报》被查封后，他们又办起了中共重庆地下党市委机关报《挺进报》。在白色恐怖下，《挺进报》像一面旗帜，起到了传递信息、教育人民、鼓舞斗志的作用。后来，由于“挺进报事件”，重庆和川东地区的地下党组织遭受严重破坏，许多仁人志士壮烈牺牲了。

不过，他们的鲜血没有白流，一个属于人民的崭新时代即将来临！

① 《新闻界走上末路》，《新华时报》，1949年4月9日。

② 转引自王文彬：《中国现代报史资料汇辑》，重庆：重庆出版社，1996年，第977页。

整理说明

一、本书收录了自1897年10月上旬《渝报》创刊至1949年10月1日中华人民共和国成立之前在重庆区域出版的报纸近800种。

二、本书收录报纸的地域范围以1997年直辖后的重庆市地域范围为准。

三、近代中国的新闻事业往往存在“报”“刊”不分的现象。本书以“报”为主，部分新闻性的“刊”也收纳在内，政务性公报与专业性学报不纳入。

四、本书按照报纸创刊的时间为序编排，迁渝报纸以在重庆出版的时间为准。

五、报纸在出版过程中，出现更名现象的，以“—”来标记。

六、报纸在出版过程中，出现新增子报、晚报、号外等的，以“+”来标记。

七、本书对所收录的报纸尽可能客观介绍其创刊时间、停刊时间、创办人、出版者、开张、版面、宗旨、内容等基本信息。

八、本书对所收录的报纸尽可能配发报纸版面图片。

目录

CONTENTS

总序 …… 蓝锡麟 1

凡例 …… 1

前言 …… 蔡　斐 1

整理说明 …… 1

《渝报》(1897 年) …… 1

《通俗有益报》(1898 年) …… 4

《渝州新闻》(1898 年) …… 4

《华西教会新闻》(1899 年) …… 5

《天公报》(1902 年) …… 6

《广益丛报》(1903 年) …… 6

《渝城日报》(1903 年) …… 9

《重庆日报》(1904 年) …… 9

《崇实报》(1904 年) …… 12

《重庆商会公报》—《重庆商会日报》(1905 年) …… 14

《开智白话报》(1905 年) …… 16

《驻渝四川公报》(1905 年) …… 16

《川东日报》(1909 年) …… 16

《救时报》(1911 年) …… 16

《商报》(1911 年) …… 17

《皇汉大事记》—《国民报》(1911 年) …… 17

《光复报》(1911 年) …… 18

《益报》(1911 年) …… 18

《中华报》(1912 年) …… 18

《正论日报》(1912 年) …… 19
《国是报》(1912 年) …… 19
《国民共济报》(1912 年) …… 19
《天民报》(1912 年) …… 19
《社会党日报》(1912 年) …… 20
《西方报》(1912 年) …… 20
《重庆日报》(1912 年) …… 20
《重庆新中华报》(1912 年) …… 20
《正俗日报》(1913 年) …… 20
《商务报》—《重庆商务日报》—《商务日报》(1914 年) …… 21
《繁华报》(1914 年) …… 25
《危言报》(1914 年) …… 25
《民信日报》(1914 年) …… 25
《普通白话报》(1915 年) …… 26
《瀛华报》(1915 年) …… 26
《民苏日报》(1916 年) …… 26
《民治日报》(1916 年) …… 26
《渝州日报》(1916 年) …… 27
《女铎报》(1916 年) …… 27
《民鸣日报》(1917 年) …… 27
《民信日报》(1918 年) …… 27
《救国日报》(1919 年) …… 27
《场期白话报》(1919 年) …… 28
《民隐日报》(1919 年) …… 28
《江州雅报》(1919 年) …… 28
《川东学生潮》—《川东学生联合会周刊》(1919 年) …… 28
《西方日报》(1920 年) …… 29
《平民日报》(1920 年) …… 29
《新蜀报》+《新蜀每周画报》+《新蜀夜报》(1921 年) …… 29

《大公报》(1921 年) …… 34
《西方报》(1921 年) …… 35
《渝江评论》(1921 年) …… 35
《万州工商日报》(1921 年) …… 35
《商务报》(1921 年) …… 35
《军事日报》(1921 年) …… 35
《忠县旬刊》—《忠县报》—《忠报》(1921 年) …… 36
《工务日报》(1922 年) …… 36
《大中华日报》(1922 年) …… 36
《天府日刊》(1922 年) …… 38
《新民朝日报》(1923 年) …… 39
《重庆四川日报》(1923 年) …… 39
《巴子日报》(1923 年) …… 40
《蜀声日报》(1923 年) …… 41
《合力周报》(1924 年) …… 41
《长江日报》(1924 年) …… 41
《团治周报》(1924 年) …… 41
《四川公民日报》(1924 年) …… 41
《綦评》—《綦民公论》(1924 年) …… 42
《渝报》(1924 年) …… 43
《重庆民报》(1924 年) …… 43
《公益晚报》(1924 年) …… 44
《万县日报》—《万县商埠日报》—《万县市日报》—《万州日报》—《万州日报·川东日报联合版》—《万州日报·川东日报·川东快报联合版》—《万州日报·川东快报联合版》—《万州日报》—《万县新闻》—《万县日报》(1924 年) …… 44
《新合川》(1924 年) …… 49
《改建周报》(1924 年) …… 50
《江州日报》(1924 年) …… 50
《通俗周刊》(1924 年) …… 50

《民联周报》(1925 年) …… 50
《长江航业周报》(1925 年) …… 50
《南鸿》(1925 年) …… 51
《工商业白话报》(1925 年) …… 51
《正伦周报》(1925 年) …… 51
《新涪声报》—《新涪陵报》(1925 年) …… 53
《渝市晚报》(1925 年) …… 53
《永川通讯社》(1925 年) …… 54
《粉江通讯》(1926 年) …… 54
《蜀江金石周报》(1926 年) …… 54
《重庆新报》(1926 年) …… 54
《通俗教育觉育报》(1926 年) …… 55
《中山日报》(1926 年) …… 55
《新新日报》(1926 年) …… 55
《公论日报》(1926 年) …… 55
《重庆时报》(1926 年) …… 56
《壁报》(1926 年) …… 56
《快刀》(1926 年) …… 56
《重庆日报》(1926 年) …… 56
《廼延晚报》(1926 年) …… 57
《每周评论》(1926 年) …… 57
《公联日报》(1926 年) …… 57
《新渝报》(1926 年) …… 57
《团务日报》—《团悟日报》(1926 年) …… 57
《重庆正言报》(1926 年) …… 58
《新昌报》(1926 年) …… 58
《炉火周报》(1926 年) …… 58
《重庆新闻》(1926 年) …… 58
《革命画报》(1927 年) …… 59

《鹤游》（1927 年） …… 59
《梁山时报》（1927 年） …… 59
《重庆民报》（1927 年） …… 59
《锁闲日报》（1927 年） …… 59
《新民日报》（1927 年） …… 60
《游戏报》（1927 年） …… 60
《重庆民报》—《重庆新民报》（1927 年） …… 60
《四川党务周报》（1927 年） …… 62
《四川新闻报》（1927 年） …… 62
《新长寿报》—《长寿报》（1927 年） …… 62
《峡声》（1927 年） …… 62
《合川日报》（1927 年） …… 63
《香槟报》（1927 年） …… 64
《梁山三日刊》（1927 年） …… 64
《荣昌国民通讯报》（1928 年） …… 64
《忠州报》（1928 年） …… 64
《嘉陵江报》—《嘉陵江日报》—《北碚日报》（1928 年） …… 64
《重庆新民画报》（1928 年） …… 70
《民国画报》（1928 年） …… 70
《重庆快报》（1928 年） …… 70
《渝江日报》（1928 年） …… 70
《垫江周刊》—《垫江报》（1928 年） …… 70
《涪陵新建设日报》（1928 年） …… 71
《涪陵市政周报》（1928 年） …… 71
《渝工捷报》（1928 年） …… 71
《重庆晚报》（1928 年） …… 71
《丰都报》（1928 年） …… 73
《民报》（1928 年） …… 73
《盐务日报》（1928 年） …… 73

《潼南民报》(1928 年) …… 73
《梁山市报》(1928 年) …… 74
《铜梁公报》(1928 年) …… 74
《铜梁民报》—《铜梁政务公报》(1929 年) …… 74
《渝报》(1929 年) …… 74
《平民晚报》(1929 年) …… 75
《商民日报》(1929 年) …… 76
《川康日报》(1929 年) …… 76
《新江津日刊》(1929 年) …… 76
《新社会日报》(1929 年) …… 77
《建设日报》(1929 年) …… 79
《国民快报》(1929 年) …… 79
《建国日报》(1929 年) …… 80
《新四川日报》(1929 年) …… 80
《蜀光报》(1929 年) …… 80
《西蜀晚报》(1929 年) …… 80
《涪陵公报》(1929 年) …… 81
《商联日报》(1929 年) …… 81
《亘报》(1929 年) …… 81
《都邮报》(1929 年) …… 82
《新时代报》(1929 年) …… 82
《重庆晨报》(1929 年) …… 82
《四川快报》(1929 年) …… 82
《民众日报》(1929 年) …… 83
《宣报》(1929 年) …… 83
《民权报》(1929 年) …… 83
《民权日报》(1929 年) …… 83
《巴蜀日报》(1929 年) …… 83
《渝市晚报》(1929 年) …… 85

《天府画报》(1929 年) …… 86
《巴县日报》(1929 年) …… 86
《快活林游艺报》(1929 年) …… 86
《万州日报》(1929 年) …… 86
《青天白日报》(1929 年) …… 86
《团悟新闻》(1929 年) …… 87
《新开县》—《开县公报》—《开县新闻》—《新开县报》(1929 年) …… 87
《蜀东新闻》(1929 年) …… 89
《渝江晚报》(1929 年) …… 89
《四川民报》(1930 年) …… 89
《市民日报》(1930 年) …… 90
《民治日报》(1930 年) …… 90
《碗报》(1930 年) …… 90
《午报》(1930 年) …… 90
《时事日报》(1930 年) …… 90
《红军日报》(1930 年) …… 91
《晶报》(1930 年) …… 91
《英文快报》(1930 年) …… 91
《东方晚报》(1930 年) …… 91
《新江津日刊》(1930 年) …… 92
《政务日报》(1930 年) …… 92
《大声日报》(1930 年) …… 92
《西方时报》(1930 年) …… 92
《涪陵民报》(1930 年) …… 93
《四川盐务日报》(1930 年) …… 93
《工商晚报》(1930 年) …… 95
《商舆捷报》—《四川晚报》(1930 年) …… 95
《世界晚报》(1930 年) …… 95
《迅雷》(1930 年) …… 95

《团悟日报》(1930 年) ………………………………………… 96
《几江日刊》(1930 年) ………………………………………… 96
《市声午报》(1930 年) ………………………………………… 96
《济川公报》(1931 年) ………………………………………… 96
《新中华晚报》(1931 年) ……………………………………… 99
《四川晨报》(1931 年) ………………………………………… 99
《合川日报》(1931 年) ………………………………………… 100
《渝江新报》(1931 年) ………………………………………… 100
《国民新报》—《民国晚报》(1931 年) ………………………… 100
《红旗》(1931 年) ……………………………………………… 101
《群众日报》(1931 年) ………………………………………… 101
《四川晚报》(1931 年) ………………………………………… 101
《新川康时报》(1931 年) ……………………………………… 101
《合川小报》(1931 年) ………………………………………… 101
《现实报》(1931 年) …………………………………………… 102
《重庆体育报》(1931 年) ……………………………………… 102
《新新新报》(1931 年) ………………………………………… 102
《重庆午报》(1931 年) ………………………………………… 102
《救国报》(1931 年) …………………………………………… 102
《工商时报》(1931 年) ………………………………………… 103
《宣报》(1931 年) ……………………………………………… 103
《商务快报》(1932 年) ………………………………………… 103
《市民日报》(1932 年) ………………………………………… 103
《重庆国难日报》(1932 年) …………………………………… 103
《新西南日报》(1932 年) ……………………………………… 104
《民强日报》(1932 年) ………………………………………… 104
《小报》(1932 年) ……………………………………………… 104
《救国周报》(1932 年) ………………………………………… 104
《妙丝周刊》—《黎明日报》(1932 年) ………………………… 105

《重庆日报》（1932年） …… 105
《新中国日报》（1932年） …… 105
《四川月报》（1932年） …… 105
《西南时报》（1932年） …… 106
《川北快报》（1932年） …… 106
《人民日报》（1932年） …… 106
《江津民报》（1932年） …… 106
《国难画报》（1932年） …… 107
《四川午报》（1932年） …… 107
《大江日报》（1932年） …… 107
《人民快报》（1932年） …… 109
《四川权舆日报》（1933年） …… 109
《一鸣日报》（1933年） …… 110
《新报》（1933年） …… 110
《快报》（1933年） …… 110
《黎明日报》（1933年） …… 112
《商报》（1933年） …… 112
《重庆白话报》（1933年） …… 112
《时报》（1933年） …… 112
《重庆平报》（1933年） …… 113
《丰都日报》（1933年） …… 113
《重庆新闻编译社稿》（1933年） …… 113
《市民日报》（1933年） …… 114
《巴报》（1933年） …… 114
《云阳日报》—《云阳公报》（1933年） …… 114
《南川民报》（1933年） …… 116
《重庆华报》（1933年） …… 116
《新新晚报》（1933年） …… 116
《卫生公报》（1933年） …… 117

《榴莲周报》(1933 年) …… 117
《光华日报》(1933 年) …… 117
《新晚报》(1933 年) …… 117
《重庆快报》(1933 年) …… 117
《渝州晚报》(1934 年) …… 117
《三江夜报》(1934 年) …… 118
《新生活晚报》(1934 年) …… 118
《扬子江晚报》(1934 年) …… 118
《刊报》—《北报》(1934 年) …… 118
《工商》(1934 年) …… 118
《新闻夜报》(1934 年) …… 119
《工商夜报》(1934 年) …… 120
《东方晚报》(1934 年) …… 120
《大众报》(1934 年) …… 120
《朝报》(1934 年) …… 121
《鸣报》(1934 年) …… 121
《复兴关日报》(1934 年) …… 121
《棠香》(1934 年) …… 121
《公正报》(1934 年) …… 121
《新闻日报》(1934 年) …… 122
《重庆快报》(1934 年) …… 122
《新白沙报》(1934 年) …… 122
《芷江日报》(1934 年) …… 122
《中报》(1935 年) …… 123
《自卫日报》(1935 年) …… 123
《东方报》(1935 年) …… 123
《剿匪日报》(1935 年) …… 123
《四川时报》(1935 年) …… 124
《新川夜报》(1935 年) …… 124
《白沙声》(1935 年) …… 124

《工商日报》(1935 年) …… 124
《巫溪三日刊》(1935 年) …… 124
《新西南日报》(1935 年) …… 125
《枳江日报》—《人民日报》—《西南日报》+《西南日报晚刊》(1935 年) …… 125
《中华日报》(1935 年) …… 130
《大足通讯社稿》—《大足三日刊》(1935 年) …… 130
《合阳晚报》(1935 年) …… 131
《艺薮画报》(1935 年) …… 131
《金报》(1935 年) …… 131
《新四川晨刊》(1935 年) …… 131
《奉节三日刊》(1935 年) …… 132
《星光晚报》(1935 年) …… 132
《民生医报》(1935 年) …… 132
《川东日报》(1935 年) …… 132
《儿童周报》(1935 年) …… 136
《万报》(1935 年) …… 136
《大声日报》—《合川·大声两报联合版》(1935 年) …… 136
《华报》(1935 年) …… 140
《巴渝日报》(1935 年) …… 140
《正午报》(1935 年) …… 140
《联报》—《民众日报》(1935 年) …… 140
《大光报》(1935 年) …… 141
《大同晚报》(1935 年) …… 141
《重庆画报》(1935 年) …… 141
《民报》(1936 年) …… 141
《津报》—《江津日报》—《新江津日报》—《江津日报·民言日报联合版》—《新江津·民言日报联合版》(1936 年) …… 141
《西蜀小报》(1936 年) …… 144
《缩影报》(1936 年) …… 144

《新闻报》（1936 年） …… 144
《钟报》（1936 年） …… 145
《复兴日报》（1936 年） …… 145
《新西南报》（1936 年） …… 145
《镜报》（1936 年） …… 146
《新报》（1936 年） …… 146
《小快报》（1936 年） …… 146
《银艺报》（1936 年） …… 146
《精报》（1936 年） …… 147
《报报报》（1936 年） …… 147
《人报》（1936 年） …… 147
《先报》（1936 年） …… 147
《民声日报》（1936 年） …… 148
《齐报》（1936 年） …… 148
《重庆时报》（1936 年） …… 148
《中华日报》（1936 年） …… 149
《梁山日报》（1936 年） …… 149
《新生报》（1936 年） …… 149
《西南日报》（1936 年） …… 149
《收音新闻》（1936 年） …… 151
《服务日报》（1936 年） …… 151
《新光晚报》（1936 年） …… 151
《国民公报》+《国民公报晚刊》（1936 年） …… 152
《四川日报》（1936 年） …… 157
《妇女时报》（1936 年） …… 158
《星星报》—《星渝日报》（1936 年） …… 158
《蜀报》（1936 年） …… 158
《竞报》（1936 年） …… 160
《新蜀报每周画报》（1936 年） …… 160
《川东晚报》（1936 年） …… 160

《新川日报》(1936 年) …… 161
《存心药报》—《民舆公报》(1936 年) …… 161
《警察旬报》(1936 年) …… 161
《民众周报》(1937 年) …… 161
《权衡报》(1937 年) …… 162
《戏剧周报》(1937 年) …… 163
《梁山复兴日报》(1937 年) …… 163
《文化三日刊》(1937 年) …… 163
《社会日报》(1937 年) …… 163
《社会晚报》(1937 年) …… 163
《佛化新闻报》—《佛化新闻》(1937 年) …… 164
《万明日报》(1937 年) …… 164
《防空情报》(1937 年) …… 164
《四川民报》(1937 年) …… 165
《梁山复兴时报》(1937 年) …… 165
《时事新报》(1937 年) …… 165
《民众周刊》—《新潼南》—《民智周刊》(1937 年) …… 168
《永川县民众日报》(1938 年) …… 169
《群力周报》(1938 年) …… 169
《抗敌导报》(1938 年) …… 169
《重庆画报》(1938 年) …… 170
《新民报》+《新民报晚刊》(1938 年) …… 171
《彭水周刊》—《新彭水报》(1938 年) …… 176
《民族导报》(1938 年) …… 176
《大汉晚报》(1938 年) …… 176
《南京晚报》(1938 年) …… 176
《大陆晚报》(1938 年) …… 178
《中央日报》—《陪都中央日报》+《中央晚报》(1938 年) …… 179
《扫荡报》—《和平日报》—《扫荡报》(1938 年) …… 185
《新华日报》(1938 年) …… 188

《壮报》(1938 年) …… 194
《扫荡画报》(1938 年) …… 194
《武汉时报》(1938 年) …… 194
《大公报》+《大公晚报》(1938 年) …… 194
《航务周报》(1938 年) …… 200
《抗战周报》(1938 年) …… 200
《远东周报》(1938 年) …… 200
《合川日报》(1939 年) …… 200
《世界周报》(1939 年) …… 201
《自强日报》(1939 年) …… 201
《自由西报》(1939 年) …… 201
《全民通讯社通讯稿》(1939 年) …… 203
《血汗周刊》—《壁报》(1939 年) …… 203
《救亡日报星期刊》(1939 年) …… 203
《健报》(1939 年) …… 203
《重庆各报联合版》(1939 年) …… 204
《敌伪经济汇报》(1939 年) …… 209
《东南日报》(1939 年) …… 210
《内外金融周报》(1939 年) …… 210
《祖国时代日报》(1939 年) …… 210
《西南导报》(1939 年) …… 210
《中国合作导报》(1939 年) …… 210
《大众壁报》(1939 年) …… 211
《民兴日报》(1939 年) …… 211
《石柱日报》(1939 年) …… 211
《中国新星报》(1940 年) …… 211
《益世报》(1940 年) …… 212
《葛城壁报》—《城口五日刊》(1940 年) …… 214
《政治旬报》(1940 年) …… 214
《璧山导报》—《导报》(1940 年) …… 214

《民众小报》(1940年) ………………………… 215
《洞庭晚报》(1940年) ………………………… 217
《中国晚报》(1940年) ………………………… 217
《建国晚报》(1941年) ………………………… 217
《东亚周报》(1941年) ………………………… 217
《重庆快报》(1941年) ………………………… 218
《西南日报》(1941年) ………………………… 218
《渝州晚报》(1941年) ………………………… 218
《天下周报》(1941年) ………………………… 218
《国语千字报》(1941年) ………………………… 218
《白沙周报》(1941年) ………………………… 219
《全民周报》(1941年) ………………………… 219
《卫生周报》(1941年) ………………………… 220
《粮情简报》—《粮情周报》—《粮情旬报》(1941年) ………… 220
《致公报》(1941年) ………………………… 220
《电影纪事报》(1941年) ………………………… 220
《侨声报》(1941年) ………………………… 220
《新闻类编》(1941年) ………………………… 221
《长寿周报》(1941年) ………………………… 222
《民情旬报》(1941年) ………………………… 222
《民间日报》(1941年) ………………………… 223
《生活晚报》(1941年) ………………………… 223
《前卫日报》(1941年) ………………………… 223
《川东快报》(1941年) ………………………… 223
《良心话》(1941年) ………………………… 224
《綦江潮》(1941年) ………………………… 224
《世皇论坛》(1941年) ………………………… 224
《正气日报(军中版)》(1941年) ………………………… 225
《新闻导报》(1941年) ………………………… 225
《市民周报》(1941年) ………………………… 225

《綦江民众导报》(1941 年) …………………………………… 225
《新报》(1941 年) …………………………………… 227
《中国新闻》(1941 年) …………………………………… 227
《永川新闻》(1942 年) …………………………………… 227
《奉节三日刊》(1942 年) …………………………………… 227
《党务日报》(1942 年) …………………………………… 228
《青白报》(1942 年) …………………………………… 228
《大道日报》(1942 年) …………………………………… 228
《商业日报》(1942 年) …………………………………… 228
《新京日报》(1942 年) …………………………………… 228
《华报》(1942 年) …………………………………… 229
《朝报》(1942 年) …………………………………… 229
《人民晚报》(1942 年) …………………………………… 229
《中国日报》(1942 年) …………………………………… 229
《中国妇女日报》(1942 年) …………………………………… 229
《大学报》(1942 年) …………………………………… 229
《新学日报》(1942 年) …………………………………… 230
《边事日报》(1942 年) …………………………………… 230
《大京报》(1942 年) …………………………………… 230
《大午晚报》(1942 年) …………………………………… 230
《合阳·民兴·商报三报联合版》(1942 年) …………………………………… 230
《中央日报·扫荡报联合版》(1942 年) …………………………………… 231
《戏报》(1942 年) …………………………………… 232
《佛化月刊》(1942 年) …………………………………… 233
《涪陵青年》(1942 年) …………………………………… 233
《中国论坛报》(1942 年) …………………………………… 233
《联合画报》(1942 年) …………………………………… 233
《世说》+《国际新闻周报》+《图画副刊》(1942 年) …………………………………… 234
《白沙实验简报》(1942 年) …………………………………… 234
《强者之报》—《强者报》(1942 年) …………………………………… 235

《垦建通讯》(1942 年) …………………………………………………… 235
《老百姓日报》(1942 年) …………………………………………………… 236
《金融日报》(1942 年) …………………………………………………… 236
《时兆月报》(1943 年) …………………………………………………… 237
《北碚实验简报》(1943 年) ……………………………………………… 237
《中国评论报》+《中国评论报晚刊》(1943 年) ………………………… 238
《社会服务》(1943 年) …………………………………………………… 239
《战士月报》(1943 年) …………………………………………………… 239
《大美晚报》(1943 年) …………………………………………………… 239
《南川实验简报》—《南川日报》—《南川日报·南川民报联合版》—
　《南川民众日报》—《南川人民日报》(1943 年) ……………………… 240
《联合征信所行情日报》—《征信新闻》(1943 年) …………………… 241
《眷合小报》(1943 年) …………………………………………………… 243
《天地画报》(1943 年) …………………………………………………… 243
《文汇周报》(1943 年) …………………………………………………… 244
《世界周报》(1943 年) …………………………………………………… 244
《中美图画壁报》(1943 年) ……………………………………………… 245
《万象周刊》(1943 年) …………………………………………………… 245
《永川民报》(1943 年) …………………………………………………… 245
《士兵周报》(1943 年) …………………………………………………… 245
《营中日报》(1943 年) …………………………………………………… 246
《中国工人》(1943 年) …………………………………………………… 246
《重庆舆论周报》(1943 年) ……………………………………………… 247
《潼声旬报》(1943 年) …………………………………………………… 247
《工商新闻》(1943 年) …………………………………………………… 247
《大华周报》(1943 年) …………………………………………………… 248
《明星晚报》(1943 年) …………………………………………………… 248
《自由东方》—《自由导报》(1943 年) ………………………………… 248
《社会周报》(1943 年) …………………………………………………… 249
《新声周报》(1943 年) …………………………………………………… 249

《华侨导报》(1943 年) …… 249
《建国周报》(1943 年) …… 249
《重庆新闻》(1943 年) …… 250
《白沙青年》(1943 年) …… 250
《盟利通讯社社稿》—《盟利通讯》(1943 年) …… 250
《石柱旬报》(1943 年) …… 251
《夔光报》(1944 年) …… 251
《世事周报》(1944 年) …… 253
《宣传导报》(1944 年) …… 253
《正义报》(1944 年) …… 253
《上海风》(1944 年) …… 254
《中外春秋》—《春秋新闻》(1944 年) …… 254
《戏报》—《天地报》(1944 年) …… 256
《国际新闻(画报)》(1944 年) …… 256
《重庆风》(1944 年) …… 256
《涪陵新闻》(1944 年) …… 256
《中国农村生活报》(1944 年) …… 257
《小旬报》—《小时报》(1944 年) …… 257
《龙门学报》(1944 年) …… 257
《建军导报》(1944 年) …… 257
《新闻周报》(1944 年) …… 260
《艺新画报》(1944 年) …… 261
《金融导报》(1944 年) …… 261
《苏联公报》(1944 年) …… 261
《民教导报》(1944 年) …… 263
《渝北日报》(1944 年) …… 263
《妇女导报》(1944 年) …… 263
《渝风旬报》(1944 年) …… 264
《学生评论报》(1944 年) …… 264
《大学新闻》(1944 年) …… 264

《鳌峰周报》(1944 年) …… 265
《沙坪新闻》(1944 年) …… 265
《中国学生导报》(1944 年) …… 265
《艺声周报》(1944 年) …… 268
《新型报》(1944 年) …… 269
《群力周报》(1944 年) …… 269
《地下火》(1944 年) …… 270
《抗日简讯》(1944 年) …… 270
《义声周刊》(1944 年) …… 270
《东方周报》(1945 年) …… 270
《中国新闻晚报》(1945 年) …… 271
《奉节青年报》—《正声报》(1945 年) …… 271
《扫荡简报》(1945 年) …… 271
《冬令营特刊》(1945 年) …… 272
《学生导报》(1945 年) …… 272
《铜营》(1945 年) …… 272
《军中导报》(1945 年) …… 272
《国际新闻》(1945 年) …… 273
《人生画报》(1945 年) …… 274
《市民周刊》(1945 年) …… 274
《自由周报》(1945 年) …… 275
《青友周刊》—《青友报》—《民铎报》(1945 年) …… 275
《胜利周报》(1945 年) …… 276
《训练导报》(1945 年) …… 276
《中国工商日报》(1945 年) …… 276
《中国儿童》(1945 年) …… 277
《台湾民声报》(1945 年) …… 277
《星期快报》(1945 年) …… 277
《渝工导报》(1945 年) …… 280
《纵横周报》(1945 年) …… 280

《时论周报》(1945 年) …… 280
《世界日报》(1945 年) …… 280
《民间报》(1945 年) …… 283
《民力周报》(1945 年) …… 283
《中国星期报》(1945 年) …… 284
《星岛画报》(1945 年) …… 284
《经济日报》(1945 年) …… 284
《信义报》(1945 年) …… 284
《真报》(1945 年) …… 286
《星报》(1945 年) …… 286
《长江周报》(1945 年) …… 286
《大地报》(1945 年) …… 286
《人渝风报》(1945 年) …… 286
《桂林力报》(1945 年) …… 287
《新潼南报》(1945 年) …… 287
《宇宙报》(1945 年) …… 287
《男报》(1945 年) …… 287
《褒贬周刊》(1945 年) …… 288
《兵役旬报》(1945 年) …… 288
《科学时报》(1945 年) …… 288
《星期新报》(1945 年) …… 288
《新学报》(1945 年) …… 288
《峡风三日刊》(1945 年) …… 289
《光复报》(1945 年) …… 289
《香槟》—《香槟报》(1945 年) …… 289
《武风周报》(1945 年) …… 290
《铜营一周》(1945 年) …… 290
《农会导报》(1945 年) …… 290
《天文台》(1945 年) …… 290
《民主导报》(1945 年) …… 291

《前夜周报》(1945 年) …… 293
《战时经济旬报》(1945 年) …… 293
《月华报》—《月华旬报》(1945 年) …… 293
《民众周报》(1945 年) …… 293
《全力日报》(1945 年) …… 293
《义声周刊》—《义声报》(1945 年) …… 294
《人民周报》(1945 年) …… 295
《国兴周报》(1945 年) …… 295
《云阳周报》(1945 年) …… 295
《铜梁民报》(1945 年) …… 295
《永川通讯》(1945 年) …… 296
《民众导报》(1945 年) …… 296
《加拿大新闻报》(1945 年) …… 296
《正风报》(1945 年) …… 296
《新人周报》(1946 年) …… 297
《民言日报》(1946 年) …… 297
《九人周报》(1946 年) …… 297
《民语》(1946 年) …… 298
《报报》(1946 年) …… 298
《平民》(1946 年) …… 298
《中央边报》(1946 年) …… 300
《重庆人报晚刊》(1946 年) …… 300
《民主日报》(1946 年) …… 300
《民主报》(1946 年) …… 302
《大众》(1946 年) …… 304
《罗宾汉报》(1946 年) …… 304
《扫荡简报(涪陵版)》(1946 年) …… 304
《青年导报》(1946 年) …… 305
《说文》(1946 年) …… 305
《中国时报》(1946 年) …… 305

《中国民主报》+《中国民主报晚刊》—《民主晚报》(1946 年) ········ 307
《荣昌报》(1946 年) ········ 307
《文化新报》(1946 年) ········ 308
《新闻快讯》—《美国新闻处电讯稿》(1946 年) ········ 309
《联合三日刊》(1946 年) ········ 309
《自由报》(1946 年) ········ 311
《剧影周报》(1946 年) ········ 311
《新闻快报周刊》(1946 年) ········ 311
《四川新闻》(1946 年) ········ 311
《一一闻》—《正视报》(1946 年) ········ 312
《星期日报》(1946 年) ········ 312
《中国午报》—《中国夜报》(1946 年) ········ 313
《中国民声报》(1946 年) ········ 314
《大华新闻》(1946 年) ········ 315
《大同报》—《大同报晚刊》(1946 年) ········ 315
《陪都晚报》(1946 年) ········ 315
《大明晚报》(1946 年) ········ 317
《永公报》(1946 年) ········ 317
《民联日报》(1946 年) ········ 317
《三民时报》(1946 年) ········ 319
《白沙日报》(1946 年) ········ 319
《文化导报》(1946 年) ········ 319
《大中日报》(1946 年) ········ 322
《新儿童报》(1946 年) ········ 324
《童军周报》(1946 年) ········ 324
《原子时代》—《大风报》(1946 年) ········ 324
《民治晚报》(1946 年) ········ 324
《自治报》(1946 年) ········ 326
《新华时报》(1946 年) ········ 326
《醒华报》(1946 年) ········ 327

《建国先锋报》(1946 年) …… 328
《咀报》(1946 年) …… 328
《白云》—《綦江周报》(1946 年) …… 328
《新闻导报》—《新闻快报》(1946 年) …… 328
《影剧周报》(1946 年) …… 329
《民呼周报》(1946 年) …… 329
《大民周报》(1946 年) …… 329
《文建周报》(1946 年) …… 329
《青年周报》(1946 年) …… 330
《凯旋报》(1946 年) …… 330
《儿童生活》(1946 年) …… 331
《晓报》(1946 年) …… 331
《新闻杂志报》(1946 年) …… 331
《工农日报》(1946 年) …… 331
《万方周报》(1946 年) …… 332
《民权晚报》(1946 年) …… 332
《猛旭周报》(1946 年) …… 332
《农工日报》(1946 年) …… 332
《昌州公报》(1946 年) …… 332
《蜀东报》(1946 年) …… 333
《大重庆民报》(1946 年) …… 333
《学习周报》(1946 年) …… 333
《新闻正报》(1946 年) …… 334
《永川新声报》(1946 年) …… 334
《立报》(1946 年) …… 334
《民声日报》(1946 年) …… 334
《全民周报》(1946 年) …… 334
《前声周报》—《前声晚报》(1946 年) …… 335
《重庆人报》(1946 年) …… 335
《艺术导报》(1946 年) …… 335

《儿童生活报》(1947 年) …… 335
《十日新闻》(1947 年) …… 336
《世界青年》(1947 年) …… 336
《学府导报》(1947 年) …… 336
《长风报》(1947 年) …… 339
《正风报》(1947 年) …… 339
《大众报》(1947 年) …… 339
《小刚报》(1947 年) …… 339
《劳声报》(1947 年) …… 340
《重庆夜报》(1947 年) …… 340
《全民日报》(1947 年) …… 340
《天下日报》(1947 年) …… 342
《南浦新闻》(1947 年) …… 342
《西南新闻》(1947 年) …… 342
《中工》(1947 年) …… 342
《重庆晨报》(1947 年) …… 344
《达人报》(1947 年) …… 344
《江洋通讯》(1947 年) …… 344
《正诚日报》(1947 年) …… 344
《青职导报》(1947 年) …… 345
《电声晚报》(1947 年) …… 345
《大刚周报》(1947 年) …… 345
《重庆嘉陵潮周报》(1947 年) …… 345
《正声报》(1947 年) …… 345
《挺进报》(1947 年) …… 347
《万州晚报》(1947 年) …… 351
《綦江日报》(1947 年) …… 351
《民族日报》(1947 年) …… 351
《镜报周刊》(1947 年) …… 352
《西南学生导报》(1947 年) …… 352

《长虹报》(1947 年) …… 353
《东亚周报》(1947 年) …… 353
《垫江导报》(1947 年) …… 353
《建涪公报》(1947 年) …… 353
《新闻时报》(1947 年) …… 354
《建设日报》(1947 年) …… 354
《突击报》(1947 年) …… 354
《恒报》(1947 年) …… 354
《万声报》—《民声报》(1947 年) …… 355
《重庆大江日报》(1947 年) …… 355
《大众报晚刊》(1947 年) …… 355
《重庆晚报》(1947 年) …… 356
《劳声报》(1947 年) …… 356
《社会时报》(1947 年) …… 356
《青年周刊》(1947 年) …… 356
《民声周报》(1947 年) …… 357
《蜀东快报》(1948 年) …… 357
《垫江新闻》(1948 年) …… 357
《大正晨报》(1948 年) …… 357
《渝光周刊》(1948 年) …… 358
《立言晚报》(1948 年) …… 358
《展望》(1948 年) …… 358
《劳动周报》(1948 年) …… 358
《大学新闻周报》(1948 年) …… 359
《汽工报》(1948 年) …… 359
《文化导报》(1948 年) …… 359
《民主日报》(1948 年) …… 359
《群力时报》(1948 年) …… 360
《社会导报》(1948 年) …… 360
《中国新闻联报》(1948 年) …… 360

《民言报》(1948 年) …… 360
《大宁报》(1948 年) …… 361
《峡声周刊》(1948 年) …… 361
《重庆文化新报》(1948 年) …… 361
《重庆日报》(1948 年) …… 362
《瞿塘导报》(1948 年) …… 362
《幸福报(重庆版)》(1948 年) …… 364
《巴渝晚报》(1948 年) …… 364
《川东日报》(1948 年) …… 364
《南新新闻》(1948 年) …… 364
《西南风晚报》(1949 年) …… 366
《星报》(1949 年) …… 366
《经济时报》(1949 年) …… 366
《奎新日报》(1949 年) …… 368
《南泉新闻》(1949 年) …… 368
《星夜报》(1949 年) …… 368
《武汉日报》(1949 年) …… 368
《工商晚报》(1949 年) …… 368
《民导报》(1949 年) …… 369
《乡风报》(1949 年) …… 369
《纲报》(1949 年) …… 369
《民言报》(1949 年) …… 369
《文报》(1949 年) …… 369
《涪陵日报》(1949 年) …… 370
《土地改革周报》(1949 年) …… 370
《每日晚报》(1949 年) …… 370
《重庆今日导报》(1949 年) …… 370
参考文献…… 371

《渝报》(1897年)

该报于1897年创刊，是重庆新闻传播史上第一家近代报刊，也是四川新闻传播史上第一家近代报刊。《渝报》的创办人宋育仁，被称为四川历史上“睁眼看世界”的第一人。1897年10月下旬，他在重庆集资约股创办了《渝报》。

《渝报》为旬刊册装，每月出3期，每期出报20余纸，订为一册，体积比新闻纸的10开略大。川贡土白纸，木板雕印，竖排，每页13行，每行32字。印报名、页码，用丝线装订成册，有中缝双鱼尾形和边线栏。《渝报》馆最初选址在重庆白象街，后将馆址迁至夫子池来龙巷。由于印刷设备不能及时到重庆，最初计划的铅字排印被迫改为木板雕印，一共出版16期。

《渝报》是典型的同人办报形式，系完全的民营，所需资金由同人捐集，并根据捐助的份额给予阅报的优惠。“捐助百两以上者，每年送阅报五份；五十两以上者，每年送阅报三份；三十两者，每年送阅报一份。均无报费。”[①]考虑到盈利分红及最初吸纳资金的需要，该报还规定“捐款一时无多，如愿照集股份例入银者，以一百两为一股，每股给息折一份，盖用本局图记，每两对年认官息一分，年终凭息折给付利银”[②]。

《渝报》由宋育仁任总理，杨道南任协理，潘清荫、梅际郇任主笔，此外还聘有编纂、翻译、缮校、司账、排字等一应职工，均聘定足数，总理以下均有薪给，且所有人员的“办事程度……由总理拟定，以便照行”[③]。

《渝报》在发行上不同于古代的“官报”内部送发，采取的是私费订阅的形式，只要有9钱银子，就可以买到一份《渝报》，不再是只有各级官吏才能拿到报纸。另外，报馆不仅零售，还接收订户，第一册刊登的《渝报章程》上明确规定了其具体办法：“先交银十两者，送报五年；先交洋银十元者，送报三年；先交银三两者，送报一年；先阅后交银者，每年银两六钱，闰月照加。折购者每册九分。”“先阅后交费者，本城送满一月，外境送满三月，皆须收费，始行续送，以示限断。”《渝报》本身的发行周期相对较长，再加上当时交通邮传不便，技术设备

①②③ 《渝报章程》，《渝报》，第一册。

《渝报》第六册

《渝报》第七册

较为落后，报馆面临新闻不新、订报费居高不下等问题。最初，《渝报》曾征订十两银送五年报，结果发行起来很难。宋育仁为尽量争取订户，将订报费改为三两订一年，后来再降为二两六钱订一年。

《渝报》的派报处在省内外均有。省内有成都、泸州、眉州、万县、夔州、合州、永川、涪州、江津、梁山等26处；省外有天津、上海、南京、长沙、宜昌、遵义等26处，发行范围遍及大部分重要城市。《渝报》经常在报纸上公布各代派处人员姓名和地址，以方便读者订阅。为求进一步扩大销售量，报社还给各地信局、工局、商店愿代派报者“二十份以上只收费九成，五十份以上只收费八成”的优惠。

在样式上，《渝报》与当时流行的《时务报》类似，都为册装，虽处于古代报纸向近代报纸过渡的阶段，但其已经具有了十分明显的新闻特征。

《渝报》的主要任务是传播新闻，《渝报》副主笔梅际郇在《渝报》第一册《说渝报》中就著文阐明了这一观点：“四川僻在西南，重庆虽属通商剧镇，而山峻流塞”，消息闭塞，京沪报纸邮寄逾月，并且很少登载四川消息，“于是则渝报之兴”。“重庆据长江之上游，通滇黔之孔道，见闻较确，采访非难。凡地方之肤膺，民气之嚣静，岁时之丰歉，市价之浮落，有关时务者，莫不博采舆情，快登报录，稗乡塾里肆咸知”①。此外，《渝报》还在全国和四川各地48处聘有特派员，“各就其地，托一友人，采访要见，按月函知”②。由此可见，《渝报》对新闻重要性的重视在创办之初就很明显。

在版面设计上，《渝报》的新闻不仅按地区分别编排归栏，而且从第三册开始，每条新闻都编辑有标题，后来基本固定为四字一题，其目的在于提示内容，如第十三册外省新闻有“俄船窘况”“教士受伤”“整顿海防”，本省新闻有“创设快轮”“法增教堂”“万州试事”“学堂将开”等。该报新闻写作多以叙述性的平铺直叙形式进行。

在编辑上，《渝报》“首谕旨恭录、宫门钞全录，次折奏摘要，次外国报择录，此后另页起首先列题，依题叙录本局新论时务一二篇，次录川省物价表，渝城物价表，次另页起，首附中西有关政务各书，并各种章程，以纸数为断，次届接续前篇”③。《渝报》第一册的栏目有“谕旨恭录”“折奏录要”“译文摘录”“渝城物价”。“所录折奏、洋报，但录原文，不参论断。凡当道姓名、地方琐屑，概不涉笔，以避毁誉之嫌，杜赇贿之弊。”从第二册起，《渝报》增加“蜀事近闻”栏。从第三册起，该报又增加“各省近闻”和“外国近闻”栏，“蜀事近闻”改为“本省近闻”。增加新闻，尤其是本地新闻的比重是其中最重要的变化。

《渝报》第十四册

《渝报》有四川维新派的舆论阵地之称。《渝报章程》中开宗明义，指明报纸创立的初衷是“为广见闻，开风气而设”，进一步明确说，以上的所有这些均是

① 转引自何承朴：《四川第一家近代报刊——渝报》，《新闻与传播研究》，1983年第2期，第208-221页。

②③ 《渝报章程》，《渝报》，第一册。

为了配合维新运动在四川地区的展开，主要是围绕以下几个问题来安排其内容。第一，鼓吹维新变法，提倡“托古改制”；第二，揭露帝国主义对中国的侵略；第三，提倡兴学校办科学以启民智；第四，鼓励建立工厂开采矿藏以挽利权。

1898年4月下旬，因宋育仁受邀到成都任尊经书院山长，《渝报》停刊。同年5月，宋育仁在成都创办《蜀学报》，该报名字虽有变化，实际上为《渝报》的继续，形式与内容都与《渝报》相同。

《通俗有益报》（1898年）

该报未见实物，据推测有可能是《渝州新闻》。

1898年初，《渝报》主笔潘清荫在给上海《时务报》总理汪康年的信中说：“前承寄《白话报》，即欲仿为之，拟分五门，曰京城情形；曰各省情形；曰本省情形；曰本城情形；曰外国情形。就中又分数目，曰说读书；说庄稼；说做工；说贸易；说医道；说女学；说洋务。每篇首敬列《圣谕广训直解》一段，篇尾附录《通商原委》一段。或采古今中外之能以败为胜者。如秦穆、齐灵、楚昭、越王勾践之类。日衍说一段，期以激发众耻。诚如来教所谓，开商民之知识，莫善于此。日出一纸，只取值三文，名曰《通俗有益报》，或可销出三四千纸。”[①]通读此信，可知《渝报》馆拟推出通俗易懂的日报《通俗有益报》。《渝报》第十五册中，潘清荫撰有《增通俗报缘起》一文，介绍了增加出版《通俗有益报》的缘由，但未见实物，很难确定该报是否发行。

《渝州新闻》（1898年）

1898年4月，重庆《渝报》停刊以后，主笔潘清荫改办《渝州新闻》。

① 《潘清荫函》（五），载上海图书馆：《汪康年师友书札》，上海：上海古籍出版社，1986年，第2904页。

《渝报》第十五册《本馆告白》中指出，“省中兴蜀学会自闰三月起接办旬报，渝中添办日报”。同期的《增通俗报缘起》一文也提到，“自三月望后，旬报（指《渝报》）移设省门，略变其旧例，渝中专为通俗之言，日出一纸”，其内容为“开首敬列《广训直解》，次采中外及本省近闻，次纪农学、工学之新技术，商务、洋务之浅言”。不过，由于宋育仁的离开，《渝州新闻》并没有产生此前的影响，“日出一小幅，寥寥数事，略具体而已。是年八月政变，中外震动，舆论尤噤不敢发，区区小报，又于是时停止”，前后不到半年时间。

《华西教会新闻》（1899 年）

《华西教会新闻》于1899年2月创刊，是基督教在中国西南地区创办的第一份刊物，也是基督教在重庆乃至整个四川近代新闻史上出版年份最长的刊物。

1899年1月，基督教华西传教士大会召开首次会议，决定为传教士创办一份新闻通讯类的刊物，由陶维新夫人负责编辑和发行工作。1899年2月，《华西教会新闻》第一卷第一期在重庆出版，初期采用手写稿的形式。1900年，四川各地不断发生反洋教事件，《华西教会新闻》约在七八月迁至上海出版。1901年迁返重庆出版。1907年又迁至成都出版，直至1943年底因经费短缺被迫停刊，《华西教会新闻》前后共出版了45年之久。

《华西教会新闻》的宗旨是面向华西传教士出版，由传教士撰稿和管理，为传教士提供交流信息、交换观点的平台。刊物主要依靠各传教站的传教士来采写时事消息，只在教会内部发行，发行量不大，最初每期仅220余册，最多时也未超过450册。

《华西教会新闻》的内容有福音传播、布道方法和传教方针等，以及各传教团体从事社会救济、兴办教育等方面的具体工作与详细活动，也报道西部中国的政治经济、风土人情、人文地理及社会状况等方面的情况。

《天公报》(1902年)

该报约于1902年6月在重庆创刊，创办人不详。仅见于《重庆报史资料》第十一期。

《广益丛报》(1903年)

该报于1903年4月16日创刊，是近代重庆历史上出刊时间最长、影响力最大的综合性报刊之一。创办人曹漱珊。曹漱珊是重庆川源通字号的老板，也是重庆广雅书局的创始人。该报在1907年前后改由曹漱珊之子曹韫伯负责。

《广益丛报》是一份旧线装书式的刊物，比32开略大，双面印，每期一册，约数万字不等。有边栏线，中缝鱼尾形，并印有栏目、页码和“广益局排印”字样。栏目多样，初期分为上编、下编、外编、附编，从光绪三十一年四月三十日(1905年6月2日)出版的第三年第八号起，又分为上编、中编、下编、附编，即政事门、学问门、文章门、丛录门。其栏目上编“政事门”设有谕旨、章疏、粹论、文牍、国政、国计、国魂、萃评、纪闻等栏；中编“学问门”设有哲徽、史髓、教铨、学案、女学、实业、法意、生理、地学、理科、医学等栏；下编“文章门”设有国风、小说、短品、来稿等栏；附编“丛录门”设有调查、专件、章程、杂录、图表、丛书等栏。[①]

《广益丛报》是一份很有影响力的综合性文摘刊物，发行量高达每期2000余份，一律为订阅，概不零售。该报为旬刊，全年32册，定费4元6角，外埠加全年邮费7角。其订费自1903年《广益丛报》创刊至1912年停刊均无变化。最初刊物主要发行区域是四川省内各县，出至第一百八十六号时，省内外代派处增加到74处。《广益丛报》还与各报刊联系密切，如该报还代售《国粹学报》《政艺通报》

① 王绿萍：《四川报刊五十年集成(1897—1949)》，成都：四川大学出版社，2011年，第10页。

《新民丛报》《东方杂志》《时报》《清议报》《中外日报》《教育世界》《绣像小说》等十余种省外报刊。《广益丛报》也刊登广告，雇主多为重庆富川造纸厂、西药商店、人寿保险公司及英商立德乐洋行等工商企业。

《广益丛报》的读者主要是知识分子、官吏、士绅，而以青年教师、学生和工商界人士较多。当时还处在清王朝的封建专制之下，该报一方面敢于揭露清王朝腐朽的政局、衰败的世风、涣散的人心、低落的民气；另一方面大力鼓吹改革维新、学习西方和日本，推行民主政治，振兴农工商业，挽回利权，强国富民。这些思想正是当时以杨庶堪为代表的有志青年所共同追求的目标，所以《广益丛报》吸引着较多的读者。1906年7月刊载的一封《读者来信》，称赞该报“为救亡图存之先声，作振兴实业之号角，充新知博闻之传人，实各界民众之益友”[①]，这可以作为当时读者对该报的评价。

《广益丛报》内容丰富，以刊登学术、政治文章为主，也涉及时事、文艺等方面。其内容主要转载自对各地报刊上宣传维新变法以及西方科学、民主等方面的言论、新闻，鼓吹改革、振兴实业，反对君主专制，主张君主立宪；并撰写了许多揭露清政府黑暗腐败的评论，以及讽刺性的诗词、小品等，发表了许多立宪派的言论。[②]该报反对封建文化，提倡科学和白话文。《广益丛报》是四川最早提到社会主义和马克思名字的刊物，宣传孙中山提出的三民主义，大量介绍革命党的历史和革命党人的事迹。该报也是四川革命党人的重要舆论阵地，辛亥革命后，该报对四川革命党人的一系列活动、中国的政局等均有详细记载和评论，并揭露和抨击了袁世凯。该报还曾旗帜鲜明地支持保路运动，详细报道了四川各地运动的发展情况。

《广益丛报》的政论内容主要包括抨击清政府的内政外交政策、反对封建思想和封建文化、大力宣传宪政救国与资产阶级民主革命、支持保路运动、维护新生政权等几个方面。该报继承了《渝报》政论性强的特点，在其重头内容——

① 转引自朱苏：《广益丛报和重庆日报简介》，《新闻研究资料》，1983年第5期，第200-201页。

② 王绿萍：《四川报刊五十年集成（1897—1949）》，成都：四川大学出版社，2011年，第10页。

●大清郵政局特准掛號作為新聞紙類●

(Registered in the Chinese Imperial Post Office as a Newspaper.)

光緒三十二年八月三十日

西歷一千九百零六年十月十七號

廣益叢報

THE UNIVERSAL PROGRESSIVE JOURNAL.

第四年

丙午年第二十三號原第一百十九期

總目

○上編◎政事門

◎粹論◎中國前途安危之一問題

◎民生主義與中國革政之前途……(完)

◎諭旨◎

◎國計◎財政學新發明之大義……(未完)

◎萃評◎雜說一◎雜說二

◎紀聞◎

○中編◎學問門

◎教詮◎成都學務研究所分會條議……(未完)

◎生理◎醫學疑難解……(未完)

◎地學◎四川縣史……(三續)

◎女學◎論女學宜注重德育

○下編◎文章門

◎國風◎蟲天二十章

◎來稿◎涪州武陵司觀音神祠遊記……(完)

◎短品◎新譯日本法學博士清水澄憲法序

◎小說◎掃迷帚……(續第六期)

○附編◎叢錄門

◎專件◎磐山羅辛農東瀛遊記……(六續)

◎雜錄◎枚叔先生在日京錦輝館之演說……(完)

◎叢書◎德育鑑……(十九續)

●(重慶廣益書局印刷部印行)●

(Printed at the & Publishing Co., Chungking.)

1906年的《广益丛报》

“政事门”中，大多数都是忧国伤时的文章，既兼容中国资产阶级各个政治派别的观点，同时又有较为明显的革命倾向。辛亥革命后，该报逐渐发展成为四川革命党人的喉舌。

从重庆近代文学发展的角度看，《广益丛报》开创了重庆报刊刊载小说之先河。据不完全统计，《广益丛报》自1903年5月16日至1912年1月18日共刊载小说81种。

《广益丛报》从1903年创刊到1912年停刊，前后历时9年，出版了200期左右，是重庆早期报刊中出版时间最长的刊物之一，在整个四川地区也称得上是出版时间最长、内容最为丰富、影响最大的刊物之一。

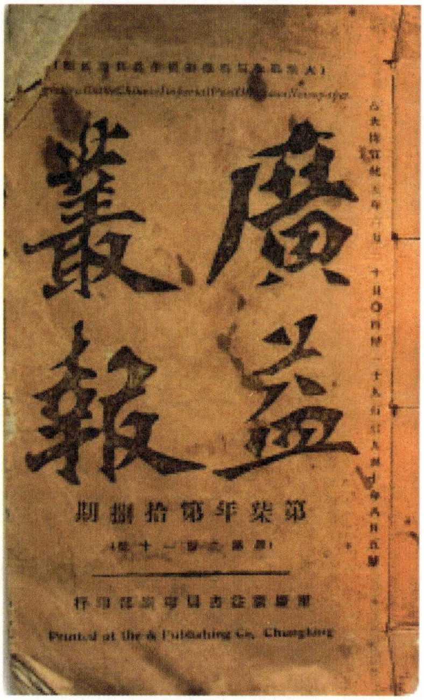

1909年的《广益丛报》

《渝城日报》(1903年)

该报是1903年在重庆出版的一份商办报纸，未见实物。其名字见于1905年5月11日天津《大公报》刊登的《报界最近调查表》，该调查列举了全国302家报纸，其中就有《渝城日报》。

《重庆日报》(1904年)

该报于1904年10月17日创刊，是重庆新闻传播史上最早的日报之一。创办人卞小吾。为了保证报纸的顺利出版，卞小吾聘请日本报人竹川藤太郎担任《重庆日报》的社长。竹川藤太郎为日本山梨县人，曾在上海等地办过报纸，了解中国国情，主张以改良的方式推进中国的进步。

《重庆日报》采用的是一种极薄的土宣纸，只能进行单面印刷，约长65厘米，宽57.5厘米。《重庆日报》从第八期开始改为4开白纸活字印刷，每日出4小张，为4版，版面编排基本接近现代报纸。4个版面分别为论说与要闻、日俄战争消息、本埠新闻和国际国内新闻，以及文化娱乐与广告。各版又分为上中下三批，每批自右至左竖排，版心外均用文武线作边框，第九十五期开始改为只用一条粗线。报纸采用4号或5号铅字进行排版，文字不标点，标点处用空白替代。报名为手写体“重庆日报”4个字，从右至左书写，因横排在版面上方的正中，显得十分醒目。报价印在右边报眼处，广告价目、报社社长，以及发行所、发卖所、账房地址则印在左边报眼处。

《重庆日报》的出现开创了重庆、四川地区报业现代化的先河。报纸不仅完全摆脱了册的形态，采用现代形式的报纸样式，而且在内容、编排、印刷等方面与自1897年《渝报》以来重庆和四川出版的所有报刊都有着质的区别，完整具备了新闻、言论、广告、副刊四大元素。

《重庆日报》的新闻报道主要有“中外汇报”和“巴蜀大观”两个新闻栏目，占据报纸一版至一版半的篇幅，报道国内外和四川以及重庆本地新闻。每天的新闻一事一条，刊发数从五六条、七八条至三十余条不等。

《重庆日报》的广告固定在报纸的第四版刊登，为使其与报纸上的其他文字相区别，报纸在广告前面冠有醒目的加了花框的“广告”二字。报纸还将专门为刊登广告而制订的具体办法每日刊登在报眼处，十分醒目。《重庆日报》上刊登的广告以文化教育和商行、客栈、照相、布庄、医馆等的广告为主，每天平均刊登八九条至十三四条。版面清晰规整，每条广告间用花线或黑线隔开。刊登的广告既有商业性的，也有很多非商业性、非营利性的。

《重庆日报》有很多小栏目，如“天声人语·谐乐园”“诗丛”“隐语·宿题”“讽林”“词林”“明窗净几”“笑话”“时潮”“动物界漫画”“动物界杂话”“百花丛”“世界奇闻”“文薮”“寸铁”“格言”“怪怪奇奇”“一家言”等。这些栏目以知识性、杂文性、文艺性、娱乐性的内容为主，刊登在第三版新闻的后面，出版时间并不是严格固定的，有的只出过一期，有的出三四期、五六期，也有的出10期左右，随意性较大。

重慶日報

《重庆日报》

《重庆日报》创刊之时，日发行量仅500份，到1905年4月，日发行量已增至3000多份，在重庆以外建立销售点共22个，包括北京、上海、宜昌和东京等地。在《重庆日报》的销售数量、影响力和作用都在日益增大的时候，报纸却因宣传民主革命而惨遭摧残。1905年6月2日，四川地方当局以在街头拦截、绑架的方式，逮捕卞小吾，将报纸查封。1908年6月13日深夜，四川地方当局指使人将卞小吾杀害于成都狱中。卞小吾是重庆地区近代报业中为办报而牺牲的第一人。《重庆日报》从创刊到被封仅存在了8个多月，但被称赞为“重庆的《苏报》”，是在重庆最早宣传民主革命的日报，深受群众欢迎。戈公振先生称赞《重庆日报》是“鼓吹革命之健者”。

《崇实报》（1904年）

《崇实报》是天主教为在四川地区传教而创办于重庆的一份报刊，1904年创刊，1933年停刊，前后共29年的历史。该报是重庆地区创办于辛亥革命前的报纸中出版时间最长的一家，也是天主教在中国西南各教区中历史最久、影响最大、发行时间最长的报纸。

该报的创办者是法国传教士古洛东和雷龙山。1866年古洛东由巴黎外方传教会派至中国，在重庆传教，曾任重庆巴县水鸭宕小学修院院长和沙坪坝大修院院长等职务。在华传教期间，古洛东亲自主持《崇实报》的运转和发行，同时创办了圣家书局，用以承印刊发各种教会刊物。办报过程中，古洛东翻译了记叙天主教在川发展传播历史的《圣教入川记》。该书于1918年由圣家书局出版，主要供川东地区的教徒阅读。该报总编辑最早由中国神父唐若翰出任，后由古洛东亲自聘请长期担任主笔的中国教士王泽溥接任。1930年王泽溥因调任万县主教而离开，总编辑一职由李树声继任。

《崇实报》的报馆设在曾家岩圣家书局内。该报以册装的形式出版，用宣纸或毛边纸铅印后线装。其版面设计和编排与同时期其他报纸相比有所不同，期数和页码等随报名印在中缝处，每页38行，每行41字，字号为小四宋休，全文使用直排排列，全报无标题也无标点（到了报纸后期才出现了简单的标题）。起初每期4页8面，每周出刊，内容板块包括广告、谕旨恭录、社论、小言、时评、京师要闻、中外要闻、国外消息撷要、本埠新闻、渝埠见闻录、省抄、省内短简、西学、来函等。该报分别使用中法两种文字出版，另有法文副刊。1924年以后该报开始扩大篇幅，最多时达到8页16面，篇幅增加了一倍。

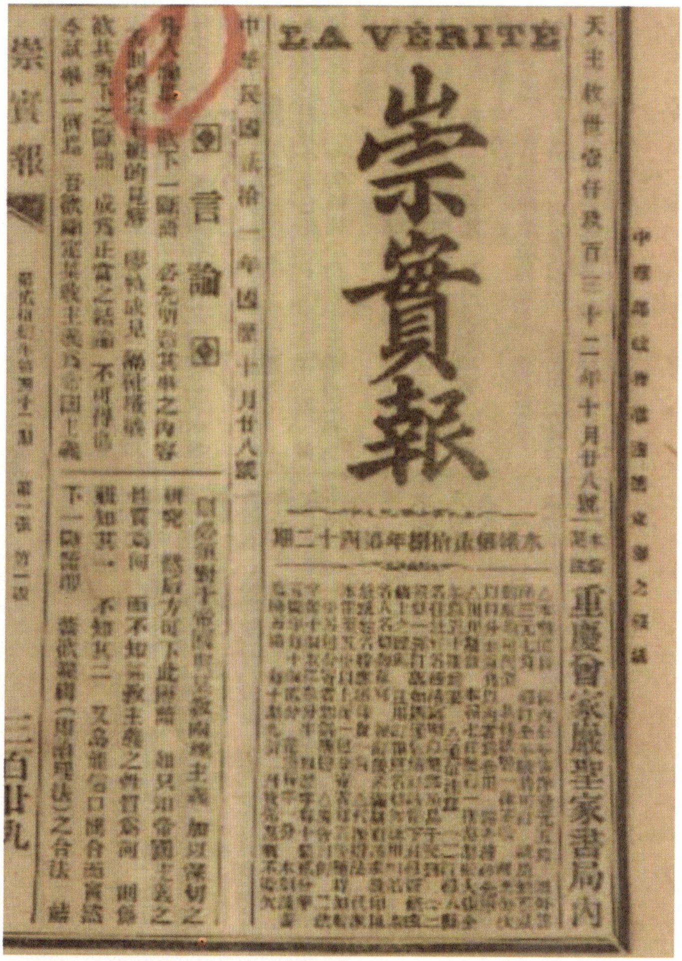
天主教世曆壹仟玖百二十二年十月廿八號

LA VERITE

崇實報

中華民國拾一年國曆十月廿八號

重慶曾家巖聖家書局內

言論

《崇实报》

在经营上，《崇实报》一方面接受重庆教区的资助，一方面依靠报纸的销售。该报每年出刊50号，订阅费用为银5钱，需邮寄则要另加邮费2钱5分。1924年扩版后，售价增长为国内全年1元5角，国外3元7分。除了在重庆府新丰街行台衙门坎下瑞香轩直接出售外，该报凭借教会系统，让四川各府、厅、州、县的天主教堂均代为销售，使当时在川的中外籍神父能够人手一册《崇实报》，且全国各省都能订阅。

《重庆商会公报》—《重庆商会日报》(1905年)

《重庆商会公报》于1905年8月15日创刊，为重庆总商会的机关报，是重庆第一份商办报纸。重庆总商会是当时四川地区成立的第一个商会，于1904年10月在当地政府的推动下成立，选定三忠祠为重庆总商会公所，由重庆最大票号“天顺祥”老板李耀廷担任总理。在李耀廷主持下，商会创办了《重庆商会公报》，大力宣传发展实业、抵制洋货、维护国家权益、振兴民族经济。

1905年9月8日第八十二期《广益丛报》曾全文刊载《重庆商会公报缘起》一文。这篇文章从商报对商业的重要性说起，指出要“将商报先为提倡，以为上下远近之枢纽”，如此则可以“耳目灵通，心思阔达，由是储人材，兴制造，抵外货”，最终会产生“吾商幸甚，吾蜀幸甚”的局面。

《重庆商会公报》

《重庆商会公报》每月三册，逢五出版，全年32册。第一年农历七月十五日起至腊月十五日（1905年8月15日至1906年1月9日）止，计半年，共出16册。

《重庆商会公报》编辑部设在三忠祠重庆总商会内。实际负责人为曹潄珊，主笔吴梦湘、雷仲武、杨叔尧。1906年，报纸改版，外观变化较大，栏目增加到50个。从1908年第二十六号（总第一百零六号）起改为周报，每月四册。重庆广益书局印刷兼发行。

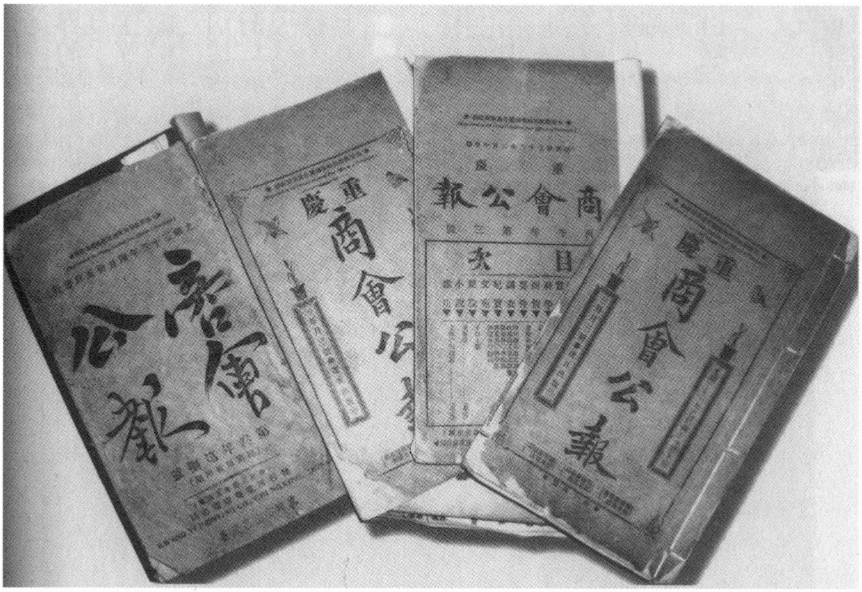

不同时期的《重庆商会公报》

该报初创时有阁抄、公牍、厘税、论说、商情、物价、采报、案件、录要、拾遗等11个栏目，次年改良后，所设的栏目有阁抄、奏牍、公牍、上谕、厘税、论说、商情、商史、实业、物价、录要、拾遗、小说、余谈、文苑、科学、要件、调查、纪实、杂俎等。其中“科学”栏又分地理、格致、农工商矿、医学等类，“纪实”栏分为新闻界、商政界、商业界、商学界。1906年，报纸在编排上也进行了改进，栏目加了花框，标题也多单独起行，或者在正文前，与正文空一字，以示区别。该报积极宣传发展资本主义工商业，但并非局限于对工商领域方面信息的报道，也宣传资产阶级改良主义政治主张，鼓吹实行君主立宪，揭露专制腐败，宣扬爱国主义精神。

该报于1909年年底停刊，出版发行4年多。后又以《重庆商会日报》的名义出版，其出版宗旨为“期待振兴实业”，应该是对《重庆商会公报》风格的延续，但未见实物。有学者怀疑《重庆商会日报》即郭又生（湛）创办的《商报》。

《开智白话报》（1905年）

该报于1905年夏在重庆创办，以兴学劝工为宗旨，重庆精宏书局排印出版。

《驻渝四川公报》（1905年）

该报未见实物，仅见1905年3月21日《重庆日报》第一百二十二号的报道，“重庆欲出一三日报，名《驻渝四川公报》，附设莲花池医学堂公地，每月出报十册，其宗旨不臧否人物，妄（议）朝政，为报界中最忠厚之特色”。

《川东日报》（1909年）

该报未见实物，仅见1909年7月30日《通俗日报》“文苑”栏有诗歌称赞《川东日报》（作者署名粿公），“为输新智牖屯蒙，又发晨钟警蜀东。字水汇流文化远，涂山耸峙内容丰。繁华里巷传巴曲，次第輶轩载土风。若与蓉城论纸价，三分报界日称雄”。“字水”“涂山”均在重庆南岸，据此可推测该报在重庆出版，创刊时间应早于1909年7月30日。

《救时报》（1911年）

该报为日报，1911年前创刊，未见实物，仅见于戈公振在《中国报学史》中的记载。

《商报》（1911年）

该报为郭又生（湛）创办，创刊时间在1911年三四月间，同年11月停刊。

《皇汉大事记》—《国民报》（1911年）

《皇汉大事记》于1911年11月25日由蜀军政府创办，是同盟会在重庆建立的蜀军政府的机关报。

蜀军政府创办《皇汉大事记》，用以传播革命之声，并专门公布蜀军政府的政策和法令。该报创立之初由蜀军政府文书局局长陶闿士主办，朱国琛（云湘）

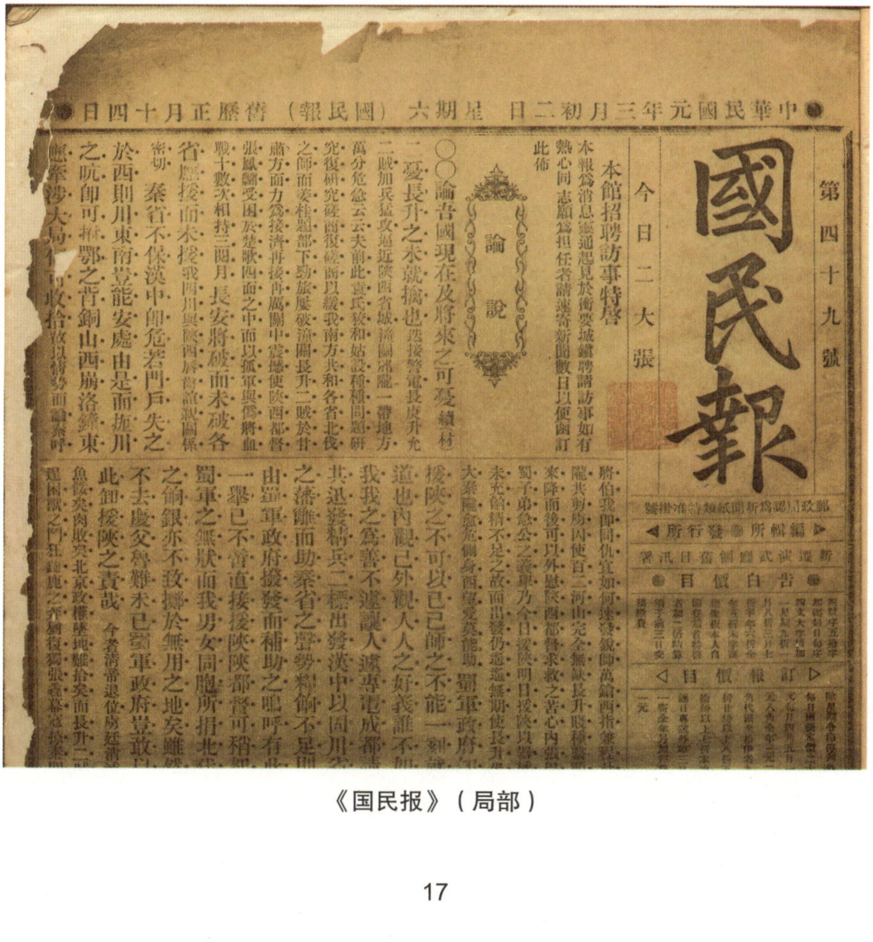
中華民國元年三月初二日 星期六 （國民報） 舊曆正月十四日

第四十九號

國民報

今日二大張

本館招聘訪事特啓

論說

《国民报》（局部）

任主编。1912年1月，时任《广益丛报》编辑的周文钦受蜀军政府邀请，接手《皇汉大事记》，将其改名为《国民报》，作为蜀军政府的正式机关报。当时该报的编辑有文伯鲁、燕梓材（燕翼）等。

该报社址在重庆商业场，后迁至演武厅附近。该报在版面编排上将全报文字直排，全篇不加标点，标题字号和正文字号一样大，每条新闻前加黑圆点一个，以免各条之间互相混同。其栏目有论说、要电、记事、时评、专件、选录、译丛、文苑和告白等。该报除每周星期日或节令停刊以外，每日出两大张，定价20元，通过邮局发行，日发行量为1500~3600份。

《国民报》留存的内容并不是很多，主要是对重庆同盟会和蜀军政府被撤销后在渝国民党的相关活动的记叙报道，以及支持进步革命、抨击袁世凯的言论评述。“二次革命”失败后的1913年9月底，《国民报》被查封，主编周文钦、编辑燕梓材也遭逮捕，后经企业家温鹤汀上下疏通奔走，方才出狱。

《光复报》（1911年）

1911年11月，重庆蜀军政府成立，郭又生（湛）停刊《商报》，改出《光复报》。

《益报》（1911年）

该报于1911年12月创刊，为统一党在渝机关报，具体情况不详。

《中华报》（1912年）

该报于1912年1月创刊，国民党的报纸，社址在重庆陕西街。1913年停刊。

《正论日报》(1912 年)

该报于1912年1月创刊，共和党的报纸，社长向执中，社址在重庆大阳沟。1913年7月，该报被军队捣毁，社长向执中被捕。次年1月向执中获释，随即复刊《正论日报》，同年7月因经费困难停刊，1915年再次复刊。1916年4月4日，该报因在“时评”栏刊登《洗心涤虑》《徐相国议取消封爵》等文，被重庆行军总执法处查封。

《国是报》(1912 年)

该报于1912年3月创刊，中国社会党四川支部机关报，也是汉流(哥老会)唯一社机关报，社长唐廉江，社址在重庆长安寺半边街。唐廉江曾“亲持报章，沿街市劝人购阅，逢人便言报纸之益”。该报是蜀军政府成立后“定期出版的大幅报纸”之一。

《国民共济报》(1912 年)

该报于1912年3月创刊，重庆国民共济会创办的报纸。

《天民报》(1912 年)

该报于1912年3月创刊，周报。

《社会党日报》（1912 年）

该报于1912年4月创刊，重庆中国社会党的报纸，李绪任编辑。

《西方报》（1912 年）

该报于1912年6月创刊，黄籀青创办，社址在重庆半边桥关庙内。

《重庆日报》（1912 年）

该报于1912年11月创刊，创办人陈禅生，1915年秋停刊。

《重庆新中华报》（1912 年）

该报于1912年底创刊，国民党人在重庆主办的报纸，负责人郑雨笠。该报自称是“言论界之霸王。持论正大，不畏强御，材料丰富，消息灵通，西南方人奉为神针导线”。1916年9月停刊。

《正俗日报》（1913 年）

该报具体创刊时间不详。1913年该报因刊载文章得罪四川都督胡景伊，被勒令停刊。

《商务报》—《重庆商务日报》—《商务日报》(1914年)

《商务报》于1914年4月25日创刊，重庆总商会出资创办，社址在重庆市商业场总商会内。1916年该报改名为《重庆商务日报》，1938年又改名为《商务日报》，是重庆商办报纸的典型。

该报首任社长为周文钦，主持报社工作直到1920年，为报社的发展奠定了基础。周文钦逝世时，《商务日报》发出号外“本报创始人周文钦君于十九日晚十二时逝世”，重庆各界纷纷举行公祭。

创刊时的《商务报》委托印刷厂代为印刷，之后，重庆总商会发动各帮集资开办渝商印书馆，负责该报的印刷工作。1935年重庆总商会主席兼报社社长温少鹤将渝商印书馆并入报社作为印刷部，同时印刷部的设备也不断充实，报纸印刷质量与效率都得到显著提高。该报最初的经费由重庆总商会提供，第一年垫出4000多元。随着报纸内容不断丰富，销量不断增加，报纸的广告收入也不断增多，1924年结算时，结余4000多元，达到自给自余[①]。

《商务报》创刊后，周文钦以“贞”为笔名写的《发刊词》中提出办报方针：“以消息灵通为第一；注重报德，一切记载，惟尚简要；凡有伤风教，无关劝惩者，概摒不载；对于国群问题，非重大者不著笔，不发言；商事虽特注重，然不苟抑扬，时寓利导整齐之意，总期达福国善群之职志。”他还特别强调“注重商业消息，此本报唯一之任命也”，“命意立言，不涉党派，不尚偏激。”由于坚持这些理念，该报直言时政时，不滥用其锋，也不允许出现谩骂的言语，因此获得了“卫生报”之称。尽管努力保持中立态度，该报在涉及国家和民族利益的事情上，态度却十分鲜明，坚决站在爱国的立场上，反对军阀的卖国行为，反对帝国主义的侵略，为国家和民族的未来考虑。同时，该报对涉及国计民生、百姓疾苦等的重要问题也十分关注，善于发现、追踪公众关心的事件与问题，准确设定言论议题。如，20世纪二三十年代的重庆深受战乱之苦，政治黑暗，经济凋敝，币制混乱，民众负担沉重，生活苦不堪言。该报便发表《值得注意的铸造银币事件》《团

① 熊明宣：《商务日报的回忆》，《新闻研究资料》，1983年第5期，第161-166页。

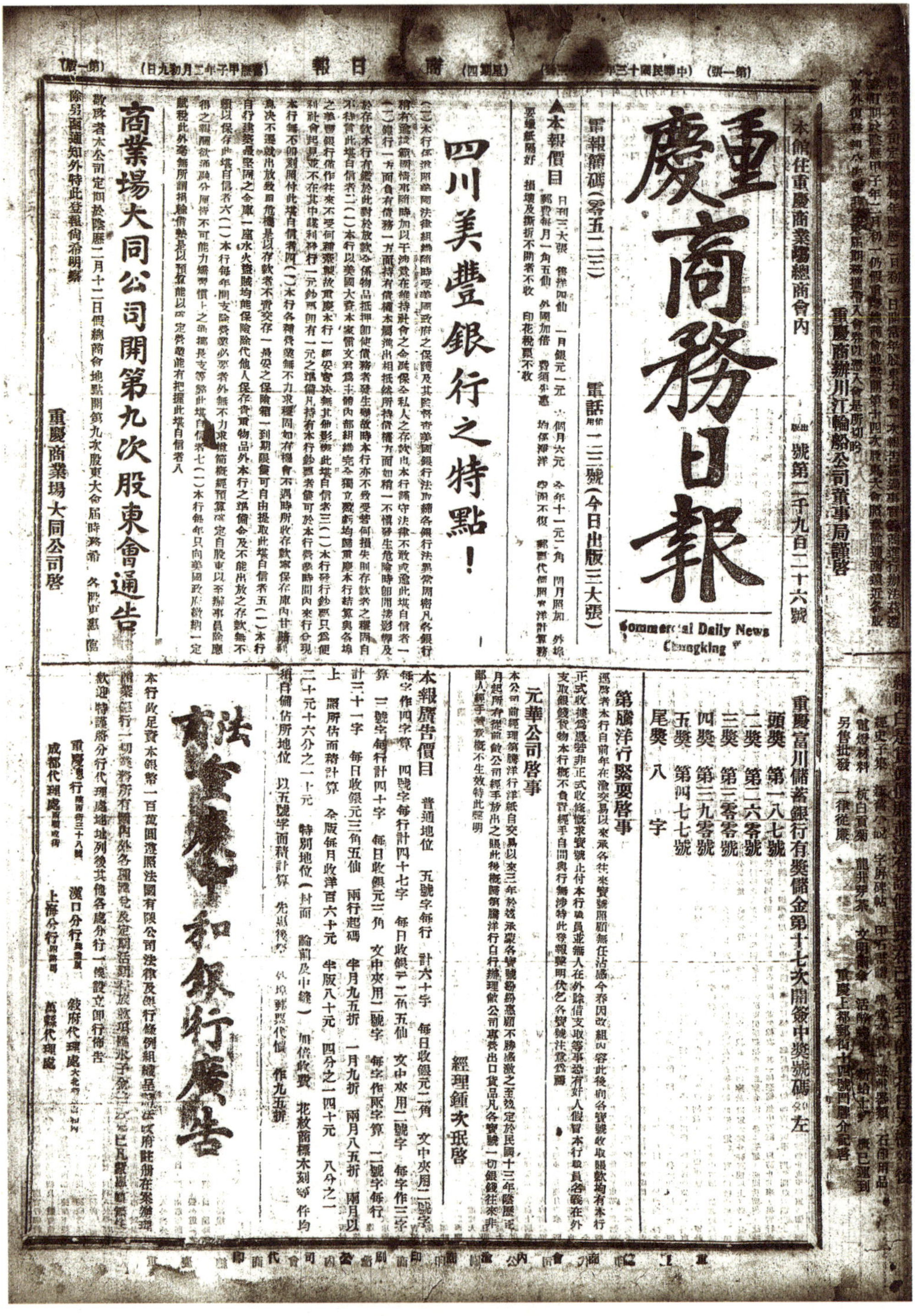

本館住重慶商業場總商會內

號第一千九百二十六號

重慶商務日報

Commercial Daily News Chungking

電報掛號（零五二三）

電話一二三號（今日出版三大張）

本報價目

四川美豐銀行之特點！

商業場大同公司開第九次股東會通告

重慶商業場大同公司啓

重慶商辦川江輪船公司董事局謹啓

重慶富川儲蓄銀行有獎儲金第十七次開簽中獎號碼列左

頭獎　第一八七號

二獎　第二六零號

三獎　第三零零號

四獎　第三九零號

五獎　第四七七號

尾獎　八字

第勝洋行緊要啓事

元華公司啓事

經理鍾次珉啓

本報廣告價目

中和銀行廣告

早期的《重庆商务日报》

练也能抽捐吗》《反对声中之铜元局改铸银币问题》《昨日之重庆城裁撤苛捐口号弥漫全城》《一网打尽之贫民政策》《重庆的食米问题》《政府与治安》《提高小学教师待遇》等诸多议论文章。

全面抗战爆发后，随着重庆成为战时首都，不管是政治、经济领域，还是文化领域，国民党官方势力在重庆都更进一步地渗透。重庆工商界也发生了变化，重庆总商会的人事也发生了重大变化，以官方势力为后盾的周懋植和仇秀敷取代了以地方军政势力为后盾的潘昌蝤。报社在人事上也发生了变化，国民党系统的办报班子陆续接管并改组了报社。高允斌任社长，牟欧平任总编辑，刘光炎任主笔，从采、写、编、评到人事、财务、发行、广告等，都被官方掌握。此时的《商务日报》变得更像是国民党的“党报”，报纸质量下降，发行量下跌，也使《商务日报》较长一段时间处于困顿状态。

面对困境，高允斌决定打开大门，不问倾向引进人才。利用这一有利时机，徐亦安、杨培新等中共地下党员相继进入该报，与先期进入的徐淡庐会合，逐渐掌握了采、写、编、评及经营等事务，从实质上控制了《商务日报》。《商务日报》基本上回到“在商言商”的定位上来，寓政治于经济。

抗战胜利后，1946年的“较场口事件”中，该报刊发题为《政协成功庆祝未成。暴徒行凶，搅乱会场》的文章，揭露事实真相，因此触怒当局，被停刊三日。1947年发生“六一”事件，国民党特务机关逮捕30名重庆新闻记者，其中《商务日报》有6人，后被营救出狱。重庆解放后，《商务日报》继续出版，直至1951年1月16日停刊。

作为一份商务报纸，该报有着自己的特色，着重点总体放在对经济方面的关注上，服务商界、引导本地商业发展。该报有专门版面刊发报道各地政情商情调查，各行业商业活动情况的统计、报告、总结，各地各方面商业发展趋势之类的文章，以开阔商民眼界，为其寻求商机、作出决策提供科学准确的依据。调查文章的内容涉及各地之商情、矿产、行业状况、进出口、赋税、劳工情况等方面。如1923年3月，该报就发表了《川省战争与重庆商场之损失》《民国十年夏松茂汶三县矿产调查》《上海公债之趋势》《一年中之丝市经过情形》等文章。同时，该报也注重保护商界权益、改善商界生存环境，《渝泸间关卡重重》《全城商人罢市

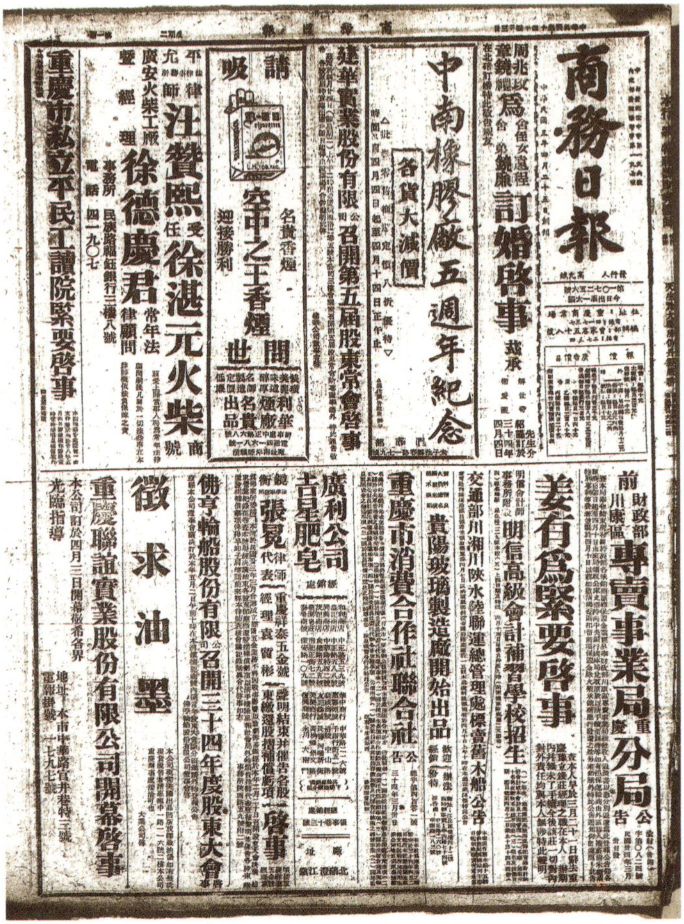
商務日報
訂婚啓事
中南橡膠廠五週年紀念
各貨大減價
建華實業股份有限公司召開第五屆股東常會啓事
請吸
名貴香烟
空中之王香烟
問世
迎接勝利
平允律師
注贊熙受任徐湛元火柴廣安火柴工廠經理徐德慶君常年法律顧問
重慶市私立平民工讀院緊要啓事
前財政部川康區專賣事業局重慶分局公告
姜有為緊要啓事
明信高級會計補習學校招生
交通部川湘川陝水陸聯運總管理處標賣木船公告
貴陽玻璃製造廠開始出品
重慶市消費合作社聯合社公告
廣利公司
吉星肥皂
佛亨輪船股份有限公司召開三十四年度股東大會
徵求油墨
重慶聯誼實業股份有限公司開幕啓事
本公司訂於四月三日開幕敬希各界光臨指導

抗战时期的《商务日报》

请愿详情》《商帮反苛捐之进一步主张》《商护各费验纳标准》《刘湘分别裁减税捐之布告》《裁撤苛捐之要义》《长寿县苛捐表》等文章的刊发就是很好的体现。该报主打专栏“经济界”，在积极刊发经济信息的同时，也常以独立的视角对国民政府经济政策进行批评，赢得了较好的社会声誉。

抗战时期，该报围绕抗战主题，立足经济问题进行评析和报道。“如对国民政府实施的花纱布、桐油、猪鬃、生丝等民生和战略物资的统购统销政策，也适当地进行了批评；在报道战时重庆及大后方民间工商业的艰难处境时，也不忘进行适度呼吁；在报道官僚资本垄断导致通货膨胀的危厄时，也出于报人良知进行适当的抨击。”①

该报在版面设计上也体现着商办报纸的特色，广告内容特别多，十分注重广告版面的安排设计。以1925年7月6日至1926年8月20日的版面为例，该报为日出对开纸3张，12版。第一版为各大商行启事和广告（主要是银行业的）；第二、第三版为国内外政论文章；第四、第五版为文教生活类广告；第六、第七版为时事要闻，集中于本省、本埠，间有时政杂谈等理论性分析文章；第八版仍为广告，集中于布庄、建筑、军用地图、药品等较特殊行业；第九版为广告，主要为化妆品、饮料等日用品，间或夹有电影预告；第十版为短讯录要和各类杂评；第十一版是关于商业动态的报道及一些经济分析文章；第十二版为广告，内容驳杂，涉及房屋出租、药品、案件审理启事、名人演讲稿等。

《繁华报》（1914年）

该报于1914年创刊，次年停刊。

《危言报》（1914年）

该报于1914年创刊，次年停刊。

《民信日报》（1914年）

该报于1914年创刊，创办人廖仲和，社址在重庆五福街。1920年5月前后停刊。

① 张育仁：《重庆抗战新闻与文化传播史》，重庆：重庆出版社，2009年，第124页。

《普通白话报》(1915 年)

该报于1915年4月20日创刊，社长汪述平，经理杨南坡，社址在重庆神仙口文化街文昌宫，发行所在蹇家桥太史第院。该报每日傍晚出刊，用油光纸对开4版单面印刷，售小钱8文，阳历逢一休刊。其内容有社说、选论、选电、时评、新闻、小说等。1916年9月停刊。《重庆通史》认为该报是重庆的首家晚报。

《瀛华报》(1915 年)

1915年10月10日，日本商人斋藤得到驻渝日本领事馆的许可，拟创办《瀛华报》。但他申请登记未能获得重庆当局批准，各家印刷厂也以奉警厅明文，不给代印，最终未能出版。

《民苏日报》(1916 年)

该报于1916年8月1日创刊，创办人孙铁安，后由袁蘅生主办。该报约在1931年5月终刊，其他情况不详。

另，《近代重庆城市史》称该报为《民苏报》，1919年创刊，创办人袁蘅生。

《民治日报》(1916 年)

该报于1916年8月创刊，后停刊，1920年复刊，社址在重庆纯化街，李晁文主办。

《渝州日报》（1916 年）

该报于1916年8月创刊，1931年4月停刊。1931年5月2日《重庆商务日报》曾刊载消息称："《渝州日报》前因经费问题停刊，现已改组，李克峰任社长，经理江石。周内可复刊。"具体情况不详。

《女铎报》（1916 年）

该报于1916年12月创刊，重庆最早的妇女报刊，程悲娲任社长。

《民鸣日报》（1917 年）

该报于1917年创刊，四川盐运使公署创办。

《民信日报》（1918 年）

该报于1918年10月15日创刊，发起人为曹笃、赵铁桥、任鸿泽、曾道等，社址在重庆商业场西三街楹字5号。

《救国日报》（1919 年）

该报于1919年六七月份创刊，是重庆各界为响应五四运动而创办的一份报纸。

《场期白话报》(1919年)

该报于1919年7月创办。当时,江津人朱近之、辜国民发起组织白沙镇学界联合会,在镇中心杜康庙举行群众大会,每逢三、六、九逢场即举办讲演。为了扩大影响,创办《场期白话报》。该报由演讲人撰稿,内容主要是痛斥日寇罪行,揭露北洋军阀政府的卖国行径及封建社会的黑暗。报纸以刊登上述讲演稿为主,也登有少量文艺作品,如诗人吴芳吉的《明月楼述》《护国岩词》《两父女》等诗作。《场期白话报》共出了十多期,集中在镇中心五里庙后张贴。

《民隐日报》(1919年)

该报于1919年8月创刊,1920年4月停刊。

《江州雅报》(1919年)

该报于1919年秋创刊,创办人有金鸣达、颜鸣凯、江瘦骝等,社址在重庆陕西街铜元局。同年末停刊。报名“江州”二字取自重庆的古称。

《川东学生潮》—《川东学生联合会周刊》(1919年)

《川东学生潮》于1919年12月21创办,4开4版,川东学生联合会机关刊物,以“主张公理,排斥强权,研究学术,改良社会”为宗旨。1921年6月改名为《川东学生联合会周刊》,编辑处和川东学生联合会办事处均设在巴县图书馆。该报对川东学生运动有很大影响,登载了大量抨击军阀混战的文章。

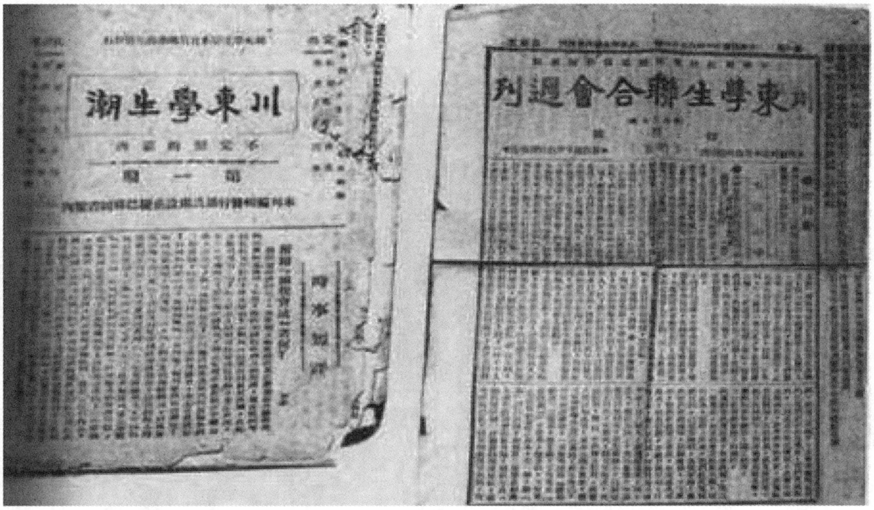
川東學生潮

川東學生聯合會週刊

《川东学生潮》和《川东学生联合会周刊》

《西方日报》(1920年)

该报于1920年3月创刊,负责人张进德,社址在重庆存心堂街。同年5月停刊。

《平民日报》(1920年)

该报约于1920年上半年创刊,由田书府、陈雨苍、曾握化等人发起,社址在重庆大梁子半边街印花税事务所内。

《新蜀报》+《新蜀每周画报》+《新蜀夜报》(1921年)

《新蜀报》于1921年2月1日创刊,创办人陈愚生,并任首任社长。

创刊时的《新蜀报》,为土纸竖排单面印刷,后改为新闻纸,每期发行量最高时近两万份。新蜀报馆设在重庆商业场白象街。《新蜀报》最初所需经费由陈

第一版　中華民國十八年六月六日

新蜀報

譚延闓

第二千八百四號

今日出版兩大張

重慶中和銀行廣告

安然丸

環球影院

怪手印

當代牙科聖手

1929年6月6日的《新蜀报》

愚生约集刘湘部第21军高级将领鲜英、袁承武、罗仪等筹集，集资万余元，成立新文化印刷社，并于1921年1月向当局呈请立案，发行人彭大年。鲜英在后来较长一段时间任《新蜀报》社长，利用自己的关系和影响，在经济、社会等方面给予了《新蜀报》很大的支持。周钦岳接任《新蜀报》总经理后，曾请川盐银行董事长吴受彤、川康银行总经理宁芷邨、通惠银行董事长邓华民等投资，并由吴受彤、宁芷邨先后任《新蜀报》董事长。①

《新蜀报》坚持"输入新文化，交流新知识"的宗旨，支持学生抵制日货的爱国行为，并连续刊文支持学生的这一行为，最终触怒当局，报社遭到查封。后经四川社会名流张澜等人疏通，该报得以复刊，继续出版发行。复刊后，新派文人沈与白经张澜推荐担任报社社长兼总编，宋南轩任经理，并聘请陈毅、周钦岳作主笔。1922年秋，沈与白北上任刘湘驻北京代表，周钦岳接任报社总编。

办报初期，《新蜀报》有3个主要的笔杆子：陈毅、萧楚女、漆南薰。1927年，周钦岳因在《新蜀报》刊文揭露"三三一"惨案真相，触怒当局，被迫离开了《新蜀报》。1935年秋，经社长袁丞武和报社同人专函催促，周钦岳回到《新蜀报》担任总经理，不久兼任报社社长。二进《新蜀报》的周钦岳，积极革新人事，辞退庸人，整顿报纸，任命杨丙初为总编、漆鲁鱼（漆南薰的侄子）为副总编、萨空了为经理，周钦岳留法勤工俭学时的同学金满成担任报纸主笔，重组了《新蜀报》班底，推动《新蜀报》再次走向辉煌。

1936年10月31日，《新蜀每周画报》创刊，随《新蜀报》发行，8开2版，每周六出版，王敦主编。其内容多为反映抗日的时事照片、漫画、木刻等，有时也有艺术照和关于美学的论文。

全面抗战爆发后，《新蜀报》拥护抗日民族统一战线，组织、策划宣传抗战的报道，积极参与捐款捐物，推动民间抗日团体（如"救国会""义救会"等）的成立，不少采编人员也在这些团体中担任领导职务。

1938年10月25日，武汉沦陷，《新华日报》当日即迁到山城重庆并奇迹般出刊。作为《新华日报》的友报，《新蜀报》积极与《新华日报》配合，并相互支持。

① 王文彬：《中国现代报史资料汇辑》，重庆：重庆出版社，1996年，第370页。

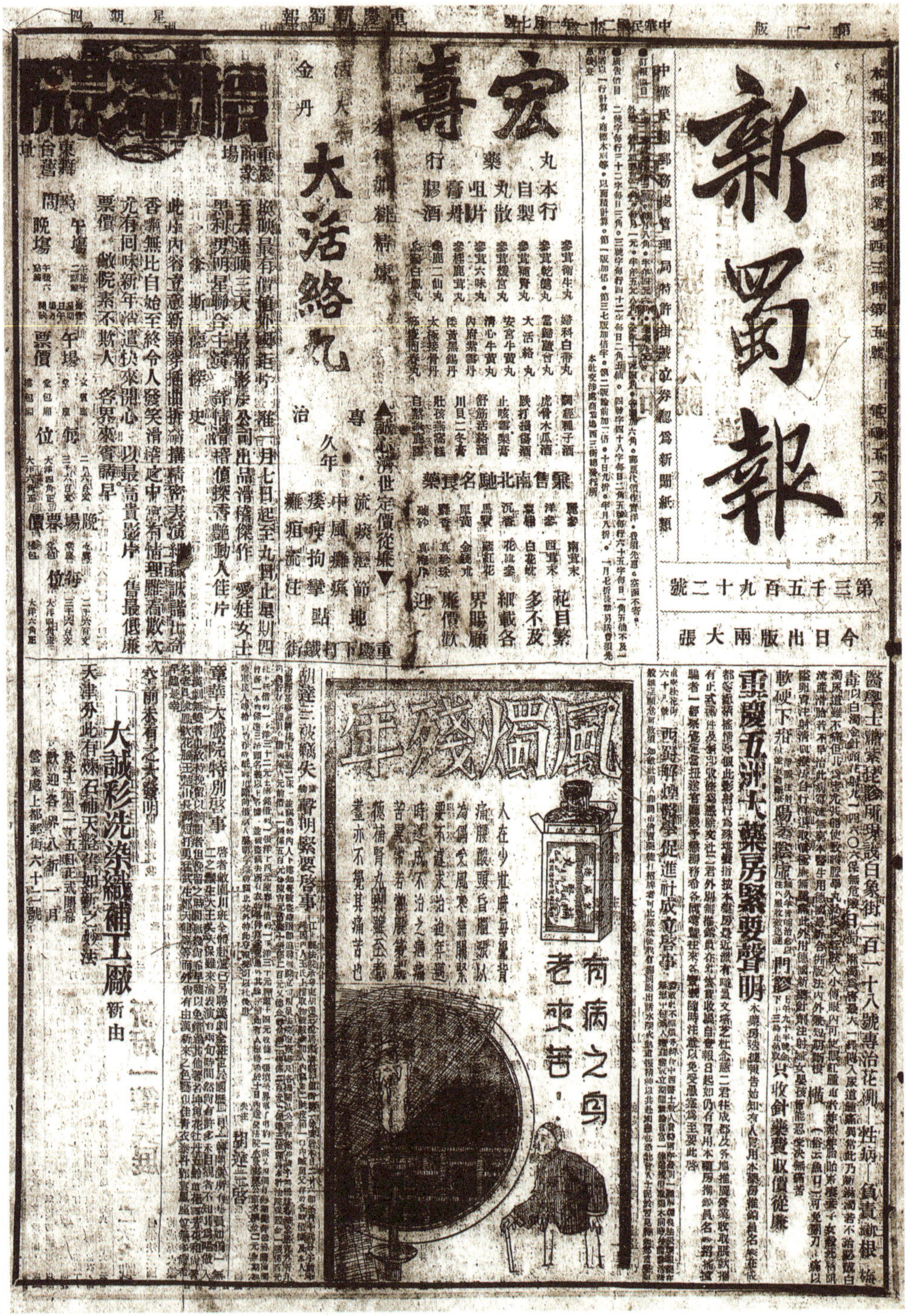
新蜀報

第三千五百九十二號

今日出版兩大張

宏壽

大活絡丸

重慶五洲大藥房緊要聲明

風濕殘年

有病之身 老來苦

大誠彩洗染織補工廠

1932年1月7日的《新蜀报》

新蜀夜報

民國二十七年三月二十八日（星期一）

第0104號

每份售銅元貳百文 每月定價貳角伍仙

社址：自來井 電話：二八五

魯南空前大捷 我克濟寧臨城

川軍血戰滕縣城 稅梯青函述經過

秘密售賣嗎啡 警局昨破獲一起

曾憲棟痛哭王銘章 電孫請纓復仇雪恥

勞軍公演仍舉行

江水漲五尺

牛鼻子抗戰漫畫出版

石青陽家今晨被劫

自來水員工防奸人假冒

蓉市電話積極擴充

重慶正誠劇社 禮聘 滑稽電影明星 湯傑 領導之 新詩代劇團 男女明星數十人 前已抵渝 不日公演

《新蜀夜报》

《新蜀报》为《新华日报》在渝出版发行提供了许多有利条件。在《新华日报》被封锁、被故意捣乱时，《新蜀报》经常帮忙印刷。同样，《新蜀报》遇到困难时，《新华日报》也积极帮忙。1941年5月27日，《新蜀报》化龙桥印刷厂着火，设备受损，附近的《新华日报》印刷厂大力协助，短期代印。

《新蜀报》的副刊在抗战中也发挥着积极的作用，副刊是《新蜀报》的一大特色。最初，副刊名为《文峰》，后改为《蜀道》。邝抱斋、金满成、沈起予、姚蓬子等都主持过副刊。抗战期间，《新蜀报》副刊开辟的"金刚钻""新副闲话"栏目备受读者喜爱。"金刚钻"每天用二三百字嬉笑怒骂的短文，揭发抨击一人或一事，"一钻日本帝国主义，二钻勾结敌人之汉奸，三钻贩卖仇货之奸商……十钻一切不合理的语言行为"。《蜀道》还因开展过关于"文艺的民族形式"问题的讨论，受到文艺界的注目。

《新蜀夜报》是《新蜀报》的晚刊，1937年12月15日创刊，日出4开1张，社址在重庆白象街，发行人由总编辑杨丙初担任。中途曾停刊，1946年1月1日复刊，编号另起。

《新蜀夜报》后来维持不下去，便出版《新蜀报·新蜀夜报联合版》，实际上是将两张报纸变成了一张报。

《新蜀报》勉强维持到重庆解放，后由重庆军管会接管。自1921年2月1日正式出版到1950年1月7日停刊，《新蜀报》在重庆发行出版近29年，共出10579号，是重庆近代史上一份颇具影响力的大报。

《大公报》（1921年）

该报于1921年2月创刊，社址在重庆万寿宫，1936年停刊。

《西方报》（1921年）

该报约于1921年春创刊，发行所设在重庆关庙街二府衙内。

《渝江评论》（1921年）

该报约于1921年4月创刊，朱近之发起创办，是重庆联中学生组织益社的刊物。该报发行处设在重庆华洋书报社。

《万州工商日报》（1921年）

该报约于1921年末创刊，万县民间团体三育社主办。三育社由留日学生和在北京读书毕业回万县的大学生组成，他们受五四运动影响，主张从德智体多方面教育学生。该报用手摇印刷机印刷，每期发行100份左右。

《商务报》（1921年）

该报于1921年创刊，社址在重庆商业场。不能确定是否与《商务日报》为同一份报纸。

《军事日报》（1921年）

该报于1921年创刊，创办人谢而农。

《忠县旬刊》—《忠县报》—《忠报》(1921年)

1921年秦伯卿(正树)、马仁庵从日本留学归来，在家乡忠县创办《忠县旬刊》。这是忠县最早的刊物，石印，经费由忠县劝学所拨支，社址在劝学所内。1925年改为周刊。1927年该报由国民党忠县县党部接办。1930年改为三日刊，并更名为《忠县报》。1935年报社迁至帝王宫，购置平板机等设备，改石印为铅印。1938年1月10日起改为双日刊，7月1日改为日刊，并改名为《忠报》。同时，该报向国家内政部申请备案发给登记证，成立忠报社务委员会，由县政府、县党部、县商会各派一人组成，并购置收音机一台。1939年2月8日为躲避日机轰炸，报社迁往羿屏山。1940年又添置铸字机一台。1941年8月因连续遭日机轰炸，印刷机械被毁，该报被迫停刊。1942年1月，县政府、县商会、县党部筹资购置各号铜模，添铸新字，修理机械。该报于1943年2月迁入县党部，并于3月复刊。

《工务日报》(1922年)

该报于1922年10月16日创刊，重庆总工会主办，社址在重庆都邮街。该报以"提倡工业，促成工务"为主旨，"尤留意工人幸福之保障"。报社职工由工界各团体公推。

《大中华日报》(1922年)

该报于1922年创刊，日出对开8版，发行1000余份，社址在重庆商业场永龄巷9号。该报设有"公布栏"，专门用来公布第21军司令部、江巴卫戍司令部和川康团务委员会的批示等，出版一年多后停刊。1925年陈学池曾重新申请登记出版，得到川军师长王陵基的资助，1930年冬终刊。该报总主笔为王鳌溪。先后任《大中华日报》社长、经理和总编辑的还有何北衡、刘航琛、陈学池、谢明霄等。

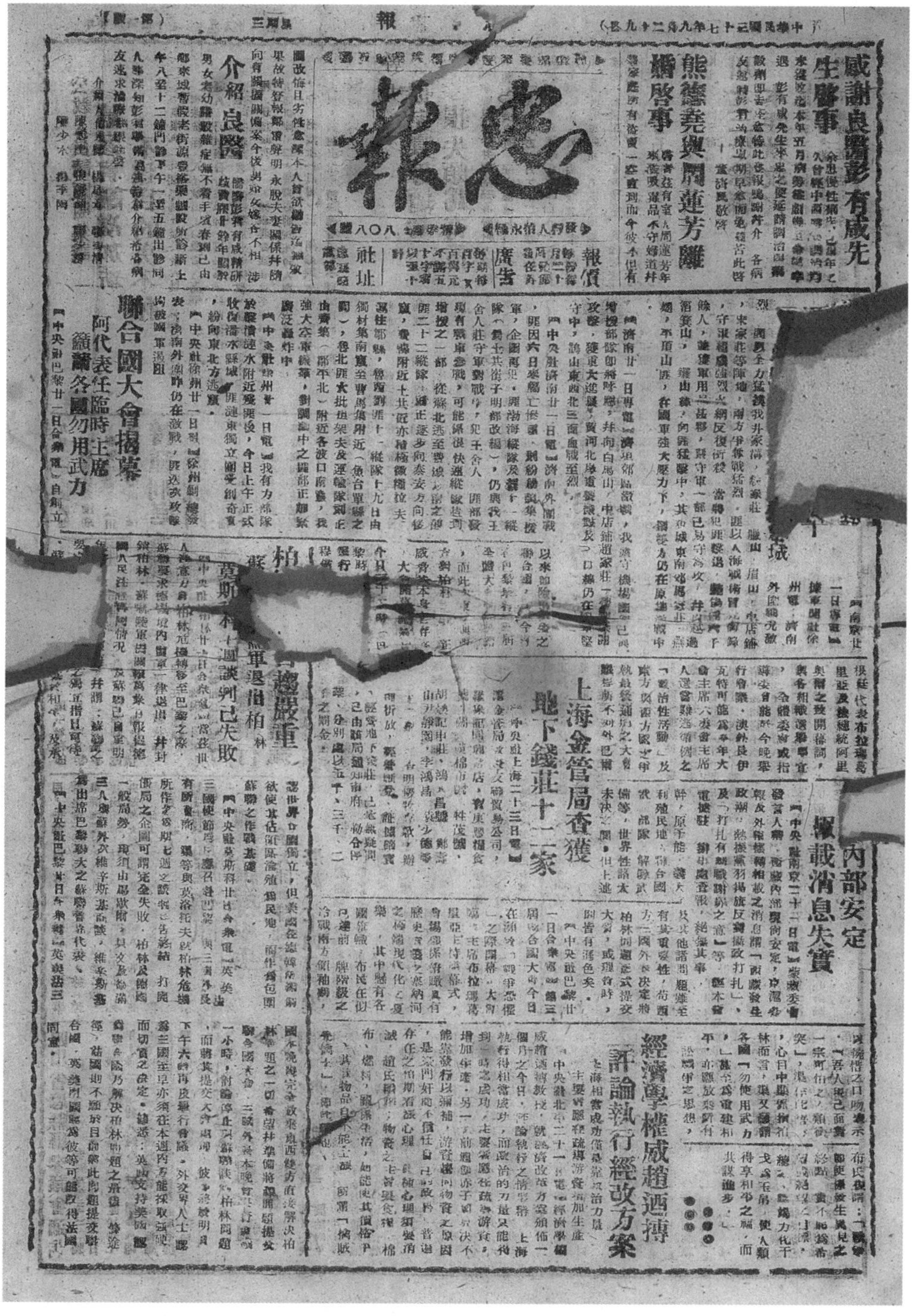
中華民國三十七年九月二十二日 星期三 第一版

忠報

感謝良醫彭有威先生啓事

熊德堯與周蓮芳離婚啓事

介紹良醫

報價

廣告

社址

聯合國大會揭幕

阿代表任臨時主席

籲請各國勿用武力

柏林局勢嚴重

莫斯科四週談判已失敗

上海金管局查獲

地下錢莊十二家

內部安定

截消息失實

經濟學權威趙迺摶

評論執行經改方案

《忠报》

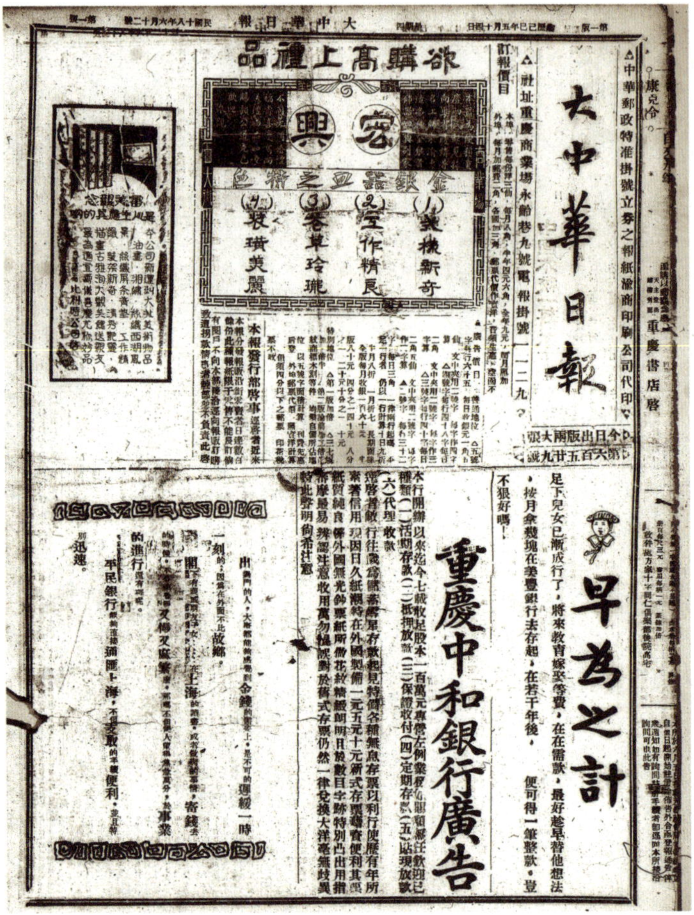
大中華日報

欲購高上禮品

宏興

金銀器皿之特色

(1)式樣新奇 (2)工作精良 (3)花草玲瓏 (4)裝璜美麗

早為之計

足下兒女已漸成行了，將來教育嫁娶等費，在在需款，最好趁早替他想法，按月余數現在美豐銀行去存起，在若干年後，便可得一筆整款，豈不狠好嗎！

重慶中和銀行廣告

《大中华日报》

《天府日刊》(1922年)

该报于1922年创刊，4开2版。罗士忱创办，总编辑殷病禅，重庆孤儿院大同印字馆代印，编辑及总发行所在重庆后伺坡左营街28号。该报第一版设有专论、紧急要讯、本省新闻等栏目，第二版设有文苑、学术研究、祝词、本埠新闻、时评等栏目。另，《四川省志·报业志》将罗士忱记为罗士悦。

《新民朝日报》(1923 年)

该报于1923年3月创刊，社址在重庆总土地巷。

《重庆四川日报》(1923 年)

该报于1923年8月创刊，由周敌凉、范天笃、罗绍洲等归国留学生创办，周敌凉为发行人，社址在米花街。报头为标注该报创刊于重庆，特地标明“重庆四川日报”6个大字。

创办之初的《重庆四川日报》办报经费十分困难，不得不靠军队将领接济，然而当时内战频繁，军队调动又大，经费接济时常中断，常使报社工作处于困境之中。为了寻求支持，报社邀请黄子谷参与办报，通过他和川军的密切关系，报社得到第28军军长邓锡侯的津贴支持，并募集到四五万元资金。黄子谷、吕一峰、罗绍先、范天笃、冷杰生、李家模组成董事会，黄子谷任董事长，吕一峰任社长，后改由范天笃任社长。同时，报社利用募捐所得，接收了蔚文印刷所以印刷报

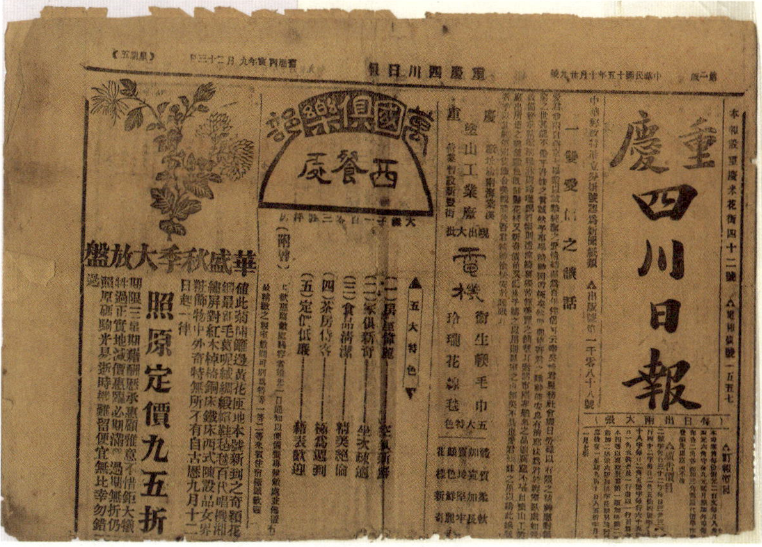
重慶四川日報
萬國俱樂部
西餐處
五大特色
華盛秋季大放盤
照原定價九五折

《重庆四川日报》

纸。不久，黄子谷又与国民党主办的《国民时报》沟通信息，取得联系，改聘吴自伟担任社长，杨闇公（中共重庆地委书记）、熊子骏（国民党左派党部秘书）担任主笔。自此《重庆四川日报》出现了前所未有的新气象，发行量由原来日发行400份增至日发行3000份。

1925年，黄子谷将《重庆四川日报》交中共四川省委负责人吴玉章接办。1926年，牟炼先担任《重庆四川日报》总编辑，杨闇公、童庸生（共青团重庆地委书记）发展他加入共产党和国民党莲花池省党部。他根据吴玉章、杨闇公、童庸生的要求，将《重庆四川日报》办成了国民党左派和共产党合作的机关报。

新闻内容上，《重庆四川日报》完全按照莲花池省党部的部署，凡是莲花池省党部发来的稿件都照登，也宣传三民主义和阐发反帝反封建的主张，还积极配合《新蜀报》，一起报道“四二五凶殴案”真相。

1927年“三三一”惨案发生，杨闇公被捕并遭杀害，莲花池省党部被捣毁，蔚文印刷所被强制没收，牟炼先、吴自伟出逃武汉，《重庆四川日报》也被国民党右派捣毁，不得不停刊。

《重庆四川日报》自1923年创刊到1927年“三三一”惨案发生后停刊，历时3年多。《重庆四川日报》在很长一段时间内，是中国共产党在重庆掌握的新闻武器之一，充分发挥了舆论导向作用。土地革命时期，中国共产党的机密刊物《中央政治通讯》上曾载有童庸生向中央报告时所言，“就连四川的宣传喉舌《新蜀报》《重庆四川日报》，表面上是军阀们的官办新闻机构，但两报编辑皆落入我们之手”，体现了“军阀出钱，共产党办报”的特点。

《巴子日报》（1923年）

该报于1923年创刊，同年停刊。

《蜀声日报》(1923年)

该报于1923年创刊，社址在重庆总土地巷。

《合力周报》(1924年)

该报于1924年1月创刊，每周出版1张，社址在重庆老街。该报日发行1000份左右。该报主笔为刘蔚芊。

《长江日报》(1924年)

1924年初，卢作孚在重庆创办《长江日报》，宣称“本报立论以拥护正义、提倡爱国为主，取材以不分党派、传达真相为准”。1927年初被刘湘封闭。

《团治周报》(1924年)

该报于1924年5月创刊，创办人何北衡，社址在重庆道观井3号。

《四川公民日报》(1924年)

该报于1924年5月创刊，创办人陈云章。

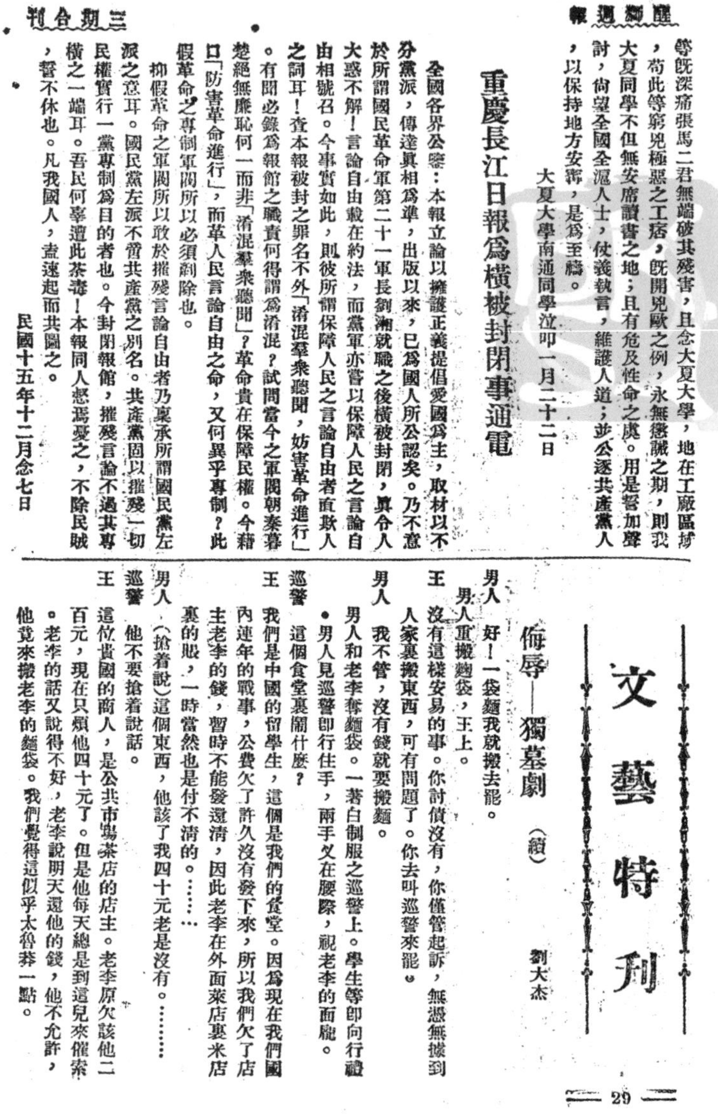

醒獅週報

等既深痛張馬二君無端破其殘害，且念大夏大學，地在工廠區域，苟此等窮兇極惡之工痞，既開兇毆之例，永無懲誡之期，則我大夏同學不但無安席讀書之地；且有危及性命之虞。用是誓加聲討，尚望全國全滬人士，仗義執言，維護人道；並公逐共產黨人，以保持地方安寗，是爲至禱。

大夏大學南通同學泣叩一月二十二日

重慶長江日報爲橫被封閉事通電

全國各界公鑒：本報立論以擁護正義提倡愛國爲主，取材以不分黨派，傳達眞相爲準，出版以來，已爲國人所公認矣。乃不意於所謂國民革命軍第二十一軍長劉湘就職之後橫被封閉，眞令人大惑不解！言論自由載在約法，而黨軍亦嘗以保障人民之言論自由相號召。今事實如此，則彼所謂保障人民之言論自由者直欺人之詞耳！查本報被封之罪名不外「淆混羣衆聽聞，妨害革命進行」。有聞必錄爲報館之職責何得謂爲淆混？試問當今之軍閥朝秦暮楚絕無廉恥何一而非「淆混羣衆聽聞」？革命貴在保障民權。今藉口「防害革命進行」，而革人民言論自由之命，又何異乎專制？此假革命之專制軍閥所以必須剷除也。

抑假革命之軍閥所以敢於摧殘言論自由者乃稟承所謂國民黨左派之意耳。國民黨左派不啻共產黨之別名。共產黨固以摧殘一切民權實行一黨專制爲目的者也。今封閉報館，摧殘言論不過其專橫之一端耳。吾民何辜遭此荼毒！本報同人悲焉憂之，不除民賊，誓不休也。凡我國人，盍速起而共圖之。

民國十五年十二月念七日

三期合刊

文藝特刊

侮辱——獨幕劇（續） 劉大杰

男人 好！一袋麵我就搬去罷。

男人重搬麵袋，王上。

王 沒有這樣安易的事。你討債沒有，你儘管起訴，無憑無據到人家裏搬東西，可有問題了。你去叫巡警來罷。

男人 我不管，沒有錢就要搬麵。

男人和老李奪麵袋。一著白制服之巡警上。學生等即向行禮。男人見巡警即行住手，兩手叉在腰際，視老李的面龐。

巡警 這個食堂裏鬧什麼？

王 我們是中國的留學生，這個是我們的食堂。因爲現在我們國內連年的戰事，公費欠了許久沒有發下來，所以我們欠了店主老李的錢，暫時不能發還清，因此老李在外面菜店裏米店裏的賬，一時當然也是付不清的。……

男人 （搶着說）這個東西，他該了我四十元老是沒有。………

巡警 他不要搶着說話。

王 這位貴國的商人，是公共市場菜店的店主。老李原欠該他二百元，現在只煩他四十元了。但是他每天總是到這兒來催索。老李的話又說得不好，老李說明天還他的錢，他不允許，他竟來搬老李的麵袋。我們覺得這似乎太魯莽一點。

29

《醒狮周报》刊载的《重庆长江日报为横被封闭事通电》

《綦评》—《綦民公论》(1924年)

《綦评》约于1924年下半年在綦江创刊，油印小报。邹进贤、潘志寰、霍步青、周绍溪、胡平治等人创办。每期发行200至300份，一部分张贴街头，一部分寄发成渝同乡会、同学会和省内外綦江留学青年。该报初期重点批判綦江当地作恶多端的天主教神父王敦五和他的弟弟城防局局长王汉章，得到群众的拥护。

1925年春，《綦评》改成8开铅印小报，并改名为《綦民公论》，由于种种原因，新版《綦民公论》直到5月才与读者见面。报纸仍为赠阅，经费靠募捐和旅外同乡会、同学会捐赠。该报分编辑、发行两部。编辑部设在綦江，由邹进贤任主编；发行部设在重庆，印刷由在川东师范学校读书的霍步青负责，校对、发行由在重庆联合中学读书的陈瀚屏、霍绍文负责。每期发行500份，但仍供不应求。《綦民公论》发扬《綦评》的斗争精神：一是揭露綦江各机关法团财政不公开的情况；二是要求规范地方团练事宜；三是斥责綦江知事罗雪村。

1925年春，邹进贤、霍步青作为四川代表，赴北京出席国民会议促成会全国代表大会，綦江编辑部无人负责。9月，霍步青等去黄埔军校学习。霍绍文从重庆联合中学毕业后回到綦江，陈瀚屏留重庆，亦另有任务，校对、发行工作也无人担任。随着人事的变化，《綦民公论》不得不停刊。

另，《共产党人与黄埔军校》称《綦评》于1922年下半年创刊，由霍步青在考入川东师范学校后与旅渝同乡创办。

《渝报》（1924年）

该报于1924年9月创刊，金振声创办，社址在重庆米亭子，后停刊。1926年11月，江子惠等人筹组复刊。1929年1月，该报负责人发现重庆鸡街五通庙另有《渝报》出版（创办人李翰丞），于是该报去函质问，并要其更名。金振声所办的《渝报》于1929年下半年停刊。

《重庆民报》（1924年）

该报于1924年10月1日创刊，谭治安、李香龄等人创办。

《公益晚报》(1924年)

该报于1924年11月创刊，重庆公益联合会编辑出版，社址在重庆大梁子山王庙口，大同印字馆印刷，编辑有黄三复、刘玉翁等。该报是重庆新闻史上第一份以“晚报”命名且具备晚报形态的报纸。重庆公益联合会下属的分会，以及参加该会的商店、铺户，都得订阅一份，再加上零售批发为数不少，所以该报发行量创造了重庆自有晚报以来前所未有的纪录。该报于1927年1月15日停刊。

《万县日报》—《万县商埠日报》—《万县市日报》—《万州日报》—《万州日报·川东日报联合版》—《万州日报·川东日报·川东快报联合版》—《万州日报·川东快报联合版》—《万州日报》—《万县新闻》—《万县日报》(1924年)

《万县日报》于1924年创刊，4开4版，民营小报纸。创办人鲁静渊。1926年杨森以“国家主义分子”的名义将鲁静渊逮捕，并接管《万县日报》。当时正值国共第一次合作时期，杨森遂派他的副秘书长、中共党员秦正树任报社社长，秦又聘请中共万县地区党组负责人周伯仕负责编辑工作。该报的新闻大多是从上海、武汉、成都等地报纸上摘抄并加以改写，作为本报电讯刊登，每天发行七八百份。1926年英国军舰炮击万县居民，制造了震惊中外的“九五”惨案。《万县日报》发表文章声讨帝国主义的暴行，并发动群众组织“反英大同盟”，通电全国各报社，揭露英国军舰横行川江、侵犯中国主权、蓄意制造事端的罪行，呼吁“全国人士一致愤起”，“组织全国抗英大同盟，不购英货，不为英人服役，不供给英人食料，完全对英绝交，收回英人在华内河航行权，取消中英间一切不平等条约，责令赔偿此次生命财产之损失”，掀起一股反帝浪潮。

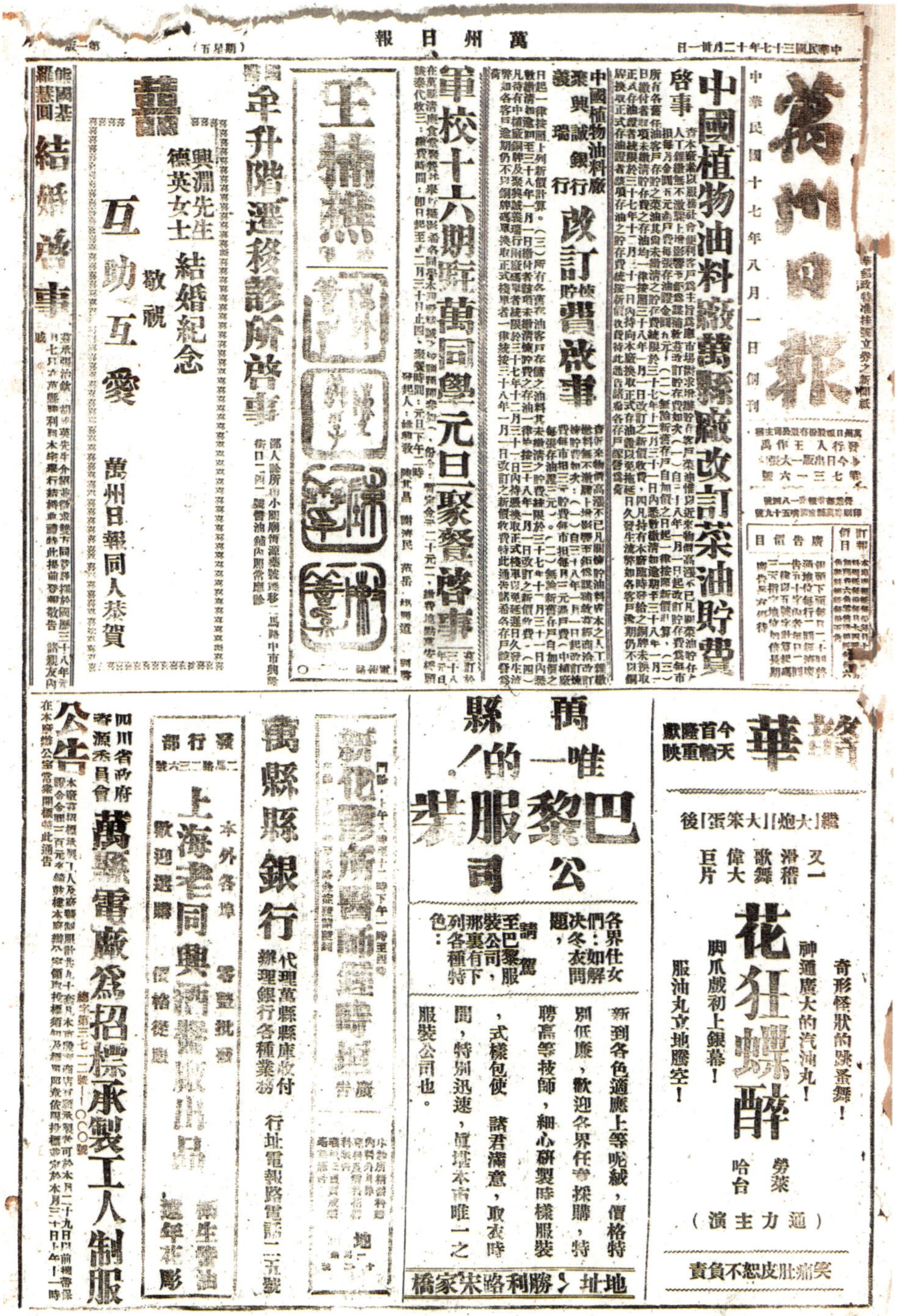
中華民國三十七年十二月卅一日 萬州日報 (星期五) 第一版

萬州日報

中華民國十七年八月一日創刊

中國植物油料廠萬縣廠改訂菜油貯費啟事

中國植物油料廠 聚興誠銀行 改訂貯費啟事

軍校十六期旅萬同學元旦聚餐啟事

傘升階遷移診所啟事

興淵先生 德英女士 結婚紀念

敬祝 互助互愛

萬州日報同人恭賀

結婚啟事

萬縣唯一的巴黎服裝公司

各界仕女們：如解決冬衣問題，請駕臨巴黎服裝公司，至裏有下列各種特色：

新到各色適應上等呢絨，價格特別低廉，歡迎各界仕女採購，特聘高等技師，細心研製時樣服裝，式樣包使 諸君滿意，取衣時間，特別迅速，是堪本市唯一之服裝公司也。

地址：勝利路宋家橋

今天首輪重映 歡迎

繼「大笨蛋」「大炮」後 又一滑稽歌舞偉大巨片

花狂蝶醉

奇形怪狀的跳蚤舞！神通廣大的汽油丸！腳爪戲初上銀幕！服油丸立地騰空！

勞萊 哈台 （通力主演）

笑痛肚皮恕不負責

萬縣縣銀行 代理萬縣縣庫收付 辦理銀行各種業務 行址電報路 電話一二五號

上海老同興

公告 四川省政府 萬縣電廠為招標承製工人制服

《万州日报》

1928年，报社被杨森交由他的秘书章锡祥整顿。因得到万县商埠局的支持，《万县日报》于6月14日停刊，改名《万县商埠日报》出版。数月后，杨森兵败撤离万州。《万县商埠日报》也在此时停刊。继由万县学术界人士王作禹、彭安南、李景星等出面改组，更名为《万县市日报》。

1928年底，刘湘第21军第2师师长王陵基进驻万县，接管《万县市日报》，将其易名为《万州日报》。该报于1929年2月6日创刊，每月由万县市财政补贴1000大洋，故该报有“王二师机关报”之称。报纸初为对开4版，第一版为广告，第二版为国际、国内新闻，第三版为本省新闻和副刊，第四版为本市新闻。该报日发行800至1000份，1929年7月改为4开3中张12版，到了次年1月，又改为对开两大张8版。该报创刊时的主要人员有社长何北衡，总编辑彭兴道，主笔王显舟，经理邹正朝，编辑吴叔英、牟欧平。编辑部设在万县中城路万县公立图书馆内。报纸由石琴印刷厂印刷。该报用三号老宋字排版，大标题木刻，小标题以及一般消息、本市新闻均用三号老宋字加花框。

1929年7月，何北衡调任至重庆航务管理处，在这段时间，报纸被掌握在军阀手中。报社的社长先后由王陵基的表弟、万县社会局局长陈宧湘及谢明霄、石完成、邓佩如等担任。万县地方人士程伯泉、彭星北以及工商人士牟尊三等人筹资从上海购回圆盘印刷机、4开印刷机以及铜模等印刷设备，以石琴印刷厂为基础，又成立了华盛印务公司。自1929年8月1日起，《万州日报》改由华盛印务公司印刷，并改用大五号老宋字排版。

1930年1月，报纸改版为对开8版，第一版为广告，第二版为国内新闻，第三版为国际新闻，第四版、第五版为广告，第六版为要闻简报和本省新闻，第七版为本市新闻、副刊，第八版为广告。其中，副刊版每天都换版面：星期一为“教育周刊”，星期二为“卫生周刊”，星期三为“万花筒”，星期四为“妇女周刊”，星期五为“儿童周刊”，星期六为“文艺周刊”。

1930年6月，第21军军部任命谢明霄为万县县长，陈宧湘不再兼任万州日报社社长，10月21日起谢勉生任社长。1932年，王陵基调离万县，报社交由地方人士掌管，绅界、商界推举王作禹任社长，王朴欧任总编辑，程鲁丁任主笔兼经理，编辑有李朋、郭凤笙，记者有张元树，并聘请一批访员。1933年10月，第21军独立二旅旅长杨国桢任万县警备司令，并接管《万州日报》，杨国桢委任北京朝阳大学毕业生石完成担任社长，欧洋介光任总编辑，编辑有李朋、欧阳孔绥、程鲁丁。报纸日发行约1300份，每月开支1800余元，除广告费和报纸销售的收入外，不足部分由军政当局补贴。

1936年10月，刘湘委任其叔刘光瑜担任万县警备司令兼万州日报社社长，刘光瑜请他的老师李春雅担任总编辑。李春雅支持抗日，先后接纳中共万县县委书记欧阳克明、万县救国会总干事陶敬之为编辑。除此之外，编辑孙慕萍、郭祖烈、杨吉顺均为中共地下党员。抗日战争爆发后，欧阳克明积极主动团结李春雅，由李出面对编辑部的人员进行了一些撤换，并安排了一些共产党员和进步青年做采编工作，建立了报社支部，这样一来，报纸完全掌握在共产党组织的手中。

由于受到中共地下组织的影响，报纸力求革新，以宣传抗日为主要内容，将报纸由先前的两大张扩版为两大张又一中张，共10版，日发行量增至1800份。到1937年2月1日以后，日出两大张8版，新闻容量和内容逐渐增多。该报换用四川省政府秘书长邓汉祥题写的报头，并改由万县新成立的瑞华印刷厂用新五号字排版印刷。次年9月，报纸又增加了社论、评论、特约专论、一周战况述评、特写和访问记。第一版由广告改为抗日消息及评论。副刊除星期日为文艺外，星期一为“大家”，星期二为“灯塔”，星期三为“妇女园地”，星期四为“学生园地”，星期五为“店员园地”，星期六为“马达”。此外该报还编辑出版各种纪念专辑，曾举办“万县一日”征文活动。该报的新闻主要发表抗日言论，还转载一些进步的文章，如毛泽东的《论持久战》。报纸的销量一度突破到2000份，成为下川东一家颇有影响力的报纸。

1938年底，冯玉祥以国民政府军事委员会副委员长的身份，从重庆来到万县，接受了《万州日报》的采访，还为该报题写了隶书体报名，从1939年1月1日起启用。由于土纸供应不上，报纸由对开8版改为对开4版。为躲避日军频繁的轰炸，报社迁到一马路，后又迁到太白岩纯阳洞。这一时期的《万州日报》除宣传抗日之外，还组织各界群众开展抗日活动，举办义卖活动，在印刷工人中秘密发展党员。该报发行遍及下川东及武汉等地，日发行量最高时达五万余份。在李春雅主持笔政时期，报纸名义上是军阀主办，实际上是掌握在共产党人手中的，内容

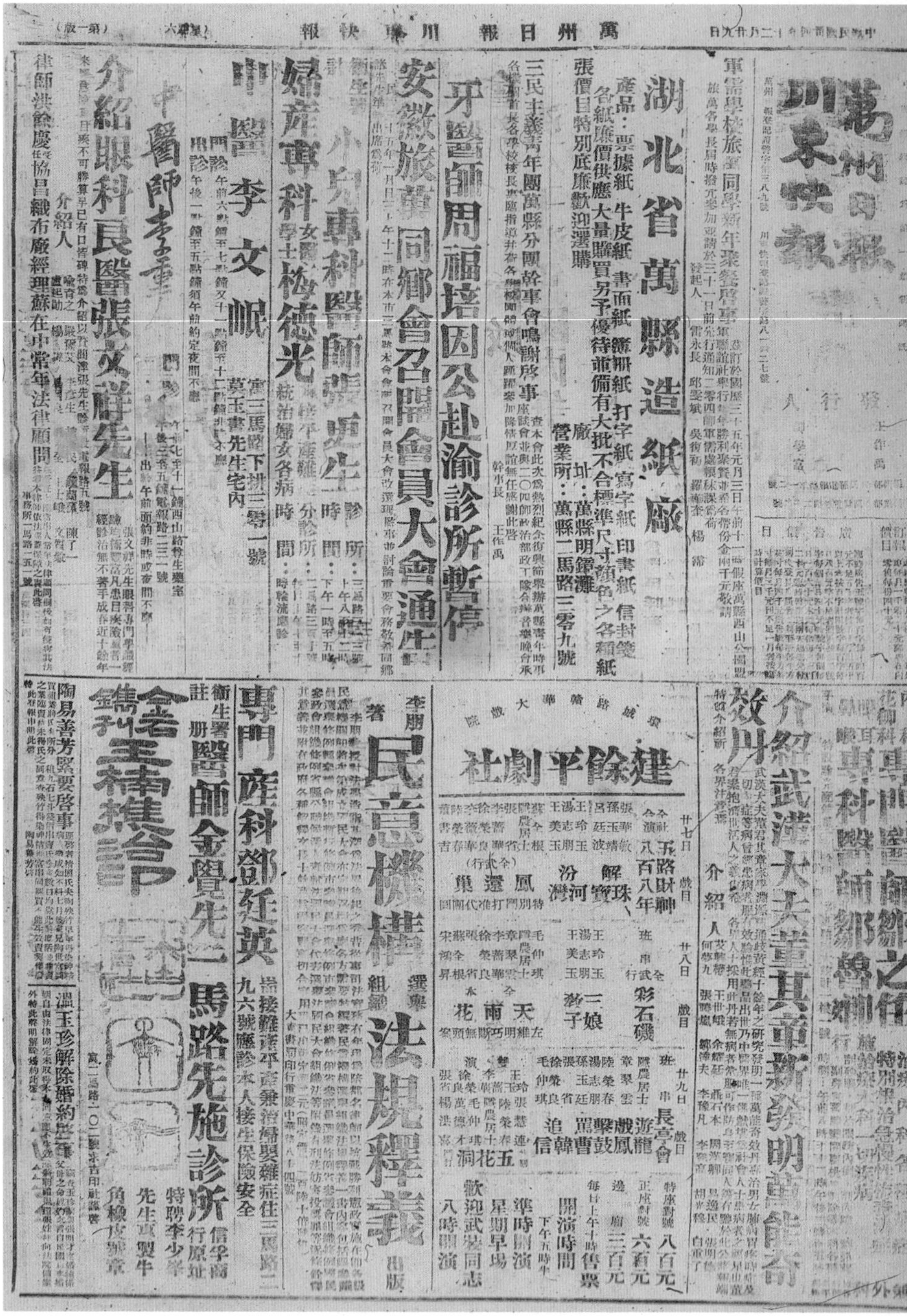

萬州日報 川東快報

軍需學校旅萬同學新年聚餐啟事

湖北省萬縣造紙廠

產品：票據紙 牛皮紙 書面紙 簿冊紙 打字紙 寫字紙 印書紙 信封箋

各紙廉價供應大量購買另予優待並備有大批不合標準尺寸顏色之各種紙張價目特別低廉歡迎選購

廠址：萬縣明鏡灘

營業所：萬縣二馬路三零九號

三民主義青年團萬縣分團幹事會鳴謝啟事

牙醫師周福培因公赴渝診所暫停

安徽旅萬同鄉會召開會員大會通告

小兒專科醫師

婦產專科 女醫學士 楊德光

中醫 李文帆

中醫師李子重

介紹眼科良醫張文蔚先生

律師洪餘慶

介紹武漢大夫董其章新發明

專門醫師鄒之任

建餘平劇社

民意機構法規釋義

專門產科鄧廷英

衛生署註冊醫師金覺先 二馬路先施診所

陶易善芳緊要啟事

金石鐫刻 王楠樵治印

溫玉珍解除婚約啟事

《万州时报·川东快报联合版》

上也主要是宣传抗日救国。

1939年下半年，刘光瑜派军官陈居奇任社长，警备司令部秘书张士先兼总编辑，主笔为孙幕萍。由于欧阳克明和刘光瑜是同乡，利用这层关系，欧阳克明仍留在社内担任编辑。陈、张二人缺乏办报经验，意见产生分歧，报纸处于停滞状态。3个月后，张士先辞职，刘光瑜又派其侄刘聚源以警备部政训员的身份兼任报社社长。在这段时期，报纸的主要内容还是倾向进步的。

1940年，刘聚源随刘光瑜调离万县。第九行政督察区专员闵永濂支持地方实力派王作禹担任《万州日报》的发行人，姚从化担任总编辑。此时的《万州日报》发行量一直处于下降之中，随时有停刊的可能。

1942年，当时万县县党部的机关报《川东日报》也处于经营困难之中，于是两报达成联合出版协议，并成立总管理处，由秦子健任主任，程树芬为联合办总编辑，秦凯切为主笔，张笑生任采访，王作禹任副主任，姚从化为副总编辑，程齐宣为编辑，邹达夫任采访。《万州日报·川东日报联合版》于1943年11月正式发刊。不过，这次联合并没有解决报纸的经费问题，联合版仍处于停刊的边缘。在这种情况下，联合版又与万县三青团机关报《川东快报》联合出版《万州日报·川东日报·川东快报联合版》。自王作禹接办该报到1946年，报纸主要是为万县地方士绅服务的，是地方党团及各派势力斗争的工具。

1946年7月，牟欧平回万县组织成立万州日报股份有限公司，担任董事长兼主笔，王作禹为发行人。1947年之后，王作禹因病修养，牟欧平事实上掌握了报社的人事、经济大权。万县解放后，1949年12月30日，《万州日报》停刊。

《新合川》（1924年）

该报于1924年在合川创刊，由卢作孚的长兄卢志林创办，日出1中张。报纸主要刊载建设新合川的建议。停刊时间不详。

《改建周报》（1924年）

该报于1924年创刊，张仲山编辑，刘作新发行。

《江州日报》（1924年）

该报于1924年创办，创办人李春雅，社址在重庆老鼓楼。1925年初该报被查封。

《通俗周刊》（1924年）

该报于1924年创刊，4开小报。丰都县教育局主办，编辑曾泽光。该报刊登的消息多来自重庆《新蜀报》。1928年，该报因刊登反蒋消息被查封，次年复刊。1931年，该报因卷入钟士民、熊达士被害一案再次被查封。

《民联周报》（1925年）

该报于1925年1月申请登记，发行人李正谊。

《长江航业周报》（1925年）

该报于1925年2月申请登记，发行人王行。

《南鸿》(1925年)

该报于1925年3月30日创刊，创办人为张闻天组织的学生团体南鸿社。该报为16开8版，周报。

《南鸿》是一个综合性的小报，以杂感、短评、散文诗、小说等形式抨击旧思想、旧道德及军阀统治，宣传个性解放、男女平等、婚姻自主，鼓励青年勇敢地反抗一切恶势力。张闻天用本名和萝蔓、大风、青锋等笔名在《南鸿》(包括更名为《夜鹰》的第九期)上发表了大约19篇文章，为《南鸿》全部篇幅的四分之一，如《追悼孙中山先生》《生命的急流》《川师学生潮引起的感想》等。萧楚女也为该报撰写了不少文章，如《言论上的道德责任与法律常识》《告诉所谓“璧山公民”》等。

《南鸿》周报出到5月中旬，即被江巴卫戍司令王陵基以“败坏风俗、煽惑青年”的罪名，“饬令巴县知事会同警察厅将《南鸿》《爝光》两种出版物查封，并勒令萧楚女、张闻天、廖划平三人，两周离渝”。南鸿社在1925年5月23日还将张闻天已经编好的第九期易名为《夜鹰》出版。

《工商业白话报》(1925年)

该报于1925年3月申请登记，发行人钟伯泉。

《正伦周报》(1925年)

该报于1925年5月申请登记，发行人刘鸿谋。

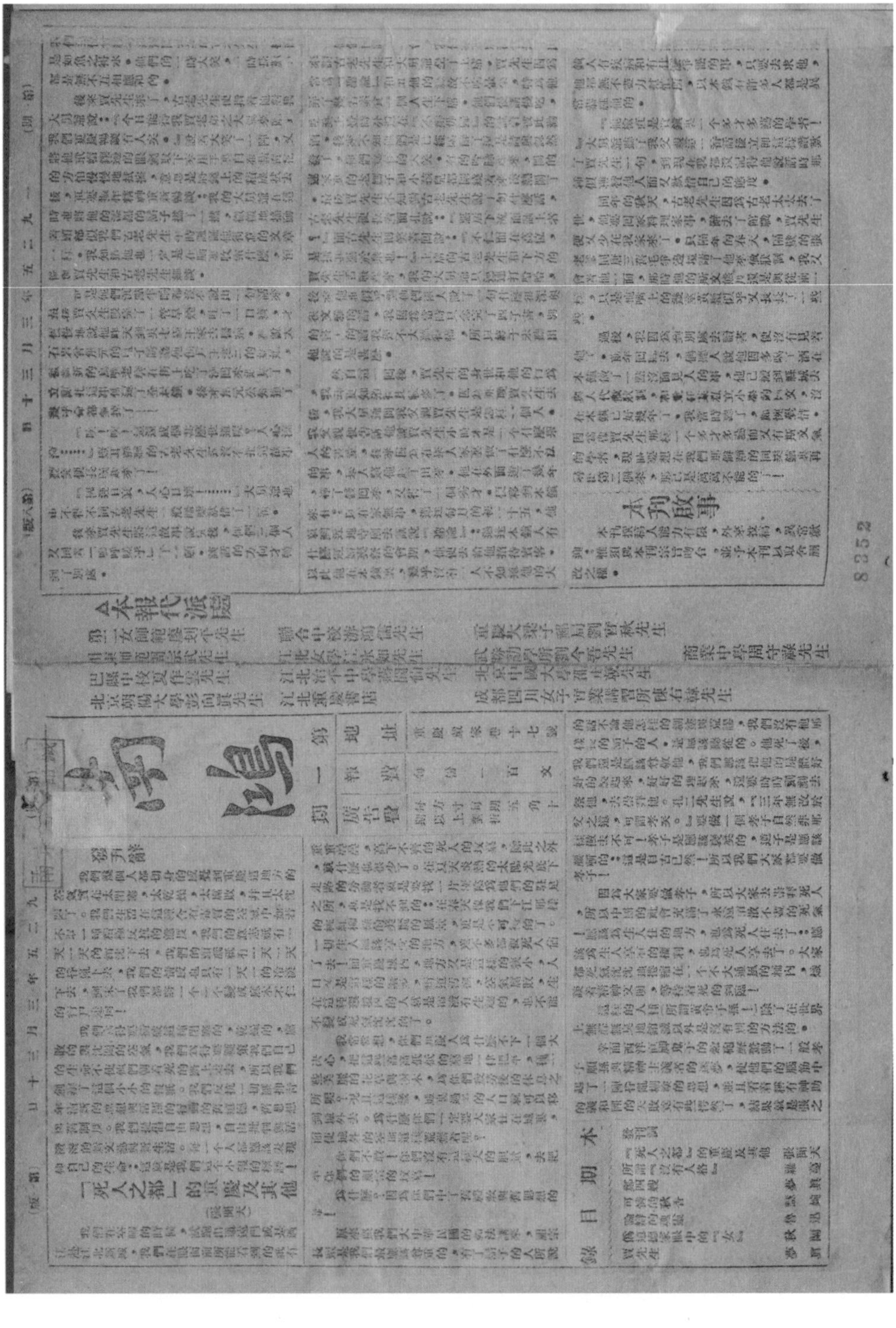

《南鸿》

《新涪声报》—《新涪陵报》(1925 年)

该报于1925年7月31日创刊，周报，4开4版。涪陵县进步青年杨宏奚、宋继武、石大城、鞠雪芹、胡孟慈等集资创办。宋继武任社长，合作书店免费承印，社址在涪陵通仙桥。

该报内容主要是宣传革命、揭露社会阴暗面。每期印刷二三百份，分送县、乡及邻县有关各方，全属免费，只有少量订户。该报内容以地方新闻为主，强调传播反帝反封建革命思想。该报出至第七期后，石大城担任社长。不久，石大城前往上海求学并在当地参加革命斗争，加之其他原因，只办了几期的《新涪声报》被迫停刊。

《新涪声报》停刊以后，共青团涪陵支部负责人鞠雪芹与周笙竺、杨宏学商量，决定出版《新涪陵报》。鞠雪芹、周笙竺负责编辑工作，经费由杨宏学、胡孟慈开设的合作书店筹集，社址在涪陵太平街，后迁到龙王庙。报纸版式、内容、发行方式均与《新涪声报》相同。

1927年初，党组织派秦治敦到涪陵工作。秦到涪陵后，即参加该报的编辑工作，并以此为公开职业开展党的活动。此时，该报的新闻来源主要是武汉《民国时报》和《新闻简报》，还经常发表国民党涪陵县县党部（左派）主任委员兼农运部部长李蔚如（中共党员）的文章。报纸除少数私人订阅外，均赠送各机关、学校，并寄往丰都、长寿、重庆等地。该报最初发行百余份，后增至二百多份。当时中共重庆地委打算把报社作为川东联络站。不久因大革命失败，党的活动转入地下，《新涪陵报》停刊。

《渝市晚报》(1925 年)

该报约于1925年秋创办，社长萧荣爵，社址在重庆千厮门行街世界通讯社内。报纸为4开小报，内容取材多系转载，由于销路不好，亏损甚巨，出版不久便停刊。

《永川通讯社》(1925 年)

该报于1925年创刊,油印小报。创办人为永川中学学生樊汝勤,该报于1927年因樊毕业离校而停刊。1928年,永川平民学校教务主任钟虞阶向川东邮电总局申请复刊,1929年正式复刊,并改为石印,4开2版,每周出一期,约发行200份。后永川中山公学校长唐耕禄参与部分工作,又聘请该校教师张丹秋任主笔。

张丹秋为中共党员。他借助报纸发表多篇杂文,如《五评给水工程》《三妖、两怪外加一个广抬脚》,以抨击当时的官场和时政。后因张丹秋领导永川人民进行反对窝捐的斗争,《永川通讯社》停刊。

《粉江通讯》(1926 年)

该报约于1926年前后创刊。王鳌溪曾任《粉江通讯》编辑。

《蜀江金石周报》(1926 年)

该报于1926年1月创刊,重庆蜀江金石周报社编辑发行。

《重庆新报》(1926 年)

该报于1926年1月创刊,萧荣爵、刘星拱创办,社址在重庆千厮门行街。

《通俗教育党育报》(1926年)

该报于1926年2月申请登记，发行人刘海青，社址在重庆机房街。

《中山日报》(1926年)

该报于1926年3月创刊，《中山日报》是大革命时期国民党右派省党部的机关报。国民党右派石青阳、陈敬修、宋绍增等人，于1926年3月1日在重庆冉家坝石青阳家开会，成立国民党右派省党部，地址设在杨柳街总土地，人称总土地省党部。他们出版《中山日报》进行宣传。由于总土地省党部不断制造与莲花池省党部的摩擦，挑起事端，破坏工农群众运动，激起公愤。各革命团体纷纷提出抗议，发起请愿。莲花池省党部亦电请刘湘“清除反动派”，刘湘不得已于同年12月15日下令解散总土地省党部，查封《中山日报》，同时被查封的还有《江州日报》《长江日报》。

《新新日报》(1926年)

该报于1926年4月申请登记，发行人杨立三。约1928年停刊。

《公论日报》(1926年)

该报于1926年6月申请登记，发行人李纯熙。

《重庆时报》(1926年)

该报于1926年8月创办,创办人喻育之。1928年6月终刊。

《壁报》(1926年)

1926年,朱德到万县做军阀杨森的易帜工作,根据当时的斗争形势,朱德提出要办报,积极宣传北伐革命。经议定,报纸取名《壁报》,主要按国民政府北伐宣传大纲的精神编写文章。《壁报》在当年9月底出版,8开,石印,主笔为熊敦。

《壁报》的出现,在当时的万县还是新鲜事物,轰动一时。该报刚开始发行时,除了沿街张贴外,也分别送给各机关、部队、学校,不到数期就有不少读者来信索取或订阅。很快,当地的国家主义派创办《快刀》,其开篇文章的题目就叫《快刀斩乱麻》,公开与《壁报》针锋相对,开打笔战。随着北伐的胜利,杨森改弦易辙,将《快刀》停刊。不久《壁报》也停办。

《快刀》(1926年)

1926年9月底,朱德在万县创办的《壁报》中宣传北伐,触怒杨森军中的右派分子,他们便针锋相对地出版《快刀》,石印。该报号称要"以快刀斩乱麻",并要求杨森查封《壁报》。杨森屈从于压力,下令将两家报纸一并取缔。但《壁报》经朱德据理力争,仍继续出版。北伐胜利后,杨森将《快刀》停刊。

《重庆日报》(1926年)

该报于1926年11月6日创刊,汪云松、温少鹤等发起,社长刘翌叔,社址在重庆左营街侧，启文印刷厂印刷。1929年9月被查封。

《酾延晚报》（1926年）

该报于1926年11月申请登记，发行人戴孑，社址在重庆存心里15号。

《每周评论》（1926年）

该报于1926年11月申请登记，发行人黄垣。

《公联日报》（1926年）

该报于1926年11月创刊，重庆市公益联合会的报纸，社址在重庆市陕西街。该报因发表不满潘文华扩修马路、整理街市、大兴土木的言论，于11月8日被重庆商埠督办公署督工队捣毁。

《新渝报》（1926年）

该报约于1926年12月创刊，创办人为重庆商埠督办公署督办潘仲三，社址在督办公署内。

《团务日报》—《团悟日报》（1926年）

《团务日报》约在1926年出版，后改名为《团悟日报》，李特生任社长，李炜章任总编辑，王鳌溪任总主笔，社址在重庆二府衙巷。1929年，当局认为"《团悟日报》《国民快报》亦多记载不实"，且有反动嫌疑。1929年10月31日，《团悟日报》被查封。

停刊后，《团悟日报》发出通电称："本报在此诚惶诚恐死罪之状态之下……决不奴颜婢膝以求此余生，其有本报之幽愤，本报之热诚，且付与巴山雨声，巫峡潮声，永鸣人间之不平。"《团悟日报》被封一事，在重庆新闻界引起轩然大波，重庆各报均作报道。重庆报界协会极力主张援助，呈请当局启封。

《重庆正言报》（1926 年）

该报于1926年创刊，创办人陈独志，社址在重庆大梁子44号。同年5月终刊。

《新昌报》（1926 年）

该报约于1926年出版，具体情况不详。

《炉火周报》（1926 年）

1926年，合川县渭溪来龙镇复兴小学在学生间成立炉火社，由蒙文凤主持，宣传反帝反封建思想，出版《炉火周报》，每周一期。其内容主要是小说、诗歌、对联、杂感、散文等。

《重庆新闻》（1926 年）

该报于1926年申请登记，发行人萧荣爵，社址在重庆朝天门。

《革命画报》(1927年)

该报于1927年初创刊，国民革命军第21军政治部出版，编辑主任陈梵天。

《鹤游》(1927年)

该报于1927年初创刊，社址在涪陵鹤游坪(今属垫江)。该报是黎纯一为发动群众与当地恶霸斗争、联络鹤游旅外学生而创办的一份油印报纸。

《梁山时报》(1927年)

该报于1927年2月创刊，社址在梁山(今梁平)望平楼，4开4版，日报，日发行600份。该报初为双日刊，“俟经费充足改日报”。总经理兼主笔蒋子仪，编辑朱乃清(卿)、曹敏之，以“宣传党义及县政”为宗旨。同年11月停刊。

《重庆民报》(1927年)

该报于1927年5月5日创刊，重庆团学绅商联合会议的机关报。同年6月7日，该报被国民革命军第21军政治部查封。

《锁闲日报》(1927年)

该报于1927年5月创刊，创办人张奂轮，社址在重庆上十八梯。

《新民日报》(1927年)

该报于1927年6月初创刊,创办人何小鲁。1928年6月停刊。

《游戏报》(1927年)

该报于1927年7月创刊,重庆新民戏院创办,仅出版5天,因刊载《江巴登妓委员会委员长就职通电》,被国民党重庆登记委员会认为该报有意将“登记”写作“登妓”,特函重庆警察厅将其查封,并函第21军军长刘湘,撤销兼职编辑方继信第21军军部政治指导员职务。

《重庆民报》—《重庆新民报》(1927年)

《重庆民报》于1927年9月1日创刊,每日出版对开8版,社址在重庆商业场西四街,后迁至左营街瞰江旅社内。社长刘翌叔,总编辑傅圣希,主笔程道南,编辑朱笑鸿、葛师孔、潘啸仙、周纪辰,记者陈云夫、龚永涛。1928年6月23日,该报被某餐馆老板率众捣毁,殃及编辑、广告、庶务、发行各部。1929年,该报开辟《民众花园》副刊,主持人为石江。

1930年9月30日,《重庆民报》被查封。重庆报界协会于10月9日发出宣言说:“《重庆民报》因误刊一条党联处的消息,被当局遵奉中央命令封了……误刊的党联处消息,系根据蓉报所载,编辑一时采稿疏忽,未能详加审核,这倒是不可讳言的。‘疏忽致误’绝不是定民报反动的证据。”“‘疏忽致误’与‘蓄意反动’是两个问题,处理也不能一样”,绝不能“因一笔之误便告断”。

《重庆民报》被查封以后,10月9日改出《重庆新民报》,刊号从1001号算起,仍是对开8版,社址在重庆商业场西三街,后迁至三圣殿街第4号院内。

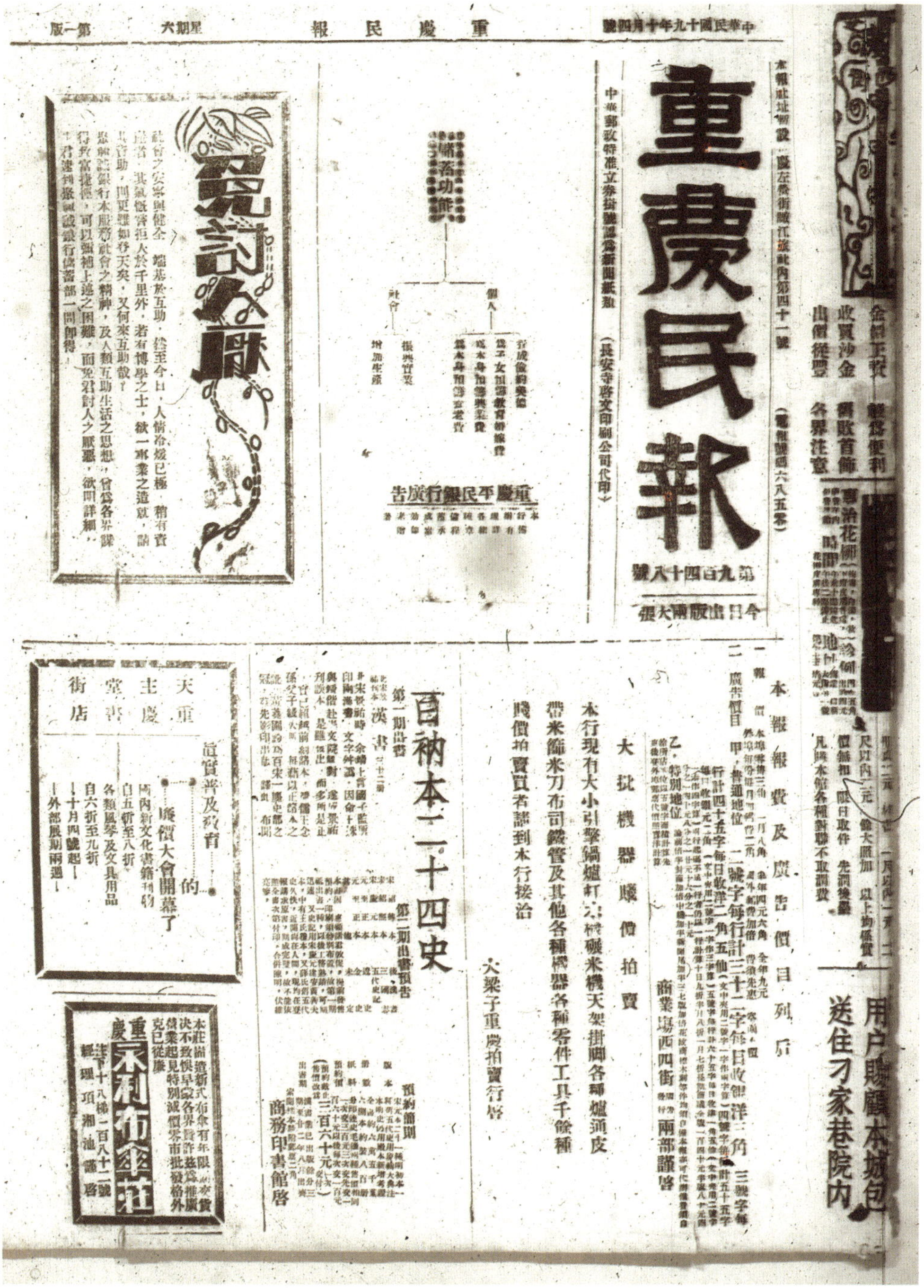
中華民國十九年十月四號 重慶民報 星期六 第一版

重慶民報

第九百四十八號

今日出版兩大張

中華郵政特准立券掛號認為新聞紙類

重慶平民銀行廣告

本報報費及廣告價目列后

大批機器賤價拍賣

本行現有大小引擎鍋爐打米機天架掛腳各種爐涌皮帶米篩米刀布司鐵管及其他各種機器各種零件工具千餘種賤價拍賣買者請到本行接洽

大梁子重慶拍賣行啓

百衲本二十四史

商務印書館啓

天主堂重慶書店

廉價大會開幕了

重慶永利布傘莊

用户賜顧本城包送住刁家巷院内

《重庆民报》

1932年3月29日,《成都快报》第三版有报道称:“年前刘(翌叔)赴万县任财政局长,即由潘(啸仙)负责。现潘以事务繁多,不能兼顾,有放弃之说。县人石荣廷、李奎安等,当愿接办。闻另组董事会,仍推潘负责一部分,内部略加改组,照常出版。”该报于1933年停刊。

《四川党务周报》(1927年)

该报于1927年10月10日创刊,由国民党四川省党部筹备处宣传部创办发行。

《四川新闻报》(1927年)

该报于1927年10月创刊,创办人王蕃,社址在重庆冉家巷。

《新长寿报》—《长寿报》(1927年)

该报于1927年创刊,4开4版,石印。国民党长寿县县党部机关报,社址在长寿城内吉庆街余家小院内,后迁至凤岭街国民党长寿县县党部内,首任主编余纳言。该报经费为县政府津贴,所以该报为官方代言。1944年11月,该报更名为《长寿报》,在县内和省内各县党部间发行。因发行数量有限,县政府以行政手段向县内各机关、乡镇公所和学校摊派发行,报费由县银行代扣。1949年11月停刊。

《峡声》(1927年)

该报约于1927年在重庆北碚创刊,石印,每期二三百份。峡区民治促进会发行。其内容多是峡区团务消息。

《合川日报》(1927年)

该报于1927年创刊，每日1大张，社址在合川瑞山公园内，后迁至柏树上街。社长易朝珠，后为刘叔瑜，主笔王君亮、周松云，编辑董国云、胡四孔。该报以“灌输文化及教建防知识”为宗旨，日发行约2500份。

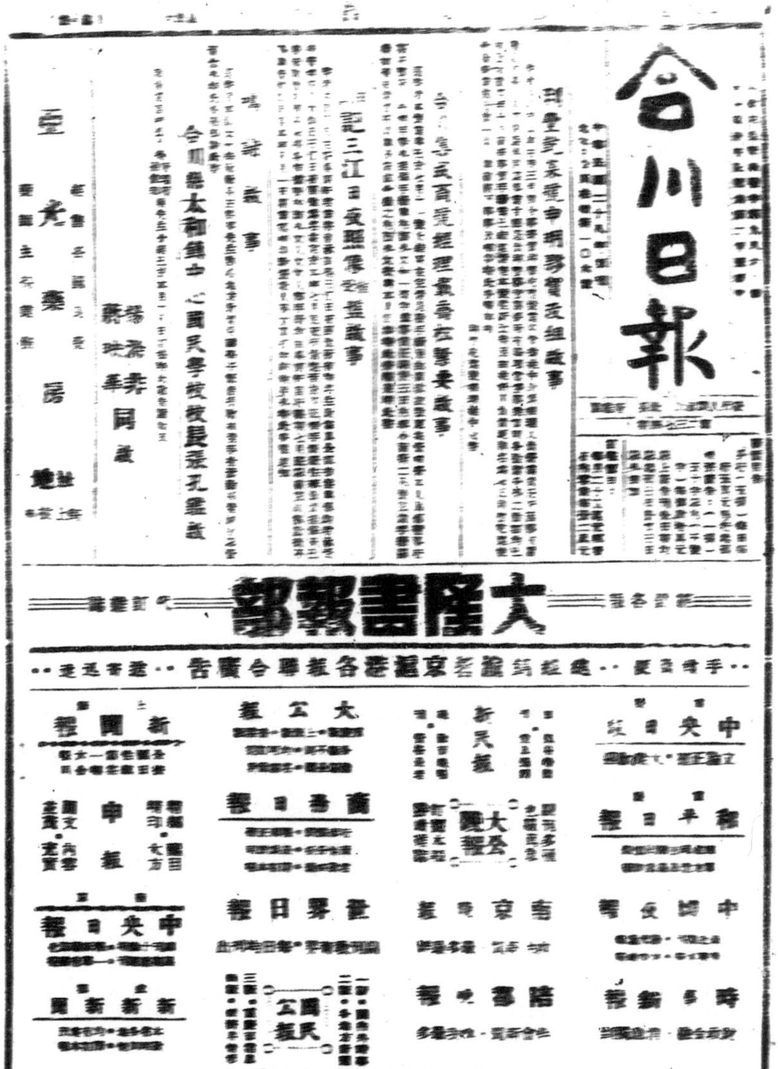
合川日報

大隆書報部

《合川日报》

《香槟报》（1927 年）

该报约于1927年创刊，周报。

《梁山三日刊》（1927 年）

该报约于1927年在梁山创刊，4开4版，石印。傅香泉主持。该报主要宣传政令，提倡启民智，转载国内外新闻。其副刊《萌芽》由陈克农主办。

《荣昌国民通讯报》（1928 年）

该报约创刊于1928年前后，对开，单面石印。报社设在国民党荣昌县县党部内，以宣传三民主义为宗旨。

《忠州报》（1928 年）

该报约于1928年初创刊，在忠县出版，中共地下党员范新畴任主编。同年夏，国民党忠县党务指导委员会成立，范新畴任干事兼秘书。根据中共四川省委的指示，范新畴在忠县公开进行反对杨森、拥护郭汝栋的宣传，并在《忠州报》上发表反杨拥郭文章。杨森恼羞成怒，指令驻忠旅长黄谨怀查封了忠州报馆。

《嘉陵江报》—《嘉陵江日报》—《北碚日报》（1928 年）

《嘉陵江报》于1928年3月4日创刊，石印，三日刊，8开4版，报头题名位于版面右上角，竖排楷体，同时附出《新生命画报》。报社几经易址，社址初设北碚场关圣庙内，后迁至北平路23号，又迁新华路，报纸前后出刊约20年。

创办人卢作孚自任报社社长，主持社务工作。卢作孚早年曾在成都《群报》《川报》担任记者、编辑、主笔，对报纸在建设事业中的先导作用体会深刻，故倡导办报纸服务社会，服务民众。

1928年10月，《嘉陵江报》改为双日刊，两年后，《新生命画报》停刊。1931年1月1日，为顺应扩大发展及谋求经费独立的需要，报纸更名为《嘉陵江日报》，改两日刊为日报，日发行500份。1934年五六月份，《嘉陵江日报》宣布独立经营，改石印为铅印，日出1中张，8开4版，发行700份，由北碚铅印公司承印。

《嘉陵江报》的发刊文章《介绍嘉陵江》由卢作孚撰写，文章署名为“努力的同人”，其中写道：“嘉陵江是经过我们这块地方的一条大河，我们介绍的却是一个小朋友。两天出版一次的一个小报……嘉陵江的命有好长，这个报纸的生命也好长。所以竟叫这个小报也为嘉陵江……简直可以从这个小嘉陵江里面，看穿四川、中国乃至五大洲——全世界……我们很关心各位朋友，家庭好吗？职业好吗？居住的地方好吗？身体健康吗？精神快乐吗？……”[①]卢作孚对《嘉陵江报》的期望可见一斑。

为了办一张大众化的报纸，卢作孚提出6项规定：“一、白话字句很浅，只要读过一两年的书都可以看；二、编法简要，比看别的报少费时间；三、新闻丰富，与重庆、成都有名的报纸一样；四、派人专送，不用邮寄，比报馆迅速（以峡区为限）；五、有娱乐材料可以消遣；六、有常识材料可以帮助大家职业和生活。”

《嘉陵江日报》的创办任务一开始便很明确，“一是告诉民众应该知道的事；二、帮助民众说出想要说的话”。版面设置上，第一版为国内国际新闻，第二版为地方新闻，另外还设有“余闲”“随便谈笑”“专载”和“游记”等各种专栏和专版，报道和评说的范畴广泛，内容丰富。

自创刊至1934年报纸宣布独立经营前，为《嘉陵江日报》的初创雏形期，版面很少，无论是版面编排还是内容选择都简单随意，缺少特定规划。1931年至1934年7月，报纸几乎被峡区内新闻和峡区事业报告占满，值得一提的是，1931年

① 《〈嘉陵江报〉二十年》，转引自重庆日报新闻研究所：《重庆报史资料》（第五辑），内部报刊，1989年。

嘉陵江日報

本報價目

《嘉陵江日报》

“九一八”事变后，《嘉陵江日报》开辟《倭寇新闻索引》专版。1934年7月报纸由石印改为铅印后，信息量大增，新闻有明确的栏目名称，上下八栏，分割齐整，其中第三版为专刊和副刊版，一直到1938年3月都保持该状态，这一时期为报纸的探索发展期。1938年3月至1945年11月，为报纸的繁荣活跃期。报纸立足于读者群体，发展方向有两个，一个是民众抗日宣传，一个是群众日常生活休闲，信息更多来源于收音机接收到的最新消息。报纸版面安排上有了明显变化，报头在正上方正中位置，左右两端均有报眼。1946—1948年，报纸进入稳定中兴期。报纸报眼的位置替换成报纸订阅信息和广告价目，一版为整版广告，报纸在版面和内容上较为稳定。①

在采编方针上，《嘉陵江日报》反对陈词滥调，着眼于实事求是。对峡区内事业的报道强调叙述事实，鲜有着眼领导的报道。对国内、省内情况的报道，不夸张，不耸人听闻。另外一点革新便是该报支持社会改革的态度鲜明，经常发表一些代表地方政府革新的小新闻，专门设立“来函照登”和“小先生园地”等栏目鼓励民众参与。

该报实际发行人姓名从未见报，其实“峡防区时期”实际发行人为卢作孚，“乡建实验区到北碚管理局时期”为卢子英。卢作孚被视为北碚的开拓者，而卢子英便是实现卢作孚为北碚设计蓝图的践行者，他们兄弟为北碚人民作出的贡献有口皆碑。《嘉陵江日报》除社长卢作孚外，设有主任、编辑及会计各一名。20多年里，该报的人事变动频繁，历年的主要负责人还有熊宴洁、黄子裳、叶镜涵、李洪兰、汪伦、周叔享、高孟先、罗中典等，加上在该报工作过的编辑、记者，约有30人。

《嘉陵江日报》初期多为赠阅，极少有人订阅。当时主要由峡防局安排人分送峡区所辖48场并在主要的街道张贴。1936年4月峡防区改组为实验区，该报发行范围缩小为北碚所属5个乡镇及临近各县。该报的日发行量不大，1928—1929年仅300份，1930—1939年日发行量为400~600份，1940—1942年曾超过1000份，1943年以后逐年下降，由800份降至600份。1940—1942年的激增主要是因为北碚划为陪都的迁建区，号称“陪都中的陪都”，大量机关、单位和学术机构的迁入使该报销量有所提高，发行量增至每日1000份。

《嘉陵江日报》最初由区署统一划拨经费和人员，很长一段时间都入不敷出，难以独立经营，其经费除实验区补助外，还有峡区各实业机构的津贴和捐助，而卢作孚的个人魅力和他广泛建立起来的社会关系为大大推动了捐助工作的开展。1930年《嘉陵江日报》开始谋求经费独立，1934年后开始有广告专版，经费上并无太大问题，“三峡煤球厂”曾一度成为《嘉陵江日报》的主要赞助商。重庆大轰炸

① 高瑜：《基于现代化视野的北碚乡村建设传播实践研究——以〈嘉陵江日报〉为例》，重庆大学2010年硕士研究生论文。

时期，报纸收入入不敷出，被迫缩减版面，广告量下降，只剩下不到半个版面。虽然从1938年报纸就开始重视订户的作用，但结合报纸的发展来看，广告收入应该是支撑报社的主要渠道。

副刊编辑方面，1937年7月始，报纸由对开一小张改为对开4版，其中第三版为副刊。最早的副刊是排在第三版的《图书馆》（中国西部科学院编辑），主要介绍峡区图书馆的情况，仅办3期。当月15日，严格意义上的副刊《现代园地》诞生，介绍现代人如何生活。1938年以后，外来单位增多，报纸无法应对社会的复杂性，编辑为转移视听，增排副刊，最多时副刊达十多种，诸如《北碚青年》（三青团主编）、《国民教育》（管理局教育科编）、《北碚小志》（北碚修志委员会编）、《北碚卫生》、《嘉陵副刊》、《现代园地》、《北碚农民》、《小先生园地》、《农业周刊》等，中间临时推出过《夏令卫生特刊》。

1945年11月，《嘉陵江日报》第四版刊载了一则消息：《本报聘请胡弗主持编辑工作》，具体内容为“（本报讯）名画家兼作家胡弗氏，近应本报之聘，主持编辑工作。胡氏已于昨日（二十二日）到职视事”。以此为导火索致使《嘉陵江日报》停刊，且时间长达1年又1个月之久。后该报出至1946年8月31日（一说为8月30日）第5635号停刊。

1947年11月1日，《嘉陵江日报》复刊，复刊后发行量无显著增加，副刊以《现代园地》为主，报纸由陈治谟负责，主编为罗中典，记者广泛采访，内容充实，报纸具备了地方小报的特色。1948年8月18日出至第5898号又停刊，9月1日再复刊，并改名为《北碚日报》，到1949年12月15日终刊。该报日发行量始终在400~1000份，维持出版长达20余年，保存了不少史料。

《嘉陵江日报》作为北碚乡村建设运动中的乡村媒体，提供了一个乡村公共空间平台，为传统农民生活和生产方式向现代化思维转变，尤其是在抗日战争时期，做了很多宣传工作，在启迪民智方面发挥了不容忽视的作用。

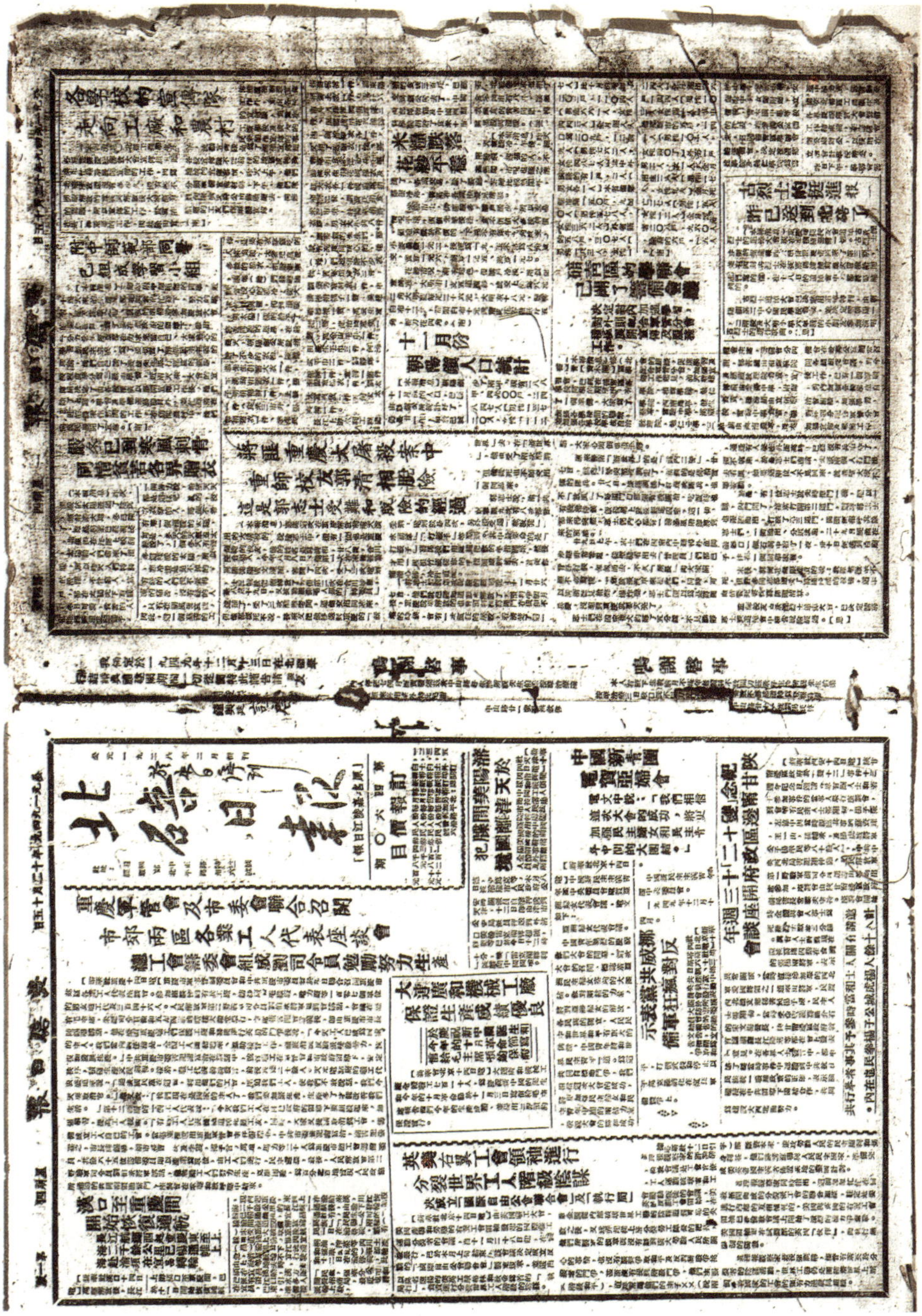

《北碚日报》

《重庆新民画报》(1928 年)

该报于1928年3月申请登记，主要负责人余伯靖，社址在重庆商业场西四街。

《民国画报》(1928 年)

该报于1928年5月申请登记，发行人罗鸿章。

《重庆快报》(1928 年)

该报于1928年7月4日创刊，社长王白与，总编辑邵伦甫（天真），每晚出1中张，社址初在走马街，后迁至商业场两大街25号。1930年4月初，报纸因刊载的内容得罪了军阀，被迫停刊。

《渝江日报》(1928 年)

该报于1928年8月创刊，创办人毛百年。

《垫江周刊》—《垫江报》(1928 年)

《垫江周刊》于1928年8月创刊，国民党垫江县县党部发起创办，国民党垫江县党务指导委员会、教育局、团务委员会、财政局、县中学等机构共同集资，旨在以“三民主义立场，根据总理遗教及中央各种政策，对垫江民众作正确之指导”。发行人徐香谷，总经理刘季尊，主笔宁安澜。社址在垫江县城吴宗祠，后迁至万天宫。1935年6月，报社奉令改办《县政月刊》。8月复刊，县党务指导委员会书记长刘道三任社长兼主笔。每期出版1中张，石印，日发行约500份。1941年8月改名为《垫江报》（三日刊），后因经费困难又改为月报，1949年终刊。

《涪陵新建设日报》（1928年）

该报于1928年9月创刊，石印，周报。负责人刘禹卿，社址在涪陵城老关庙，涪陵市政公所发行。1930年停刊。

《涪陵市政周报》（1928年）

该报于1928年10月10日创刊，为军阀杨森部不定期出版的小型周报。县教育科科长萧廉达主编，涪陵市政公所发行，社址在涪陵老关庙。该报主要报道地方政闻、市政法令及各部门法规等。后因杨森部离涪，市政机构被撤销，该报于同年底停刊。

《渝工捷报》（1928年）

该报约于1928年10月10日创刊，晚报，每日下午5点发行。重庆市总工会主办。

《重庆晚报》（1928年）

该报于1928年10月20日创刊，每天出4开4版。发行人陈伯坚，社址在重庆三

重慶晚報四週年紀念特刊

隨報贈送 不取分文

本報四週年紀念特刊引言

（健君）

本刊目錄

《重庆晚报四周年纪念特刊》

牌坊，后迁至米花街。1930年春，陈将报纸转让给赖健君，由赖申请变更登记，赖本人任发行人兼社长，社址仍在重庆米花街（保安路）酒帮公所。

赖健君接办《重庆晚报》后，主笔为陈远光，写“街谈巷议”栏短评，主要是议论重庆市政建设和当天报纸的重要社会新闻。总编辑朱典常，主编第一版。第二版编辑先后有刘苍佛、丁孟牧、邱闻天。外勤记者毛通普、王藏园。《夜之花》副刊主编覃惜田，后覃继陈远光任主笔，副刊主编由刘玉声担任。1933年上半年，《重庆晚报》还办有一张8开小报，是朱典常创办的综合性周刊。

1939年5月，重庆被日机狂轰滥炸，报社被毁，报纸就此终刊。另有资料称，陈伯坚的前任社长为南岸市政管理处处长陈星民。

《丰都报》(1928 年)

该报于1928年创刊，丰都报社发行。丰都报社是陈炳勋以丰都县政府的名义开设的。该报先是三日刊，1933年改为日报。报纸初为石印，后增设四开铅印机改为铅印。报社有职工二三十人，设编辑、排版、装订、业务4个部门，业务除日报外，还接印杂件。其订户有县城各机关及各区乡单位。

《民报》(1928 年)

该报于1928年在重庆创刊，总编辑周文钦(不足半年就辞去职务)。周文钦认为“报为伤腐生肌之药，病夫所不可少”。该报副刊《合作潮》每周出一期，宣传合作主义。

《盐务日报》(1928 年)

该报约于1928年创刊，设有专论、特载、法规、命令、公牍、读者俱乐部等栏目。

《潼南民报》(1928 年)

该报于1928年创刊，石印。潼南人廖维新创办，廖自任社长兼总编辑。由于该报倾向进步，敢说真话，为当政者所厌恶，报纸不得不时刊时停。该报主要发行对象为县内各机关、法团和民众。1930年，廖维新去往贵阳，担任四川通讯社驻贵阳特派员。1931年秋，潼南县行政扩大会议议决，将《团务旬刊》《教育旬刊》《救国周刊》及其他刊物合并到《潼南民报》。1933年，廖维新回到潼南，复任社长，陈南平任主笔。1935年廖维新病逝，该报终刊。

《梁山市报》（1928 年）

该报约于1928年在梁山创刊，时任县教育局局长的中共地下党员陈克农任主编。

《铜梁公报》（1928 年）

该报约于1928年出版，为铜梁县政府所办，每周出版两大张，石印。该报部分经费由县政府负担，出版后分送各机关、团体、学校。1934年仍在出版。

《铜梁民报》—《铜梁政务公报》（1929 年）

1929年1月，该报由当地驻军旅长游广居令铜梁县县长张开运（子文）创办，张同时兼任社长，编辑为周景陶。该报先为周报，石印，4开4版。该报辟有国内外时事、县内新闻简讯、社会评论等栏目。该报后改为三日刊，1930年更名为《铜梁政务公报》，内容包括军政、县政、司法、教育、建设、财政、公安、团务、特载等。1931年因游广居部撤离铜梁而停刊。

另，《中国共产党铜梁历史大事记》称，共产党员雷汝维在1936年夏接办《铜梁民报》。雷汝维在办报期间以宣传抗日救国为宗旨，并结合铜梁实际，无情地抨击达官贵人的伪善。该报只办了3个月即停刊。

《渝报》（1929 年）

该报于1929年1月创刊，创办人李翰丞，社址在重庆鸡街五通庙。同年6月停刊。

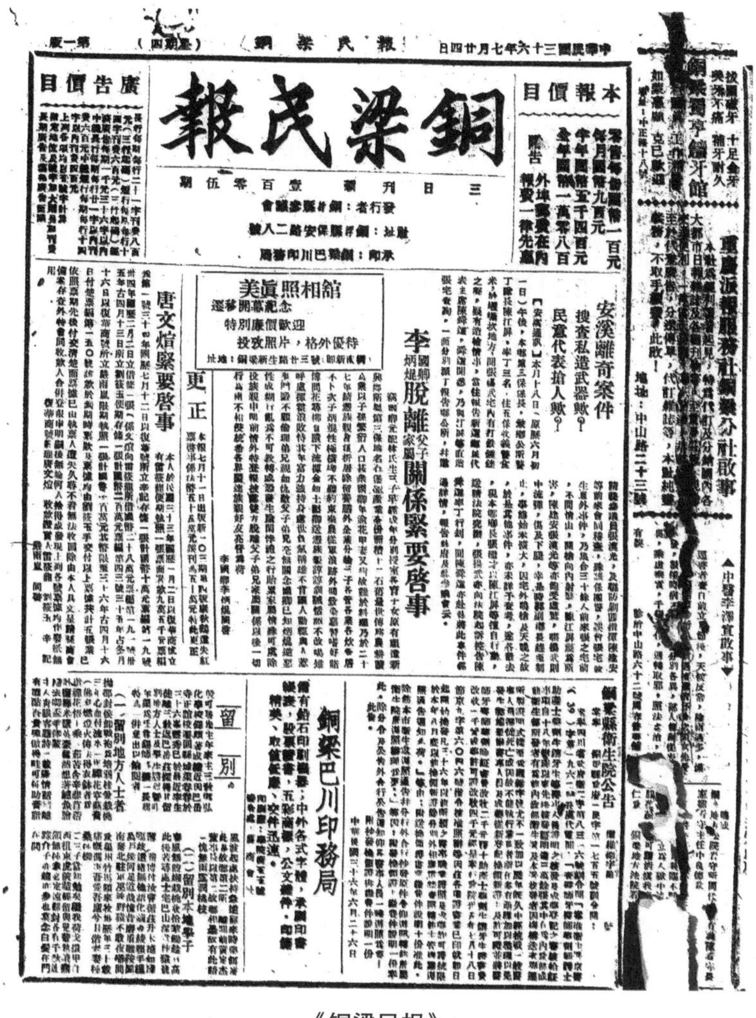

中華民國三十六年七月廿四日 (星期四) 銅梁民報 第一版

銅梁民報

三日刊 壹百零伍期

發行者:銅梁縣黨部

社址:銅梁縣保安路二八號

承印:銅梁巴川印務局

廣告價目

本報價目

安溪離奇案件

搜查私造武器數?

民意代表搶人數?

李炳卿 脫離父子家庭關係緊要啓事

美真照相館

遷移開幕紀念

特別廉價歡迎

投交照片,格外優待

唐文焯緊要啓事

更正

銅梁巴川印務局

留別

銅梁縣衛生院公告

重慶派報服務社銅梁分社啟事

銅梁國亨鑲牙館

中醫李潤宣啟事

《铜梁民报》

《平民晚报》(1929年)

该报于1929年2月24日创刊,4开。驻渝第21军政训部创办,社长唐重民,社址在重庆总土地巷第21军政治部内,李佛航、欧阳继光等负责编辑,其经费由该军政治部划拨。其内容侧重于国民党党务消息之类。该报大半系寄赠各方及外州县各党务社团机关,发行量为每天1000份。同年9月因社址问题停刊。

《商民日报》(1929年)

该报于1929年2月创刊，社址在重庆三王庙内。

《川康日报》(1929年)

该报于1929年3月11日创刊，对开4版。第24军军长刘文辉和师长张志和出钱创办。大革命时期，川军刘文辉部易帜为国民革命军第24军，他想利用这个机会向国民政府表示革命和进步，以求得中央的信任。另外，他又打算扩充自己的实力，扼制其他军阀，达到统一四川的目的。《川康日报》社长为周敬儒、董蜀舫（仁清），总编辑为李雅髯，主笔为施俊杰，编辑为甘树人（中共党员），其工作人员多为军人兼职。社址在重庆老街139号。

该报每日出版对开1大张，分中外要闻、省内新闻、本市新闻、副刊4版。副刊《血流》，由陈彝荪主编，宣传大众文学，刊登小品、诗歌、杂文、文艺评论等。副刊《柳丝》，内容多是知识性、科学性、趣味性的文章，适合社会各方面读者的需要。报社经费充实，房屋宽大，设备齐全，可谓重庆当时最富裕的报纸。

该报倾向进步，开始比较谨慎、持重，使社会上各方人士都能接受。报纸影响扩大后，就进一步宣传革命，宣传普罗文学思想，在青年学生、军人及各界人士中影响广泛。报纸发行量逐渐增大，日销量达四五千份。后因四川的“二刘”争霸中，刘文辉败于刘湘，报纸不得不在1931年9月停刊。

《新江津日刊》(1929年)

1929年春，中共江津特支成立，组建民星书店，同时创办《新江津日刊》。报馆设在天香街“我我相馆”内，主笔先为秦志敦，后为袁蘅生。报纸初为石印，后改为铅印。该报主要转载剪报新闻，报道地方新闻，不时发表社论。其发行对象为机关、团体、学校、商号、部队等。每期本地发行500多份，外地发行100多份。1930年，江津“九·三”兵变失败后，秦志敦被捕，该报遂停刊。

《新社会日报》（1929 年）

该报于1929年4月1日创刊，中共四川省委军委主办，是中国共产党在重庆出版的一份有较大影响力的进步报刊。另，《中国新闻年鉴（1997）》《新闻界名人简介》在介绍蒋阆仙时称，该报是中共四川省委和川东特委联合主办的进步报刊。

该报主办人为张志和。创办《新社会日报》时，张志和的公开身份是川军第24军刘文辉部的师长，实系中共地下党员。该报社长兼总编辑为罗承烈。

该报的宣传内容着重反帝、反封建、反军阀，揭露腐朽黑暗统治，强调对青年学生和一般市民进行宣传。其社址在商业场新大街1号，日出对开报纸两张，由商务日报印刷厂代印。

在发行方面，《新社会日报》因为深受群众的欢迎和支持，创刊之初就有较大的发行量，“除各处函索购买外，每日尚可捆售一千数百份，实为渝报界未有之现象”。另有资料称，最初计划每天出2000份，后来增加到5000份，仍供不应求。在版面设计方面，《新社会日报》美化版面，排版新颖醒目。采访部主任罗静予亲自用仿宋字体书写标题（当时重庆尚无仿宋字铜模可供浇铸），木版雕刻，还特约上海、汉口专电，扩充新闻来源，重视体育新闻。另外，《新社会日报》还辟有副刊《战垒》和反映妇女问题的周刊，使它“在一般腐朽的新闻市场中，这算是辟出一个巨大的新纪元”。

该报发刊后，按照报纸在创刊宣言中提出的要“抱着大无畏的精神，站在时代的前头”办报，成为“被压迫民众痛苦呼援的总机关”，猛烈抨击蒋介石集团的劣迹，还向国家主义派展开斗争。当时，蒋介石曾派曾扩情到重庆拉拢刘湘，某些政客趋之若鹜，赠其四川特产绣花被面。《新社会日报》以《绣花被面的曾特派员》为题加以揭露讽刺，引发曾的极度不满。1929年5月13日，国民党中央秘书处专门发函要求查封《新社会日报》，“据中央宣传部呈称：查四川省《新社会日报》本年四月二十三、二十四、二十五等日，满篇记载公然诋毁党国，侮谩中央委员，且复造作蜚语，希图分化革命势力，显是反动分子刊发之报纸”。该报被迫停刊。

停刊后，读者纷纷要求《新社会日报》复刊。重庆市总工会专门提出三项援助办法：“一、发出宣言，援助该报复刊；二、电蒋氏不能无故摧残舆论；三、联合各界向刘甫澄（刘湘）请愿。”此时，刘文辉致电罗承烈要求“兼程赴省，有要事相嘱”，罗随即离开报社。在各方声援下，《新社会日报》在停刊18天后，于5月

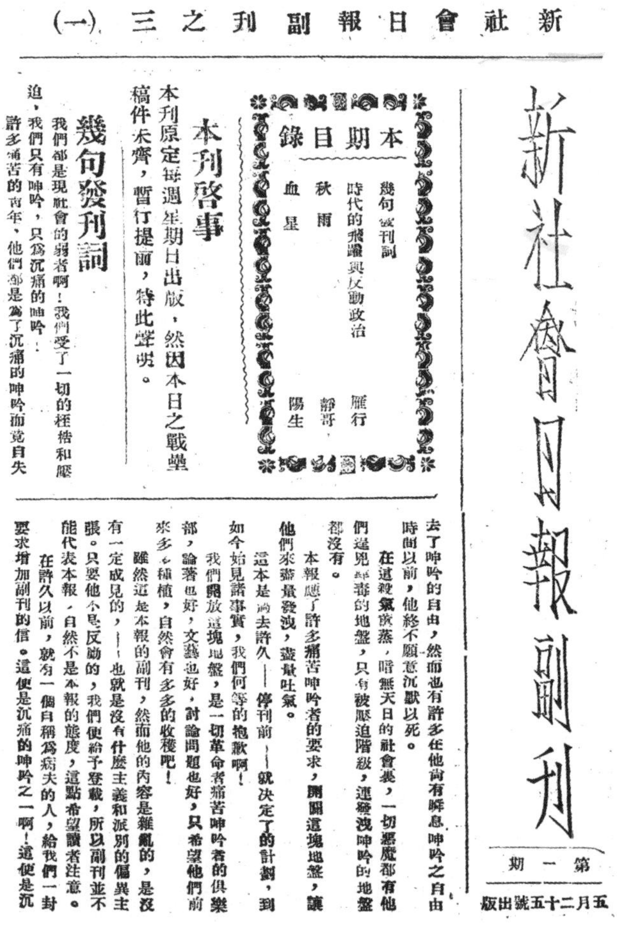
新社會日報副刊之三（一）

新社會日報副刊

第一期

五月二十五號出版

本期目錄

幾句發刊詞
時代的飛躍與反動政治　雁行
秋雨　靜哥
血星　陽生

本刊啓事

本刊原定每遇星期日出版，然因本日之戰壘稿件未齊，暫行提前，特此聲明。

幾句發刊詞

我們都是現社會的弱者啊！我們受了一切的桎梏和壓迫，我們只有呻吟，只為沉痛的呻吟！

許多痛苦的青年，他們都是為了沉痛的呻吟而竟自失去了呻吟的自由，然而也有許多任他尚有瞬息呻吟之自由時間以前，他終不願意沉默以死。

在這殺氣蒸蒸，暗無天日的社會裏，一切惡魔都有他們這兒兇毒的地盤，只有被壓迫階級，連發洩呻吟的地盤都沒有。

本報應了許多痛苦呻吟者的要求，開闢這塊地盤，讓他們來盡量發洩，盡量吐氣。

這本是過去許久——停刊前——就決定了的計劃，到如今始見諸事實，我們何等的抱歉啊！

我們開放這塊地盤，是一切革命者痛苦呻吟者的俱樂部，論著也好，文藝也好，討論問題也好，只希望他們前來多多種植，自然會有多多的收穫吧！

雖然這是本報的副刊，然而他的內容是雜亂的，是沒有一定成見的，——也就是沒有什麼主義和派別的偏異主張。只要他不是反動的，我們便給予登載，所以副刊並不能代表本報，自然不是本報的態度，這點希望讀者注意。

在許久以前，就有一個自稱為病夫的人，給我們一封要求增加副刊的信。這便是沉痛的呻吟之一啊！這便是沉

《新社会日报副刊：光明周刊》1929年第一期

20日复刊。复刊行为仍旧引发当局不满。1929年6月13日，国民党中央秘书处再次发函要求查封《新社会日报》。6月25日，当局以“蓄意挑拨，多混淆视听”的罪名，再次查封报纸。

《建设日报》（1929 年）

该报于1929年4月15日创刊，社址在重庆来龙巷，第21军第16师师长蓝文彬所办，经费由第21军督办署补贴。1931年初，特聘第21军少将参谋傅渊希的夫人范云卿为副刊编辑主任。1934年1月20日，报社迁成都，更名为《建设晚报》继续出版。

《国民快报》（1929 年）

该报于1929年4月15日创刊，晚报，4开4版。李子谦、陈芳辰、江疑九、牟白棣等人组织创办，编辑部设在重庆天主堂街巴渝书店楼上。李子谦负责对外筹措经费，江疑九、牟白棣编辑国内外要闻和地方新闻，蒋阆仙编辑本市新闻，副刊编辑为刘玉声。有关时局的重要新闻由李子谦提供，作为本报电讯发表，地方新闻大多转载自成都及其他地方报纸，本市新闻无专人采访，多靠通讯员投稿。刘玉声在副刊上经常发表重庆掌故，颇能吸引读者。

这个时期，各派军阀之间斗争激烈，《国民快报》经常发表不利于国民党的言论。1929年6月24日，中央训练部部长何应钦急电刘湘：“近据检查所得，重庆《新蜀报》《新社会日报》……造谣挑拨，又《团悟日报》《国民快报》亦多记载不实，请就近饬属分别取缔。”当局于同年7月3日查封该报。该报前后出版总计80天。

《国民快报》《新社会日报》《团悟日报》等报纸被查封之事，被民国新闻学者郭步陶称为“精神的痛苦”。

《建国日报》(1929年)

该报约于1929年4月创刊，当时重庆的某些军阀势力为了对抗中国共产党领导下的《新社会日报》，由燕文斌出面创办了这份小报，专与《新社会日报》唱对台戏。

《新四川日报》(1929年)

该报于1929年5月10日出版，社长林升(昇)安，副社长周晓南，社址在重庆打铁街34号，营业部在庙街华通西药房。该报出至同年8月停刊改组，9月末复刊。

《蜀光报》(1929年)

该报于1929年5月20日创刊，许学彬创办，并任报社主席，社址在重庆夫子池教育局巷内。同年6月停刊。

《西蜀晚报》(1929年)

该报于1929年5月创刊，社长黎纯一，总编辑慕钧石，新闻编辑王仲宁，副刊编辑赵暮归(笔名“魔王”)，社址在重庆培德堂街。每天傍晚出4开1张，每天发行2000份左右。

1930年7月26日，该报在“桃花源”栏目内登载小品《耍起来》，讥讽军阀，因而触怒军阀弁兵。8月1日，《西蜀晚报》被弁兵数十人捣毁，全市记者以事关重大，纷纷声援，向当局呈请严惩凶手并予各报以今后之保障。8月4日，又有弁兵数十人前往《西蜀晚报》，慕钧石和职工数人被打伤，黎纯一遭劫持。此事激起重庆新闻界强烈抗议。重庆报界协会、记者协会、通讯社协会三家立即召开紧急会议，决定从5日起全体罢工，并发表宣言，请求各地新闻界声援。重庆市50多个民众团体也成立新闻界罢工后援会，作有力的援助。四川省政府恐风潮扩大，担负摧残舆论的恶名，由第21军第16师师长蓝文彬出面，于15日宴请新闻界，表示"愿负全责"。各报、各通讯社遂于18日复刊。

《西蜀晚报》复刊后，销路比以前增多，几乎每天稳定在2500份左右。1932年停刊。

《涪陵公报》（1929年）

该报于1929年5月创刊，涪陵县党务指导委员会和民众训练委员会主办。

《商联日报》（1929年）

该报于1929年5月创刊，陈国栋任社长兼总编辑。每日出版两小张，同年11月2日停刊。

《亘报》（1929年）

该报约于1929年6月创刊，小报。创办人吴惑。该报设有社论、中外要闻、是非之地、杂耍场、社会现实、文艺、讽刺画、公共邮箱等栏目。

《都邮报》（1929年）

该报于1929年6月创刊，三日刊。邹某、但某创办，社址在重庆纯阳洞街。

《新时代报》（1929年）

该报于1929年7月11日创刊，社址在重庆下丰街。该报言论激烈，因刊文讽刺国民党中央特派员，被重庆市公安局以“言论反动，淆惑视听”为由，于同年8月6日查封。该报仅出版26天。

《重庆晨报》（1929年）

该报于1929年7月28日创刊，创办人刘某，社址在蜈蚣岭15号。同年8月11日因内部改组停刊，后复刊。1929年8月停刊。

《四川快报》（1929年）

该报于1929年8月16日创刊，4开4版，晚报。社址在重庆冉家巷5号。报社经理彭汉卿，主笔兼总编辑王国源，编辑有江疑九、牟白棣、陶守成、蒋阆仙等。半数职员来自前《国民快报》。该报有铜板插画、特约专电、翻译西报等栏目，颇具特色。不过，报社经常出现经费困难的情形。彭汉卿主张邀请第21军财政处处长甘典夔（绩镛）资助，王国源和编辑们均不同意。于是彭汉卿撤资，报纸无法维持，1个多月后停刊。

《民众日报》(1929年)

该报于1929年8月创刊,杨某所办。

《宣报》(1929年)

该报于1929年9月创刊,创办人吴惑,社址在重庆商业场西四街12号。

《民权报》(1929年)

该报于1929年11月初创刊,创办人王某。

《民权日报》(1929年)

该报于1929年11月12日创刊,由王某、黄某发起,每日出版两小张。

《巴蜀日报》(1929年)

该报于1929年11月21日在重庆创刊,主要创办人为刘湘部第21军师长王缵绪。以后,他又邀请唐式遵、潘文华、范绍增几位师长共同出资办报。创刊前期,报纸的经费较为充足。王、潘、唐、范每月各出资280元用于报纸的各项支出。

报社总编辑是黄绶(元贲),编辑为蒋阆仙、邓宰平、江疑九、何效华,主笔为江子愚、罗一龙、王国源,经理郭松年。原社址在商业场西三街,后来迁址杨柳街72号。报纸每天出版对开8版，除了出版新闻，还刊载副刊，并特设“盐政消息”一栏，专载有关盐务的政令或消息，在盐业界有着很多的受众人群。该报创刊初期社论不多，但常有短评。该报消息采用专电和通讯社稿，或转载外地报纸，也有特约通讯员和访员投稿。大约一年后，黄元贲到外地任盐务官，熊介藩

巴蜀日報
訂報價目
廣告價目
光華照
本館建築充分之樓光
直由歐美購來最新攝
影機和上等鏡頭研究
深刻專拍美術相片及
彩色照片現已組織完
備准於十一月十號正
式開幕紀念期內一律
順天
上海公裕太陽保險分公司開幕
又新大舞台
地址小米市街

《巴蜀日报》

继任总编辑。熊继任后，对新闻办报既不了解也没兴趣，他原是留学德国的兵工专家，在报社拖了1年多后卸任。恰逢黄元贲盐务官一职卸任，黄又重返《巴蜀日报》任总编辑。

1930年初，报纸言论触犯当局，国民党中央秘书处在当年2月14日曾要求查封《巴蜀日报》，并认为该报“乘机潜伏，极尽诋毁煽惑之能事”。

1931年“九一八”事变后，《巴蜀日报》加强了对抗日内容的宣传。担任主笔的罗一龙自筹费用北上抗日。报社拟聘原《团悟日报》主笔王鳌溪先生担任主笔。但王由于言论触犯当局，被迫离开重庆，未能就任。报社又改聘万县邹文奎担任主笔，邹是中共地下党员，言辞犀利，切中时弊。一年多以后，邹被叛徒告密不幸被捕，判刑三年。报社曾多方营救邹文奎，可惜未果，但报社仍然将邹的薪水定期送至监狱。报社后又聘请当时在上海活动的老报人毛一波任主笔。毛一波在重庆每天都撰写社论，其内容大多都是宣传抗日的题材，也有对当时政治时局的批评意见。1933年初，报社购收音机一台，可直接收听中外各地的重要消息，时为重庆第一家安装无线电设备的报社。

《巴蜀日报》的出版过程一直较为顺利，但后期由于出资人觉得报纸并未能带来多大的好处，在一定程度上还存在着一定的经济压力，到了后来只有王缵绪、潘文华还按月出资。最后王的份额改由重庆盐业公会每月支付500元，潘的那一部分也难以按时支付了。再加上报纸自身经营出现困难，广告收入微薄，报纸销路不畅，难以维持运营。为了挽救报纸，王缵绪曾想与刘湘部另外一位师长鲜英出资创办的《新蜀报》合并，以此来解决残局，但最后无果而终。《巴蜀日报》勉强拖到了1934年春节停刊，前后共出版了4年零3个月。

《渝市晚报》(1929年)

该报约于1929年11月创刊，东北通讯社编辑蒙树模邀集郭某、毛某筹办。

《天府画报》(1929年)

该报约于1929年11月创刊，三日刊。成都驻渝办事处主办，以“宣传党义，发扬艺术”为宗旨，社址在重庆山王庙14号。

《巴县日报》(1929年)

该报于1929年12月出版，由巴县县政府创办，社长曾志艺。每日出1大张，发行1000余份。

《快活林游艺报》(1929年)

该报于1929年12月创刊，创办人慕钧石，社址在重庆定远碑。

《万州日报》(1929年)

该报约于1929年创刊，陈西堤创办。

《青天白日报》(1929年)

该报约于1929年创刊，1930年6月15日因“言论反动”被查封。

《团悟新闻》(1929年)

该报约于1929年创刊,社长鲁秉治。

《新开县》—《开县公报》—《开县新闻》—《新开县报》(1929年)

《新开县报》是国民党四川省开县执行委员会的机关报,由开县历年创办的《新开县》《开县公报》《开县通讯》和《开县新闻》等报改组更名而来。

最早的《新开县》创刊于1929年,石印,三日刊,每期4开4版,开县维新图书石印局印刷,社址在开县内西街模范学校内。

1932年5月改名为《开县公报》,石印,4开4版,三日刊,社址在开县民众教育馆内。国民党开县执委会干事魏宇白兼任总编辑。

1940年9月18日,国民党开县县党部将《开县公报》改名为《开县新闻》,仍为石印,8开2版,逢双日出版。1943年又改为三日刊,逢三、六、九出一小张,发行人潘化成,编辑主任杨艺乙,外勤记者吕公望,社址在开县内西街文庙。

《新开县报》由《开县新闻》改组更名而来,于1944年2月19日创刊,社址在开县外西街县党部内。《新开县报》的主要任务是“宣传三民主义,传达国家政令,反映全国情况,报导地方消息”。开县县长刘炳中任该报名誉社长,县党部书记长唐荣浦任社长兼发行人,三青团干事长彭九渊及唐定伯任副社长,由肖洪九、张没白、陈宝田、王世芬、潘化成、李叔康、刘聚星、韦安之等9人组成社务委员会。社务委员会下设编辑部和经理部。

该报为石印,三日刊,逢一、四、七出报,4开4版。4个版面的大致内容:第一版为社论、国内外重要新闻;第二版为小言及县内新闻;第三版为地方消息及副刊、特刊;第四版为公布、启事、广告等。

中華民國三十五年五月八日 新開縣報 第一版

新開縣

內政部登記證警字第一〇〇六一號

中華民國三十三年二月十七日創刊

國府注重川建設
明令定四川為全國建設實驗區

執行義國和約條款 美蘇外長意見衝突

法越談判停頓 雙方各向當局請示

蘇聯鞏固軍事經濟

南昌物價指數增高

江巴降雨 米價下跌

川省府本年注重中心工作六項

印度圓桌會議 國大同盟兩黨參加

日皇裕仁應為戰犯

《新开县》

1948年7月7日起，因经营困难，该报改出1小张，8开2版，以刊登地方新闻为主，每期发行1000份。1949年12月4日终刊。

《蜀东新闻》（1929年）

该报于1929年创刊，万州书院街的蜀东新闻社创办。蜀东新闻社社长兼编辑周时杰为中共万县县委宣传工作负责人。同年，“因经济支绌，材料缺乏，消息迟缓”，该报在出版18期后宣布停刊。

《渝江晚报》（1929年）

该报于1929年创刊，民营报纸，社长杨季达，主笔张叙伦，编辑覃惜田、陈铁凡、魏用九，社址在重庆机房街，后迁至劝工局街104号。该报每晚出4开纸1张，4版。第一版为报头和广告，第二版为中外新闻，第三版为省市新闻，第四版为副刊和广告，两面中缝广告。日销约500份，1937年停刊。

另，1936年5月的《全国报馆刊社调查录》记载，该报于1930年11月创刊，4开4版，日报。

《四川民报》（1930年）

该报约于1930年前后创刊，在重庆出版。1931年3月被成都三军（第24军、第28军、第29军）组织的“反动刊物邮件检查处”扣留，不准发行。后复刊。1932年4月3日被军阀捣毁后停刊，总编辑聂佛鸿被打伤。

《市民日报》(1930年)

该报于1930年1月15日创刊，康泽、康心之创办，社址在国民党重庆党务指导委员会内。1932年6月停刊。

《民治日报》(1930年)

该报于1930年2月18日创刊，巴县县政府所办，社址在巴县萧曹庙内，每日出版1大张。社长王岳(嶽)生，总编辑刘公竺。后因经费困难，于1932年4月1日停刊。

《碗报》(1930年)

该报于1930年2月创刊，晚报。创办人江石。“碗”为“晚”的谐音。每日出1小张。该报内容偏重戏剧、文艺等。

《午报》(1930年)

该报于1930年3月1日发刊，由鲁秉治等筹办，社址在重庆下黉学巷广东会馆内。

《时事日报》(1930年)

该报于1930年3月创刊，社址在重庆商业场。

《红军日报》（1930 年）

该报约于1930年3月在涪陵出版，油印，系中共涪陵特委和中共四川二路红军游击队前委创办的小报，不定期出版，负责人李鸣珂。该报以号召农民组织起来拿武器闹革命为主要内容。约同年7月停刊。

《晶报》（1930 年）

该报于1930年春创刊，时任川东军委负责人的钟善辅在丰都中学任教期间，发动和组织学生以学生会的名义创办该报，并以此为阵地，宣传革命思想，报道中央苏区情况。

《英文快报》（1930 年）

该报于1930年4月创刊，黎某创办，社址在重庆圣宫巷18号。

《东方晚报》（1930 年）

该报于1930年6月12日创刊，梁泽宣、李钧柱、刘亦然等人创办，梁、李负经济之责，刘担任馆长与总编辑，社址在上陕西街。该报资金雄厚，由公园路新民印书馆承印。此印书馆的机器都是新由上海运到的，印出的报纸非常清晰考究。创刊当天，《东方晚报》以两色套版面世，为重庆报纸的创举。出版4个月以后，该报因刊登一则新闻被当事人指控为诽谤名誉罪，被迫停刊。

《新江津日刊》(1930年)

该报于1930年7月创刊，石印。江津县政府与国民党江津县县党部合办。约1936年停刊。

《政务日报》(1930年)

该报于1930年7月创刊，4开4版，石印。涪陵县政府机关报，涪陵县县长谢汝霖为主办人。该报主要登载地方消息和社会新闻。

《大声日报》(1930年)

该报于1930年9月7日创刊，4开8版。李炜章、王月生、朱履之共同发起，初创时社址在重庆方家什字马路侧，后迁至十八梯清真寺旁，再迁至庙街三忠祠内。该报除国内外新闻、本省本地新闻外，还有“经济界”栏目，报道市场行情。另外还出有《救国旬刊》，4开4版，随报附送，由四川各界民众对日经济绝交委员会编印，日发行量2000份左右。

大声报社很重视社会事业，办有平民工读学校，“以补助贫苦失学儿童，使其有就学及独立谋生之机会”。学校不收学费和书费，笔墨纸张概由学校供给。每日授课三小时，学生课余义务售报。该报约于1934年停刊。

《西方时报》(1930年)

该报于1930年10月10日创刊，社址在重庆接圣街18号。江津人帅本立（曦濛）短暂担任主笔。1931年，帅本立因策划武装起义试图建立西秀黔彭革命根据地，被第21军师长穆瀛洲秘密杀害。

《涪陵民报》(1930年)

该报于1930年10月创刊，间日刊，石印，4开4版。国民党涪陵县县党部的机关报，社址原在涪陵县县党部内，后改迁至涪陵文庙内。第一版为国际新闻，第二版为国内新闻，第三版为国内新闻及本县新闻，第四版为副刊，有时第三、第四版均为副刊。该报副刊较多，先后出有《民报副刊》《白塔》《晨钟周刊》《夜灯周刊》《课余月刊》，均为文艺性副刊。另外还有《女声》旬刊、《波爱石》(*Boys*)儿童副刊、《学生生活》。1933年夏，该报因“创办者不力，而经费来源罄绝，无形瓦解”，停刊两月。复刊不久即改为三日刊。1935年7月1日又改为间日刊。1935年10月10日改组，国民党涪陵县县党部专员杨启霖任社长，总编辑李中庸，编辑蒲师竹、魏向坰，经理向柏龄。1936年3月13日，该报第八百二十号第一版刊登《本报停刊启事》，“因改组内部，自15日起暂行停刊”。

另，《涪陵市志》称，该报于1936年3月12日立案，领有内政部警字第7466号登记证，社长李中庸，编辑蒲师竹、刘砚一、张楚伧。至1942年9月停刊；1943年1月10日复刊，后又因“印刷问题未得解决暂停”；1945年6月21日再度复刊，直至1949年11月终刊。该报是解放前涪陵出版时间最长的报纸。

《四川盐务日报》(1930年)

该报于1930年11月18日在重庆创刊，四川盐务总局编辑出版，“藉以报告盐务消息，引起各方热心改良川盐人士宏文伟著，贡献邦人，协力研究”。每日出1中张，由盐业公会聘请《团悟日报》前主笔萧大荣主办，社址在重庆陕西街余家巷。该报第一、第四版为广告，第二、第三版为国内外和市内外新闻。通常情况下，每期都有盐业消息。

第一版 中華民國二十一年一月十七號 鹽務日報 星期六

四川鹽務日報

社址重慶市陝西街余家巷內

今日出版一大張

第四十九號

本報報費及廣告價目列后

重慶市市民銀行

主席董事 溫少鶴

經理 潘昌猷

行址 狀元橋第一號

無線電掛號 一五七九

本銀行已收足資本二十萬元經市政府核准立案財政部註冊專營銀行一切業務以實行輔助本市工商業提倡市民儲蓄為宗旨現已於一月五日開始營業如蒙賜顧竭誠歡迎

營業時間

通匯地點 南京 上海 漢口 宜昌 天津 北平 成都 萬縣

川康殖業銀行特別啟事

中國銀行廣告

扶助進出口貿易

與同業攜手合作

與外幫直接往來

注重押款押匯

利益均沾

利率從輕

四川美豐銀行各股東鑒

四川美豐銀行董事會啟

重慶平民銀行廣告

零存整付

每月存洋一元滿十年即得本利洋二百三十三元二角多存多得時間愈久利息愈厚詳章備索

聚興誠銀行

是股份兩合公司 因此信用愈是穩固

存款匯款愈是安全

一元可存 十元可匯

永興隆綢號存款匯兌廣告

本號始創同治九年，迄今六十餘年，專賣嘉定白綢，成都雞皮綢，繡花被面，順慶花綢，通江白耳，灌縣虫草，中外馳名，親友信託存款，五年對本利，定期六月存款每月一分二厘，按月取息，每月一分一厘，代匯成都上海宜昌嘉定等埠銀元。

總號上陝西街 分號 宜昌二馬路 成都春熙路

重慶市市民銀行啟事

勝家公司特設西服部定製

各種海陸軍裝 價錢相因 出品迅速

新式西裝大衣 工作精良

中山服學生服 樣式時髦

地址道門口勝家公司

止咳露

富歸露

廣告

本藥房訂於本月二十日午後四鐘行開幕典禮

太和藥房啟

《四川盐务日报》

另，1917年7月四川盐运使署在重庆还出版有一份《四川盐务公报》，内容分图画、命令、法规、部署公牍、本署公牍、表册、杂录共7类。1927年后停刊。

《工商晚报》（1930年）

该报于1930年11月创刊，重庆义字袍哥舵爷冯什竹创办，社址在重庆民生路售珠市。1931年11月停刊。

《商舆捷报》—《四川晚报》（1930年）

该报于1930年11月创刊，每日出1中张。赵暮归、叶楚材等主办。该报后改组更名为《四川晚报》，社址在重庆劝工局街105号，社长兼总编辑叶楚材。

1934年8月14日，重庆警备部以“捏造事实，有伤风化”为由查封该报。重庆报界协会召开临时会议进行援助，并派出代表陈明事实真相，该报才得以启封继续出版。1935年时，该报日发行量约1000份。约1937年停刊。

《世界晚报》（1930年）

该报于1930年12月20日出版，社址在重庆后伺坡新街38号。该报出版不久，因经费问题停刊，1931年3月又继续出版，同年4月终刊。

《迅雷》（1930年）

该报于1930年创刊，小报，油印。创办人为共产党员张丹秋、王彦嘉，两人以永川中山公学校教师的身份为掩护，领导当地的抗捐斗争。该报在进步人士中散发，传播马列主义理论，传播工农红军在井冈山等革命根据地的发展信息，宣传共产党的进步主张。是年冬，两人被捕，被杀害于成都大东门下莲池。

《团悟日报》（1930 年）

该报于1930年创刊，创办人王汝梅，社址在重庆白象街。1935年停刊。

《几江日刊》（1930 年）

该报于1930年在江津县创刊出版。

《市声午报》（1930 年）

该报于1930年创刊，重庆市总工会主办的机关报，社址在重庆夫子池，总编辑张兴良，编辑先后有蒋若萍、李曦侯、岑基厚三人。该报每天中午出版8开4版1张，日销约1200份。基本订户是市总工会所属各职业工会的理事、监事。除刊载各职业工会的消息外，报纸内容多是社会新闻，很少涉及政治。言论专栏“午时炮”抨击时弊，是该报的一个亮点。1932年下半年停刊。

《济川公报》（1931 年）

1931年，四川军阀、第21军军长刘湘为巩固自身势力，在第21军中以提倡“武德”为名，建立起核心组织“武德励进会”（也有资料显示是“武德学友会”），将全军军官都纳入会中，刘湘亲自担任会长。为控制舆论，统治四川，当年的1月11日，该会以“对川事有利，为川民有福”为名，在重庆创办了《济川公报》。

该报社址在重庆公园路，社长由第21军第1师副师长彭光琦担任，聘请军部高级顾问郭澄坞担任总编辑，编辑有赵慕归、胡善权等人。报纸日刊两大张8版，文字竖排印刷，一版为广告。报纸的内容分为社论、时评、电讯、国内要闻、国际要闻、本省政情、社会现状、武学求新、文艺奏雅、评论10个栏目。后又增加《济川副刊》《公众话刊》《毛锥子》等副刊。该报主要由合川印刷社、启文印刷局承印，报纸每期印数一般在2000份左右，印数最高时达到3600多份。为了在军中扩大舆论影响，该报在很长一段时间内对部队多系赠阅，在社会上的销量并不多，新闻报道侧重于军事，尤其是刘湘的战绩消息，并刊载在显要位置。

1934年后，《济川公报》以“妥善处理中央和地方的关系”为编辑方针，凡是不利于刘湘的消息不发。抗战爆发后，刘湘与《济川公报》的重心转到抗日救亡上来。随着刘湘担任四川省主席，该报也改组成为省政府机关报，省政府秘书长邓汉祥继任社长。

该报1936年7月14日的改版社论写道：“本报的历史使命，在发扬‘武德’，当年以此义相期许者。所谓‘武德’，亦须立于国家利益的基点上，发挥民族道德。本报同人愿以数年辛苦之收获，作全川民众播音公器。上下同心，共赴一的，以期负‘济川’之实，无忝‘公报’之名。”改版后的《济川公报》几乎每天都在报纸的第一版上刊载一篇宣传抗日的社论，约占版面的1/4。该报经费由省政府供给。

抗日战争爆发后，《济川公报》发表了许多文章和言论支持抗日。1937年8月25日，刘湘亲自率军出川抗日，该报对此大造声势。次年1月20日，刘湘在汉口病逝，所留遗嘱仍勉励出征的川军。《济川公报》在1938年1月21日的要闻版上刊载了遗嘱全文，称：“余此次奉命出师抗日，志在躬赴前敌，为民族争生存，为四川争光荣，以尽军人之天职，不意宿病复发，未竟所愿。今后惟希我全国军民……继续抗战到底。尤望我川中袍泽，一本此志，始终不渝。即敌军一日不退出国境，川军则一日誓不还乡，以争取抗战最后之胜利，以求达我中华民族独立自由之目的。”

濟川公報

虎標八卦丹

四川省銀行信託部改信託存款利率公告

生生花園

潔糖

軍政部軍醫署緊要啓事

肺力康

軍政部兵工專門學校特別訓練班招生

餘慶書館為中華大藥房更正啓事

川鹽銀行懸獎啓事

民生實業股份有限公司招考理貨練習生廣告

前代之遺物

PINKETTES

好一個苦樂之差異！

《济川公报》

之后，王缵绪继任四川省主席，对实际主持政务且仍代表四川地方势力的省府秘书长邓汉祥有成见，遂取消省政府给报社的拨款。虽经邓多方筹借，报社勉强维持了一段时间，但最终仍因入不敷出，于1939年3月停刊。

另，《四川省志·报业志》称1939年5月下旬，日机轰炸重庆，《济川公报》损失严重，后拟迁小龙坎新址建馆未果，故停刊。

《新中华晚报》（1931年）

该报于1931年1月19日创刊，4开4版。汪肇修、姜仲榅等人发起筹办的新闻界同人报纸。该报由邰天真负责，编辑有邰天真、胡善权、曾萍若。蒋阆仙为主笔，主编副刊。社址在重庆白象街16号，后迁至大梁子，又迁至劝工局街86号。

《新中华晚报》主要靠发行、广告收入维持出版，也接受企业资助。初期注重晚报特点，轻松易读，也重视趣味性、通俗性，不流于虚假。“九一八”事变后，该报着重抗日宣传。当时重庆晚报市场竞争激烈，该报将发行时间提前到下午4点，初期销路较好，后因人员分散，销量减少，经营也日趋困难。1933年自行停刊。

《四川晨报》（1931年）

该报于1929年1月10日创刊于成都，4开8版。国民党四川省党务指导委员会主办，周开庆任总编辑。1929年秋天，该报随国民党四川省党务指导委员会迁至重庆，社址在商业场西三街20号，之后迁至长安寺后街佛学社右侧，再后迁至劝工局街90号，于1931年1月22日复刊。田倬之担任总编辑，龚一维、叶楚材担任编辑。该报对开8版，第一、第四、第五版为广告，其他各版刊载国内外新闻、本省新闻。言论版包括社论、时论、小言论。副刊版设有晨光、国际、友声等栏目，多为文艺性内容。该报日发行量由初刊时几百份增至2000余份。

1934年9月，该报与《东方夜报》合并，报纸仍保留《四川晨报》一名，原《四川晨报》经理周开庆和原《东方夜报》社长曾述道二人担任主笔，经理为曾剑鸣，编辑主任为李伯鸣。1934年末，刘湘担任四川省政府主席，由重庆移驻成都，国民党四川省党务指导委员会也随之迁至成都。《四川晨报》于1935年在重庆停刊。

《合川日报》（1931年）

该报于1931年1月创刊，4开4版。合川县政府创办。1932年7月初停刊进行改组，7月11日续出，仍为1中张。社长为财政科科长易朝珠，编辑梁西园、孟君竹等，事务王坚石，发行人王阜民。民福公司承印。约1936年停刊。

《渝江新报》（1931年）

该报于1931年2月初创刊，社长杨季达。该报原拟在江津出版，但因江津当时不具备铅印条件，报纸交由重庆长安寺启文公司承印，社址在巴县小较场39号。江津方面的消息按日由汽船传递。每日出版1大张。约1932年停刊。

《国民新报》—《民国晚报》（1931年）

该报于1931年3月1日创刊，日出1中张。社长罗伟豪，总编辑江励成。同年9月改出《民国晚报》。社长李之谦，社址在重庆天主堂街。1934年停刊。

《红旗》(1931年)

该报于1931年4月前在重庆创刊,中共四川临时省委的机关报。同年因重庆“白色恐怖”严重,4月底临时省委迁至成都,《红旗》旋即停刊。

《群众日报》(1931年)

该报于1931年5月创刊,创办人丁司农。

《四川晚报》(1931年)

该报约于1931年上半年创刊,毛畅熙代理社长,总编辑赵慕归,编辑刘铸凡,主笔蒲剑秋、陈远光、冯雪樵,社址在重庆民生路。1935年8月曾进行改组,1937年停刊。

《新川康时报》(1931年)

该报于1931年9月创刊,具体情况不详。

《合川小报》(1931年)

该报于1931年9月在合川县创刊,以“促进地方文化为宗旨”,周报,经费自筹,停刊时间不详。

《现实报》(1931年)

该报于1931年9月创刊，晚报，4开2版。发行人胡天农（丹流），编辑李之森、张季友，社址在重庆大梁子。报纸由打铁街博文印刷厂代印。该报第一版为新闻，分国际、国内、省市新闻；第二版为副刊和广告。新闻多系转载外地报纸，副刊不收外稿，只有胡天农写稿。该报日发行量为五六百份。1934年7月27日，因内部整顿而停刊。

《重庆体育报》(1931年)

该报于1931年10月创刊，社长肖鸿章。

《新新新报》(1931年)

该报于1931年10月创刊，创办人何某，又称《新新午报》。

《重庆午报》(1931年)

该报于1931年12月8日创刊，吴惑等主办，社址在重庆桂花街三民照相馆内。

《救国报》(1931年)

该报于1931年12月出版，李翰丞主办，社址在重庆左营街43号。

《工商时报》(1931年)

该报于1931年下半年创刊(推测应该是《工商晚报》在1931年11月停刊后创办),社址在重庆民生路售珠市。创办人为重庆义字袍哥舵爷冯什竹,李鹄人负责编辑中外版兼写短评,周今明负责编辑省市版和副刊。1933年初停刊。

《宣报》(1931年)

该报于1931年创刊,国民党巴县党务指导委员会主办。

《商务快报》(1932年)

该报于1932年1月创刊,创办人高泳修。

《市民日报》(1932年)

该报于1932年3月26日创刊,国民党江北、巴县及重庆市三党部共同创办,经费主要来源于市政府补助和部分捐税。发行人为龚一雄、江疑九,社址在商业场西三街。

《重庆国难日报》(1932年)

该报于1932年4月16日创刊,总编辑陈亮叔,社址在重庆商业场总商会。同年7月停刊。

《新西南日报》(1932年)

该报于1932年4月创刊，负责人何绍先，社址在重庆售珠市街。

《民强日报》(1932年)

该报于1932年6月1日创刊，4开4版。社长毛畅熙，总编辑吕代伟，社址在重庆售珠市街48号。每天发行七八百份。

《小报》(1932年)

该报于1932年6月19日创刊，周报，8开。《重庆晚报》总编辑朱典常与《重庆晚报》编辑刘零生合办。《重庆晚报》的主笔覃惜田、副刊主编刘玉声、市闻版编辑丁孟牧任《小报》编辑。社址在重庆米花街重庆晚报社内。

《小报》偏重新闻性与趣味性，所登社会新闻一律用文艺笔法写出。该报每期均有三四幅铜版画和一两幅漫画，很受读者欢迎。加上报纸编排新颖，彩色油墨印刷，是老中青都喜欢看的报纸，创刊号即发行2000份，最高时达3500份。不过，由于朱典常事务繁多，常无暇顾及，《小报》不到一年就停刊了。1935年6月复刊，改为三日刊。

《救国周报》(1932年)

该报约于1932年6月创刊，抗日救国刊物，重庆市平民书店主办。

《妙丝周刊》—《黎明日报》(1932年)

《妙丝周刊》约1932年上半年创刊，同年7月15日改名为《黎民日报》，自筹资金，每日出版1中张。编辑殷(段)秋痕。发行部设在合川小南街，编辑部设在合川百花街。

《重庆日报》(1932年)

该报未见实物，仅见《成都快报》1932年6月18日第三版“重庆特约通讯”报道：“顷有李某等组织一《重庆日报》，经费已筹，编排印刷均力求改良，闻已定于7月1日出版。”是否出版情况不详。

《新中国日报》(1932年)

该报约于1932年7月创刊，创办人刘幼甫，日出两小张，社址在重庆公园路。

《四川月报》(1932年)

该报于1932年7月创刊，32开，铅印。重庆中国银行编辑发行。据创刊号介绍，该报认为“四川地大物博，足供研究之社会情事甚多，能示其概括之鸟瞰者，尚不多见。致外省欲知川中情形者，更苦无探索”，因此创办该报。所有材料“纯据逐日各报之记载，分类编成，绝无主观之掺杂及客观之评衡”。

《四川月报》每6期为1卷，每期设有专载，计有财政、金融、商业、产业、交通、社会一瞥、川边、时事等栏目。

《西南时报》(1932 年)

该报于1932年8月1日创刊，日出对开8版。社长李雅髯，总编辑宁子栽，主笔周楚材，副刊编辑毛一波。该报由第24军出资，该军驻渝办事处处长宁藏村具体经办，出版71期后停刊。

《川北快报》(1932 年)

该报于1932年8月创刊，编辑主任邓介民。社址在重庆江北县国民党党务指导委员会内。有资料将《川北快报》记载为《渝北快报》。

《人民日报》(1932 年)

该报于1932年10月25日创刊，毛畅熙、邓云庆、黄孟伯为董事会负责人，社长陶开来，总编辑兼经理陈光宪，编辑主任谢摩门，主笔杨闾恭、邱挺生，外勤记者张紫曦。

《江津民报》(1932 年)

该报于1932年10月创刊，国民党江津县县党部与江津县政府合办，总编辑龚文骐(秉仁)，社址在江津文庙。每周出版1中张，4开4版，石印，由黎金茂石印社印刷。该报经费来自江津县政府与县党部的拨款。1936年停刊。

《国难画报》(1932年)

该报于1932年11月创刊,创办人黄恭啸,社址在重庆二牌坊街。其他情况不详。

《四川午报》(1932年)

该报于1932年11月创刊,日报。民权路、民生路一带的流氓所办,社长牟珊鹤,经理陈光荣,总编辑刁秉忠,发行主任刘杰之,广告主任廖穆。

该报聘请不少企业公司的经理、老板任董事,董事按月给予报纸津贴。这实际是敲诈勒索的一种方式。他们每月还向一些公司、行号收取“特别费”,内部称之为“保险费”。凡交了费用的,可以保证小偷、扒手不去作案。该报由重庆后伺坡仓坝子启文印刷厂代印,每日发行八九百份。1933年五六月份,总编辑刁秉忠病逝,该报因无人主持业务而停刊。

《大江日报》(1932年)

《大江日报》在1932年12月21日创刊于重庆大梁子公园路19号,报纸每天出对开8版,共5种副刊,每期发行2500余份。社长李星枢,总编辑聂佛鸿,主笔叶楚材,主要的编辑人员有聂智先、黄干卿、刁知惑、陈定宇。

《大江日报》创刊初期,每月可以得到来自江津粮税项下的附加经费500元,由于江津人民的反对,1年以后被停拨。1934年6月,经社长李星枢多方活动,又一次性从江津县政府申请到4400元的拨款作为办报经费。

该报初为对开8版,1935年4月缩减篇幅一半,1936年4月又恢复为两大张,后又因印刷障碍而停刊。1939年4月1日正式复刊,出版“第九年第一号”,改为4开4版。根据现有资料,其最后一期报纸为1940年6月28日出版的“第九年第八十九

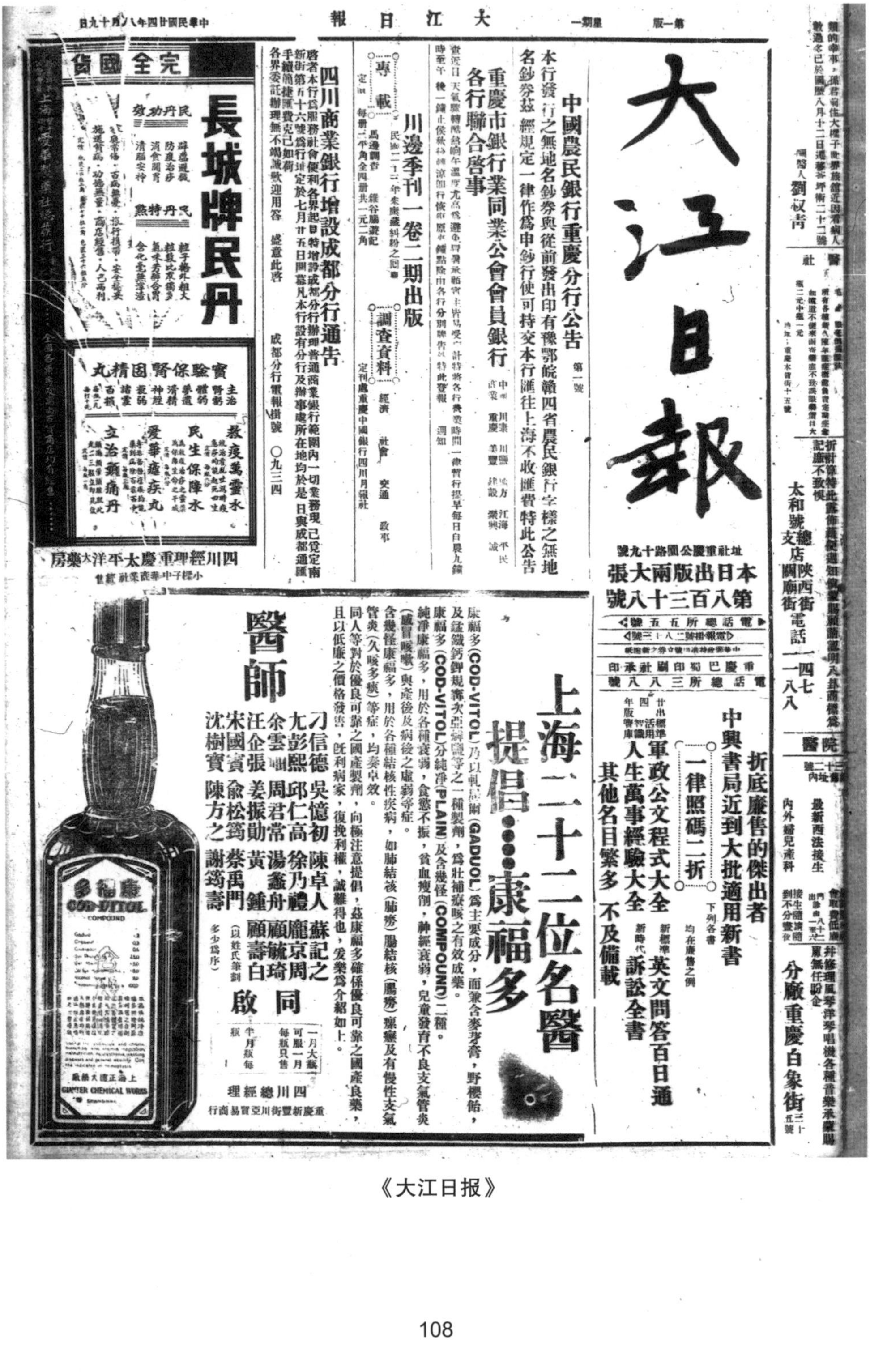
中華民國廿四年八月十九日　大江日報　星期一　第一版

大江日報

社址重慶公園路十九號
本日出版兩大張
第八百三十八號

中國農民銀行重慶分行公告　第一號
本行發行之無地名鈔券與從前發出印有豫鄂皖贛四省農民銀行字樣之無地名鈔券茲經規定一律作爲申鈔行使可持交本行滙往上海不收滙費特此公告

重慶市銀行業同業公會會員銀行各行聯合啓事

川邊季刊一卷二期出版

四川商業銀行增設成都分行通告

長城牌民丹

四川經理重慶太平洋大藥房

上海二十二位名醫提倡：康福多

康福多(COD-VITOL)乃以魚肝油(GADUOL)爲主要成分，而兼含麥芽膏，野櫻皮，及鈣鐵錳鈉規寧次亞磷酸鹽等之一種製劑，爲壯補療嗽之有效成藥。
康福多(COD-VITOL)分純淨(PLAIN)及含幾怪(COMPOUND)二種。
純淨康福多，用於各種衰弱，食慾不振，貧血瘦削，神經衰弱，兒童發育不良支氣管炎(感冒咳嗽)與產後及病後之虛弱等症。
含幾怪康福多，用於各種結核性疾病，如肺結核(肺癆)腸結核(腸癆)瘰癧及有慢性支氣管炎(久咳多痰)等症，均奏卓效。
同人等對於優良國產製劑，向極注意提倡，茲康福多確係優良可靠之國產良藥，且以低廉之價格發售，既利病家，復挽利權，誠難得也，爰樂爲介紹如上。

醫師
刁信德　吳憶初　陳卓人　蘇記之
尤彭熙　邱仁高　徐乃禮　龐京周
余雲岫　周君常　湯蠡舟　顧毓琦
汪企張　姜振勛　黃鍾　顧壽白
宋國賓　兪松筠　蔡禹門
沈樹實　陳方之　謝筠壽
（以姓氏筆劃多少爲序）
同啓

四川總經理　重慶新豐街川亞貿易商行

折底廉售的傑出者
中興書局近到大批適用新書
一律照碼二折
軍政公文程式大全
人生萬事經驗大全
英文問答百日通
新時代訴訟全書
其他名目繁多不及備載

太和號總店陝西街　支店關廟街　電話一四七　一一八八

《大江日报》

号”。另有资料显示该报终刊日期为1938年6月。

抗战期间，熊明宣曾担任该报采访部主任，编辑人员有张公牧、蒲仰峦等人。到1935年时，该报曾计划增加专电充实内容，开辟经济生活、短评栏目。

《人民快报》（1932年）

该报约于1932年出版，李东伦为负责人，社址在重庆龙王庙。该报时出时停，约于1936年终刊。

《四川权舆日报》（1933年）

该报于1933年1月1日创刊，日出4开1张，后为对开4版，1934年扩为对开8版。刘湘第21军特务委员会（简称“特委会”）的机关报，社址在重庆左营街，后迁至萧家凉亭富记小院，再迁至杨柳街32号。

《四川权舆日报》的前身是《路灯》杂志。该杂志隶属“特委会”的下属机构编辑股，出版1年后，改出《四川权舆日报》。社长李根固，副社长汪显庸，发行人李靖白，经理夏忠道，副经理游洪君，总编辑宋毓萍，主笔张嘉明、徐佑弇，编辑有游洪君、游天魂、熊山又、程寄零、萧立争、沈天泽、李栋材、李仲宁、向鉴荣、赵逸樵、李希伯、蒲剑秋、傅锡藩、孙松等。

该报主要送往监狱、“反省院”。后来第21军军部饬令辖区各县县长、机关、团体、部队、学校以及下属组织必须订阅，才使日销量增至1000份。1935年秋，该报迁往成都，继续出版1个月左右后终刊。

《一鸣日报》(1933年)

该报约于1933年2月创办，创办人郭大中，社址在重庆朝阳街。

《新报》(1933年)

该报于1933年春创刊，日报，社址在重庆道门口江海银行内。江海银行业务主任刘受之担任发行人；总编辑韩永龄，并负责中外新闻和本省新闻；编辑丁孟牧，负责本市新闻和副刊，并由两人轮流写短评。

该报偏重银行业和商业界消息。报社所需经费由江海银行供给。刘受之出版该报意图赚钱，虽银行、钱庄所交广告费较多，但刘受之不懂经营管理，加上报纸内容乏味，每天只发行五六百份，难以维系。1934年秋停刊。

《快报》(1933年)

该报于1933年春创刊，创办人陈伯坚，社址在重庆后伺坡仓坝子。每日出版，初为4开2版，竖排。第一版为新闻；第二版为副刊。启文印刷厂代印，每天印数800份左右。总编辑邓云庆负责副刊和写短评。编辑冯人敬编发本市新闻。该报发行人陈伯坚曾任重庆晚报社社长，负责编辑《快报》的中外新闻和本市新闻。该报接受国民党川渝各方势力的津贴，立论和新闻均不过激。1935年冬停刊。

该报后改为对开8版。第一、第二、第八版为广告；第三版和第四版为国内外新闻；第五版上半版是省内新闻，下半版为广告；第六版是本市新闻和“经济情报”“轮船往来”栏目；第七版上半版是梅痴主编的文艺副刊《快乐园》，下半版为广告。1938年初，社内进行调整，王嘉谋为社长，陈伯坚为副社长兼总编辑，报纸新辟法律、经济、医药专栏，聘请专家主编，医药专栏由中央国医馆负责。

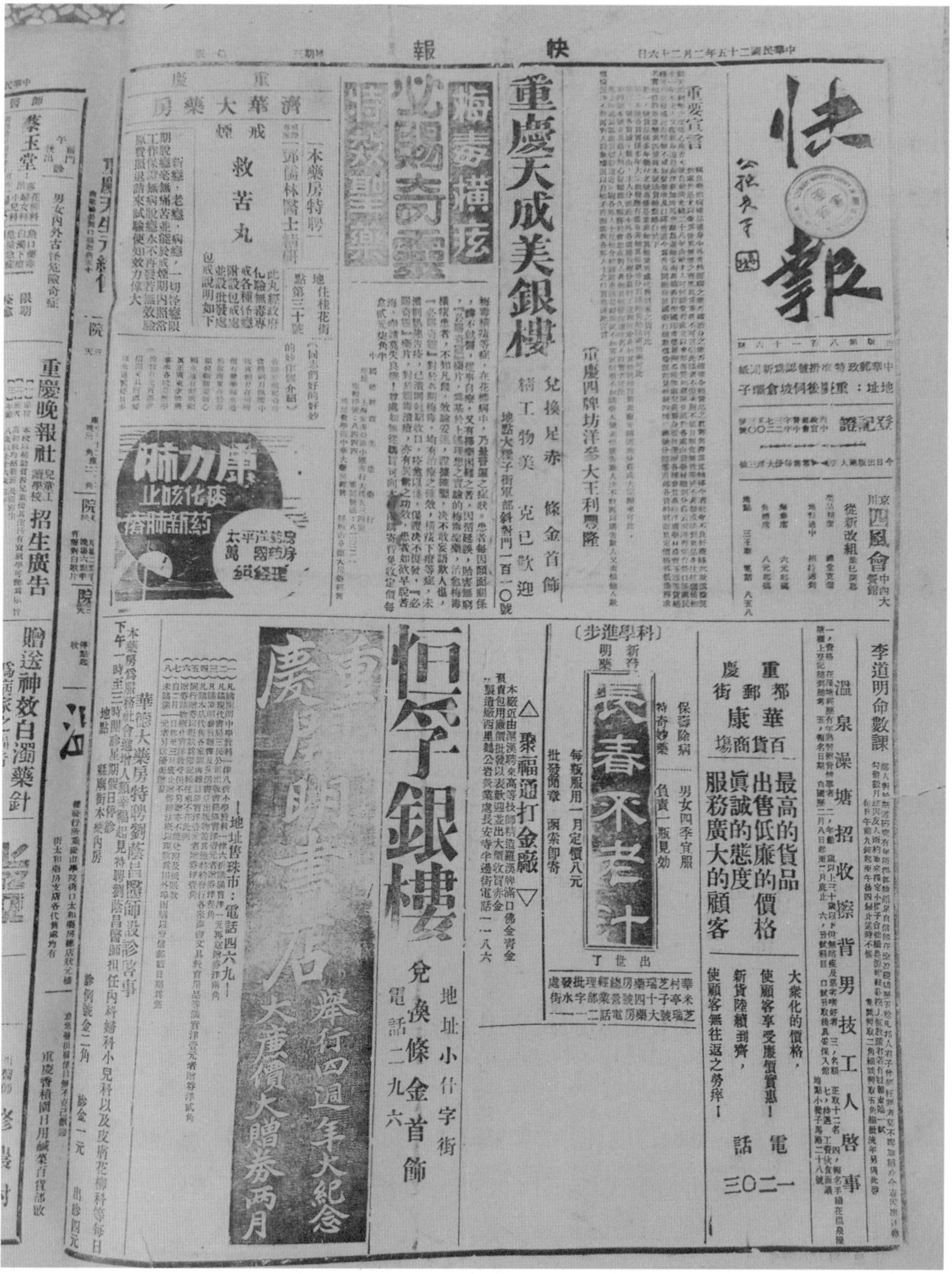
中華民國二十五年二月二十六日
快 報
快報
重要宣言
重慶四牌坊洋參大王利豐隆
重慶大成美銀樓
兌換足赤條金首飾
精工物美 克已歡迎
地點大樑子街軍部斜對門一百一〇號
梅毒橫痃
必効奇靈
特效聖藥
重慶 濟華大藥房
本藥房特聘
鄧備林醫士精研
戒煙
救苦丸
康力師
止咳化痰
重慶晚報社
招生廣告
贈送神效白濁藥針
李道明命數課
溫泉澡塘招收擦背男技工人啓事
重慶 郵 都 華康 百貨商場
最高的貨品
出售低廉的價格
眞誠的態度
服務廣大的顧客
大衆化的價格,使顧客享受廉價實惠!
新貨陸續到齊,使顧客無往返之勞!
電話 一二〇三
長春不老
每瓶服用一月定價八元
恒孚銀樓
兌換條金首飾
地址小什字街
電話二九六
聚福通打金廠
重慶明星書店
舉行四週年大紀念
大廉價大贈券兩月
華懋大藥房特聘劉蔭昌醫師設診啓事

《快报》

《黎明日报》(1933年)

该报约于1933年春在合川县创办,周素薰、梁北萱、马宁邦、萧林等人合办。出版后不到1月,因经费等种种困难不得不停刊。

《商报》(1933年)

该报创刊于1933年5月,合川大陆药房老板萧鲁瞻创办,并任发行人兼社长。社址在合川县丁市街,后迁至小南街。总编辑萧竹勳,编辑萧俊生、萧志于、朱自立、汪娴君、萧开浚。该报初为8开2版,后扩为4开4版。该报的内容主要是商业行情、改进商业的意见等,有少量新闻报道和文艺作品。该报时出时停,到1939年停刊。

《重庆白话报》(1933年)

该报于1933年6月16日创刊,白哗、周密、郭拓夫等人合办,社址在重庆公园路侧中山茶楼。

《时报》(1933年)

该报于1933年7月12日创刊,牟珊鹤等人主办。约1934年停刊。1934年11月,廖东阁、张轻尘、段幼痴等人接手该报进行改组,并向警厅呈请重新立案,是否出版不详。

《重庆平报》(1933 年)

该报于1933年7月创刊,张子黎主办。

《丰都日报》(1933 年)

该报于1933年8月1日创刊,4开4版,社址在丰都统一路。该报成立有董事会,常务董事谭继刚、邓汝锡、林梅荪,社长兼总编辑为陈炳勋(当时任丰都县党务指导委员会委员、第20军第3师师部军法官),主笔为徐庆陶。

1934年,丰都日报社用收音机收听新闻,在新闻栏刊出。1938—1941年,易国杞任总编辑。该报“以提倡生产,鼓吹建设,灌输文化为宗旨”,主要刊登地方要事及转载国民党大报的时事政治新闻。自1942年5月1日起,该报转载的时事新闻主要源于县政府收音室记录的战时广播新闻。该报日发行千余份,靠向各镇、乡、保派销。该报因逾期未换证,1949年8月29日停刊。

另有资料记载,据20世纪40年代初期在丰都县名山镇、平都镇任职的人员回忆,镇、保的办公费由县里支拨的数额极微,每月大概是镇公所16元(法币,下同),保办公处8元。时在名山镇公所办事的代某某称:“当时上级每月拨给保办公处的办公费9元,全数抵交了《丰都日报》报费。该报每月报费5角,每保订报16份,包括每甲1份,共约8元。”

《重庆新闻编译社稿》(1933 年)

1933年9月9日创刊,8开,单面铅印,社址在重庆白象街49号。

《市民日报》（1933 年）

该报于1933年9月创刊，日报，每天发行500份。社长殷子符，总编辑殷君伦，编辑熊秋心、王舜卿、李舟木，社址在合川县白花街。出版不久，该报因经费不足停刊，随后由合川大记进新印刷公司接办，并迁至该公司内。次年被当局查封。

《巴报》（1933 年）

该报于1933年9月下旬创刊，晚报，创办人李樵逸，社址在重庆庙街三忠祠。陕西街允丰正酒号老板林中在办报初期资助500元，故出任社长。李士逸任经理，李樵逸任总编辑，李樵逸之妻刘曼君做事务员，李樵逸的父亲、舅子做报丁。当时新闻界称之为“李家班”。

该报4开2版，竖排。第一版为新闻，主要是社会新闻，国内外新闻摘编为短讯，每条新闻均由李樵逸书写标题木刻；第二版上半部是副刊，内容多为转载外地小报和长篇连载李樵逸的《放牛娃日记》，下半部为广告。由于版面新颖，内容适合市民口味，该报创刊号发行2000份尚不够，以后逐日增加，稳定在每期发行3500份，最高时达到4000份。该报于1934年10月16日停刊。

《云阳日报》—《云阳公报》（1933 年）

《云阳日报》于1933年由《（云阳）县政周刊》扩充而成。社长涂伊臣，主编柳子达，社址在云阳县立图书馆内。每期约发行1000份。该报曾报道红军胜利的消息。1933年10月24日发表社论《谣言与恐慌》，26日发表短评《希望》，29日又发表社论《同情》。11月，第21军驻万县第3师师长王陵基令云阳县政府以“为异党张目”为由，将该报主笔杨嗣宗，编辑刘勃然、陈季孟、冉贞淳4人逮捕，报纸遂停刊。后经改组，该报于1934 年1月1日复刊，成为国民党云阳县县党部的机关报。

雲陽日報

中華郵政特准掛號立券認爲新聞紙類

第五五四號

本報緊要啓事二

逕啓者本報廣告費日現經董事會議決一律減半歡迎但無論何人非先繳費交由發行部收清給據後不能登載此啓

本報緊要啓事三

逕啓者徵求各鄉通訊員向係酬寄本報一份茲經董事會議決改酬稿費按月算結爰將改定簡約條列如次

一，凡文清通紡事簡明者皆可應徵

二，應徵人以長住某鄉鎮爲原則

三，第一次投稿，請注明姓名，別號，年齡，職業，住所，通信處

四，每次通訊須加蓋本人私章，並希前後一律

五，投稿三次，如認爲合格者，卽後本報聘請

六，本報稿費分爲甲乙丙丁四種由編輯部於採登時注明等級於下以編卽照下定稿費算給特等一元甲等八角乙等五角丙等三角丁等一角

曾自顯改業醒龍丸啓事

中華民國二十四年七月卅一日

《云阳日报》

1936年1月1日改名为《云阳公报》，初为周刊，是年6月1日改为日报，4开4版。第一版为国内要闻；第二版为省县新闻；第三版为国际新闻、副刊；第四版为经济消息和启事。该报负责人为汪保之，社址在国民党云阳县党务整理委员会内。1949年12月停刊。

《南川民报》（1933 年）

该报约于1933年11月创刊，以报道南川县内新闻为主，8开，单面石印，逢一、四、七出版。社长章汝霖。1935年该报因章离县停刊。1937年6月，周榕树将其复刊，每周出8开1张，石印，社址在南川县城西街63号。社长傅凌槎。经费由县政府支拨。其内容“多为地方派系服务”。1939年该报因县政府停拨款而停刊。1944年周榕树又将其复刊，成为南川县县党部的机关报，社址在国民党南川县县党部内，三日刊，发行方式多为赠阅，订户极少。

1947年2月，该报与《南川日报》合并，改出《南川日报·民报联合版》，约1948年停刊。

《重庆华报》（1933 年）

该报于1933年12月创刊，午报。创办人钟曼斯，社址在重庆老街李家院。

《新新晚报》（1933 年）

该报约于1933年末创刊，又称《新生晚报》，创办人王醒余。该报创刊不久就发生新闻官司，其他情况不详。

《卫生公报》(1933年)

该报于1933年创刊,国民革命军第21军卫生委员会主办。

《榴莲周报》(1933年)

该报约于1933年创刊,重庆巴县中学高中部学生刘训煦创办的文艺性刊物,其父提供经费并任经理。该报出版大约两年后停刊。

《光华日报》(1933年)

该报约于1933年创刊,社址在重庆西大街。

《新晚报》(1933年)

该报于1933年在重庆登记,发行人田炳。

《重庆快报》(1933年)

该报于1933年出版,发行人陈伯坚,社址在重庆后伺坡仓坝子。1935年停刊。

《渝州晚报》(1934年)

该报约于1934年3月创刊,具体情况不详。

《三江夜报》(1934年)

该报于1934年春在合川县创刊，晚报。殷秋痕任编辑，出版后不久停刊。“三江”是指涪江、嘉陵江、渠江三江在合川交汇，所以，“三江”也指代合川。

《新生活晚报》(1934年)

该报于1934年春创刊，社长陶治民。同年7月因为陶离开重庆，社务无人负责而停刊。

《扬子江晚报》(1934年)

该报于1934年5月16日创刊，铁华峰、郑清士等人合办。

《刊报》—《北报》(1934年)

《刊报》约于1934年上半年创刊，创办人刘受三。不久，该报因内部整顿而停刊数月。1935年2月4日复刊，改名为《北报》，社址在重庆江北县红会内。董事长贾鉴三，社长刘受三，总编辑程荣梁，编辑刘保珊、刘学黎，外勤记者张平衡、段伯言。

《工商》(1934年)

该报于1934年6月在重庆创刊，4开4版，三日刊，社址在小梁子53号。社长李

中华民国廿三年六月二十日星期三

工商

本刊预定价目

第三期 社址 小梁子五十三号

三天一期零售三仙

本刊广告价目

家家宜备 巴克雍子药粉

复兴农村之呼声

静碧

补一

救急防疫散

专治

服法

全川总经理处大梁子华通大药房

总批发处重庆太平门补一大药房

《工商》

俊逸，主笔林志康，编辑李士逸、李樵逸、曹正鹄、曹明洲。该报内容主要是关于商业的论著、法规，还有小说、游记、杂记、杂感、随笔等。该报旨在“灌输工、商两届新知识，发扬民族精神”。

《新闻夜报》（1934 年）

该报于1934年7月25日创刊，8开2版。发行人张宗礼，社址在重庆陕西街重庆市特业公会内。所谓特业公会，就是贩卖鸦片烟商人的组织。特业公会每月补助报社经费，并提供工作条件和员工住宿。

该报第一版为新闻，第二版为副刊和广告。新闻采用各通讯社稿和转载外地小报。副刊有诗词、杂文、掌故、谐薮之类，并连载长篇小说《粉江潮》。报社编辑只有丁孟牧、彭作澍两人。彭编新闻版，写短评。另有报丁三人，分送城内外报纸。会计、出纳、事务、收发等工作，均由特业公会的人兼办。该报由武库街励精印刷厂代印，每天发行1000份。

该报出版不久，因故停刊，同年12月28日复刊，并扩大为1中张。1935年底特业公会解体，该报勉强支撑到1936年1月终刊。

《工商夜报》(1934年)

该报于1934年7月28日创刊，江疑九组织，每日出1中张，社址在重庆小梁子街。社长许子凡，总编辑李樵逸，主笔曹明洲，编辑李俊逸、刘玉声。1936年5月停刊。

《东方晚报》(1934年)

该报约于1934年7月创刊，社长兼总编辑曾恕道，社址在重庆售珠市街。

《大众报》(1934年)

该报于1934年11月5日创刊，发行人林青石，董事长戴坤元，社址在重庆龙王庙街57号甜食店楼上。该报4开2版，竖排。第一版为新闻，登载各通讯社稿；第二版为副刊和广告。张痴伯编新闻，丁孟牧编副刊。

因戴坤元是重庆袍哥组织孝义总社大爷，所以该报不少长期订户都是孝义社袍哥。1936年7月，该报因无利可图而停刊。

《朝报》(1934年)

该报于1934年11月17日创刊，4开2版。社址在重庆莲花池前街3号刘家院内。第一版为要闻，第二版为省内和本市新闻。该报社长为刘仲子，发行人兼总编辑为刘训煦。刘仲子与日本特务机关(重庆日商永亨洋行)有联系，按月领取津贴。1935年刘训煦因事被警备司令部拘禁，编辑事务由《工商夜报》的曹正鹄代理。《朝报》有可能在此时被封。

《鸣报》(1934年)

该报于1934年11月创刊，王某创办。

《复兴关日报》(1934年)

该报创刊时间不详，1934年12月停刊。

《棠香》(1934年)

该报约于1934年出版，4开4版，石印。私立荣昌棠香初级中学学生自治会编辑的小报，社址在私立荣昌棠香初级中学校内。

《公正报》(1934年)

该报于1934年创刊，社长钟逢春，总编辑钟纯乾，创办人还有赵章明、谭亚霖，社址在梁平县南正街。该报以宣传政令、转载国内外新闻为主。因该报倾向进步，1935年被刘湘部第9旅旅长张邦本查封。

《新闻日报》（1934年）

该报于1934年创刊，1935年1月5日停刊。

《重庆快报》（1934年）

该报于1934年创刊，日报，对开4版，社址在重庆公园路。

《新白沙报》（1934年）

该报约于1934年创刊，主编萧辅仁，社址在江津白沙镇。

《芷江日报》（1934年）

该报约于1934年创刊，社址在重庆储奇门五福街百子巷。该报是国民党复兴社康泽指示熊三丈主办的一张小报，专门攻击四川地方实力派“以神乱军，以军乱政，以政扰民”，宣传“攘外必先安内”，矛头指向刘湘。后在第21军“武德励进会”策划下，该报报社于1935年6月1日被重庆警察局密探队捣毁。

《中报》(1935年)

该报于1935年1月1日创刊，每日出8开2版，午报。发行人丁孟牧，社长文绍华，编辑丁孟牧、韩永龄，社址在重庆民生路。第一版为新闻，第二版为副刊和广告。报纸内容多和戏曲，特别是川剧有关，受到票友欢迎，发行量最高时每期达1400份。1936年3月，文绍华离渝，与文关系密切的京剧新生票社停付津贴，与文关系深厚的广告客户也来函终止广告，该报遂停刊。

《自卫日报》(1935年)

该报于1935年1月21日创刊，川康团务干部学校同学会创办，日出1中张。该报经费由第21军军部每月补助，第21军政务处团务科长雷廷楷任社长。

《东方报》(1935年)

该报于1935年1月申请登记，陈杰等人发起创办，地址在合川县。是否出版不详。

《剿匪日报》(1935年)

该报于1935年2月创刊，重庆妇女救济会主办，社长陈济涛。每日出版1中张，社址在重庆公园内。

《四川时报》(1935 年)

该报于1935年2月创刊，社长铁华峰，副社长王韵琴，总主笔舒君实，主笔赵伯钧、涂子成、毛畅熙，编辑杨嗣宗、王野芹、吕绍宾。每日出1中张，社址在重庆商业场西四街41号。1936年8月初，因铁华峰受伤，报纸暂停出版。是否复刊不详。

《新川夜报》(1935 年)

该报于1935年3月9日创刊，社长叶文相，总编辑吴泰，编辑蒲仰峦、叶菲洛，社址在重庆下陕西街新川通讯社内。

《白沙声》(1935 年)

该报约于1935年3月创刊，石印。主编邓少琴，江津县白沙复兴委员会编行。1936年6月停刊。

《工商日报》(1935 年)

该报于1935年3月创刊，每天出对开8版。社长李士逸，主笔李樵逸，编辑曹正鹄、李蜀虹、林志慷、师家瓒。

《巫溪三日刊》(1935 年)

该报于1935年3月创刊，傅育和等人筹办。除本地新闻外，该报专载巫溪县县政事务。

《新西南日报》(1935年)

该报于1935年3月创刊,社长王影松,总编辑韩绍琦,社址在重庆天主堂街2号。该报旨在“促进社会文化,灵通各地消息,阐扬三民主义”。

《枳江日报》—《人民日报》—《西南日报》+《西南日报晚刊》(1935年)

《枳江日报》于1935年5月21日创刊。报名“枳江”是因为报纸在涪陵登记。枳,是涪陵古代的称谓。江,即指涪陵濒临的乌江。虽然该报创刊名为《枳江日报》,但报纸是在重庆市内编辑和印刷的,报纸出刊后,一半的报纸在重庆销售,另一半运往涪陵。事实上,《枳江日报》完全可以算得上是重庆的一份地方性报纸。

该报编辑部设在重庆方家什字街,印刷则是在私营的新新印刷厂。李子仪任董事长,冯均琏任社长,梁佐华担任主编,任廉儒任主笔兼编辑,还有共产党员黄士芳、陈良分任编辑。报纸为4开4版,分国际、国内、本省、本市各版。报纸的经费主要由李子仪、冯均琏筹措,报纸每日发行2000多份,主要由李子仪以县长身份在涪陵推销,由县政府分配各保甲订阅,在一定程度上可以说,《枳江日报》已成为涪陵当地政府的喉舌。李子仪题写“东北沦陷,河山破碎。抗战救亡,还我河山”,并裱成条幅,挂在编辑部的墙上,作为办报的宗旨。由于《枳江日报》经常刊载抗敌救亡、主持正义、抨击时弊的内容,不合当局的口味,出版4个月后即被捣毁。

《枳江日报》被迫停刊后,1935年11月1日李子仪、冯均琏将《枳江日报》改名为《人民日报》出版,报纸扩大为对开4版,社址改在重庆市中区苍坪街。梁佐华利用其社会关系,聘请时任军事委员会重庆行辕的少将参议雷清尘担任社长,冯均琏为副社长,梁佐华任总编辑。担任编辑、记者、校对的还有任廉儒、陈良、严纪陵、龚慰农、黄士芳、李伏伽、罗彬、陈翰屏,均为中共党员。

中華民國二十七年四月二十八日 星期四

人民日報

第八一二號

本報經理部遺失啓事

新到奇效藥 虎標頭痛粉

永安堂重慶分行

中國社會 第四卷第三期

中國統制經濟論（再版） 羅敦偉著 實價一元六角

正中書局印行

川牌

四川水泥公司

達昌商行

太和號

上海 天寶成銀樓

南京國醫師科高星垣

重慶市路燈管理所懸獎啓事

康爾泰

俊彝中學招生廣告

西南週刊 第五期出版

總經理四川重慶新豐街二十號川亞貿易行

《人民日报》

雷清尘曾是黄埔军校的学生，与率领复兴社的头目康泽是同学，且交际较深。利用这层关系，报社每月得到来自“别动队”的500元补助，也使报纸得到了一把保护伞。由于社长雷清尘和康泽的社会背景，国民党新闻检查所对该报的监管较松，有些稿件甚至未送检也刊登了。借此夹缝，报纸刊载了许多进步的文章，甚至采用塔斯社的稿件，宣传俄国十月革命和苏联社会主义的成就。梁佐华甚至还在暗中邀请正在“反省院”中服刑的原中共四川省委代理书记张秀熟（笔名畸零）和同狱的原中共重庆市委书记廖福源（寒飞）给该报写稿。

张、廖二人的文章大多是抗敌救亡和抨击时弊的内容，稿件被新闻检查所删改得面目全非，无法登出；该报采用的塔斯社稿也引起了当局的注意。不久，国民党当局以“牢中出来的犯人把持了编辑部”为名，改组《人民日报》，由复兴社接手过去，改名为《西南日报》。

1938年5月21日，《西南日报》出版，社址在《人民日报》苍坪街原址。此时，复兴社已被撤销，三青团成立。《西南日报》的主要负责人也以三青团的人员为主。发行人杨平章，社长汪观之，总主笔雷啸吟，总编辑谢崇周。

1939年5月，西南日报社在日本飞机轰炸重庆时被毁，无奈参加《重庆各报联合版》。此后，报纸印刷厂迁至燕喜洞1号，几次试图复刊，但都短命夭折。为了应对这种局面，三青团重庆支团部筹备主任毛嘉谋被安排负责报纸复刊工作，原总编辑谢崇周出任重庆市党部书记长，离开报社。毛嘉谋聘老报人许君远继任总编辑，冯均琏为经理，出版4开4版的《西南日报晚刊》。营业部在重庆武库街78号，编辑部在康宁路14号，由商务日报社代印。由于缺乏经费，报纸勉强维持到1941年冬停刊。

1945年国共和谈期间，四川地方财团何北衡、吴晋航等人，拟发起创办一张报纸，以在民主运动中争得一席之地。但新报登记很难，于是推时任三青团重庆支部干事长陈介生出面，恢复出版《西南日报》，以胡子昂为董事长，陈介生为社长，张廷蛟为发行人兼总经理，并聘请张兆麟为总编辑。张原在昆明《扫荡报》任主笔，为中共地下党员，1946年2月来重庆，经组织批准，以编辑部人员必须由他提出聘请作条件，答应就任。张于4月初组成一个主要由共产党员、民盟盟员和进步人士组成的编辑部班子，随即在4月14日正式出报。

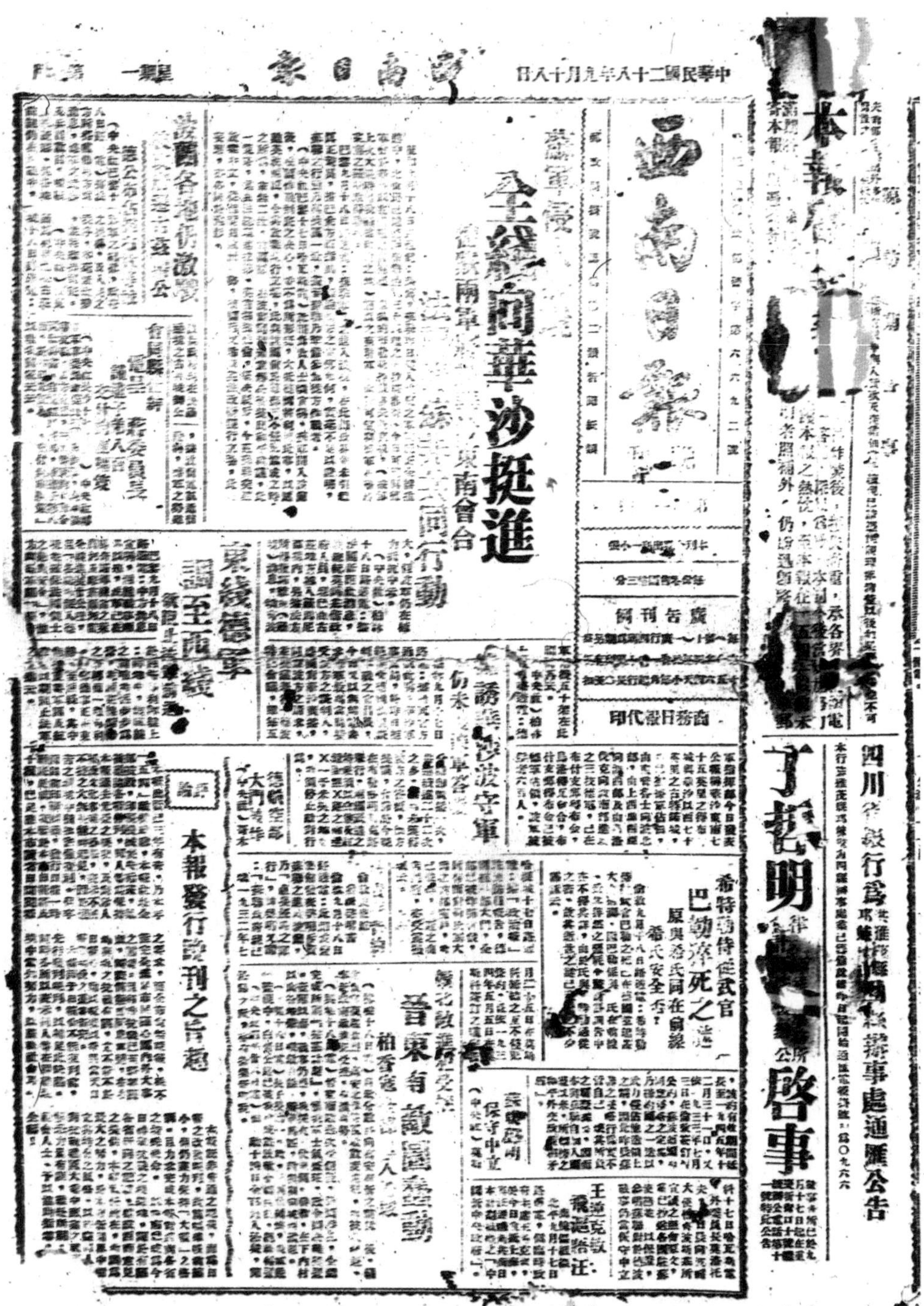
中華民國二十八年九月十八日

西南日報

全綫向華沙挺進

東綫德軍調至西綫

本報發行說刊之旨趣

《西南日报》

西南日報晚刊

國際酒樓
地點 林森路四三號

國貨權威
仁豐綢布號
於本月十四日正式復業
敬請
各界參觀指導
地點：民權路一號（即鷄街口）

天津
益世報
移渝復刊

新書預約
總裁的力行哲學
楊平章著

本店爐灶現已修復照常營業

德泰銀耳公司正式開幕

冠生園

少成美百貨商號

新近運到意外便宜

筋骨疼痛追風丸

老白濁

遺失

《西南日报晚刊》

在张兆麟的主持下，《西南日报》的编辑方针是：尽可能排除国民党方面塞进的稿件和新闻；在注意文字技巧的前提下，围绕国内和平、民主、和谈等问题发表言论和主张，不得已时保持沉默或中立；以CC系主攻对象，以“合法”方式予以揭露抨击，扩大复兴社与CC系的矛盾；使报纸带有深厚的地方色彩，为四川人民、知识分子、民族工商业者讲话。

后来，陈介生以“当选”立法委员的交换条件，让出三青团重庆支部干事长和报社社长的职位。在这种情况下，张兆麟等人分批离开报社，《西南日报》重新被三青团掌握。报纸发行人改为张廷蛟，经理又由冯均琏担任。到1948年，冯均琏鉴于报纸销路日益萎缩，辞去报社经理职务。报纸不久后即停刊。

《中华日报》（1935年）

该报于1935年5月创刊，重庆新闻界人士佘久龄约集同人创办。

《大足通讯社稿》—《大足三日刊》（1935年）

《大足通讯社稿》于1935年5月创刊，国民党大足县党务指导委员会创办。该通讯稿为土纸单面油印，比8开纸略大，间日出版。其内容除刊载收听到的广播消息外，以报道大足县内新闻为主。1941年改名为《大足三日刊》。停刊时间不详。

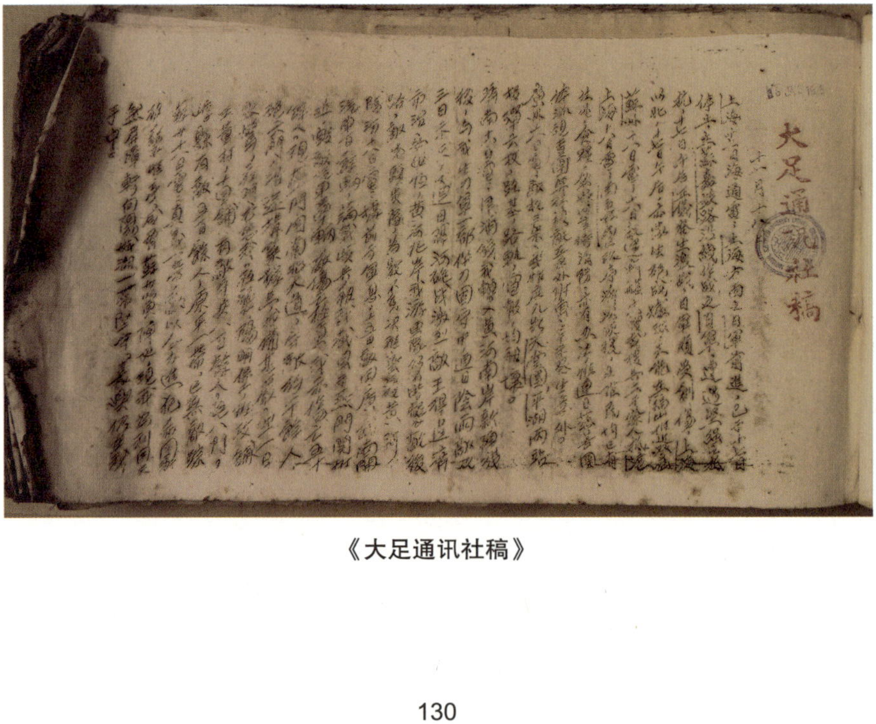
大足通讯社稿

《大足通讯社稿》

《合阳晚报》(1935年)

该报于1935年6月1日创刊，4开小报。合川大记进新印刷公司经理潘香林（树依）筹资出版。时任合川城防司令王伯雅任名誉社长，经理潘香林，董事长喻尧怀，编辑杨芹生等。报纸强调文艺性、知识性、趣味性、娱乐性。该报出版时断时续，编辑也数度易人。1944年3月后停刊。

《艺薮画报》(1935年)

该报于1935年8月前在重庆创刊。

《金报》(1935年)

该报于1935年8月16日创刊，赖阆中筹资创办，社址在重庆打铁街14号。该报聘刘目昭、丁孟牧、李之森、张季友等人任编辑、采访。其内容偏重社会新闻。

《新四川晨刊》(1935年)

《新四川晨刊》于1935年8月23日试刊，25日正式创刊。佘子立创办并自任社长，总编辑傅润华，经理高达轩，社址在重庆商业场西三街。每日1中张。其内容包括“党务、民政、军事、财政、建设、教育、司法、灾情及工商消息、社会新闻和农村状况等，以及凡属与种族复兴、文化进展具有关系者”。

《奉节三日刊》(1935年)

该报于1935年8月创刊，8开，石印。国民党奉节县县党部、三青团、国民兵团政治指导室联合创办，次年停刊。

《星光晚报》(1935年)

1935年8月，宜昌星光晚报社派李孟养到重庆组织分社，此时正向四川省政府办理备案手续。是否出版不详。

《民生医报》(1935年)

该报于1935年8月创刊，重庆中医界龚霖霏等人筹资创办，龚任主编，社址在重庆黄桷街9号。该报旨在阐扬医学真理，介绍各地医界消息。该报每月出版1中张，共出3期，同年10月停刊。

《川东日报》(1935年)

该报于1935年9月9日创刊，国民党万县县党部的机关报，1949年12月万县解放后被万县市军管会依法接收。该报存续的14年间，人事变动极其复杂与频繁。虽然名义上该报一直是国民党的地方党报，但其舆论方向和思想倾向却经常随办报核心人员的去留变化而来回摇摆。

创办伊始，该报社长为钟震之，此人既是国民党万县县党部的督导员，又是CC系分子。总编辑是王作禹，经理为国民党万县党务指导委员会主任秦竹如，编辑有易孝思、王宗萍、李达生。当时报纸由华盛印务公司代印。1935年末钟震之

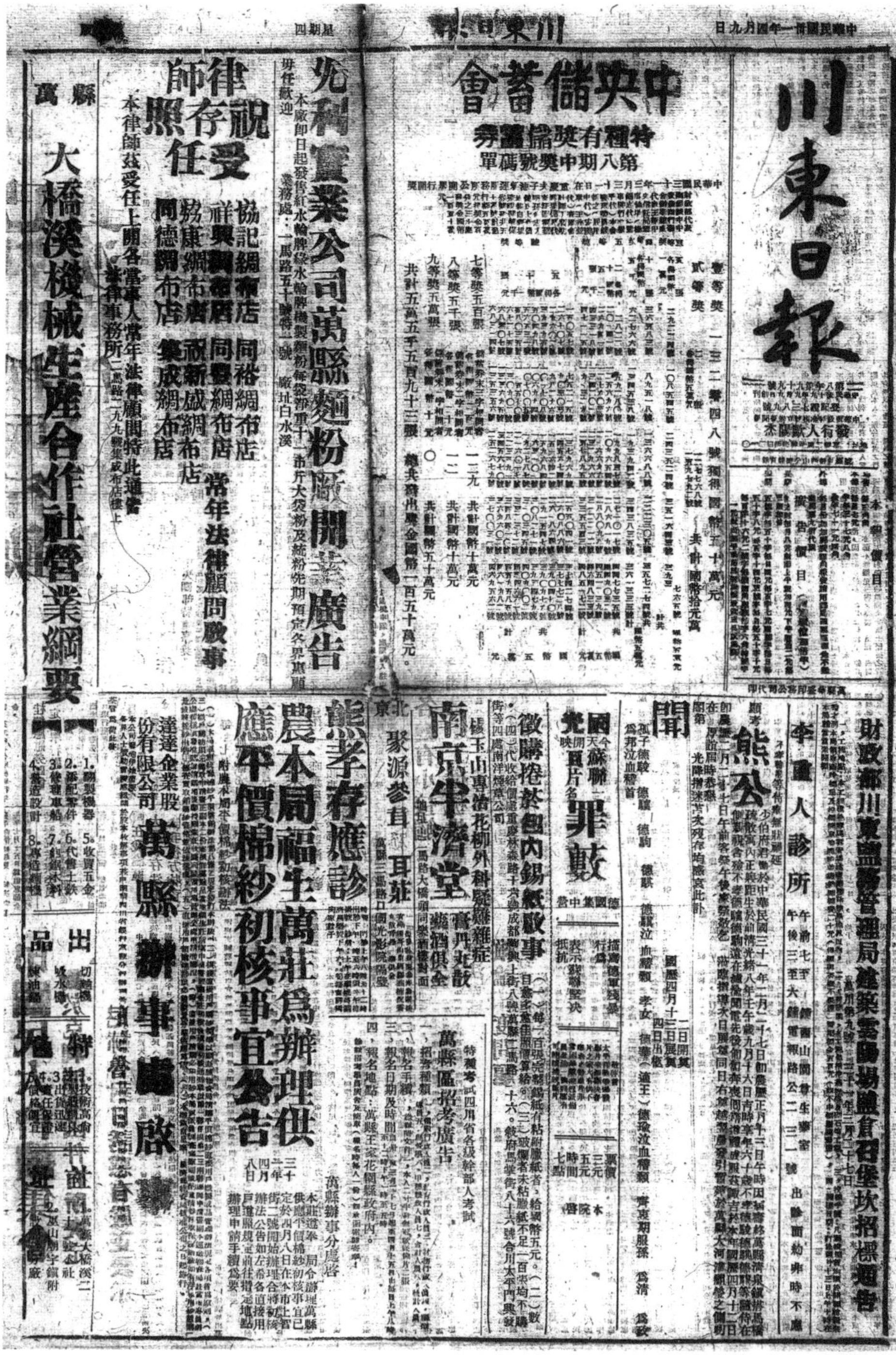
中華民國卅一年四月九日 星期四 川東日報

川東日報

中央儲蓄會

特種有獎儲蓄券

第八期中獎號碼單

壹等獎

貳等獎

七等獎五百張

八等獎五千張

九等獎五萬張

共計五萬五千五百九十三張

總共發出獎金國幣一百五十萬元

先利實業公司萬縣麵粉廠開業廣告

律師祝受存任照

協記綢布店 同裕綢布店

祥興綢布店 同豐綢布店

協康綢布店 祝新盛綢布店

同德綢布店 集成綢布店

常年法律顧問啟事

萬縣

大橋溪機械生產合作社營業綱要

財政部川東鹽務管理局雲陽場鹽倉石堡坎招標通告

李國人診所

熊公

聞

徵購捲菸包內錫紙啟事

南京牛濟堂

聚源參茸莊

熊孝存應診

農本局福生萬莊為辦理供應平價棉紗初核事宜公告

達達企業股份有限公司萬縣辦事處啟事

萬縣區招考廣告

早期的《川东日报》

离开报社后，秦竹如兼任社长，并将报纸改为对开4版。其弟秦子健任总编辑，王作禹改任主笔，聘程树芬任采访。此时王作禹和易孝思听闻秦竹如和秦子健在吸食鸦片，于是便向专署举报，秦氏兄弟二人闻讯即刻出逃，一时间万县县党部和《川东日报》群龙无首，无人负责，只得由王作禹代党部主任委员兼报社社长，王寄萍任总编辑。

1937年冬，共产党员何其芳和进步人士杨吉甫等人接手了该报副刊《川东文艺》，将其更名为《长城》。在这抗战的关键时期，他们把这份为国民党发声的国民党党报的副刊办成了主要宣传抗日和揭露国民党当局黑暗面的进步报刊。然而时间不长，在1938年前，这些共产党员和进步人士由于各种原因被迫离开报社。

从1938年六七月开始，万县县党部主任欧阳杰出任《川东日报》发行人，掌握了报社大权。秦凯切任总编辑，林一森、程其寅任编辑，李景芳（李朋）任采访。1939年初，秦凯切改任主笔，程树芬升任总编辑。数月后，林一森辞职从教。这一年由于日机频频轰炸，报社不得不迁至西山公园体育馆左半侧。后体育馆房屋被炸，报社又迁至坎下印刷厂内。

1943年，由于物价上涨，货币贬值，报纸销售情况一直不好的报社经济更加困难，不得不和《万州日报》出刊联合版。1944年3月，两家又联合《川东快报》出三报联合版。由于内部矛盾加剧，冲突不断，1945年4月前后三报联合版彻底告终，《川东日报》被迫停刊。不久，欧阳杰又恢复了《川东日报》的出版，为4开4版，但销路一直不好。

1945年8月以后，万县文具商人陈德明被聘为报社社长，主管经济和人事。陈德明又添置了一套新5号铜模，使印出的报纸与《万州日报》一样，日出对开一张，用二元纸印刷。当时万州的这两家报纸竞争激烈，《川东日报》常占优势，日发行量曾达2000余份。

抗战胜利后，欧阳杰被选为四川省参议员，《川东日报》发行人由新任县党部书记刘庭槐兼任，总编辑变更为程树芬，主笔秦凯切，采访主任宋达人。报纸改为对开4版，编辑部迁到和祥街印刷厂内。1946年6月，该报专门呈请县政府，希望政府能下令让所属乡镇保甲及学校订阅，并协助推销。县长王良隆专门批示：“除分令外，合行令仰遵照，予以协助推销为要。”

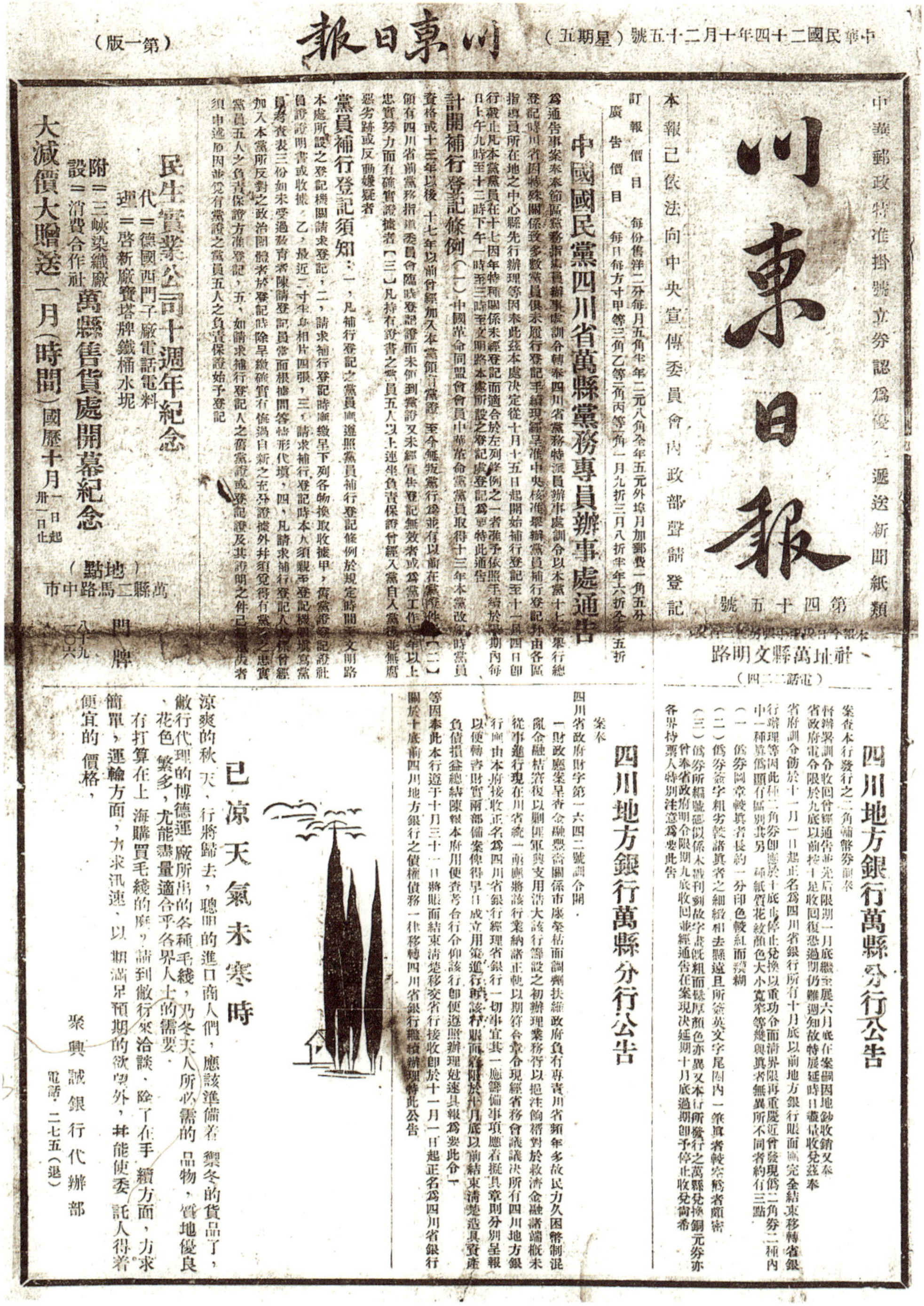

中華民國二十四年十月二十五號（星期五）　川東日報　（第一版）

中華郵政特准掛號立券認為優[illegible]遞送新聞紙類

川東日報

第四十五號

本報已依法向中央宣傳委員會內政部聲請登記

訂報價目　每份售洋二分每月五角半年二元八角全年五元外埠月加郵費一角五分

廣告價目　每日每方寸甲等三角乙等二角丙等一角一月九折三月八折半年六折全年五折

社址萬縣文明路

（電話二二四）

中國國民黨四川省萬縣黨務專員辦事處通告

為通告事案奉本節區黨務指導員辦事處訓令轉奉四川省黨務特派員辦事處訓令以本黨十七年舉行總登記時川省因特殊關係致多數黨員俱未履行登記手續現經呈准中央核准舉辦黨員補行登記并由各區指導員所在地之中心縣先行辦理等因奉此茲本處決定從十月十五日起開始補行登記至十一月四日即行截止凡本黨黨員在十七年因特種關係未經登記而適合於左列條例之一者准予依照手續於限期內每日上午九時至十二時下午一時至三時至文明路本處所設之登記處登記為要特此通告

計開補行登記條例（一）中國革命同盟會會員中華革命黨黨員取得十三年本黨改組時黨員資格或十三年以後十七年以前曾經加入本黨領有黨證至今無叛黨行為並有以前在黨證件【二】領有四川省前黨務指導委員會臨時登記證而未領到黨證又未經宣告登記無效者或為黨工作[illegible]年以上忠實努力而有確實證據者【三】凡持有證書之黨員五人以上連帶負責保證曾經入黨自入黨後並無腐惡劣跡或反動嫌疑者

黨員補行登記須知：一，凡補行登記之黨員應遵照黨員補行登記條例於規定時間至文明路本處所設之登記機關請求登記，二，請求補行登記時應繳呈下列各物換取收據甲，舊黨證或登記證社員證證明書或收據，乙，最近二寸半身相片四張，三，請求補行登記時本人須親至登記機關填寫黨員考查表三份如未受過教育者陳請登記員當面根據問答情形代填，四，凡請求補行登記人確曾經加入本黨所反對之政治團體者於登記時除呈繳確實有悔過自新之表示證據外并須覓得有黨證之忠實黨員五人之負責保證方准登記，五，如請求補行登記人之舊黨證或登記證及其證明之件已遺失者須申述原因並覓有黨證之黨員五人之負責保證始予登記

民生實業公司十週年紀念

代理＝德國西門子廠電話電料
＝啓新廠寶塔牌鐵桶水泥

附設＝三峽染織廠
＝消費合作社

萬縣售貨處開幕紀念

大減價大贈送一月（時間）國歷十月一日起卅一日止

（地點）萬縣二馬路中市

門牌一八十九、一〇六

四川地方銀行萬縣分行公告

案查本行發行之二角輔幣券前奉督辦署訓令收回曾經通告並先后限期一月底繼至展六月底在案嗣因地鈔收銷又奉省政府電令限於九底以前按十足收回復恐過期仍難週知故特展延時日盡量收兌茲奉省府訓令飭於十一月一日起正名為四川省銀行所有十月底以前地方銀行賬面應完全結束移轉省銀行辦理等因此種二角券即應於十底止停止兌換以重功令而清界限再重慶近曾發現偽二角券二種內中一種贗偽顯有區別其另一種紙質花紋顏色大小寬窄等幾與真者無異所不同者約有三點

（一）偽券圖章較真者長約一分印色較紅而模糊

（二）偽券簽字粗劣較諸真者之細緻相去縣遠且所簽英文字尾圈內一筆真者較窄偽者頗寬

（三）偽券所編號碼似係木戳刊刻故字畫既粗而墨厚顏色亦異又本行所發行之萬縣兌換銅元券亦曾奉省政府明令限期九底收回並經通告在案現決延期十月底過期即予停止收兌尚希各界持票人特別注意為要此告

四川地方銀行萬縣分行公告

案奉

四川省政府財字第一六四二號訓令開

一財政廳案呈查金融豐嗇關係市廛榮枯而調劑扶綏政府負有專責川省頻年多故民力久困幣制混亂金融枯滯復以剿匪軍興支用浩大該行籌設之初辦理業務皆以挹注餉糈對於救濟金融諸端概未從事進行現在川省統一亟應將該行業納諸正軌以期符合章令現經省務會議議決所有四川地方銀行應由本府接收正名為四川省銀行經理省銀行一切事宜其一應籌備事項應着擬具章則分別呈報以便轉咨財實兩部備案俾得早日成立用策進行所該行賬面應限於十月底以前結束清楚造具資產負債損益總結陳報本府用便查考合行令仰該行即便遵照辦理剋速具報為要此令

等因奉此本行遵于十月三十一日將賬面結束清楚移交省行接收即於十一月一日起正名為四川省銀行關於十底前四川地方銀行之債權債務一律移轉四川省銀行繼續辦理特此公告

已涼天氣未寒時

涼爽的秋天，行將歸去，聰明的進口商人們，應該準備着禦冬的貨品了，敝行代理的博德運廠所出的各種毛綫，乃冬天人所必需的品物，質地優良、花色繁多，尤能盡量適合乎各界人士的需要．

有打算在上海購買毛綫的麼？請到敝行來洽談，除了在手續方面，力求簡單，運輸方面，力求迅速，以期滿足預期的欲望外，并能使委託人得着便宜的價格，

聚興誠銀行代辦部

電話．二七五（退）

改版后的《川东日报》

陈德明与教育界进步人士杨吉甫、熊道光、周季文、向云鹄等过从甚密。1947年，杨吉甫通过陈德明，将中共地下党员和进步青年刘立平、万均平、徐鸣基、冯秋、李明五人介绍进《川东日报》工作。刘立平和万均平出任编辑，另三人任外勤记者，从而削减了国民党方面的总编辑程树芬等人的职权。

1948年，陈德明购置了一台旧收音机，白天把喇叭挂在厂门口，大放国民党“中央社”的节目，晚间又请速记员抄收新华社的广播，修改后在该报的“本报专电”栏目上刊出。这些消息比国民党“中央社”提供的更加迅速，且更加真实，所以广受读者欢迎。

1949年12月万县解放后，万县市军管会依法接管该报。

《儿童周报》(1935年)

该报于1935年9月9日在万县创刊，万县儿童实施委员会主办，旨在“灌输儿童时代知识，提高儿童写作兴趣”。该报以小学生为发行对象，经费由各小学承担。抗日战争爆发后停刊。

《万报》(1935年)

该报约于1935年秋创刊，日报。万县党务专员办事处主办，社址在万县县党部内。该报工作人员系该处人员义务兼任，社长钟震之，总经理欧阳杰，总编辑王作禹，国内外新闻编辑冯世庚、李尊如，省内新闻编辑秦子健，本市新闻编辑易孝思，副刊编辑王寄萍。

《大声日报》—《合川·大声两报联合版》(1935年)

《大声日报》于1935年10月16日在合川创刊，4开4版。该报是国民党合川县县党部机关报。版面安排上，第一版刊登要闻内容，第二版为省内新闻及社评，第三版为本地新闻及小评，第四版刊登副刊《疾呼》，报纸中缝位置刊出广告内容，日发行量约600份。报社在合川县塔耳门内61号。《大声日报》曾在1937年秋停刊，约半年时间又复刊。

报名中的“大声”二字和副刊的“疾呼”二字，取自韩愈的《后十九日复上宰相书》中的“将有介于其侧者，虽其所憎怨，苟不至乎欲其死者，则将大其声疾呼而望其仁之也”。故《大声日报》提出“不说违心话，不作肉麻词，不为大人先生们捧场。纯站在国家民族的立场，为穷苦无依靠的大众说公道话，说老实话。为国家危亡大声疾呼，为民族性的堕落大声疾呼，为世界被压迫的民族大声疾呼”的口号。

大聲日報

《大声日报》

《大声日报》的第一任社长是闵剑梅，总编辑为蒋树勋，之后分别由王止敬和潘涤华继任。一周年时，该报曾举行纪念会，并套红出了纪念特刊，发表了潘涤华写的《一年来的本报》一文，文章对《大声日报》作了介绍。该报以“阐扬党义，宣传文化，灵通消息，增进民智”为目的。报社的主要人员全是县党部工作人员兼代，义务劳动，不支取薪水，校对工作由县党部人员轮流承担。

1938年下半年，时任报社负责人、副刊编辑兼县党部书记长的陈季质，到成都省党部集训，这为《合川日报》的创办提供了契机。当时，合川的一些地方势力（如刘叔瑜、刘雅卿、胡南先等人）与陈季质存在矛盾，他们想办报纸来扩大自己在地方的影响，中共合川县委积极支持他们办报，希望能打破国民党对合川舆论的控制。经中共合川县委书记黄肇纪和刘叔瑜协商，报纸取名为《合川日报》，并得到县长张瑞征的同意。

《合川日报》创刊于1939年2月1日，与此前创刊的《合川日报》并不相干。该报为合川县政府机关报，刘叔瑜任社长，黄肇纪任主笔，周远侯任总编辑，罗曦軏主编副刊《火网》，孙开围主编第二、第三版。

合川日报社的主要成员除刘叔瑜外，均是中共地下党员，他们力求增强报纸的抗日气氛，增加民主色彩，宣传好党的抗日方针政策。该报大量报道群众的抗日活动，并且直接组织和参与活动，使报纸宣传与群众活动紧密结合起来。为了使报纸更适合群众的需要，该报注重多登载地方新闻，办好副刊。副刊《火网》在罗曦軏主编下，办得有声有色，曾召开过三次读者座谈会，分别讨论了如何推动战时地方文化、取材的标准问题及文艺如何发挥其战斗武器的作用等。同时，在该版面上先后办了5个定期专刊，即《山野》《铸魂》《教育通讯》《五月》和《挺进》。其中《五月》以合川妇女慰劳分会的名义出版，主编是中共地下党员黄素影。

此时，《大声日报》也悄然发生变化。中共党员罗曦軏进入报社并担任副刊《疾呼》主编。原已在报社担任记者的中共党员周远侯又担任了时事版的编辑。他们根据中共合川县委的指示，为报纸确立了“要尽量抑制它的反动性……力争宣传好我党的抗日方针政策、抗日民族统一战线政策”的目标，同时发展进步青年王意诚入党。在副刊方面，1938年11月25日《大声日报》的第四版刊出《抗战妇

中華民國二十九年十二月四日　合川大聲兩報聯合版　星期三　第一號

合川大聲兩報聯合版

美再貸我一萬萬餘元

《合川·大声两报联合报》

女》周刊，负责编辑的是莫淑容和秦伯林，两人均为共产党员，办妇女周刊在合川还是第一次。他们接着又于1939年1月23日办了《号角》周刊，由北碚“复旦大学抗战文艺习作会”主编，这是一个文艺周刊。与此同时，他们进一步加强原有的《哨兵》《商训》两个周刊，又在副刊内新辟了“边区来鸿”小专栏，选登张德碧的延安来信，还发表不少有关八路军的文章和消息，引起社会关注。

1939年3月，陈季质返回合川，对报社进行了整顿，调整了报纸版式，取消了副刊上的四个周刊。为了保住这块舆论阵地，中共合川县委决定黄肇纪和罗曦軏必须转移，并提出两报合并的意见。《合川·大声两报联合版》自1939年9月起出版，为4开4版，报纸的经理部设在合川日报社，编辑部设在大声日报社。联合版于1941年初停刊。《合川日报》继续发行，直至1949年12月终刊。

《华报》（1935年）

该报约于1935年11月创刊，日报，对开4版。创办人郭春晖。

《巴渝日报》（1935年）

该报约于1935年11月创刊，每日出1中张，4版。陈某、靳某等人合办，社址在重庆蔡家湾42号。

《正午报》（1935年）

该报于1935年12月10日创刊，创办人胡培根。

《联报》—《民众日报》（1935年）

1935年12月，重庆萧某等人向省政府申请登记，组办《联报》，每日出1中张。后省府认为“该报社名须当改正”，于是重庆市政府令其“暂行停刊”。该社即遵命更名为《民众日报》，于1936年3月初复刊。

《大光报》(1935年)

该报约于1935年末创刊,创办人胡文光、黎子希,日出1中张。

《大同晚报》(1935年)

该报于1935年创刊,创办人金国瑞,地址在重庆米花街。同年内停刊。

《重庆画报》(1935年)

1935年创刊,重庆画报杂志社出版,1936年出至第1卷第4期。抗战胜利后出版《抗战胜利纪念号》。重庆画报杂志社社长贡学渭,发行人刘缄三,社址在重庆南岸玄坛庙施家坡37号吴家花园。《重庆画报》在天津设立华北销售处,并在国内的成都、兰州、贵州、昆明、上海、西安,以及国外的缅甸、加拿大有特约经销处。另,《中国影像史》(第10卷)载《重庆画报》于1945年1月创刊。

《民报》(1936年)

该报于1936年1月前创刊,日报,在彭水县出版。

《津报》—《江津日报》—《新江津日报》—《江津日报·民言日报联合版》—《新江津·民言日报联合版》(1936年)

《津报》于1936年元旦创刊,三日刊。江津县政府主办,江津县民众教育馆馆长、县党部委员刁之鲜任社长，报社设在民众教育馆内。1941年12月24日，报人张西洛从重庆来到江津，征得县长罗宗文同意，把报名改为《江津日报》，于右任题写刊名。报社迁出民众教育馆，设在江津县大什字街36号。刁之鲜任社长，张西洛任副社长兼总经理，主笔涂志印，总编辑王野晴，采访主任陈兰荪，副刊编辑彭成全。该报实际上为中共地下党员所控制，成为宣传抗日的阵地。报纸4开4版，铅印，布市街黎金茂印刷社印刷，日销2000余份。

中華民國三十一年五月二十九日 星期五 江津日報 第一版
江津日報 右任
第二年 第一四一號
各縣臨時參議會 經費支給有標準
獲得政府協助 金華物資運內地 敵人企圖掠奪資源又撲一空
紫華市場今成廢墟 撥款救濟災區難民 李姓之婦不慎失火致成巨災 現正呈請振濟會請撥款救濟
救火受傷人員 分別送入醫院治療
一代人傑溘然長逝 陳獨秀前晚逝世 急性胃炎不治享年六十四歲
公務人員禁止賭博
六三節擴大宣傳 宣傳會請槍斃煙民
從「隔岸觀火」說起
婦女運動委員會今開成立大會 十一委員均已聘定
船期 集會 娛樂 行情
闡揚三民主義 宣傳抗建國策 推行政府政令 提高地方文化
發行人刁之鮮 社址江津大什字

《江津日报》

1943年9月，重庆卫戍司令部到江津捕人，报社几名党员被捕，张西洛因在乡间养病得以幸免，但很快也离开报社。刁之鲜便将报社转让给国民党江津县县党部书记长谢维平。但谢是外行，报纸业务实际由谢的姨侄朱虎庄包揽。朱是中共地下党员，他聘请吴芳吉之子吴汉骥为总编辑。吴汉骥思想进步，曾积极组织抗日救亡宣传活动。副刊编辑先后有赖镜、刘荣耀，记者梁绿野，均系义务工作。报纸交给印刷商黎隆星印刷，但因报社拖欠印刷费，致黎亏损，黎便于1945年12

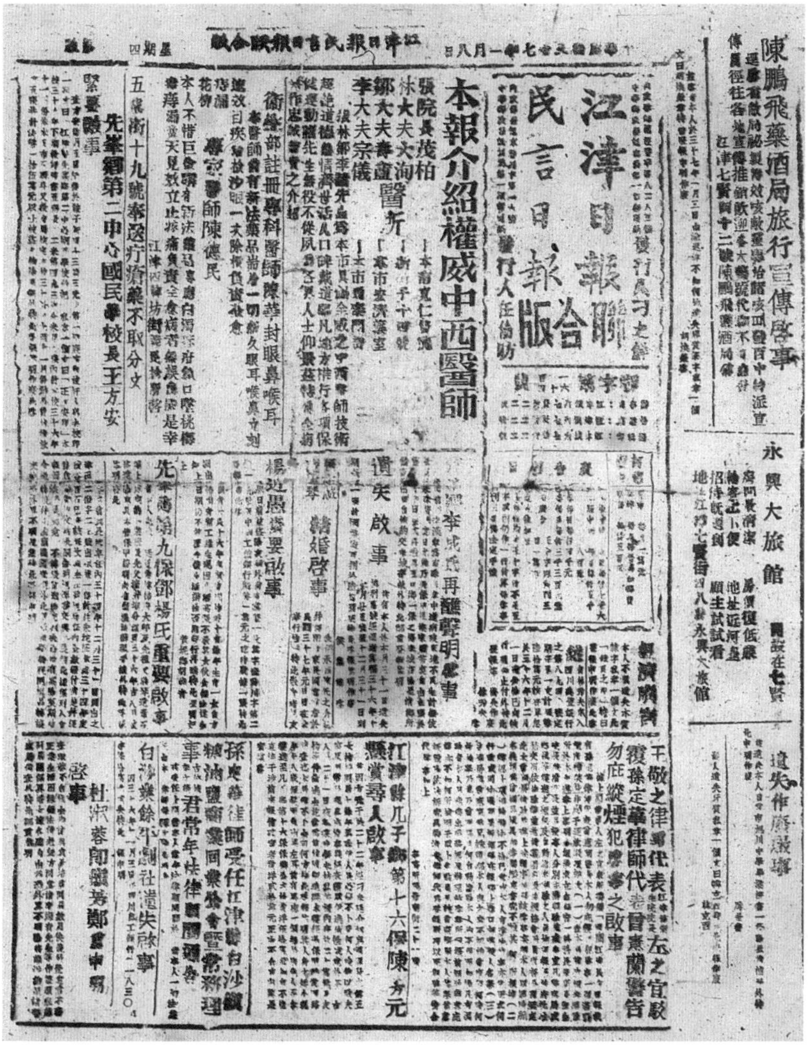
江津日報
民言日報
聯合版
本報介紹權威中西醫師
陳鵬飛藥酒局旅行宣傳啟事
永興大旅館
先鋒鄉第二中心國民學校長王方安
衛生部註冊專科醫師陳華封
專家醫師陳德民
遺失啟事
結婚啟事
楊遐愚緊要啟事
先鋒鄉第九保鄧楊氏重要啟事
遺失作廢啟事

《江津日报·民言日报联合版》

月停印《江津日报》。黎隆星接着自办《民言日报》，与《江津日报》形成对立。前者支持江津新派，言论比较开明，业务也呈压倒之势。后者支持江津老派，言论倾向国民党。于是，刁之鲜利用县党部委员之权，向县政府检举民言日报社任用共产党人，言论“左倾”。县政府给予民言日报社警告处分，并责令撤换总编辑；继又以言论“左倾”，未经审核，无许可证为由，于1946年2月初将《民言日报》查封。后经黎隆星等人多方疏通关系，《民言日报》才恢复出版。

《江津日报》停印后，刁之鲜只好从重庆买回一台旧印刷机，招收工人，自办印刷厂。这时的主编为彭孟群，编辑何业银。1947年7月，《江津日报》与《民言日报》合出联合版。1948年2月，《江津日报》更名为《新江津日报》，联合版于3月2日随之更名为《新江津·民言日报联合版》，编务工作由刁之鲜掌握，直到临解放时停刊。

《西蜀小报》（1936年）

该报于1936年1月15日创刊，每日出1小张。王立中、李小元等集资创办，社址在重庆售珠市街。

《缩影报》（1936年）

该报于1936年1月创刊，负责人孙宪斌。

《新闻报》（1936年）

该报于1936年1月创刊，社址在重庆江北县岳家沟。负责人刘贤希、刘学黎。

《钟报》（1936 年）

该报于1936年2月创刊，发行人兼社长为中国银行三牌坊办事处主任、重庆市胶皮业同业公会理事长蒋浓疾，副社长谭采臣，社址在重庆朝天门接圣街煤炭商业同业公会内。董事长蓝文彬，原为四川旧军阀，后来成为宝源煤矿老板。总编辑兼经理蒋亚农，主笔吴从周，副刊主编丁孟牧，助理编辑王祥麟，记者谭天。该报4开4版，第一版为国内外要闻，第二版为省市新闻和言论，第三版为副刊，第四版为广告。该报新闻主要采用“中央社”和各通讯社稿，以及记者采访的“本报特讯”。副刊《银幕舞台》设有影剧评介、艺苑动态、艺人逸事等栏目。1937年冬，重庆警备司令部查封一批黄色小报，该报也被查封。后当局承认查封有误，蒋浓疾一气之下不愿出版，该报就此停刊。

《复兴日报》（1936 年）

该报于1936年3月创刊，对开4版。余效武、王晏清、何作舟、徐致军等创办，社址在重庆小较场273号傅家祠堂。同年5月停刊。

《新西南报》（1936 年）

该报于1936年3月创刊，小型日报，8开2版。创办人张宗礼，社址在重庆民生路张宗礼家楼下。第一版为新闻，多采用“中央社”稿，由屈梅痴编辑，并兼写短评；第二版为副刊和广告。副刊设“坤伶小传”栏，每日登一篇关于川剧、京剧坤角的文章，由丁孟牧主编。刘玉声、胡丹流经常为副刊写稿。后丁离去，胡丹流接任。该报经费由章华大戏院老板卢俊卿按月补助。张宗礼当时是戏院宣传主任，与卢同是袍哥，关系甚密。该报由重庆市派报业职业工会理事陈泽普包销，日发行1200份左右。1937年五六月间停刊。

《镜报》(1936年)

该报约于1936年3月创刊，日出4开4版。发行人孙蓉镜，社址在重庆商业场新市场内。该报内容多是登吹捧各种艺人的文章，并有铜版照片。孙蓉镜是重庆多家报纸的广告经纪人，他的另一个身份是新市场游艺场宣传主任。《镜报》主要由他个人负责，由商务日报印刷厂代印，每期发行六七百份。该报出版一年多，因新市场歇业而停刊。

《新报》(1936年)

该报约于1936年春创刊。同年5月26日因“久不申请登记”，与《报报报》《小快报》《银艺报》《中报》等被重庆市政府转令公安局勒令停刊。27日，诸报在同福旅馆大礼堂召开紧急会议，“议决要案七项”，并定次日各报推选代表一人，“同赴市公安局声明理由，请求暂启封，并联名函请报、记、社三协会作证，谊之援助”。同时，各报催促省政府颁发登记证。《新报》于1936年8月复刊。

《小快报》(1936年)

该报约于1936年春创刊。同年5月26日因“久不申请登记”，被重庆市政府转令公安局勒令停刊。是否复刊不详。

《银艺报》(1936年)

该报约于1936年春创刊。同年5月26日因“久不申请登记”，被重庆市政府转令公安局勒令停刊。是否复刊不详。

《精报》（1936 年）

该报于1936年春创刊，驻万县国民党宪兵营主办，周报，4开2版。发行人刘继禹，总编辑蔡羽云，主笔丁作能，编辑戴大信、余勋极、李景芳，每期发行500余份。该报虽为宪兵营所办，却未特别突出政治，刊文短小精悍，经常配有漫画，连载科幻长篇小说《两千年后》，很受读者欢迎。1938年春，宪兵营调离万县，该报即停刊。

《报报报》（1936 年）

该报于1936年4月15日创刊，李某集资所办，日出1小张。该报“新闻新颖翔确，副刊文字时代化，并有铜版漫画，印刷机器未到重庆前，曾暂由合川印刷社代印”。同年5月26日，因“久不申请登记”，该报被重庆市政府转令公安局勒令停刊。

《人报》（1936 年）

该报于1936年5月9日创刊，社长麦慎行。

《先报》（1936 年）

该报于1936年5月创刊，小报。

《民声日报》(1936年)

该报约于1936年5月创刊，发行人陈钧国。出版不久，该报因手续欠妥，重庆市政府令其暂行停刊。同年8月1日复刊，并迁至东门蔡家湾29号。

《齐报》(1936年)

该报于1936年6月1日创刊，4开4版，日报。《商务日报》主笔王达非（中共地下党员）等人创办，旨在宣传抗日救国，社址在重庆商业场西三街20号。

王达非自任总编辑，《新蜀报》主笔漆鲁鱼和《商务日报》主笔黄宇齐（均为中共党员）兼任《齐报》主笔。采访部主任由《商务日报》的进步记者陶敬之兼任。温厚华、张鸣正、陈丹墀、张西洛4个青年人任记者兼校对。所有兼职人员都没有工资，只有微薄的生活津贴。该报委托商务日报印刷厂代印。为保证报纸业务正常运转，王达非邀请市长潘文华的亲信、市政府财政科科长李裕生任社长，市政府教育科主任科员杨知白任经理。

《齐报》的新闻稿件迅速及时，主要是对外地报纸做摘编改写，或自行撰写评论，很少采用“中央社”新闻稿，副刊也以抗日救国为主要内容。该报文字短小精练，注意标题制作，版面生动，有竖排、横排，最早在重庆使用“本报专论”“本报特写”“本报专访”“花絮新闻”等专栏形式，在重庆各报中颇具特色，创刊后每日销量达3000份。

1936年12月，该报“本报特写”专栏中批评了一位电影明星在重庆开音乐会唱靡靡之音，被重庆新闻检查所所长李公民以违反新闻检查禁令为由，将该报查封。

《重庆时报》(1936年)

该报于1936年6月10日创刊，晚报。杨起文等筹办，负责人牟珊鹤。

《中华日报》(1936年)

该报于1936年6月20日创刊，吴某、许某等集资创办，每日出对开4版，社址在重庆大阳沟49号。

《梁山日报》(1936年)

该报于1936年6月创刊，国民党梁山县县党部的机关报，社长曹敏之，副社长罗文洁，总编辑梁忠国，编辑许明安、李鹤龄。熊克武、黄季陆等先后为之题写报名。每日出4开4版，发行千余份。该报主要“宣传政令，发扬党义”，并转载国内外新闻，副刊为《梁园》。1949年10月停刊。

《新生报》(1936年)

该报约于1936年6月创刊，经理黄星一，每日出版1中张，社址在重庆商业场西四街。

《西南日报》(1936年)

该报于1936年7月1日创刊，国民党四川省党部主办，经费由中央按月拨给。曾扩情任社长，邓元瑞任副社长，章依萍任副刊部主任，蔡翼公任总编辑。

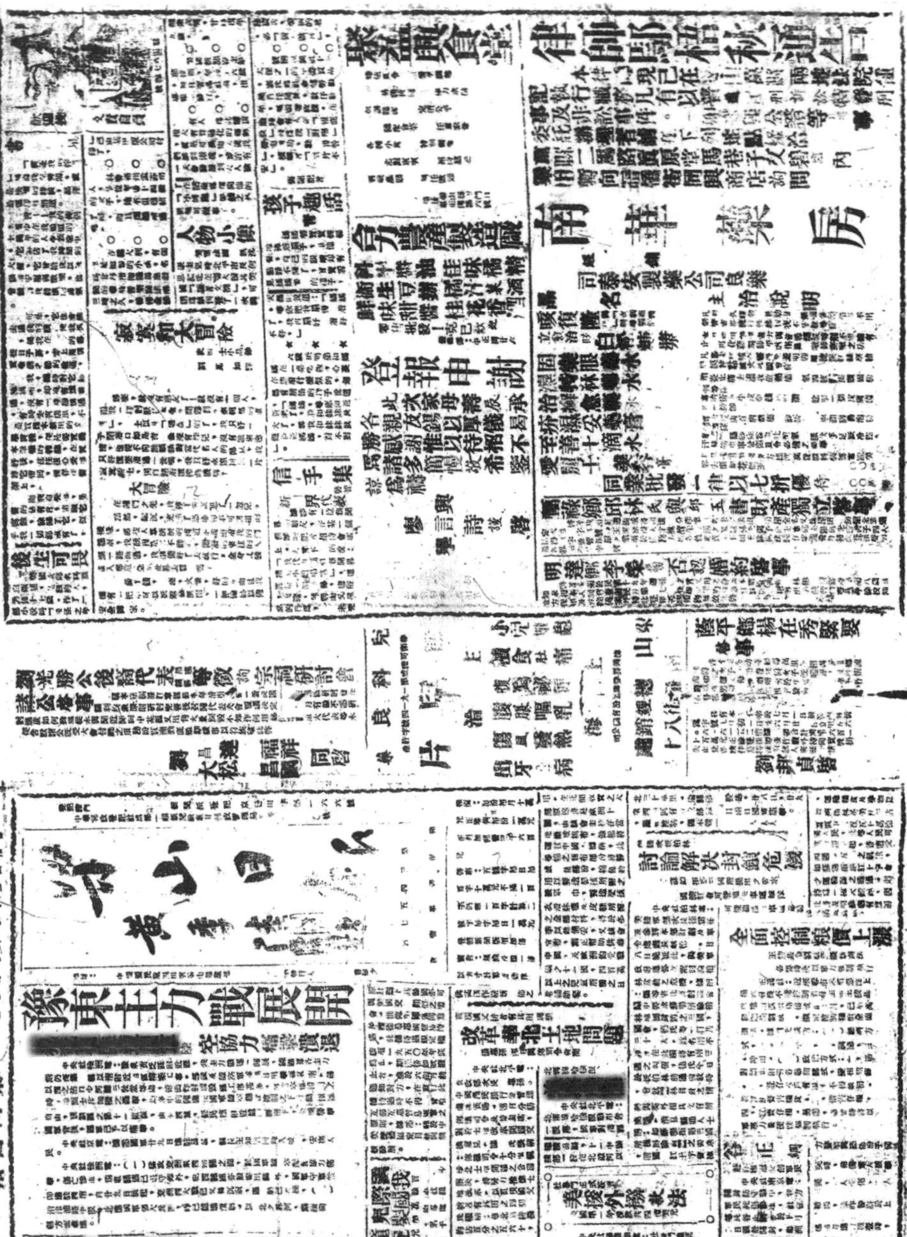

《梁山日报》

《收音新闻》(1936年)

该报于1936年7月创刊，油印，日刊，荣昌县收音室编印。该报工作流程是每天白天由收音员将收听的新闻记录下来，晚上用蜡纸刻写编成《收音新闻》，油印1000份；第二天一早向各机关发送，并在县政府和交通要道的街头张贴。该报是当时荣昌传达政令与传播信息的有效工具。抗日战争开始以后，日机轰炸荣昌县城，该报将收音室迁到城北观音桥民房，仍坚持收音和编印新闻。

《服务日报》(1936年)

该报约于1936年7月创刊，小报。发行人任崇德，中共党员黄宇齐曾任该报编辑。该报言论倾向抗日救国，“隔三天两天就被国民党新闻检查处扣压一次，因而不得不常到检查处去，同他们谈判、辩论，有时是抗议”[①]。该报于同年10月停刊。

《新光晚报》(1936年)

该报未见实物。仅见1936年7月30日《万州日报》第八版载：“此间近有牟教民君发起组织《新光晚报》，拟出4开新闻纸一大张，闻已租定书院街及十字路口为编辑、发行两部，昨已分呈党部、警部及县政府请求立案，短期内即将出版。惟牟君之名，此间人士极少知者，故有关当局是否许予立案，尚不可知云。”

---

① 黄宇齐：《怀念漆鲁鱼》，转引自中国人民政治协商会议西南地区文史资料协作会议：《大西南的抗日救亡运动》，1987年，第84页。

《国民公报》+《国民公报晚刊》(1936年)

《国民公报》于1912年4月22日在成都发刊,1936年8月1日迁渝复刊。

《国民公报》的诞生之始要追溯到辛亥革命。当时四川保路风潮声势浩大,清朝最后一任四川总督赵尔丰被杀,四川宣布独立,成立大汉军政府。此时,为拥护共和,倡行民主,李澄波、汪象荪、谢翼谋、杨叔樵、陈湘荪、康心之6名有志青年,自行集资700元,于1912年创办《大汉国民报》。几个月后,成都大汉军政府与重庆蜀军政府合并,四川统一,报名遂改为《中华国民报》。同年4月22日,又与《四川公报》合并,分择"国民"和"公报"两词组合,取报名为《国民公报》,汪象荪任社长,陈少松、沈峰任编辑,经理由谢翼谋、向竹贤担任,发行人为谢翼谋。

1913年8月29日,因发表反袁文章,《国民公报》被四川当局查封,11月9日启封。查封期间,该报曾易名《国民日报》出版。1915年1月23日,该报第二版左下角刊登袁世凯亲信陈宧入川消息,惹怒当局,第二次被封。该报停刊至8月4日复刊,当日《国民公报》便以4个版套红,在头版刊登《本报二次复活之宣言》,并在《本报二次被封记》讲述了被封的原因。从创刊至1935年,该报发行工作由李澄波一人独立支撑,时间长达24年之久。1935年5月15日,该报第7925号刊登停刊启事。[①]以上为成都时期《国民公报》简况。

1936年,同为创刊人的康心之在重庆金融界崭露头角,正想办报纸,获知《国民公报》停办的消息,便去函李澄波表示愿意将《国民公报》移渝复刊。鉴于既有渊源,两人一拍即合。《国民公报》迁渝后租售珠市街一座宽大西式楼房为社址,是何北衡出租给报社的。"重庆大轰炸"惨案发生后,报纸迁市郊化龙桥龙隐路出版,并参加10家报纸联合版。1946年迁至市中区两路口人和大厦,1948年又迁至中兴路直至停刊。[②]

《国民公报》日出对开1大张,设4个版面,分别是要闻版、本市新闻版、经济新闻版及各地通讯版,在排版上有时用套色或木刻大字标题配合新闻,附载清

① 蔡贵俊:《国民报与国民公报》,转引自重庆新闻志编辑部:《重庆报史资料》(第十辑),内部报刊,1992年。
② 匀一平:《〈国民公报〉停刊前后》,转引自重庆新闻志编辑部:《重庆报史资料》(第九辑),内部报刊,1991年。

晰的铜版图像等，比较活泼醒目。

《国民公报》形式上的最高权力机构是董事会，负社务之责的是社长，但报纸的董事会章程及董事人选并不明确。《国民公报》的第一任董事长是何北衡，社长是康心之，总编辑是杜协民。杜在1936年初以《大公报》特派记者身份来川，经张季鸾推荐，被聘为总编辑。

因和《大公报》关系密切，《国民公报》在办报倾向上与其基本相同，发表言论向《大公报》学习，但同时坚持报纸一开始便提出的“经济新闻纸”的定位，未成为“言论纸”。“经济新闻纸”的定位由本报的资金筹集决定。该报运转资金由康心之出面筹集，四川省银行出资2万元，美丰、聚兴诚、川康、川盐等新式银行各出5000元，和成钱庄、民生公司、华懋公司、四川丝业公司等有关企业均认有部分股本，资本共5万元。除社址和机器设备等大项目，由董事会拨款外，《国民公报》的日常经费，纯依靠自身的发行保费、广告费、承印费等收入来维持，原则上是自负盈亏、以收抵支的企业性报纸。“重庆大轰炸”惨案后，《国民公报》经历通货膨胀和物价飞涨，陷入经济困境，康心之一方面向银行透支，另一方面约集股东增持股份以度过特殊时期。报纸日发行量最高时超20000份，同时还代印《重庆夜报》《大众晚报》《南京晚报》《巴渝晚报》《中国夜报》等五家晚报。①

《国民公报》在内容方面偏重金融和有关经济消息的报道，创刊初期便开辟“经济专栏”，每日发表市场行情和经济动态及相关的评论内容，迎合工商界人士的口味，这是《国民公报》在内容上表现出的一大特色。报纸初期以刊发重庆及四川各县区的经济信息为主，关注国内大城市及商埠的经济信息，后因读者市场的扩大，对国内国际经济信息报道的力度加大。

抗战时期，该报一直坚持抗战，反对妥协求和，大肆挞伐汉奸，该报对抗日救国的宣传从未放松，刊登诸如救国会“七君子”的《国事感言》、川军出川参加抗战的消息、救亡戏剧和田汉的诗以及反对汉奸卖国的言论等。

该报自称在政治上站在中立立场，不左不右，坚守“两面不开罪”的原则，1945年前后，该报总编辑由社长曾通一的侄子曾俊修继任后，不少中共地下党员

---

① 艾白水：《难忘两年岁月稠——琐忆解放前夕的重庆〈国民公报〉》，转引自重庆新闻志编辑部：《重庆报史资料》（第十三辑），内部报刊，1993年。

國民公報
CHUNGKING KUO MIN KUNG PAO
抗戰勝利 舉國同慶
大戰告終和平再造
日本降書昨日簽字
濟南宜昌相繼光復
衡陽已成立前進指揮所
越南日軍遣使向我納降
蔣主席昨宴毛澤東
杜魯門昨發表演說
永誓不忘珍珠港血海深仇
徹底解除倭寇暴武力
國府明令宣布
豁免田賦以紓民困
復我自由
如何處置敵俘

《国民公报》“抗战胜利 举国同庆”专刊

和进步人士先后进入报社主持笔政，或参与经济管理，有陶敬之、温田丰、杨正南、刘金绪（柳哲）、陈荷夫、姚北桦、文履平、姜龚伟、李光儒、李忠禄等。陶敬之以襄理的身份，与进步文化界人士沟通，组织过不少很有分量的文章在报纸上发表，对提高报纸的舆论导向作用大有裨益。陈野平以《新华日报》记者的公开身份，与温田丰、杨正南组成一个在《国民公报》的地下党支部，研究与安排报纸的言论和报道，在一定程度上掌握着报纸版面。这些都促使报纸的政治态度，逐步由中立走向进步立场。

抗战时期，沦陷区的学术界和文艺界人士纷纷迁渝，《国民公报》在要闻版增辟星期论文和不定期的专论专栏，为来自沦陷区的文人志士提供抒发情怀的园地。诸如马寅初的《政府非常时期工矿奖助办法之要点》（1938年12月7日）、范长江的《论五原攻略战》（1940年4月15日）和《欧战中我们所应学习的》（1940年5月29日）、史丹忱的《民主政治下的人民发言权》（1943年3月16日）等。

《国民公报》多样的副刊也是其特色。以报名冠名的副刊有两个，分别是《国民副刊》和《国民文苑》两种。《国民副刊》的内容有一段时间以国际时事为主，后来发展为以文艺为主。社长曾通一主编的《国民文苑》的内容则以旧体诗文为主。文学性质的副刊还有1943年创刊的《文学副页》和1946年晚刊上的副刊《山城》。

1946年6月1日，《国民公报》出版晚刊，4开4版，时任《国民公报》总编辑的曾俊修对晚刊提出“报纸杂志化、新闻趣味化”的要求，内容上强调“包罗万象、图文并茂”。杨正南编要闻版，新闻内容主要刊载通讯社下午发稿，省内新闻大部分由日报采访部提供，外地新闻由驻地记者或特派记者供稿。为了不使政治气氛过于浓厚，晚刊会刊登一些长篇连载，如沙汀的《母子间》和《林檎沟》，偶尔也会刊登一些言情小说和外国侦探小说。温田丰负责文学副刊《山城》（其他副刊还有《艺海》《海外风》《锦囊》等），茅盾、沈起予、沙汀、艾芜、邵子南、李亚群等经常为之撰稿。晚刊追求版面美化，为此专门约请汪子美、高龙生等为晚刊创作漫画。《国民公报晚刊》于1947年10月停刊，停刊原因并不清楚，“看来恐怕还是报纸创刊不久，作用和影响还不够广泛深入，报纸栏目较多，版面花哨，分散了一些读者注意力的缘故。但也不排除报纸已经引出‘麻烦’，问题提到康心之或

國民公報
晚刊
大局臨重要階段
馬帥決心調處東北衝突
明日禁煙節
禁煙復禁煙 吸售仍如舊
飛機作廢鐵 可得廢鐵幾許
此物真奇怪 飛與跑都來
頭骨不怕破 請用鋼來補
平時不燒香 急時抱佛脚 北平市政如此！
國軍各路推進
前鋒過松花江
煙犯易捕囚糧難 還從禁售下功夫
名震全國 造極登峯
大號 八百壯士 香烟
注意：空盒換烟六月五日截止
五大特點
大城烟草公司上海廠出品
談談"中間立場"
三十一個勇士的幽默
美軍碼頭的遭遇
母子間 沙汀
雲萊詩一首
美孚煤油
高尚公寓
天府行宮
海上之霸 烟中之王
登陸艇
白樂門
飯店
羅斯髮油

《国民公报晚刊》

曾通一那里”[①]。

《国民公报》1946年8月还在长春试出长春版《国民公报》，但很快停刊。1948年夏，康心之整顿报社，力求办成代表金融界的报纸，请出国民党元老李伯申担任社长。

重庆解放后，《国民公报》仍继续出报，但报纸销量锐减，报社难以维持。1950年初，报纸在市区的日发行量不足1000份，报社提出停刊申请后，董事会决定停刊，将所有资产捐献给国家。

《国民公报》在成渝时期前后共存在37年零10个月，是当时成渝地区出版时间最长的报纸。

《四川日报》（1936 年）

该报于1936年8月7日在重庆创刊，对开4版，社址在重庆售珠市街21号。

该报由重庆中共地下党员杜桴生倡议推动，毛畅熙任董事长，陈远光任社长兼总编辑，杜桴生、蒲剑秋等为编辑。《四川日报》一问世，就鲜明地亮出了团结抗日的办报方针，刊发了大量的社论、短评和反映形势的报道，突出宣传抗日这一全国人民共同关心的大事。为了把报纸办得活跃，该报还开辟了内容丰富的专栏，如科学丛谈、政治与经济、妇女园地、现代教育、戏剧电影与音乐、文化界、生活剪影等。特别是该报专为大众提供言论阵地而开辟的“生命线”专栏，介绍前方将士英勇杀敌的事迹，报道后方开展抗日活动的情况，产生了很好的宣传效果，颇受人民群众的欢迎，报纸也由对开4版增至8版。

后因各种原因，该报于1937年3月中旬停刊，同年5月5日在成都恢复出版，社址在成都华兴正街49号。1939年4月30日停刊。

① 杨正南：《〈国民公报晚刊〉始末》，转引自重庆日报新闻研究所：《重庆报史资料》（第五辑），内部报刊，1989年。

《妇女时报》(1936年)

该报于1936年8月10日创刊，负责人陈国华，社址在重庆大阳沟49号。

《星星报》—《星渝日报》(1936年)

《星星报》于1936年8月10日创刊，创办人为“万金油大王”“中文报业巨子”胡文虎。该报4开4版，社址在重庆商业场西三街2号。吴顺清任社长兼总经理，总编辑傅锡藩，并编国内外新闻，省市新闻编辑陈志明，编辑还有李伏伽，外勤记者张公牧。该报内容和编排都仿效大报，新闻大多采用“中央社”电讯稿，或采集其他报纸，只有本市新闻是张公牧采写的，每期仅发行五六百份，且限于市区。

抗日战争爆发后，为适应抗战宣传的需要，《星星报》于1938年2月21日改为对开4版的大报，并更名为《星渝日报》，期号另起，林森题写报名。改版后，该报提出六大任务：贯彻抗敌言论，巩固统一战线，唤起民众救亡，暴露社会黑暗，研讨战时问题，传递正确信息。

该报第一版为广告；第二版为国内新闻，以抗战消息为主；第三版为国际新闻和“时事与专论”，该版内容包括抗战史料、前线特写、救亡通讯、政经专著、外论介绍等；第四版是渝市新闻和副刊《前哨》。该报曾发表不少有关陕甘宁边区的文章，如毛泽东的《为保卫陕甘而战》、陈克寒的《从西安到延安》、史沫特莱的《为西北战士呼吁》等。

该报于1938年8月停刊，设备全部转让给《新华日报》。

《蜀报》(1936年)

该报于1936年8月12日创刊，谢某、刘某等创办。

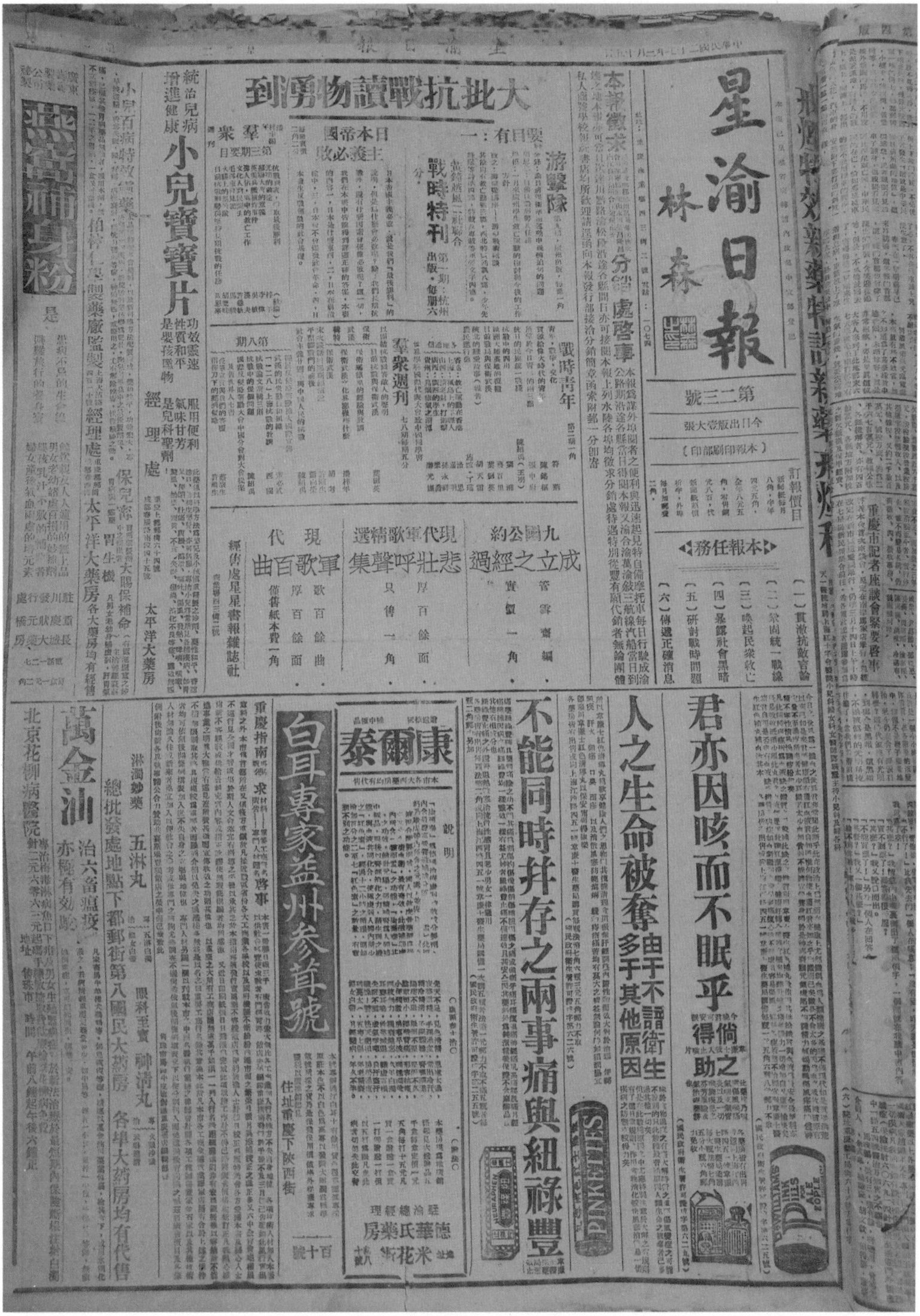
星渝日報

林森

第二三號

今日出版壹大張

本報印刷部印

大批抗戰讀物湧到

本報任務

（一）貫澈抗戰言論

（二）鞏固統一戰線

（三）喚起民衆救亡

（四）暴露社會黑暗

（五）研討戰時問題

（六）傳遞正確消息

九國公約成立之經過

現代軍歌精選 悲壯呼聲集

現代軍歌百曲

小兒寶寶片

燕窩補身粉

萬金油

北京花柳病醫院

白耳專家益州參茸號

康爾泰

不能同時并存之兩事痛與紐祿豐

人之生命被奪由于不講衛生多于其他原因

君亦因咳而不眠乎

《星渝日报》

《竟报》(1936年)

该报于1936年9月12日创刊，8开2版，日报，竖排。重庆名中医吴耀仙、熊廖笙、胡子久等人资助丁孟牧创办，社址在重庆滴水岩3号胡子久诊所内。发行人丁孟牧，社长胡若愚(胡子久之子)。第一版为新闻，胡若愚编辑；第二版为副刊和广告，丁孟牧编辑。短评由胡、丁轮流撰写。不久丁孟牧离去，胡若愚不善经营管理，支撑数月后该报停刊。

《新蜀报每周画报》(1936年)

该报于1936年10月31日创刊，王敦主编，内容多为反映抗战的时事照片、漫画、木刻等。

《川东晚报》(1936年)

该报于1936年11月12日创刊，日出4开4版报纸1张。中共地下党员刘孟伉、鲁济舟、李英才等主办，李达生任总编辑，编辑有王寄萍、李朋(李景芳)、易孝思，记者有刁雨贤等，社址初在国民党万县县党部内，后迁至万县五显庙商会内。

该报印刷清晰，报头套红，常刊载抗日宣传资料，也刊过郭沫若、丁玲等人的文章，发行量最高时每期达3000份。由于该报载文触怒当局，国民党驻万县宪兵营多次派人登门侦察，1939年12月末被迫停刊。其间，《川东晚报》还与万州真元堂主教王方济发生过一起新闻官司，并引发《川东晚报》与《万州日报》的笔战。

《新川日报》(1936年)

该报于1936年12月创刊，发行人蒲仰峦。

《存心药报》—《民舆公报》(1936年)

《存心药报》于1936年创刊，合川存心药房总经理邓肃谦集资创办，社长段斧樵。1937年6月26日改名为《民舆公报》。因未备案，半年后停刊，后又继续出版。前者为月报，后者为周报，每期各发行五六百份，其内容除刊登本省、本县一部分消息外，主要介绍本堂经营的药物和医药卫生常识。

《警察旬报》(1936年)

该报于1936年创刊，重庆市公安局警察训练所主办。

《民众周报》(1937年)

该报于1937年1月1日创刊，万县民众教育总馆所办，社长兼总编辑为民众教育馆馆长黄道诚，主笔有倪永清（民众教育馆主任）、贺琴、张元树、谭君实、何懋澜、陈大国、李正藩、熊廑蓝、陈了一等，社址在万县一马路。

该报每周出1小张，主要刊登民众教育馆活动。该报版面特殊，共3版，第一版相当于4开4版报纸的第一、第四版合并为一个整版，横排，报头靠上居中，报眼处右侧为“万籁”，类似小言论、杂感；左侧为“万县民众教育馆广智牌”。第一版设有民教动态、本馆情报、时事消息、信箱等栏目，第二版设有转载、专著、民众园地等栏目，第三版设有来论、常识等栏目。

该报中途曾停刊。1937年12月复刊，具体终刊时间不详。

《权衡报》(1937年)

该报于1937年1月15日出版，4开8版。社址在重庆西一街21号。第一版设有名为“公论”的言论专栏，第五版为《文学》副刊，广告内容占到全报的四分之一以上，其余内容为国内外新闻。

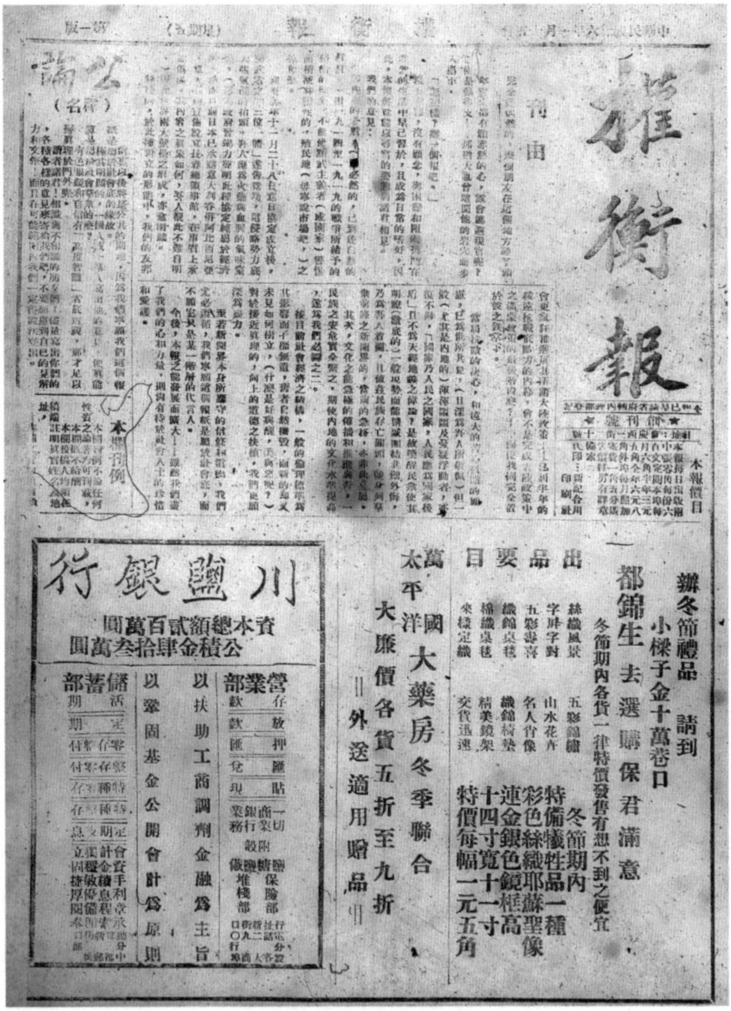
權衡報
第一版
公論
（名論）
刊由
創刊號
本報價目
本期刊例
川鹽銀行
資本總額貳百萬圓
公積金肆拾叁萬圓
營業部
以扶助工商調劑金融為主旨
儲蓄部
以鞏固基金公開會計為原則
出品要目
絲織風景
五彩錦繡
字屏字對
山水花卉
五彩壽喜
名人肖像
織錦桌毯
織錦椅墊
棉織桌毯
精美鏡架
來樣定織
交貨迅速
冬節期內特備一種彩色絲織耶穌聖像
連金銀色鏡框高十四寸寬十寸一尺
特價每幅一元五角
萬國太平洋大藥房冬季聯合大廉價各貨五折至九折
外送適用贈品
辦冬節禮品請到小樑子金十萬巷口都錦生去選購保君滿意
冬節期內各貨一律特價發售有想不到之便宜

《权衡报》创刊号

《戏剧周报》(1937年)

该报于1937年1月创刊，每周三出版。重庆艺术界人士张崇礼等人创办。

《梁山复兴日报》(1937年)

该报于1937年1月创刊，社址在梁山大众街。该报取名“复兴”，表面上引用“国乃复兴”，实则喻义复兴被查封的《公正报》。社长赵章明，总编辑熊伯庚，编辑钟纯乾、肖国权、赵鸣坷等，记者熊申之。每日出4开4版1张，铅印，日发行千余份。因该报与另一报《梁山时报》经常相互攻击，县长陈兴雯于1937年11月将两报同时停刊。

《文化三日刊》(1937年)

该报约于1937年春创刊，重庆市文化界人士发起创办，主编杨菊芜。

《社会日报》(1937年)

该报于1937年4月1日在重庆创刊。

《社会晚报》(1937年)

该报约于1937年5月出版，社址在重庆商业场西三街。

《佛化新闻报》—《佛化新闻》(1937年)

该报于1937年6月16日创刊，主编许止烦，发行人许了一，编辑许戒瞋，社址在重庆白龙池口25号，发行部在重庆长安寺佛学社内。该报是当时四川地区唯一的佛教报纸，每期发行3000份，重庆新民印书馆代印。该报每周一刊，初为4版，后改为2版。创刊时由太虚大师题写报名，后来又由章嘉活佛题写报名，并在报纸边栏专门提示，“请勿用本报包裹物品，请勿用本报搽抹器物，请勿将本报任意抛弃”。该报后改名为《佛化新闻》，并增出《佛化评论》。该报当时在抗战大后方宗教界影响力很大，最高时每期销量达万份。1939年5月，因遭日机轰炸，该报损失惨重，出版第九十六期后停刊。1940年迁成都桂花巷12号继续出版，但销量始终没有起色。1942年10月，该报因经费不足停办。

该报主要报道各地佛教活动，从佛教角度宣传抗战，还有一些知识性和劝人从善的文章。第四版为副刊《佛光》。透过这份报纸可以看出抗战时期中国佛教界在反对外国侵略者的斗争中所做的不懈努力，特别是这份报纸报道了大量佛教界对抗战的态度与事实，表明了佛教界爱国爱教的鲜明态度。

《万明日报》(1937年)

该报约于1937年上半年出版，万县各界救国联合会创办。万县各界救国联合会是中共领导下的抗日团体，中共地下党员陶敬之任联合会总干事。中共万县中心县委利用该报为阵地，进行抗日宣传。大约1939年初停刊。

《防空情报》(1937年)

该报约于1937年9月创刊，8开小报，周报。重庆防空部宣传委员会主办。该报内容主要是防空常识、敌我飞机作战情报、漫画、标语、论文等。

《四川民报》(1937年)

该报于1937年10月15日创刊，陈天霖等人筹办，日报。该报旨在加强抗敌宣传，促进地方文化。社址在重庆江北正街30号，营业部设在重庆小梁子木牌坊89号。

《梁山复兴时报》(1937年)

该报于1937年11月28日创刊，4开4版，铅印。其前身是《梁山时报》和《梁山复兴日报》。因两报互相攻击，为缓和矛盾，县长陈兴雯便将两报停刊，改出《梁山复兴时报》，同时还为报纸题写刊头。社址在梁山大众街。社长曾健勤，副社长朱乃卿。1938年1月由钟逢春任社长，同年12月又由李心白接任社长。总编辑先后有赵章明、钟纯乾、熊伯庚。报社内部从经理、记者、校对、排字到发行，绝大多数是中共地下党员，在宣传团结抗日中起了积极作用。该报也一直是中共梁山特支和梁山县委掌握的主要宣传阵地。该报于1940年11月被勒令停刊。

《时事新报》(1937年)

《时事新报》创刊于上海，原名《舆论时事报》，是由1907年12月5日创刊的《时事报》和1908年2月29日创刊的《舆论日报》合并而来。1911年5月18日正式改名为《时事新报》。与《新闻报》《申报》齐名，合称上海三大报纸。清末时，《时事新报》是资产阶级改良派报纸；辛亥革命后，成为进步党的报纸；后来又成为“研究系”[①]的机关报。1928年，张竹平、汪英宾等收购该报。1934年，报纸被转卖给当时独揽全国经济命脉的显赫人物孔祥熙，因此，该报逐渐成为全国性的金

① “研究系”是国民党统治时期人们对陈诚所领导的特务组织的代称。——编者注

時事新報

建川工廠

聯合廣告

冠生園
改善營業時間

華文打字機

中國實業機器廠渝廠

門市部

蘇州實業社

人丹

上海中法大藥房重慶分店

大明染織公司
大明藍布
顏色新鮮
永不退色

本報代收捐助欵物啓事

中央警官學校招考正科第七期新生啓事

國訊

英文中國季刊

中國的空軍

美藝銅器公司遷移

重慶四川旅行社緊要啓事

南京泰山商店上清寺支店

訃告

江蘇張錫君診所啓事

一九三九年全新道奇卡車出售

治療霍亂特效藥水

上海大廣寒歌劇場爲……啓事

訂婚啓事

《时事新报》

融财政方面的报纸。

1937年11月，《时事新报》迁往重庆，次年4月27日正式复刊。《时事新报》初到重庆时，崔唯吾任总经理，黄天鹏任主编。1938年12月9日，社论《本报三十一周年的今后》写道，“当长期抗战的今天，本报自信是以公平和平的国民立场，拥护政府贤明的国策，接受正确领导之余，竭我们的良能，论事评人，督促建议，以期臻于完善”，表明该报的政治立场。复刊后的《时事新报》，政治文化底色并无大变，仍以报道抗战信息、反映和引导抗战舆论、传播民主宪政意识为基本内容，但其更着力于经济新闻的报道与评析。《时事新报》的经济评述文章对读者很有吸引力。它一方面对国民政府颁布的战时金融政策，能从政略和战略的高度进行细致深入的解读；另一方面也随时对这些政策和措施中的不足进行直接甚至尖锐的批评。孔祥熙除了对该报予以财政支持，特别是在资金周转和外汇使用上提供优越条件外，对其办报宗旨和舆论指向并无甚干涉。由于有孔氏财团这个后盾，财政部的全部公告均以广告形式刊登在该报上，对各行各业的广告也具有一定的招徕作用，因此该报比其他民营报纸有着较为优越的条件。

在1939年5—8月重庆遭到大轰炸期间，《时事新报》扮演着一个重要的角色。在各报社遭到破坏、损失惨重的情况下，由于该报社的印刷器材较当时的其他报社先进，因此承担了联合版的编辑、印刷、发行等重要工作。

《时事新报》迁渝时的董事长是交通银行总经理徐新六，后徐因飞机失事身亡，改由傅汝霖继任，担任常务董事的是财政部参事李毓万，社内总经理是崔唯吾，总编辑黄天鹏，主笔薛农山。这个班子在维持1年后因内部意见不合而被全部更换。其间更是发生报社印刷厂罢工、报纸改出半张和短暂停刊等事故。[①]此后，原中央银行人事处处长张万里继任总经理职务。

张万里上任后对报社的人事进行了大调整，他找来谢友兰任总编辑、张友渔任总主笔，另外还有崔敬伯、孙起孟两个主笔。崔写经济方面的社论，孙写政治、思想等方面的社论，张负责写民主宪政以及日本问题等方面的文章，并审核其他主笔写的社论。张友渔来自中共中央南方局，以一贯宣扬抗日主张的言论被人称道。他任总主笔期间，有时一周写四五篇社论，宣传共产党的主张。另外，彭平（彭友今）、陈翰伯等中共地下党员相继进入报社担任编辑，他们利用《时事新报》宣传国共合作、团结抗战。因此，改组后的《时事新报》，宣传团结、民主、抗战的色彩较为明显。除了有人事上的改组使进步人士进入报社，也有当时国共合作、团结抗战的政治形势使然。孔祥熙对此不加干涉，是因为他认为报纸这样宣传有利于他提高自己在社会上的声誉，从而加强他在国民党派系斗争中的政治力量。在张万里主持期间，《时事新报》也发表过很多鼓吹国民党财政金融政策的文章，作为孔系报纸的色彩，较崔唯吾主持期间更为突出。

在报道方面，该报曾保持两个特点：一是报社有一台短波收报机，派专人收

① 具体过程可参见黄卓明、俞振基：《关于时事新报的所见所闻》，《新闻与传播研究》，1983年第3期，第181-209页。

听国外的广播，随听随译，以“本报特讯”的形式发表。当时报界的国际新闻主要依靠外国通讯社，除塔斯社外，合众社和路透社的电讯都是经由国民党“中央通讯社”转发的。因而《时事新报》根据外国广播编成的“本报特讯”，在时效上抢了先，又突破了“中央社”的垄断，报纸办得有声有色。1941年12月9日美国对日宣战，该报在收到广播后，立即出版了号外，成为最先报道这一新闻的独家报纸。1943年1月7日，美国总统罗斯福发表了向华运送物资、中美共同作战的演说，《时事新报》连夜赶出新闻，改组报纸版面，次日于头条显著位置刊出，轰动重庆政界和报界。二是崔唯吾主持期间曾创办过一个栏目“一周国内国际局势述要”（内容实则为一周时事述评），在张万里主持期间一度中断过，后来由陈伯翰和张维令执笔恢复，以“本报资料室”的名义继续发表，广受同行称道。

《时事新报》在张万里接办期间，每期发行量为5000多份。1943年，《时事新报》出现了经营上的高峰，每期发行量上升到14000份。由于《时事新报》具有财政部机关报的身份，有关财政金融方面的广告较多；又由于发行量仅次于当时的《大公报》，并可与《新民报》相竞争，对商业广告和启事广告起到一定的招徕作用，因此该报广告业务是较好的。1943年更是出现了高峰，辛亥革命纪念日出版了4大张，元旦出版了8张半，且就以广告为主，在抗战后期物资匮乏的重庆，尤为不易。

到抗战胜利前夕，国民党内部派系互相倾轧愈演愈烈，孔祥熙也受到冲击，《时事新报》随之也受到影响。抗战胜利后，时事新报总社迁回上海，渝馆继续出版，但因内容平平，毫无特色，报纸销路每况愈下，报社经济日窘，不得不在1948年宣布停刊。

《民众周刊》—《新潼南》—《民智周刊》（1937年）

《民众周刊》于1937年创刊，石印。社长龙汇川。1938年改名为《新潼南》，主编为民众教育馆馆长夏居凉，主要撰稿人为罗云石。该报有少量外稿，主要登载本县党政要闻。

1939年又改名为《民智周刊》，石印，4开4版，由县长赵秉衡题写刊名。该报主编为民众教育馆干事罗曦軏，编辑张汐如、米学渊，三人均是中共地下党员，所以，《民智周刊》表面上是民众教育馆编印的，实际是共产党控制的刊物。该报主要宣传抗日和党的方针，有的稿件是根据《新华时报》《群众》《解放日报》的资料改写的。报纸发至区乡机关、学校。后来罗曦軏离去，由张汐如接替他的工作。

1942年12月，该报恢复原名《民众周刊》。社长由县临时参议会议长吉庆光担任，总编辑张良材。解放前停刊。

《永川县民众日报》（1938年）

该报于1938年1月创刊，4开小报。永川县无线电收音室、永川县民众教育馆合办。其内容主要是每天收录的广播新闻。收音员是中共地下党员胡逸。1940年胡被捕，报纸随之停刊。

《群力周报》（1938年）

该报于1938年1月创刊，万县群力周报社编行，社址在万县一马路241号，新生书店、商务书店代售。其主要内容为动员抗战。

《抗敌导报》（1938年）

该报于1938年1月创刊，旬报。重庆市各界抗敌后援会宣传组主编，辟有短论、抗敌讲座、战争述要、专论、抗敌情报、抗战史料、时事述评、文艺、速写、读者园地等栏目。该报主要阐述国民党的政策、法令，也报道各地的抗日宣传及其所组织的活动，包括不少的战地通讯和特写。该报出至1938年10月3日第三十三期因故暂停，后改为半月刊，不久再次停刊。

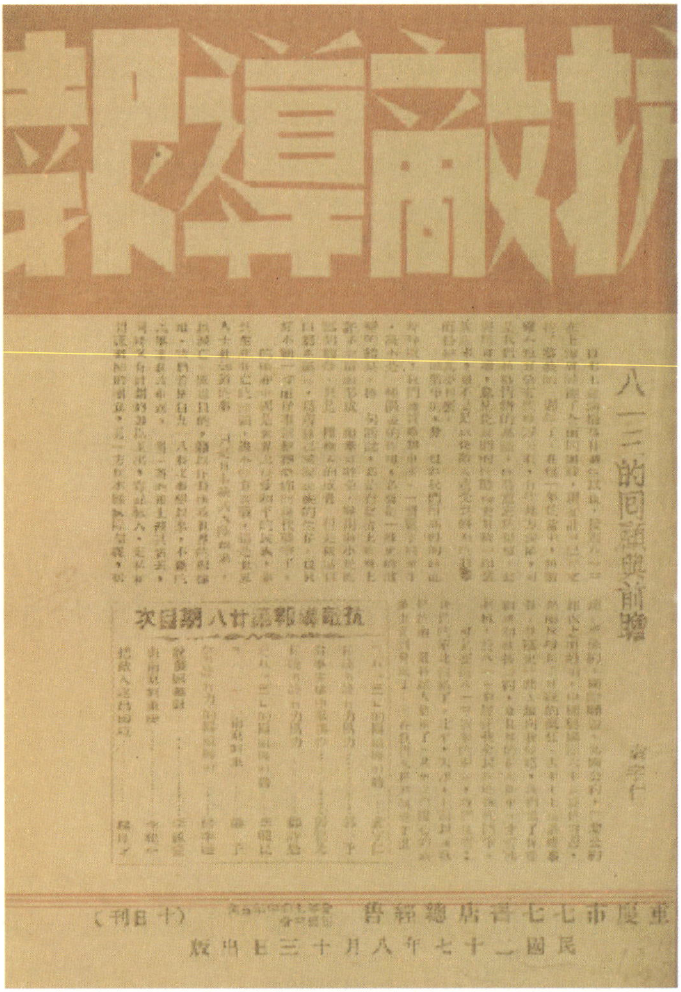

抗敵導報

八一三的回顧與前瞻

抗敵導報第廿八期目次

重慶市七七書店總經售 （十日刊）

民國二十七年八月十三日出版

《抗敌导报》

《重庆画报》（1938 年）

该报于1938年1月试刊，重庆开明书店出版。

《新民报》+《新民报晚刊》(1938年)

《新民报》于1929年9月9日在南京创刊，社址在洪武街。该报主要发起人为陈铭德、吴竹似、刘正华。创刊初期，报纸在经济上依赖当时四川省主席刘湘的资助。抗战爆发后，《新民报》西迁重庆，于1938年1月复刊，成为抗战中迁渝出版的第一张报纸。该报第一版为要闻，第二版为国内新闻社评，第三版为本市新闻、广告，第四版为国际新闻及副刊，中缝投放广告。

当时的《新民报》一方面挂出“中央化”的招牌，以求得报纸的自由发展，如聘请国民党“中央社”社长萧同兹为董事长，国民党中央宣传部新闻处处长彭革陈、立法院秘书长梁寒操、南京市政府秘书长王漱芳等为常务董事；另一方面又以重庆中下层公职人员、教师、学生及城市市民为主要读者对象，主抓社会新闻，着力办好副刊，以吸引读者。最重要的是，《新民报》在重庆复杂的政治形势下采取了“中间偏左、遇礁即避”的言论编辑方针。1938年7月7日，周恩来为《新民报》题词：“全民团结，持久斗争，抗战必胜，建国必成。”

重庆时期的《新民报》一改南京旧姿态，竭力以新面貌示人。当时，早期曾资助过《新民报》的刘湘已经去世，报纸的经济逐渐独立，从那时起，《新民报》逐渐发展成一份不折不扣的民间报纸，发生了重要的变化。

一是约集顶尖新闻文化人才加盟编者和作者队伍，扩大报社影响。迁渝不久后，陈铭德与张恨水以及一度离开《新民报》的张友鸾取得了联系，约请两位人士参加《新民报》的编辑策划工作。稍后，张慧剑和赵超构也相继加盟。“三张一赵”的会师不仅壮大了《新民报》的办报力量，而且还标志着一个自由主义者群体的全新组合登台亮相。张恨水的小说连载《上下古今谈》，张友鸾的《曲线新闻》《山城夜曲》，张慧剑的《山楼一百话》《世象杂收》，赵超构的《今日论语》《新闻圈外》等副刊、专栏都深受读者喜爱。同时，《新民报》广泛结交文化界人士，以自由主义的兼容并包气度壮大了作者群体，积极而真诚地约请他们写稿。其中重要的有章士钊、陈寅恪、吴宓、孙伏园、顾颉刚、朱伯商、黄炎培、崔敬伯、卢冀野、老舍、巴金、朱自清、叶圣陶……基本涵盖了抗战期间西迁重庆的所有文化界知名人士。

二是不断吸引人才壮大采编队伍，形成“百剑相随惟一盾（邓）”[①]的盛况。抗战期间，先后担任过《新民报》副刊主笔或编辑的有夏衍、凤子、沈起予、李兰、张恨水、张慧剑、吴祖光、孙伏园、谢冰莹、王楷元、施白芜、黄苗子、郁风、陈白尘、聂绀弩、陈迩冬、张白山等。担任新闻编辑和记者的先后有张友鸾、程大千、赵纯继、陈理源、方奈何、胡乃琨、郑拾风、张林岚、王志俊、方白非、张十方、张先畴、王达仁、浦熙修、张西洛、周亚君、李廷瑛、廖毓泉、高汾、何鸿钧、姚江屏、邓蜀生、韩辛茹、胡作霖、程海帆、曾梦生、何明光、张天授等。从这样一份庞杂的名单可以看出，《新民报》对采编人员的政治立场并没有清晰的要求，涵盖了左、中、右各种思想倾向的人才。《新民报》的女主人邓季惺解释说：“铭德曾想学蔡元培办北京大学的作风，把各等人物都网罗进来，只要对报纸的发展有利，实行兼收并蓄。”[②]名人的“明星效应”很大程度上提高了报社的知名度和权威性，增加了对读者的吸引力，直接推动了报纸的发展。

三是在抗战中逐渐建立健全的财会、人事、广告、发行、印刷等方面的制度，推进报社走上企业化经营的道路。迁渝不久后，刘湘病逝，《新民报》转为向以卢作孚、刘航琛、胡子昂、吴晋航、古耕虞等为代表的四川民族资产阶级集资。1937—1945年，先后投资《新民报》的有民生实业公司、四川畜产公司、宝源煤矿公司、四川丝业公司、华西兴业公司、华懋公司、重庆电力公司、自来水公司、轮渡公司、重庆牛奶公司、和成银行、美丰银行、川康银行、川盐银行、华康银行、和通银行、成都济康银行、怡益银号等，几乎将大后方著名的“川帮”工商企业和银行都囊括了进来。与民间企业的股份制合作，充分保证了报纸经济独立于党派之外，最终使之发展壮大成拥有“五报八版”的大报业系统。

除了这些革新，《新民报》还积极顺应读者的需要，做好发行和广告工作。在渝出刊后，四川人认为《新民报》是四川人办的报纸，迁渝的下江人又认为《新民报》是从下江迁来的报纸，对《新民报》都具有感情，订报者络绎不绝。广告方面，也从一开始就拥有全市影剧院、主要公司行号和商店的广告，经营业务得到不断发展。

---

① 所谓“百剑相随惟一盾（邓）”中的“盾（邓）”，是指《新民报》的女主人邓季惺女士。

② 陈铭德、邓季惺：《〈新民报〉春秋》，重庆：重庆出版社，1987年，第28页。

中華民國二十七年七月七日
新民報
星期四
新民報
重慶
最後消息
寇封鎖平郊各城鎮
參政會昨開幕盛況
參政會電慰[redacted]
沿江敵企兩路犯贛
今日重逢七七
神聖抗戰一週年
全國肅穆紀念
追悼先烈舉行獻金運動
[redacted]晚廣播演講
國民參政會開幕
林主席致詞開會
[redacted]電慰先烈家屬
湖口混戰中
敵我陣地已成鋸齒形
彭澤以南我軍昨大捷
膠濟鐵路
連雲港
我軍民聯合
掃蕩豫東殘寇
林主席發兩電
[redacted]慰問
前方抗敵將士及陣亡將士家屬
本報七七特刊目錄
下治丸

《新民报》（重庆）

1941年6月7日的大轰炸中，报社七星岗社址四层楼房及莲花池职工宿舍被炸毁，包括移置防空洞的纸张、器材、文件、账册及多年合订本亦被毁；职工中先后殉难者有编辑谢云鹏、排字工人王金才和挑水工人杨青白。但报纸仍坚持出版，并发表社评《为新民晚报总社被毁告国人书》，表明奋力抗战到底、争取胜利的决心。

1941年，《新民报》为打开销路，发挥潜力，决定增出《新民报晚刊》。晚刊于1941年11月1日出版，每期发行量最多时达4万份，是重庆各家晚报发行量最大的。《新民报晚刊》的成功，迅速扭转了《新民报》严峻的经济局面，并为抗战胜利后报社的发展储备了人才，积累了资金。晚刊发行，是《新民报》发展史上的一个里程碑，改变了《新民报》发展的方向。从此，《新民报》确定了着重发展晚刊的经营路线。

1944年5月，国民党组织中外记者西北参观团，《新民报》主笔赵超构参加，归来写成访问记《延安一月》，较为系统地报道了毛泽东和中共其他领导人的言行以及边区各方面情况，从7月30日起，在成、渝两版同时发表，引起巨大轰动。11月，《延安一月》单行本出版，陈铭德亲自写序言，重申客观、公正和自由批评的原则。

国共和谈期间，《新民报》首先在晚刊上登出毛泽东的《沁园春·雪》，编者吴祖光给该词加了按语："毛润之氏能诗词，似鲜为人知。客有抄得其《沁园春》咏雪一词者，风调独绝，文情并茂，而气魄之大乃不可及。据氏自称则游戏之作，殊不足为青年法，尤不足为外人道也。"①由此引起轩然大波，《新民报》受到国民党中央宣传部警告。

抗战胜利后，《新民报》分赴南京、上海、北京三地，筹备南京日刊、晚刊的复刊和上海晚刊、北京日刊的开办工作，由此创立了"五报八版"的局面。

1947年6月1日，国民党开始对报社人员进行大搜捕。1948年7月8日，国民党当局以"立法院军事泄密案"的借口，勒令南京《新民报》永久停刊，同时密令各地方政府借故查封《新民报》各分社。1949年7月23日，成都《新民报》被武装查

① 吴祖光：《话说〈沁园春·雪〉》，转引自重庆新闻志编辑部：《重庆报史资料》（第十六辑），内部报刊，1993年。

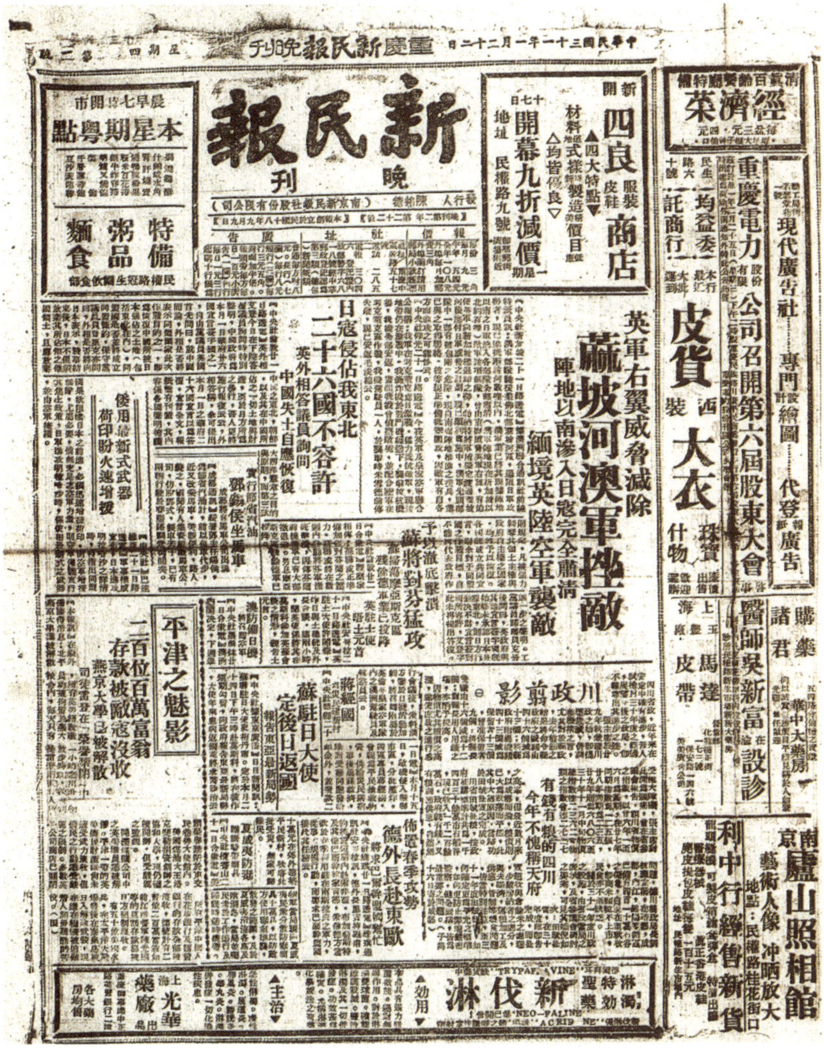
新民報
晚刊
英軍右翼威脅減除
霹坡河澳軍挫敵
陣地以南滲入日寇完全肅清
緬境英陸空軍襲敵
日寇侵佔我東北
二十六國不容許
平津之魅影
川政剪影
有錢有糧的四川
今年不愧稱天府
蘇駐日大使定後日返國
德外長赴東歐
本星期粵點
特備粥品麵食
四良服裝皮鞋商店
經濟菜
現代廣告社
重慶電力公司召開第六屆股東大會
皮貨 大衣
醫師吳新富設診
廬山照相館
利中行經售新貨
新伐淋

《新民报晚刊》

封。为免遭灭顶之灾，渝版报纸负责人罗承烈、刘正华决定聘请时任国民党四川省党部主任委员、报社董事之一的曾扩情为发行人兼社长，将“新民报重庆社”改为“重庆新民报社”，并于8月6日登报声明独立经营，与原新民报社总管理处脱离关系。这样才逃过一劫。12月1日，发行人改为新民报职工会。

重庆解放后，《新民报》得到重庆市人民政府的扶持继续出版。但由于经费等自身问题，1952年1月10日，重庆《新民报》终刊。

《彭水周刊》—《新彭水报》(1938年)

该报约于1938年春创刊。原名《彭水周刊》,发起人是国民党彭水县县党部书记长吴纵言、委员杨芳等人。该报为国民党彭水县县党部机关刊物,主要是宣传国民党党务、政纲、政策,也宣传抗日的情况等。稿件以转载《中央日报》《大公报》新闻为主,并报道彭水地方新闻,有时也结合彭水实际情况写短评。当时彭水没有铅印条件,报纸委托德昌元石印出版。初为旬报,后改为周报,4开8版。初期印数较少,后略有增加,均为赠阅性质,没有出售发行,传播范围不广。

《民族导报》(1938年)

该报于1938年4月在重庆创刊。

《大汉晚报》(1938年)

该报于1938年6月11日创刊,负责人黄祖炎,社址在重庆中山二路221号。

《南京晚报》(1938年)

该报于1929年5月16日创刊,是当时国民政府首都南京出版最早的晚报。抗日战争爆发后停刊。1938年8月1日该报在重庆复刊,发行人张友鹤,日出4开纸1张。初期因财力不足,多由其他报社代印。读者多半是江苏、浙江、安徽等省市来渝避难的同胞。1939年“五三”“五四”日机轰炸时,该报一度停刊,不久复刊。

该报总编辑刘自勒,经理吴仲揆,记者先后有王孚庆、成文辉、陈礴甫、于拳达等。报纸分设今日南京、四川见闻等栏目。该报副刊《巴山月》经常连续发表诸

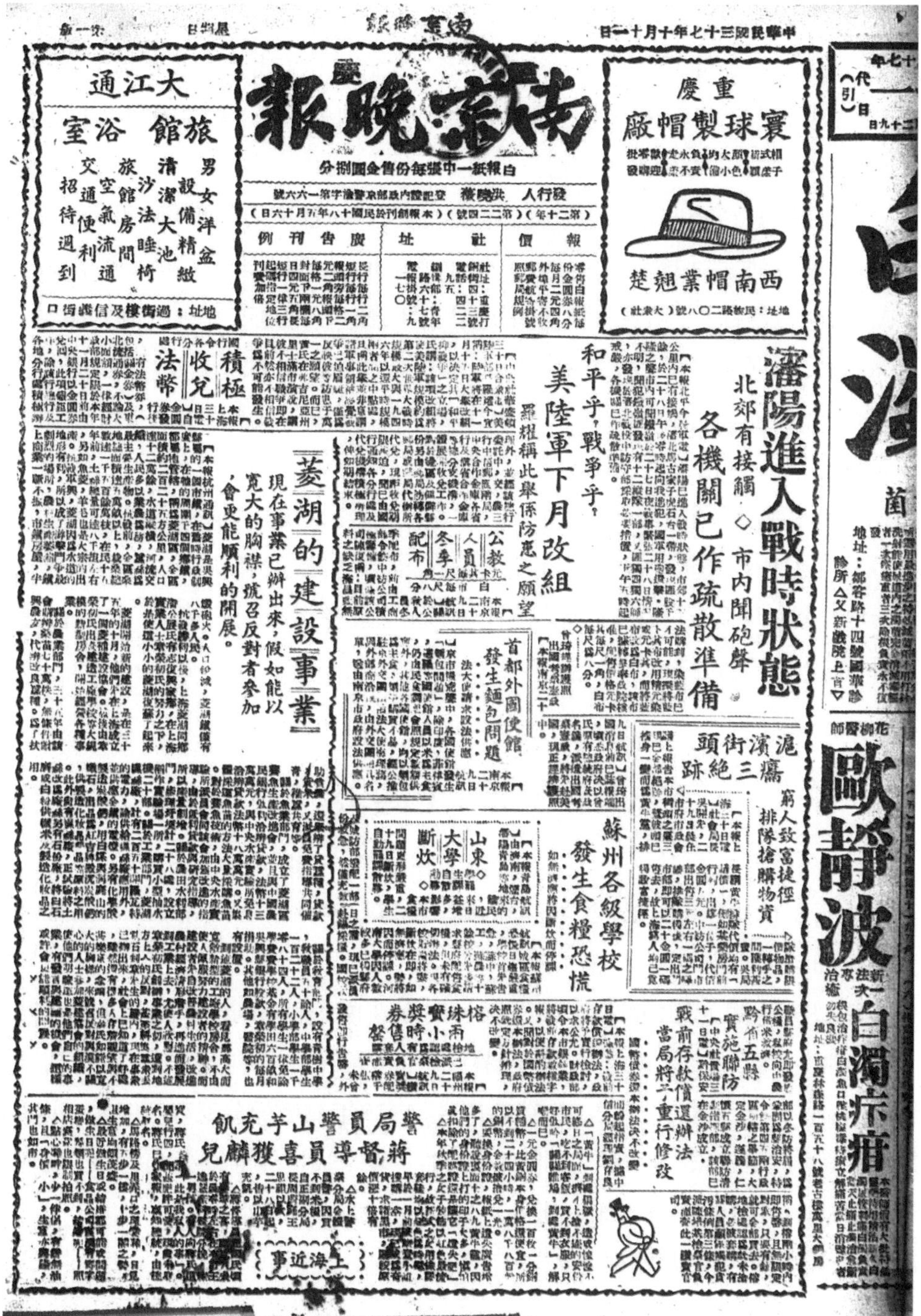

南京晚報

大江通 旅館 浴室

重慶 寰球製帽廠

瀋陽進入戰時狀態

北郊有接觸 市内聞砲聲

各機關已作疏散準備

和平乎？戰爭乎？

美陸軍下月改組

菱湖的建設事業

首都外國使館發生麵包問題

滬濱街頭癟三絕跡

蘇州各級學校發生食糧恐慌

警局員警山芋充飢 蔣督導員喜獲麟兒

歐靜波

《南京晚报》

如《女间谍的归来》《重庆三百六十行》一类的文章。张友鹤的主要倾向是“为办报而办报，为新闻而新闻”，也经常宣称“没有政治背景，应该超越党派，争取新闻自由”。该报发表过一些态度鲜明、坚持抗战的文章。国共和谈期间，该报也发表过一些中共领导人的言论与新闻。

抗战胜利后，张友鹤赴南京复刊《南京晚报》，重庆的《南京晚报》作为“重庆版”交由经理吴仲揆全权办理。不久被解宗元、洪晓薇合资接办。解宗元任发行人，洪晓薇任社长，伍长青任总编辑，胡必明任采访主任，施白任副刊编辑，漫画高龙生，撰述欧阳平，各类稿件均与南京总社交流转载。不久，解、洪发生矛盾，解宗元、伍长青离开报社，洪晓薇独资经营。人事的变更，使该报在读者中声誉大减。此后，该报又经历多次人事变动。

《南京晚报》近20年的存在，在国民党统治下的南京和重庆都有一定的影响力。“若从中国新闻史研讨的角度看，这家始终坚持民营独立性的小型晚报，其历史背景、办报方向、编写特色、社会影响、报业贡献，自有其全面、翔实、公正研讨的价值。”[①]

《大陆晚报》（1938年）

该报于1938年8月10日创刊，4开4版。李琢仁创办，商务日报社印刷，社址在重庆较场口黄土坡2号。

该报第一版为国内要闻；第二版为国际新闻、广告；第三版为省市新闻及“服务版”，“服务版”内有“常识问答”“法律问答”“职业介绍”等；第四版为综合性副刊《新大陆》、广告。中缝为广告。1939年初版面分工有所变化，主要是第一版为“论谈”或“短评”，下半部为广告；第二版增加通讯报道；第三版取消“服务版”。1939年4月时第一版为广告，第二版是国内外要闻、“论坛”或“社论”。该报于1939年5月停刊。

① 《〈南京晚报〉史略》，转引自重庆新闻志编辑部：《重庆报史资料》（第十六辑），内部报刊，1993年。

《中央日报》—《陪都中央日报》+《中央晚报》(1938年)

《中央日报》于1938年9月15日在渝复刊。该报是中国国民党中央机关报，是国民党大陆统治时期的最大党报，在整个国民党党报体系中处于核心党报位置，因此一直是国民党“最高言论机关”。

1928年，国民党出资5万买下上海《商报》资产，创办《中央日报》，其发刊词公开表示：“本报为代表本党之言论机关，一切言论，自以本党之主义政策为依归。”[①]由于时局动荡，11月即宣告停刊。1929年2月1日，该报移驻南京重新出版发行。尽管具有优越的政治优势和充足的资金，但最初的《中央日报》一直发展得不够顺利。1932年3月1日，《中央日报》实行社长制，与“中央社”同时成为独立经营的新闻单位，社长一职由程沧波担任。程在职期间，对报纸进行大幅改革，提出“经理部要充分营业化；编辑部要充分学术化；整个事业要制度化和效率化”的工作方针。1938年，由于华南局势日趋紧张，9月15日，《中央日报》移驻重庆，社址在会仙桥，1939年迁到中正路。在抗战中，《中央日报》因为没有准确传播蒋介石的意图，特别是不能发挥与共产党《新华日报》相抗衡的作用而多次被蒋介石责骂。在重庆七年间，报纸进行了五次改组，前后更换了五任社长。

第一次改组发生在1938年，改组结果为：社长程沧波，总编辑张客年，总主笔周邦式，总经理贺壮予。程沧波具有丰富的办报经验，但缺乏政客的圆滑，加上为《大公报》具有自由主义色彩的“星期论文”撰稿，引来政客的嫉恨。1940年，程沧波辞职。

不久，国民政府军事委员会政治部副部长何浩若接任社长，聘请刘光炎任总编辑，中央政治学校教授、外交系主任陈石孚任总主笔。何浩若十分重视新闻报道和言论把关，但没过多久，他发现这张报纸名义上隶属国民党中央宣传部，实际上直接听命于蒋介石，发表新闻和言论动辄获罪，而且报纸经费短缺。勉强待了三个月后，何便辞职离开。

其后，“中央通讯社”社长萧同兹邀请陈博生出面整顿《中央日报》，陈于是

① 何应钦：《本报的责任》，《中央日报》，1928年2月1日。

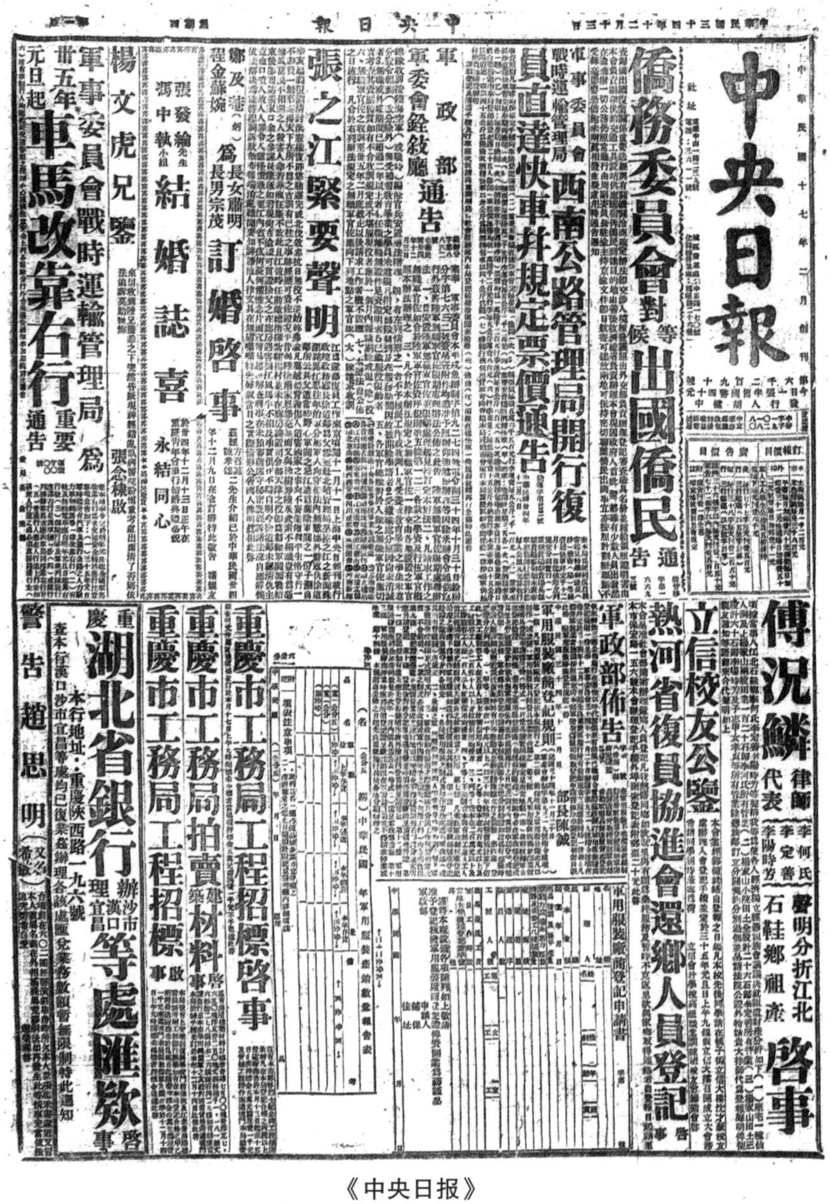
中華民國三十四年十二月三十日

中央日報

僑務委員會對出國僑民等候通告

軍事委員會戰時運輸管理局 西南公路管理局開行復員直達快車并規定票價通告

軍政部通告

軍委會銓敘廳

張之江緊要聲明

鄒及蓮為長女麗明 程金蘇婉為長男宗茂 訂婚啓事

張發綸 馮中執 結婚誌喜 永結同心

楊文虎兄鑒 張念棣啟

軍事委員會戰時運輸管理局為卅五年元旦起車馬改靠右行重要通告

傳況鱗律師代表李何氏 李定普 李陽時芳聲明分析江北石桂鄉祖產啓事

立信校友公鑒

熱河省復員協進會還鄉人員登記啓事

軍政部佈告

軍用服裝廠商登記規則

重慶市工務局工程招標啓事

重慶市工務局拍賣建築材料啓事

重慶市工務局工程招標啓事

重慶湖北省銀行辦理漢口沙市宜昌等處匯款啓事

本行地址：重慶陝西路一九六號

警告趙思明

《中央日报》

将其原在北京《晨报》的人员带到了《中央日报》。此次改组后的总编辑詹辱生、副总编辑许君远、总经理张明炜、副刊主编孙伏园、采访主任刘尊棋，都是办报能手。但接手后，陈博生发现《中央日报》财务上严重亏空，经常遇到版模已经上机、纸张却无钱购买的情况，无奈之下，只好到《新华日报》去借。后来，蒋介石发现了两报互通有无，十分恼怒，狠狠训斥萧同兹和陈博生。有一次，该报刊发了一篇蒋介石在民众会上致辞的报道，没有用蒋介石事后加了文字的“中央社”稿，被蒋介石训斥。面对国民党中央宣传部部长王世杰和侍从室主任陈布雷的质问，陈博生不愿多作解释，立即辞职，他带来的部分编辑也跟着引咎辞职。

1942年进行的第四次改组选定陶百川为社长，因为创办过《中央周刊》，陶积累了丰富的办报经验。他上任后，一改《中央日报》重言论、轻报道的传统，力主将“言论纸”改作“新闻纸”。他身体力行，鼓励记者编辑做“独家新闻”。但他却不知道蒋介石与英美关系的内幕，刊出的新闻常常不合蒋的心意。12月，报纸因刊发《中美中英新约明年元旦正式公布》的“独家新闻”，被控“泄露外交机密”，总编辑袁业裕被撤换。随后钱沧硕、陈德徵先后任报社总编、顾问，但皆因故离开报社。之后，陶百川日渐感到难以实现自己的雄心壮志，于1943年11月辞职。

第五任社长为东南日报社社长胡健中，陈布雷邀请当时恰好到重庆开会的胡健中担任中央日报社社长，胡健中提出两个要求：一是继续兼任东南日报社社长；二是由他亲自挑选报社领导班子。在他的亲自指定下，几位与国民党上层人物密切相关的人组成了报社的领导班子。在其主管期间，报纸规避了党内派系矛盾，没有惹出麻烦，但过分地追求安稳也使报纸毫无起色。

《中央日报》在重庆时期，正是抗战全面爆发后。由于民族矛盾上升为国内的主要矛盾，在全民抗战的大背景下，《中央日报》的宣传策略从维护国民党的“攘外必先安内”转向以抗日救国为主调，在版面和篇幅上，有关抗战内容的宣传报道占绝大多数，从抗战爆发到抗战胜利结束，《中央日报》几乎从来没有间断过对抗战的报道。

一是对正面战场的宣传。《中央日报》对正面战场的新闻报道数量非常多。在抗战期间，几乎每个要闻版都将中日战事进展作为头条新闻报道。为全面报道中国军队英勇抗击日寇的情况，从抗战一开始，《中央日报》就特别开辟了“各地通讯”专版。其中既有描述平津军民与敌人浴血奋战的场面，也有我军在上海前线痛歼敌寇的情景；既有国民党军队抗战守国的战讯，也有共产党军队出奇制胜的捷报。[①]因为其党报身份，《中央日报》能较其他报纸获得更加迅速而全面的战事信息，成为当时战事资讯的前沿。其对正面战场的大力宣传，对国民党政府抗战决心的传达，向国际社会展现了中国不畏强敌、英勇抗战的姿态。但从另一方面看，其所报道的新闻往往报喜不报忧，这种报道方式在一定程度上削弱了新闻的真实性。

二是揭露日寇野蛮暴行的宣传。对于日军犯下的滔天罪行，《中央日报》给予了强烈谴责，"平津两地三日来的现象，轰炸、烧杀、屠戮、阴谋……这是中国近百年来极大的创痛，也是黄种人毁灭文明的开始"[②]。1944年4月25日《中央日报》发表了题为《敌寇罪行的调查》的评论，通过调查揭示了日寇的罪行不可饶恕，"敌寇的残酷和暴虐，远超出文明国国民想象所能及的程度以上，日本军阀自战争开始以来，凡是足以毁灭我们民众的人间性和民族性的行为，他们无不尽力的实施"[③]。抗战期间，《中央日报》通过消息、通讯、评论和文学作品等多种形式，报道了日寇的残酷暴行。

三是反对日本奴化教育的宣传。1941年太平洋战争爆发后，日本侵略者在占领区和游击区宣传所谓"大东亚共荣圈""日中亲善"等奴化思想，妄图以奴化教育腐蚀国人的民族意识，消灭民众的爱国思想，摧残民族意志。《中央日报》刊载了多篇文章指出殖民主义教育的内容及危害，揭露日本和西方操纵东北教育的险恶用心。如《敌寇罪行的调查》一文写道，"他们不仅破坏我们民众的经济生活，并且摧残我们民众的文化生活。而其对于文化方面的罪行，比其他罪行更为毒辣。希望前线的军民同胞，对战地寇军的罪行，搜集材料，作成记录，陈述于敌人罪行调查委员会，以为将来惩处敌人罪行的参考和佐证"[④]。

《中央日报》在抗战时期也十分重视对外宣传。《中央日报》对外宣传的具体表现：一方面报道日寇在华侵略行径，呼吁海外物资支持；另一方面阐明利害关系，鼓动中立国参战，制日援华。"若对日本军阀不能制裁，对中国抗战不能切实

① 黎宁：《抗战时期〈中央日报〉的新闻宣传研究》，湖南师范大学2009年硕士研究生论文。

② 《平津浩劫中之国民》，《中央日报》，1937年8月1日。

③ 《敌寇罪行的调查》，《中央日报》，1944年4月25日。

④ 《敌寇罪行的调查》，《中央日报》，1944年4月25日。

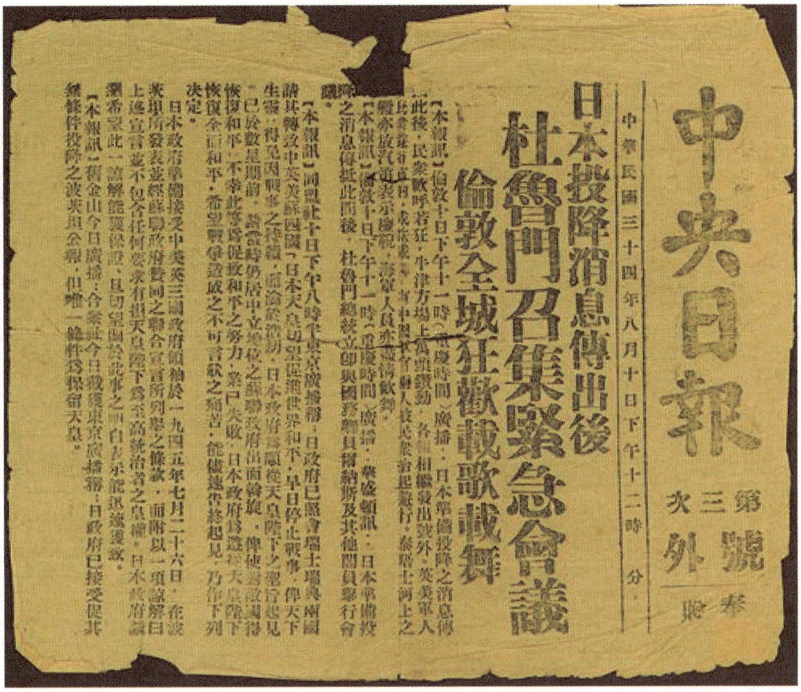
中央日報

第三次號外

中華民國三十四年八月十日下午十二時 分

日本投降消息傳出後 杜魯門召集緊急會議 倫敦全城狂歡載歌載舞

【本報訊】倫敦十日下午十一時（重慶時間）廣播：日本準備投降之消息傳出後，民衆歡呼若狂，牛津方場上萬頭鑽動，各[illegible]相繼發出號外，英美軍人[illegible]起遊行，泰晤士河上之艦亦放汽笛表示慶祝，辦事人員亦高唱歡舞。

【本報訊】倫敦十日下午十一時（重慶時間）廣播：華盛頓訊：日本準備投降之消息傳抵此間後，杜魯門總統立即與國務卿貝爾納斯及其他閣員舉行會議。

【本報訊】同盟社十日下午八時半東京廣播稱：日政府已照會瑞士瑞典兩國請其轉致中英美蘇四國，「日本天皇切望促進世界和平，早日停止戰事，俾天下生靈，得免因戰事之持續，而陷於浩劫。日本政府為遵從天皇陛下之聖旨起見，已於數星期前，請當時仍居中立地位之蘇聯政府出面斡旋，俾使對敵國得恢復和平，不幸此等為促致和平之努力，業已失敗。日本政府為遵從天皇陛下恢復全面和平，希望戰爭造成之不可言狀之痛苦，能儘速告終起見，乃作下列決定。

日本政府準備接受中英美三國政府領袖於一九四五年七月二十六日，在波茨坦所發表並經蘇聯政府贊同之聯合宣言所列舉之條款，而附以一項諒解曰：上述宣言並不包含任何要求有損天皇陛下為至高統治者之皇權。日本政府誠懇希望此一諒解能獲保證，且切望關於此事之明白表示能迅速獲致。」

【本報訊】舊金山今日廣播：合衆社今日截獲東京廣播稱：日政府已接受促其無條件投降之波茨坦公報，但唯一條件為保留天皇。

《中央日报》抗战胜利号外

有效迅速的援助，和平不可得，法律也不会统治世界。这一要义，更愿英美两国当局进一步知之，进一步行之。”[①]此类报道的一再强调，使英美的注意力聚焦于太平洋，并认识到其在太平洋的切身利益正在受到威胁，从而参与支援中国、联合抗日的行动中。

在抗战后期，《中央日报》的态度随着国民党政策的转变而转变，在国民党一系列限制言论自由的法律法规重新颁布后，《中央日报》为限制言论自由寻找理由，加以辩解，破坏了新闻界抗日宣传的统一阵线，充分体现其反动立场。

1945年，总编辑陈训悆利用日军在南京留下的设施，于9月10日复刊了南京版《中央日报》。1946年7月16日，国民党中央宣传部决定重庆《中央日报》继续出版，由刘觉民任社长，后改名为《陪都中央日报》。1949年11月30日，重庆解放，《中央日报》宣告停刊，随即被重庆军管会接管。

① 《英美共鸣与远东》，《中央日报》，1938年1月11日。

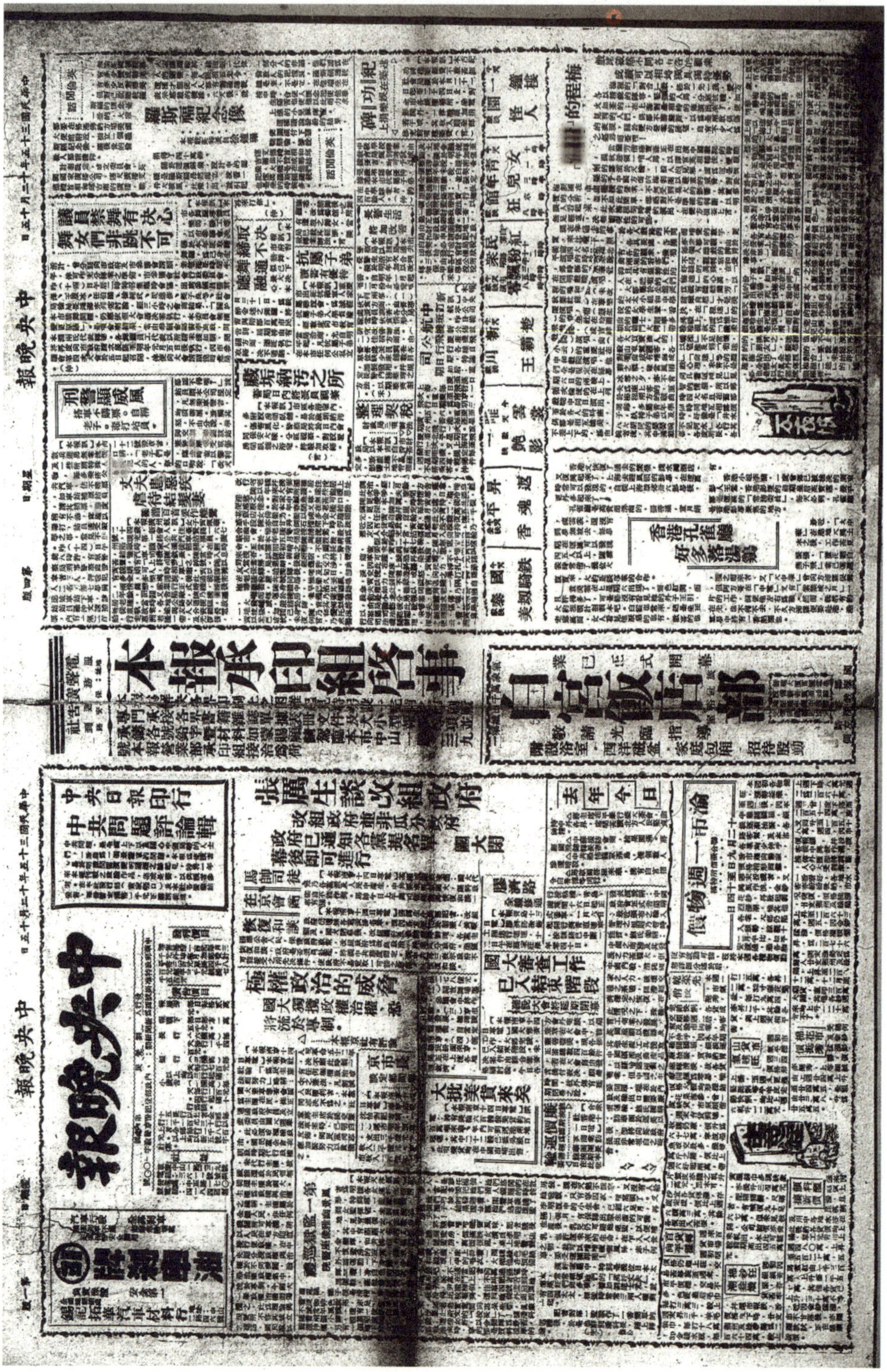

《中央晚报》

《中央晚报》于1946年10月10日创刊，是国民党《中央日报》的晚刊，社址在重庆中山一路239号。发行人刘觉民。该报只有新闻报道，副刊有《集纳》《文艺》《不夜城》。其栏目较多，有生意经、大局动向、世界风云、去年今日、新闻侧面、陪都特写、重庆二十四小时、娱乐推荐、影剧评介、古人风趣、名人趣事、海外风俗志异等。但该晚报因销路不佳，于同年12月16日停刊。

《扫荡报》—《和平日报》—《扫荡报》（1938 年）

《扫荡报》于1938年10月1日在渝复刊，其前身是国民政府军事委员会政治训练处处长贺衷寒创办的《扫荡三日刊》，1932年6月23日扩版改名为《扫荡日报》，1935年5月1日报社迁往汉口后才正式改名为《扫荡报》。该报初创时，由国民政府军事委员会政治训练处管辖，以国民党官方机关报的身份雄踞党报体系前列，被国民党视为其在军队中进行党化教育的重要机会和舆论宣传工具。

抗日战争爆发后，《扫荡报》迁往武汉，不久又分成两批撤退，一小部分迁往桂林创建桂林版，大部分由丁文安、刘威风等带到重庆。1938年10月1日，《扫荡报》在重庆正式出版发行，社址在重庆小校场特17号，丁文安任总编辑，刘威风任发行人。这个时期，《扫荡报》的确有一股“扫荡倭寇”的热情和豪气，在新闻报道和言论立场上紧密配合“国家总动员”的战略部署，很快在重庆及大后方打开了局面。

1939年“五三”“五四”大轰炸，重庆新闻出版业损失惨重，该报社址被毁，设备受损。5月6日，重庆10家报纸共同推出“联合版”，《扫荡报》参与其中，直至8月13日。其后，各报独立出版，《扫荡报》仍然毫无起色，只得与《中央日报》合刊，发行另一种意义上的“联合版”。1941年，《扫荡报》李子坝新社址又遭日军轰炸，报社再度陷入困境。在这种情况下，报社人员只得白天躲在防空洞中编稿，晚上争分夺秒出报，条件十分艰苦。1942年6月1日，报社奉命与《中央日报》再度合刊，形式上是两个报头并列出版，实际上是两报合并，《扫荡报》停刊，只保留报头三个字而已。

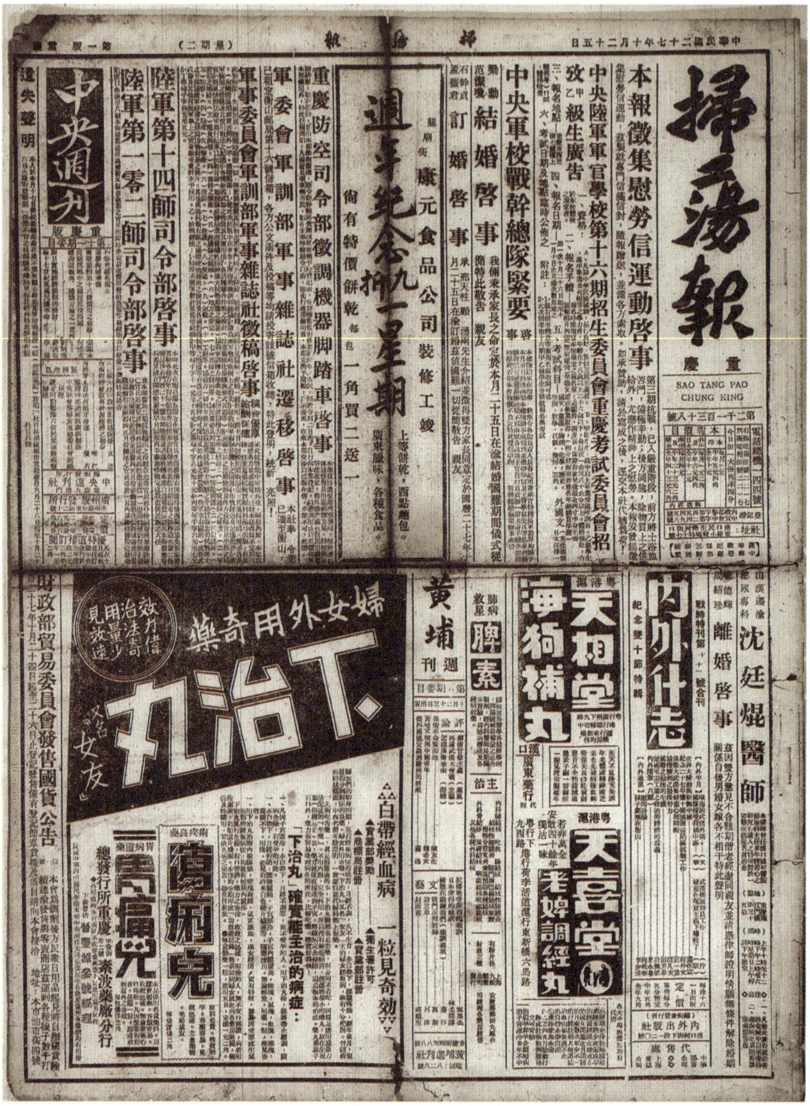
掃蕩報
重慶
SAO TANG PAO
CHUNG KING
本報徵集慰勞信運動啟事
中央陸軍軍官學校第十六期招生委員會重慶考試委員會招考甲級生廣告
中央軍校戰幹總隊緊要啟事
結婚啟事
訂婚啟事
康元食品公司裝修工竣
重慶防空司令部徵調機器腳踏車啟事
軍委會軍訓部軍事雜誌社遷移啟事
軍事委員會軍訓部軍事雜誌社徵稿啟事
陸軍第十四師司令部啟事
陸軍第一零二師司令部啟事
中央週刊
財政部貿易委員會發售國貨公告
婦女外用奇藥
下治丸
白帶經血病 一粒見奇效
黃埔週刊
天相堂
海狗補丸
天喜堂
老婦調經丸
離婚啟事
沈廷焜醫師

《扫荡报》（重庆）

1943年，张治中奉命重建《扫荡报》。当年4月，《扫荡报》脱离《中央日报》单独出版。社长黄少谷，总编辑黄卓球，副社长兼总经理万枚子。报社设编辑、经理两部。编辑部下面分编辑、采访、资料、副刊、整理五个组，后又增加了一个电讯组。经理部下面设总务、发行、广告、会计等组。有些组以下还分股，例如资料组就分为图书股和撰述股。言论方面设总主笔和主笔，与编辑、经理两部平行。

新闻方面，《扫荡报》基本上是刊载“中央社”的电讯，按照“中央社”的宣传意图来排版。黄少谷先后安排杨彦歧和刘某两人收听国外广播，即时播发国外新闻，作为报纸的特色。后来专设一个电讯组，用于收听外国通讯社的电讯，标上本报专电的字样，来抢登新闻。《扫荡报》在国内各大战场都派驻了随军记者，利用军事系统的有利条件，对军中上自将军，下至普通士兵以及战俘等各色人物进行采访。重庆总社专门设立了电讯室，晚上定时联系各战区获取战况电讯，随时接收战地记者发回的密码电讯，经过编译后供新闻部采用。

1945年11月12日，报纸正式改名为《和平日报》，于右任题写报头，不过在右旁注上“原名《扫荡报》，民国二十一年六月二十三日创刊”等字。改名当天，报纸刊登了一篇名为《永为和平奋斗》的社论，文章总结了该报的历史，并表示了对中国未来和平的期望：“一向以排除国内外和平的障碍，以期建立和平、康乐、统一的中国，与和平、幸福、大同的世界为一贯的立言纪事之方针，如今为更明显地标举本报对于和平的信念与拥护，特改称为《和平日报》。”

《扫荡报》改名为《和平日报》后，总社迁往南京，同时发行南京、重庆、上海等9个版，依然由黄少谷主管。《和平日报》报道内容主要配合国民党的军事行动，对政治、经济、文化也作了充分报道。《和平日报》曾以一个半版的篇幅刊载“本报特稿”，另辟有众多副刊和专刊，其中有的是纯学术、纯文艺的，有的政治性、倾向性则极强。其中影响较大的有：安宇主编的“和平副刊”、刘百川主编的“教育”、杨宪益主编的“国学”、曾资生主编的“社会与政治”、林直圃主编的“国际政治”、丁伯镏主编的“妇女”和“中华儿童”、雷亨主编的“舞台与银幕”等，总数近20种。

国共内战爆发后，《和平日报》脱去了“和平”外衣，恢复了“扫荡”旧貌。1947年7月1日，恢复《扫荡报》报名。1949年11月30日重庆解放，该报被重庆市军管会接管。

《新华日报》(1938年)

《新华日报》于1938年10月25日在渝复刊。该报是抗日战争时期中国共产党在国民党统治区唯一公开发行的机关报。该报于1938年1月11日在武汉正式创刊，同年10月25日武汉沦陷，该报随即迁往重庆出刊。

《新华日报》迁至重庆后，报社隶属于中共中央南方局，由周恩来兼任董事长，南方局副书记董必武等直接领导，具体负责人先后为潘梓年、华岗、吴克坚、章汉夫和夏衍。《新华日报》以“团结全国抗日力量，巩固民族统一战线，发表正确救亡言论，讨论救亡实际问题，坚持抗战，争取最后胜利，为建立独立自由幸福的新中国而奋斗”作为报纸在整个抗战时期的神圣职责和任务。同时，该报作为中国共产党主办的一份报纸，始终站在宣传抗日的第一线，用舆论的武器呐喊呼号，在抗战的大后方肩负起了宣传抗日救亡、振奋民族精神、动员各界民众的责任。

一是大力宣传党的抗日主张。揭露日寇暴行是《新华日报》宣传党的抗日主张的一个手段，它能起到很好的政治动员作用，激发民情，奋起抗日；它是一种正义的呼吁，呼吁国际社会对日本暴行的谴责，呼吁世界上爱好和平的人民在道义上的声援和物力上的支援；它也是强有力的舆论武器，通过对暴行的揭露，引导人民一条心，合力反抗抵御日本的欺压。[①]1939年1月8日，《新华日报》以一版半的篇幅刊登八路军副总指挥彭德怀的一篇题为《华北抗战概况与今后形势估计》的长篇讲话，介绍了八路军在晋东南区、晋察冀边区津浦线一带收复了50多个县的全部土地的战绩。1938年12月4日《新华日报》刊登了揭露日寇残暴地将中国健康儿童抓去抽血，待血抽尽后又残忍地弃尸江中的文章；1939年9月连续报道敌机轮番轰炸重庆的惨状；对1941年6月日机轰炸重庆，一万多市民因躲避而窒息死于重庆市中区十八梯附近的“大隧道惨案”，更作了连续十来天的报道，加强了人民对日本侵略者的痛恨，促进了全民抗日的进程。

① 唐正芒：《论〈新华日报〉的抗日宣传》，《湘潭大学学报》（哲学社会科学版），2002年第5期，第49-52，76页。

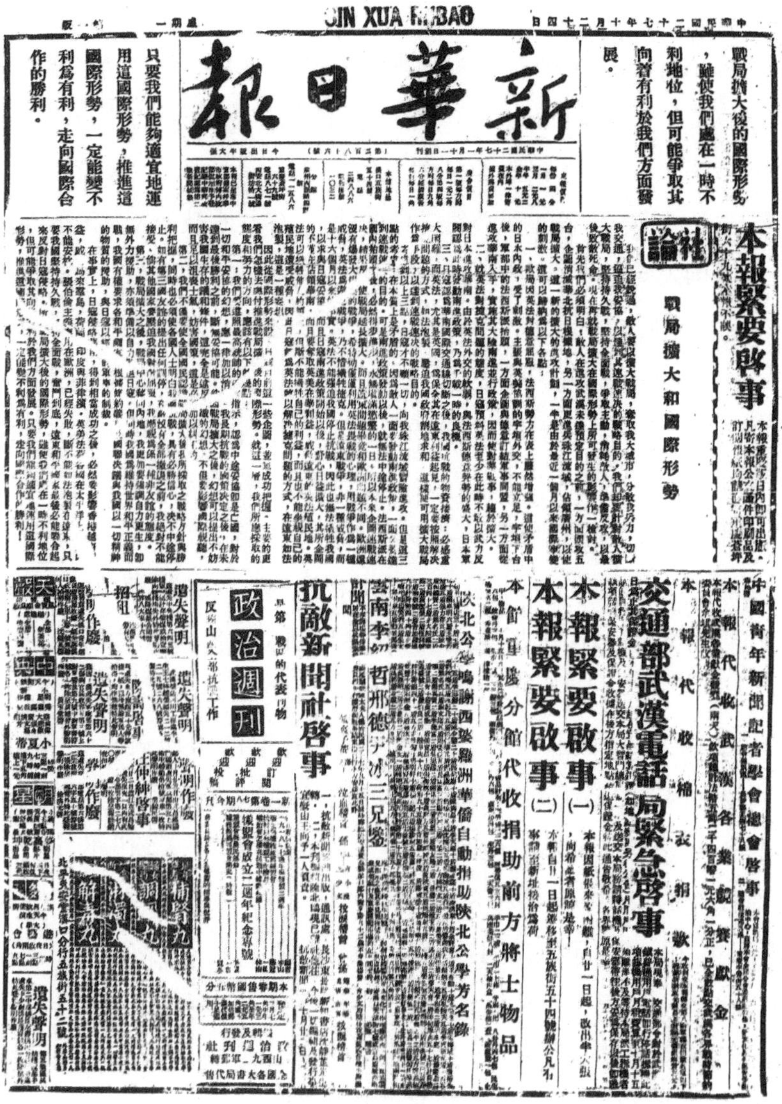
SIN XUA RIBAO

中華民國二十七年十二月四日 星期一

新華日報

戰局擴大後的國際形勢，縱使我們處在一時不利地位，但可能爭取其向着有利於我們方面發展。

只要我們能夠適宜地運用這國際形勢，推進這國際形勢，一定能變不利為有利，走向國際合作的勝利。

本報緊要啓事

社論 戰局擴大和國際形勢

中國青年新聞記者學會總會啓事

本報代收武漢各業獻金

本報代收棉衣捐款

交通部武漢電話局緊急啓事

本報緊要啟事(一)

本報緊要啟事(二)

本館重慶分館代收捐助前方將士物品

陝北公學鳴謝西婆羅洲華僑自動捐助陝北公學芳名錄

抗敵新聞社啓事

政治週刊

《新华日报》

在揭露日寇罪行的同时，《新华日报》也会刊登重要领导人的言论，以鼓励民众积极抗日，对抗日要有信心和决心。1939年《新华日报》刊行单行本发表毛泽东1938年所写的《论新阶段》。同年，《新华日报》特刊登载中共中央为纪念抗战两周年发表的时局宣言“坚持抗战到底，反对中途妥协；巩固国内团结，反对内部分裂；力求全国进步，反对向后倒退”。《新华日报》还通过本报专电、战地通讯等形式报道八路军、新四军对日作战的真实情况，发表彭德怀《华北抗战概况与今后形势估计》、邓小平《八路军坚持在华北战场》等文章，增强中共抗日武装力量的宣传影响。在广州、武汉陷落，国民党产生动摇之时，《新华日报》发表时评《坚持持久战》，在报眼位置醒目地刊登毛泽东语录“坚持抗战，坚持统一战线，坚持持久战，最后胜利必然是中国的”，有力地鼓舞了人民的斗志。

二是揭露国民党破坏国共合作，坚持办报到底。虽然国民党被迫同意《新华日报》在国统区出版，但是在各个方面都对报纸进行打压，无论是采访、编辑，还是经营、发行，无一例外。国民党当局还会用检查法西斯新闻的借口来扣压许多新闻，以致不能刊登。《新华日报》的全体人员与其斗智斗勇，多次正面对抗。特别是皖南事变后，周恩来亲自主笔《新华日报》，带着《新华日报》的同志们从恢复言论着手，让报纸屹立不倒。从1941年5月25日起，《新华日报》在周恩来的部署下新出刊《星期增刊》，到7月20日止共出版8期。在这8期中，周恩来一人就写了8篇文章，大部分以代论形式发表，包括题目、署名，都用原稿上的笔迹，以木刻刊出。

报纸还曾以大“开天窗”的方式对国民党政府的镇压表示不满。《新华日报》原欲刊登的两篇社论《论冬季出击的胜利》《起来，扑灭汉奸!》，都被国民党以“系军事论文”为借口扣留，《新华日报》毅然采用“开天窗”的斗争手段以示抗议。在原社论的位置仅刊印了8个大字：“抗日第一！胜利第一！”旁注两行小字，对“开天窗”的缘由予以说明：“本日两次社论：一、《论冬季出击的胜利（代论）》，二、《起来，扑灭汉奸！》，均奉令免登，尚望读者原谅是幸！”

三是巩固和发展抗日民族统一战线。1938年10月7日，《新华日报》发表的论述抗日民族统一战线的社论，对国共两党及其他抗日党派、无党派人士在抗战中生死与共的关系作了深刻生动的阐述:“覆巢之下无完卵，谁也不能离开民族的总的胜负，而单个的成功和失败，胜则俱胜，败则俱亡，这已经是明明白白的真理。我们为抗战努力亦不应该分辨彼此。今天团结在民族统一的战线中的各党派，是确确实实的患难之交。所以应有风雨同舟之感，唇亡齿寒之痛。”[①]1938年

① 沈和江：《〈新华日报〉与抗日民族统一战线》，《石家庄师范专科学校学报》，2002年第3期，第37—39页。

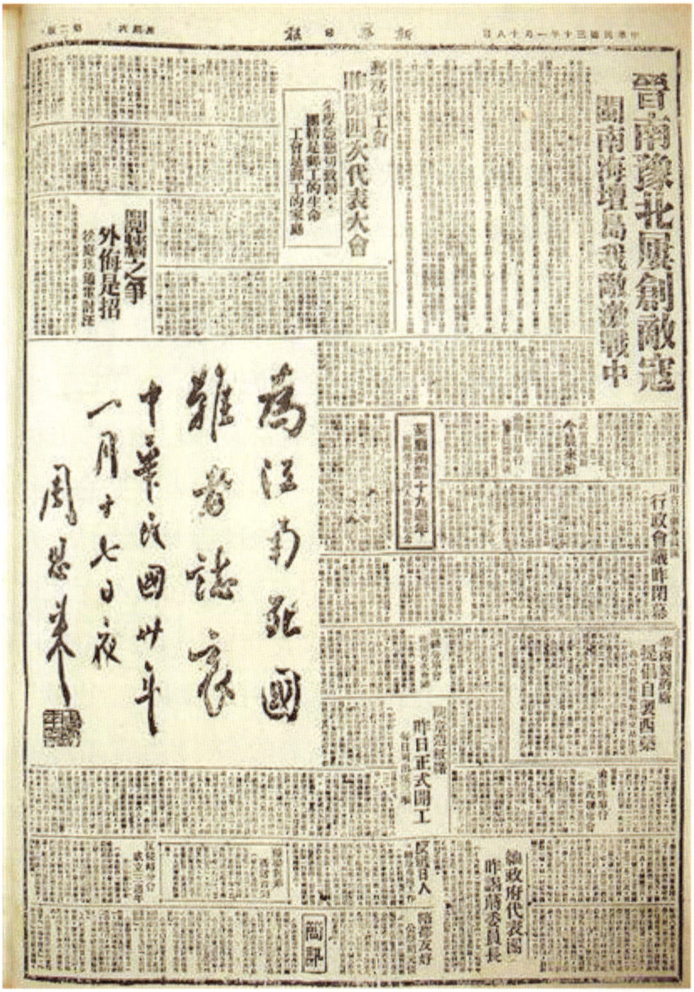
晋南豫北展開敵寇
外侮是招
行政會議昨閉幕
昨日正式開工
為江南死國難者誌哀
中華民國卅年一月十七日夜
周恩来

1941年1月18日的《新华日报》刊载了周恩来的著名题词“为江南死国难者志哀”

10月6日，董必武在《新华日报》重庆分馆茶话会上再次强调了《新华日报》的工作方针:《新华日报》不仅要反映中央的政策主张，而且还要反映其他党派以及无党派的一切有利于抗战团结的意见和主张，不仅要表扬八路军、新四军英勇抗战的事实，而且要表扬一切抗日军队英勇抗战的事实。[①]《新华日报》遵循这一原则，不仅报道了共产党平型关大捷的辉煌战果，而且也报道了国民党台儿庄

① 董必武:《国民参政会第二次大会的展望》,《新华日报》,1938年10月26日。

大捷的战况，并发表了《庆祝台儿庄胜利》的社论，强调了这次胜利的伟大意义，有助于增强民族自尊心和抗战胜利的信念。

《新华日报》还对建立反法西斯统一战线做了大量的宣传和动员工作。1942年6月27日发表了周恩来的《论苏德战争及反法西斯的斗争》，7月20日刊登了《团结起来打击敌人》，21日发表了董必武的《联合起来打击法西斯》，以及后来刊登的周恩来的《太平洋战争的危机》《太平洋战争与世界战局》等。这一系列的报道，让国内民众意识到抗日战争是世界反法西斯战争重要的一部分，鼓励了全民抗日的热情，为统一战线的建立打下了坚实的基础。

《新华日报》还发表国民党方面的抗日言论，增设“友声”专栏，刊登各民主党派和社会各界朋友的稿件，为大家提供一个自由发表意见的平台。对于国民党顽固派破坏抗日、破坏国共合作的言行，《新华日报》采取“有所为，有所不为”的灵活方针，展开有理有节的斗争。《新华日报》广泛团结在文艺界、工商界、新闻界各阶层的爱国人士，推动和发展进步文化运动。1942年5月2日和23日，毛泽东在延安文艺座谈会上发表了两次讲话，《新华日报》报道了此次会议，同年6月12日转载了肖军在5月14日于《解放日报》发表的《对于当前文艺问题之我见》，这些文章的刊发，促进了各阶层的爱国人士成为国统区进步文化运动的坚定支持者。

四是发布真实战况，用舆论力量鼓励大后方支援前线。《新华日报》不仅发表大量鼓励人们有钱出钱、有力出力的文章，也刊登共产党在前线作战的真实情况的文章，用实际行动支持全民抗战。1938年2月9日，《新华日报》发表了朱德的《八路军半年来抗战的经验与教训》。此外，《新华日报》还刊登周恩来、董必武、刘伯承等人对当前战争形势的解读，既明确地阐述了中国共产党对抗日战争的坚定立场和态度，又加深了当时国统区人民对共产党的理解与信任，充分发挥了党的喉舌的作用。

从1939年2月起，《新华日报》还对活跃在大江南北的新四军作了全面的持续报道，先后发表了《一年来的新四军》《陈毅将军访问记》等文章，对中国共产党军队的抗战业绩以及抗日民主根据地建设进行了及时和准确的报道。1940年夏，八路军发动百团大战，《新华日报》对战争进行了连续性报道，先后发表上百百篇报道，对战果、战局意义等进行了深入的解析，有力驳斥了国民党关于八路军“游而不击”的谬论，让八路军的军威迅速得到提升。在发表前方战况信息的同时，《新华日报》也不断呼吁、鼓励救护队上前线拯救伤员，募集资金买棉背心、毛巾、军鞋、药物等物资捐赠给前线战士，还给前线战士写慰问信以鼓励战士。《新华日报》通过自己的力量表达了中国共产党全心全意为抗战的精神，得到了社会各界人士和广大人民群众的喜爱。

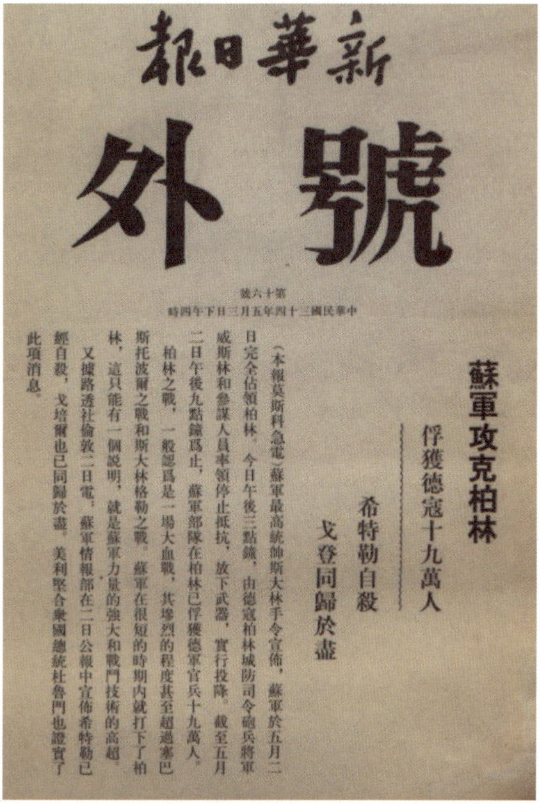
新華日報

號外

第十六號

中華民國三十四年五月三日下午四時

蘇軍攻克柏林

俘獲德寇十九萬人

希特勒自殺

戈登同歸於盡

（本報莫斯科急電）蘇軍最高統帥斯大林手令宣佈，蘇軍於五月二日完全佔領柏林。今日午後三點鐘，由德寇柏林城防司令砲兵將軍威斯林和參謀人員率領停止抵抗，放下武器，實行投降。截至五月二日午後九點鐘爲止，蘇軍部隊在柏林已俘獲德軍官兵十九萬人。

柏林之戰，一般認爲是一場大血戰，其慘烈的程度甚至超過塞巴斯托波爾之戰和斯大林格勒之戰。蘇軍在很短的時期內就打下了柏林，這只能有一個說明，就是蘇軍力量的強大和戰鬥技術的高超。

又據路透社倫敦二日電：蘇軍情報部在二日公報中宣佈希特勒已經自殺，戈培爾也已同歸於盡。美利堅合衆國總統杜魯門也證實了此項消息。

《新华日报》号外

重庆时期的《新华日报》，有力地向国统区群众宣传了中国共产党的大量政策，扩大了党的影响力，积累了丰富的办报经验，是中国共产党新闻事业一笔珍贵的财富，成为国统区“团结人民，教育人民，打击敌人，消灭敌人的有力武器”，成为国统区中国共产党思想战线上的一面光辉旗帜。它的战斗历程，为巩固和扩大抗日民族统一战线起到了极其重大的作用，“在中国共产党的报刊史上写下光辉的一页”[①]。毛泽东对此有过高度评价，他曾经说过：“《新华日报》是八路军、新四军以外的又一个方面军。”[②]

1947年2月28日，《新华日报》在重庆出版最后一期——3231期，历时9年1个月18天，《新华日报》完成了自己的历史使命。

---

① 吴玉章：《回忆〈新华日报〉》，转引自《新华日报的回忆》编委会：《新华日报的回忆》，成都：四川人民出版社，1979年，第42页。

② 转引自南方局党史资料征集小组：《南方局党史资料（六）》，重庆：重庆出版社，1990年，第3页。

《壮报》(1938年)

该报原在武汉出版,约1938年秋冬时迁至重庆,半周报。据《新闻学季刊》创刊号介绍,该报“内容很壮,报头上就刻有几句信条,‘拿自己的钱,吃自己的饭,出自己的力,办自己的报,说该说的话’。真是壮得可以。编辑印刷采上海《立报》《辛报》之长,但不久就停了”。

《扫荡画报》(1938年)

该报于1938年10月在渝复刊。该报1935年创刊于汉口,是扫荡报社出版的不定期画报,后随报社迁至重庆。1939年7月编行《扫荡画报抗战二周年纪念特刊》。

《武汉时报》(1938年)

该报于1938年11月8日迁渝复刊,发行人为汉口青洪帮大爷戴震,社址在重庆第一模范市场30号,报社还在重庆南岸开了一家拥有几十台印刷机的集成印刷厂。1946年,戴震由重庆返回汉口,继续创办《武汉时报》。

《大公报》+《大公晚报》(1938年)

1902年《大公报》在天津创刊,创办人为英敛之。英敛之时期的《大公报》以“敢言”著称:在政治上,主张君主立宪,支持戊戌变法;在思想文化上,与维新派一样,提倡开风气,启民智,注重社会变革,这些在《大公报》的内容中都有所反映;在形式上,提倡白话文,设立“附件”一栏,采用白话文的形式来讨论各种问题,包括反对妇女缠足、改良风俗习惯等。这些举措使《大公报》在当时获得了成功，成为天津地区颇有影响力的一份大报。

1916年，英敛之将《大公报》转售给安福系财阀王郅隆，《大公报》成为安福系的机关报，日渐式微，于1925年11月27日停刊。

1926年9月，吴鼎昌、胡政之、张季鸾三人合组新记公司，接办《大公报》。由此，《大公报》进入其鼎盛时期。新记《大公报》培养了一批颇有影响力的新闻人物，除胡政之、张季鸾外，还有后来的总编辑王芸生，编辑何心冷、曹谷冰、金诚夫、徐铸成、萧乾、范长江、杨刚等人，还有曾在《大公报》任过职的金庸、梁羽生等。

《大公报》（重庆版）创刊于1938年12月1日，社址在新丰街19号，每日出版1大张，一般是用土纸平版机印刷，日发行量最高达10万份。《大公报》营业始终盈余，政治上也颇有影响，受到中上层人士和知识分子的欢迎。

《大公报》的一大特色是报纸的社评。迁渝后的《大公报》毅然举起了抗战大旗，主张坚决抗战，反对投降。《大公报》用社评驳斥日本侵华谬论。1940年1月23日，《大公报》发表《敌汪阴谋的大暴露》一文，以《日支新关系调整要纲》为例，将日本以平等、和平之名行殖民、战争之实，淋漓尽致地揭露出来。文章说“看所谓‘日支新关系调整要纲’暨附件的内容，假使见诸事实，就把中国亡得干干净净，日本军阀的大欲就完全实现了。试看这一串侵略文章的阴险狠毒……无不极尽其致”[①]。《大公报》在《敌国所谓之国策》一文中指出：“日本失败的总前提，在于侵略中国。自九一八事变，它已开始失败；七七开战，又进一步失败；到现在困战三年，深陷侵华之渊，那便一切失败，再不能有所作为了。”[②]同时，《大公报》还宣传中国抗战必胜，坚定军民胜利的信心。为增强民众的抗战信心，《大公报》不惜篇幅，在社评版极力赞美前线军官的英勇行为。例如，在1940年7月9日发表了题为《悼张自忠将军》的社评，文章歌颂了张自忠将军不怕死的精神。“将军之死，乃抗战三年以来第一个殉国之大将，故值得战史上为之振笔特书也。”[③]

---

① 《敌汪阴谋的大暴露》，《大公报》，1940年1月23日。

② 《敌国所谓之国策》，《大公报》，1940年8月31日。

③ 《悼张自忠将军》，《大公报》，1940年7月9日。

另外，《大公报》还发表了许多有关国内经济、财政的发展与建设的文章。如在1941年太平洋战争爆发后，于12月9日发表社论《太平洋大战爆发暴日走向切腹之路》，指出“中英美苏荷等反侵略国家应该一致对德意日宣战，以争取反侵略国家的一致胜利”，并郑重说明中国的立场，向日德意三侵略国宣战，统率所有的兵力民力做英美等国的后援。又在12月13日发表社评《太平洋大战爆发后关于我国经济财政的几点意见》，对当前战争形势下我国经济、财政方面的工作提出建议。可见其关注国家经济建设，主张经济救国与强国。

《大公报》也积极采纳社会各界名流的意见，如著名的“星期论文”专栏，开辟“星期论文”专栏是张季鸾首先提出的。从1934年起，《大公报》以极高的稿酬，邀请多位专家，在《大公报》上发表论文。首先公布的受邀名家有陈振先、傅斯年、胡适、丁文江、蒋廷黻、梁漱溟、翁文灏、杨振声，后来又有梁实秋、陶希圣、钱穆、吴景超、马君武、蒋百里、陶希圣等人，这些人都是文学、历史、哲学、经济以及军事等各方面的专家。

重庆时期，《大公报》的消息、通讯表现出了报纸新闻本位的特性。从版面上看，全国军民英勇抗战的消息占报纸的主体。一般情况下消息分两种类型：国内政治军事动态和国际政治军事外交情况，分置于两个版面。国内消息多为军民抗日取得的成绩与进展，国际新闻则主要是盟国在世界法西斯战场的动态。

《大公报》的新闻通讯特点鲜明，内容翔实，并且时效性很强，因而成为《大公报》宣传全国军民积极抗日的一面旗帜。《大公报》最为常见的通讯形式是游记体通讯，大公报的记者、特派员行走在抗日根据地、周游在世界列国、游走于边疆僻野、亲身涉险潜入沦陷区，以真实的笔记录世间百态，用爱国之心感悟人间冷暖，既为读者介绍了各地的人情风貌，又使国人了解到各地的抗战形势，在使人们开拓视野的同时，也进行了抗日救国的舆论宣传。其时的杰出作品有萧乾于1940年2月间发表的《伦敦日记》，高集于1942年7—9月发表的9篇《西北纪行》，以及萧乾于1943年10—11月发表的10篇《陷区进出记》。

《大公报》的通讯一般篇幅比较长，对于典型的事件、具体的人物，通常组合各种材料进行深度挖掘。例如《陷区进出记》，就有10篇相关的通讯，不仅涉及上海、南京、宜兴等多个地方，还从政治、经济、文化等多个方面展示日寇对

大公報
中華民國紀元前十年創刊
Ta-Kung-Pao
(L'Impartial)
重慶 CHUNGKING

傅況麟律師
徐謨題
受任
四川省銀行
建設銀行
美豐銀行
川康銀行
川鹽銀行
和成銀行
通惠銀行
長江銀行
重慶銀行
聚興誠銀行
常年法律顧問
(上開銀行按列名次以受任先後為序)
傅況麟律師事務所設重慶臨江路三號

當歸露

中央銀行公告

合興成建築公司啓事

教育部特設盲啞學校啓事

國立二中校友公鑒

重慶市政府公告

甘肅××局購車啓事

財政部通告

財政部重慶市營業稅處啓事

中國糧食工業公司公告

某機械工廠招考藝徒

利昌股份有限公司召開常年股東大會通告

中國農民銀行總管理處受業聲明

軍事委員會外事局收買大溪別墅房地啓事

重慶市工務局招標通告

訃告

《大公报》

沦陷区进行的奴化教育以及沦陷区人民苦痛不堪的生活，揭露汪伪政权的卖国行径等多个主题，产生了较大反响。这种系列式的报道是《大公报》通讯的惯用方式，类似的通讯还有1941年3月的《话说当今英格兰》系列、1943年6—7月的《鄂西纪行》系列等，因此《大公报》的长篇通讯一般是以连载的形式刊登，这种方式也开启了我国报纸深度报道之先锋。[①]

① 曹炎：《抗战时期〈新华日报〉〈中央日报〉〈大公报〉舆论宣传研究》，湖南师范大学2011年硕士研究生论文。

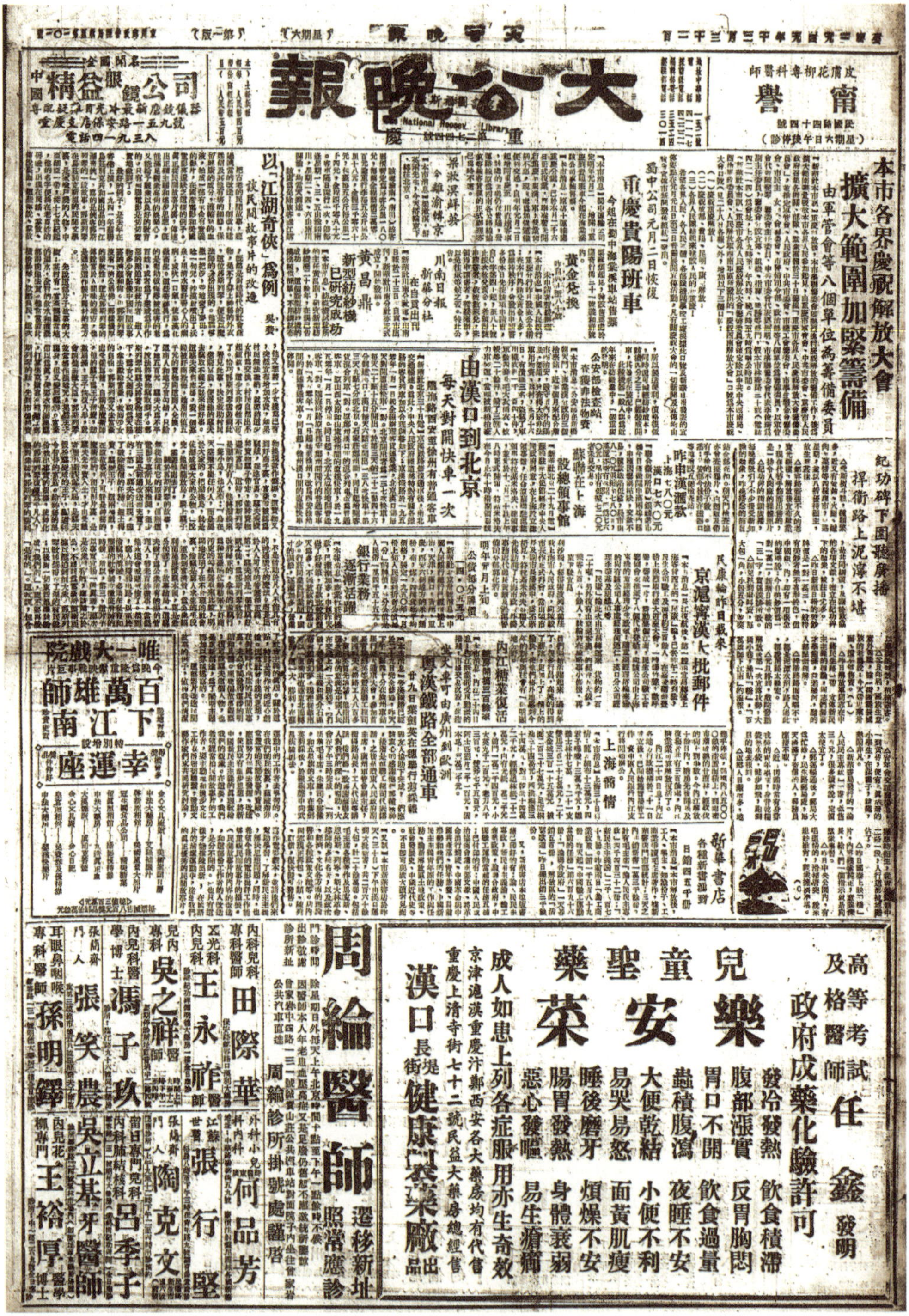

大公晚報

本市各界慶祝解放大會 擴大範圍加緊籌備
由軍管會等八個單位爲籌備委員

重慶貴陽班車

由漢口到北京 每天對開快車一次

以「江湖奇俠」爲例

黃金兌換

新型紡紗機已研究成功 黃昌鼎

京滬寄漢大批郵件

粵漢鐵路全部通車

上海商情

紀功碑下圍聽廣播 捍衛路上泥濘不堪

唯一大戲院 百萬雄師下江南

周綸醫師 遷移新址 照常應診

田際華 王永祚 吳之祥 馮子玖 張笑農 孫明鐸 何品芳 張行堅 陶克文 呂季子 吳立基牙醫師 王裕厚

高等考試及格醫師任鑫發明 政府戊藥化驗許可

兒童聖藥 樂安菜

發冷發熱 飲食積滯 腹部漲實 反胃胸悶 胃口不開 飲食過量 蟲積腹瀉 夜睡不安 大便乾結 小便不利 易哭易怒 面黃肌瘦 睡後磨牙 煩燥不安 腸胃發熱 身體衰弱 惡心發嘔 易生瘡癤

成人如患上列各症服用亦生奇效

漢口長堤街健康製藥廠出品

《大公晚报》

迁渝期间，《大公报》的副刊主要有《战线》与《文艺》两种。此外，《大公报》也出版过许多特刊，每逢重大节日、纪念日或者政府有重要举措，《大公报》都会出特刊配合宣传。在抗战时期，《大公报》最为重要的副刊为《战线》，1937年9月18日在汉口版上创刊，陈纪滢主编。到1943年10月31日停刊，历时6年，共出版996号。谈到《战线》创刊时的情形，陈纪滢追忆道："为了希望多刊载一些具有战斗性的文章和吸引青年作家起见，特把本刊取名战线"。因此，在《战线》出刊的6年多时间里，所发表的作品以抗战题材为主。《战线》作者群广泛，不仅包括当时文坛的一些名家写手，也有许多的平民文艺青年。《战线》上刊登的作品在语言上力求通俗易懂，提倡"用通俗的文艺作品教育工农士兵"。

1943年11月7日，《文艺》替代《战线》开始出刊，杨刚任主编。《文艺》为周刊，在报纸上占半个版面，刊登的文章主要为小说、散文、诗歌、文艺短论、中外名作家生活片段、语录、书简、中外文艺界近状之综合等。与《战线》主要刊登具有战斗性的文艺作品不同，《文艺》副刊刊登的多为反映文艺界自身状况的作品，是一个纯文学性的副刊。这个时期，《文艺》上发表文章的数量不多，每期刊登一到三篇文章，直到抗战结束仍然如此。

1941年，鉴于《大公报》"刊行悠久，代表中国报纸……在中国遭遇国内外严重局势之长时期中，对于国内新闻与国际之报道，始终充实而精粹，其勇敢而锋利之社评影响于国内舆论者至巨。自创办以来之奋斗史，已在中国史上放一异彩，迄无可以颉颃者"[①]。美国密苏里大学新闻学院颁授荣誉奖章给《大公报》，这是中国报纸第一次受此殊荣。此前亚洲国家仅有日本的《朝日新闻》曾获得过密苏里大学赠予的这份荣誉，但《大公报》认为，"文人论政"这个中国自由主义报人的特征，是日本同行所不能比较的。同一天，《大公报》被"国联"推选为全世界最具有代表性和影响力的中文报纸。

《大公晚报》1937年创刊于上海，日报。上海沦陷后，该报先后迁往香港、桂林。1944年9月1日第八一四号起，在重庆出版，社址在重庆李子坝建设新村3号，后迁中华路152号。发行人先后有曹谷冰、王文彬、彭革陈。该报4开2版，第一版为新闻，并先后辟有学宫汇报、巴山蜀水、市民信箱、短评、文化园、工商琐闻等栏目；

① 张育仁：《重庆抗战新闻与文化传播史》，重庆：重庆出版社，2009年，第89页。

第二版为综合性副刊《小公园》，其杂文很有特色，曾长篇连载艾芜的《风波》、刘盛亚的《恩仇间》、老太婆（许光凯）的《县太爷》。抗战胜利后，该报先后出有《体育界》《青年界》《妇女界》《医药界》《影剧界》专刊，还出有《民间文艺》《工商界》《儿童 》双周刊，以及《漫画漫谭》半月刊。日发行量约为30000份。

《大公报》在抗战胜利后复迁上海，重庆版作为分版继续出版。直到1952年才停刊，并以重庆版《大公报》为基础，创设了重庆市委机关报《重庆日报》。

《航务周报》（1938 年）

该报于1938年12月创刊，重庆航务周报社编行。1939年3月停刊。

《抗战周报》（1938 年）

该报约于1938年创刊，中国国际联盟同志会主办，为英、法文周报。社址在重庆上清寺聚兴村11号。

《远东周报》（1938 年）

该报于1938年创刊。该报是南京远东新闻社1938年迁渝后出版的一份周报，主要目的是为弥补通讯社发稿的不足。远东新闻社的负责人为许超，该报不定期发行。

《合川日报》（1939 年）

该报于1939年2月1日创刊，为合川县政府机关报，刘叔瑜任社长，黄肇纪任主笔，周远侯任总编辑，罗曦軏主编副刊《火网》，孙开围主编第二、第三版。自1939年9月起，该报与《大声日报》出联合版，报纸的经理部设在合川日报社，编辑部设在大声日报社，联合版于1941年初停刊。《合川日报》继续发行，直至1949年12月终刊。

《世界周报》（1939年）

该报于1939年2月27日申请注册，发行人夏国宾。

《自强日报》（1939年）

该报于1939年2月创刊，对开4版。余君实等人创办，编辑部设在綦江县城外枣子园，经理部设在綦江城区小学内。该报除报道新闻外，也有文艺性副刊。但该报内容平淡，影响不大。

《自由西报》（1939年）

该报原在汉口出版，英文报，系中美私人合资创办，发行人何凤山。1938年迁渝，1939年3月1日复刊，艾寒松、史枚任主编，社址在重庆武库街72号，生活书店发行。1946年4月该报在重庆终刊。

《上海新闻史》称，该报在重庆期间，因经营发生困难，经济拮据，被国民政府外交部收购。抗战胜利后，外交部以英文《上海泰晤士报》附逆为借口予以接收，将《自由西报》迁至该报原址，更名为《自由论坛报》，于1946年5月继续出版，由外交部驻沪代表尹葆余主持一切。

自由西報 重慶版

HANKOW HERALD

CHUNGKING EDITION

NO. 5387

Registered at the Chinese P. O. for transmission with special marks privileges in China

CHUNGKING, MONDAY October 16, 1939 — 15 CENTS

中華民國二十八年十月十六日 星期一

CHINESE CONVERGING ON FENGHSIN LAUNCH VIGOROUS ASSAULT

HAVE OCCUPIED MANY STRATEGIC HEIGHTS AROUND N.W. KIANGSI CITY WHICH IS NOW ENCIRCLED ON 3 SIDES; ENEMY RUSHING REINFORCEMENTS

GUERRILLAS ACTIVE IN KIANGSU

U.S.A. SENATE BECOMES SCENE OF HOT DEBATE

Isolationists Want Allies To Surrender Possessions In Western Hemisphere To U.S.

Roosevelt's Program Supported By Majority

Neutrality Act Hit By Robert Taft As Favoring Aggressors At Expense Of Peace Lovers

PROF. ROGER BABSON STRESSES IMPORTANCE OF SINO-JAPANESE WAR

FAILURE OF PEACE MOVE DISAPPOINTS HERR ADOLF HITLER

BRITISH GOVERNMENT CONTINUES TO SUPPORT CHINESE LEGAL TENDER

SOVIET-FINNISH TALKS REACHING DELICATE STAGE

Finland Doing Everything Possible To Preserve Peace, Declares Foreign Minister Erkko

Swedish King Calling Scandinavian Confab

Pres. Roosevelt Reveals Despatch Of Personal Appeal To Moscow; No Reply Received Yet

GERMANS EXPECTED TO BEGIN OFFENSIVE ON WESTERN FRONT

CONCENTRATION OF REICH TROOPS IN WEST ESTIMATED AT 2,000,000; FRENCH AND BRITISH FORCES FULLY PREPARED TO REPULSE ANY ATTACK BY ENEMY

FIGHTING IS AT STANDSTILL

WILLIAM PAWLEY SAYS JAPAN WILL NEVER BE ABLE TO DEFEAT CHINA

29,150-TON ROYAL OAK IS SUNK BY REICH SUBMARINE

《自由西报》（重庆版）

《全民通讯社通讯稿》(1939年)

该报于1939年3月创刊,发行人为重庆全民通讯社,1949年9月终刊。

《血汗周刊》—《壁报》(1939年)

1939年3月,中共石柱县委为了及时传播中国共产党抗日救亡的政策、主张,报道国共两党合作抗日的时局、战况,唤醒民众,推动全民族抗战,同时也为了传授农业科技知识,以石柱县农职中学生会的名义,由农职中党支部具体筹办,正式创办了《血汗周刊》。

周刊创刊后,由农职中党支部书记、农职中学生自治会主席黎永万任编辑,党支部宣委、宣传股长刘贤波负责组稿,共产党员谭宁衡负责印刷和发行。后在国民党当局一再强令停刊的压力下,周刊于1939年10月被迫改名为《壁报》,印刷也由铅印改为油印,每周出1中张,印刷数量减到30份,只张贴于城内及城附近要道和各区小学校。该报内容也调整为以农业常识、地方农事通讯、农情报告为主,以抗战漫画、时事述评、文艺等为辅。1940年夏季,由于党员学生毕业离校,《壁报》停办。

《救亡日报星期刊》(1939年)

该报于1939年4月创刊,发行人重庆新知书店。

《健报》(1939年)

该报于1939年4月创刊,小型评论刊物。

《重庆各报联合版》(1939年)

《重庆各报联合版》于1939年5月6日发刊，8月12日停刊，持续3个月零7天，共计出版发行99期。

1939年5月3日、5月4日，日军集中力量轰炸重庆，制造了“重庆大轰炸”惨案。在这次轰炸中，《大公报》《国民公报》《西南日报》《新蜀报》等，均遭到不同程度的损毁，人员伤亡及财产损失空前。5月5日，国民政府军事委员会和国民党中央宣传部发布通知，由《中央日报》牵头，召集《新华日报》《大公报》《时事新报》《扫荡报》《国民公报》《新蜀报》《商务日报》《西南日报》《新民报》出版联合版。

1939年5月8日，10家报纸负责人组成“重庆各报纸联合委员会”，主持联合版相关工作，成员包括：《中央日报》的程沧波、《时事新报》的崔唯吾、《大公报》的曹谷冰、《扫荡报》的丁文安、《新蜀报》的周钦岳、《新华日报》的潘梓年、《新民报》的陈铭德、《国民公报》的康心之、《商务日报》的高允斌、《西南日报》的汪观之，委员会成员公推程沧波担任主任委员。联合委员会下面设置编撰委员会及经理委员会，编撰委员会主任委员由王芸生担任（王芸生与刘光炎轮流主持联合版的编务工作），黄天鹏作为经理委员会主任委员，负责联合版的编辑发行工作。为加强合作，减少矛盾，联合委员会商定了编辑方针：“不写社论，只发‘中央社’发布的消息，不刊各报自行采写的新闻，10家报社分组轮流任值班编辑，报纸清样出来后由大家看。”[①]联合版在未遭受空袭的《时事新报》的防空洞内完成编辑，印刷工作分别由《国民公报》《时事新报》以及《新民报》承担。

《重庆各报联合版》为日报，在发刊之初只有1小张，后扩增为对开4版。联合版在版面设置上规定两版为新闻，两版刊载广告，新闻不足的时候，可以用广告（指各种遗失声明、寻人、寻物品启事）补充，版面设计上因纸张的大小有所调整，出版1中张的时候，第一版刊登国内新闻，第二版为国际新闻，且第二版下

① 周惠斌：《重庆十报〈联合版〉出版纪实》，《中华读书报》，2010年10月27日，第14版。

端会刊登广告。当出版1大张后，报纸的第一、四版为广告，第二版为国内新闻，主要为国内各种大事及军事委员会按期发表的《一周战况》等，第三版刊载国际新闻，也有少量本市新闻置于第三版下方，各报原有的副刊一律停办，但报纸每天会刊登一两篇社论或评论，也会刊载一些专论、短评、重要人士的演讲词等。1939年7月25日和8月12日发行的为对开6版，增加的第五、第六版均为广告，8月12日的终刊号登载的广告是前期积存的广告。联合版刊登的广告内容极具特色，有关焚毁启事、遗失声明的特别多。除此之外还有不少寻人启事，如妻寻夫、母寻子等。这一特色，可以说是对敌人暴行的一种控诉。

抗战两周年到来之日，联合版增加对开的纪念特刊1张，版面增加到8版。其中，国民政府主席林森的《致前方将士暨阵亡将士家属的慰问电》写道："抗战以来，绵历两载，战区之广，亘于南朔，自江海以至腹地，由都市以及乡镇，凡毒焰之所及，糜不焚荡一空，死伤相望，残忍不道，振古未闻"。同时联合版的评论也言及了战争的残酷，"两周年间，国家丧失了多少土地，牺牲多少财产，又死伤了多少生命！这个纪录，在中国历史上是空前的，这一场战争的残酷，在世界战史上也是空前的！"①

联合版创刊后的最初一段时间，刊登的新闻主要内容是报道政府当局对善后工作的紧急处理，比如紧急救济款的拨发情况、临时收容所及儿童教养院的设立、居民疏散等，对各方捐款赈灾和来电慰问的情况也连续登载多日。除此之外，联合版还刊登抨击敌寇暴行以及激励军民斗志的言论，如5月8日联合版发表的《仇恨愈深，奋斗愈勇！》的评论说道："只有英勇奋斗，才能算清我们的新仇旧恨，争取抗战的最后胜利！"而《乡村建设的问题》和《努力与镇定》两文则对那些不顾国家兴衰、贪图个人享受的特权阶级进行了贬斥："竹篱之舍，未尝不可栖身，何必大兴土木斗富争华呢？我们希望疏散下乡的同胞，切不要只顾享受园林之乐，而忘掉了本身应负荷的责任！""……厥系于全体国民要有昨死今生的觉悟，亲爱精诚的团结；只有大家卧薪尝胆，刻苦耐劳，才可以冲破艰阻，渡过难关。""重庆大轰炸"惨案后，重庆物价猛涨，联合版连续发文表达平抑物价的

① 转引自重庆抗战丛书编纂委员会：《抗战时期重庆的新闻界》，重庆：重庆出版社，1995年，第84页。

中華民國念八年五月十七日 星期三 重慶各報聯合版 第一張

重慶各報聯合版

中央日報 大公報 時事新報 新華日報 掃蕩報 國民公報 新蜀報 新民報 西南日報 商務日報

第二十號

今日出版一大張 每份零售五分

重慶各報聯合委員會經理委員會啟事 廣告課緊要

重慶衛戍總司令部佈告 經二字第二六〇號

重慶衛戍總司令部佈告 公字第五九八號

重慶疏建委員會佈告

重慶衛戍總司令部通告 第一號

重慶疏建委員會佈告 疏工字第五六號

今日出版 群衆

目錄

總經售 重慶西三街二號 新華日報

理論與現實（季刊） 沈志遠主編 每冊六角 全年二元 生活書店發行

國訊

獨立出版社 半月新書 五月上半月分

華中圖書公司 總辦全國雜誌書報 代定代辦代理發行

《重庆各报联合版》

必要性，如《平抑物价的必要》《再议平抑物价问题》《论平抑物价》等。总之举凡国内国外新闻、一周战况、敌寇暴行、捐款赈灾、抗敌勇士、物价升降、针砭时弊，无不见诸报端。①

在发行方面，5月9日联合版发文称：“本会现已开始办公并议决广告价目。长行（八十字高）每行二元，短行（四十字高）一元，小广告（四十字内）一元二角，不折不扣，概收现款，并于每日下午六时前截止。接受广告发行价目，每份零售五分，批发三分三厘，一律惠现兹于新街口三十九号。时事新报设置发行处外，并于新民、中央、国民、新蜀、新华各馆设分销处，统希公办。”②6月17日联合版刊登信息，长行广告上涨4角，短行广告上涨2角，小广告照常。中途因刊登广告拥

① 周惠斌：《重庆十报〈联合版〉出版纪实》，《中华读书报》，2010年10月27日，第14版。

② 《重庆各报联合委员会经理委员会启事》，《重庆各报联合版》，1939年5月9日，第1版。

挤，联合版采取广告补登及刊登暂停接收广告的通知，5月11日联合版刊登："兹因广告拥挤，本版限于篇幅，致连日接受之广告，无法按期刊出，至于歉意。暂言停止接受广告一日，将于存之广告刊出，自十二日下午四时起照常接受。所有未刊出之广告，将按逐日接受之前后次序照常刊出不误，敬请各刊户谅解。"[①]除了广告数量上的控制，联合版对广告刊登的频次也有规定，长期广告只有在特殊情况下可延长一周，一般以三天为限，普通医药商业广告刊登第一次后，下次刊登必须间隔两星期。抗战期间，纸张价格和运输价格飞涨，联合版为了增加收入，减少亏损，报纸价格曾几经调整，发刊之初，报纸零售价为5分，批发价为3分3厘，7月1日起零售价调为6分，批发价为4分3厘。发行方面，一开始是向新民、中央、国民、新蜀、新华等各会员馆领批，委员会不直接办理零售及订阅事宜，因此对向分站和报贩订阅者，联合版不承担责任。另外，不断增加发行量，联合版日发行量约3万份，发行量最高的时候达5万份。同时为便利读者起见，自7月20日起，各会员报馆留若干份报纸零售。联合版外埠发行事宜由各会员报馆办理，未在外埠设立分处或派员兜售。[②]联合版的收入，各报均不分红，也不出钱，所赚的钱由"报联会"开支，每星期聚餐一次，地点经常在冠生园楼上，参加者为各报社长、总编辑、经理等。直至各报恢复独立出版，除去一切开支，盈利16000余元。

《新华日报》正式参加联合版的时间是5月7日。大轰炸后，《新华日报》作为中共中央在国统区公开发行的机关报，损失不大，能够继续独立出版，于是在6日致函程沧波及崔唯吾，申明"关于联合出版事，敝报尚待与中宣部交涉，所有关于联合出版事宜，敝报一概恕不参加"。所以，5月6日《新华日报》仍单独出版发行一小张。当日，国民党中央宣传部复函《新华日报》，内称："查渝市各报，奉谕自6日起，一律停刊，改出联合版，5日曾通知各报在案，唯贵报本日仍照旧单独出版，有违前令。特此函知，务希即日遵令办理，7日起不得再行刊行，否则事关通案，当严予处分也。"旋即，周恩来指派潘梓年找到国民党中央宣传部部长叶楚伧，提出三点要求：一、不能利用"联合版"之机，取消《新华日报》；二、"联合版"必须是暂时的，一俟各报迁移有定，筹备有序，应准各报立即复刊，单独出报；三、必须

① 《本版广告课紧要》，《重庆各报联合版》，1939年5月11日，第1版。

② 《本报启事》，《重庆各报联合版》，1939年7月30日，第1版。

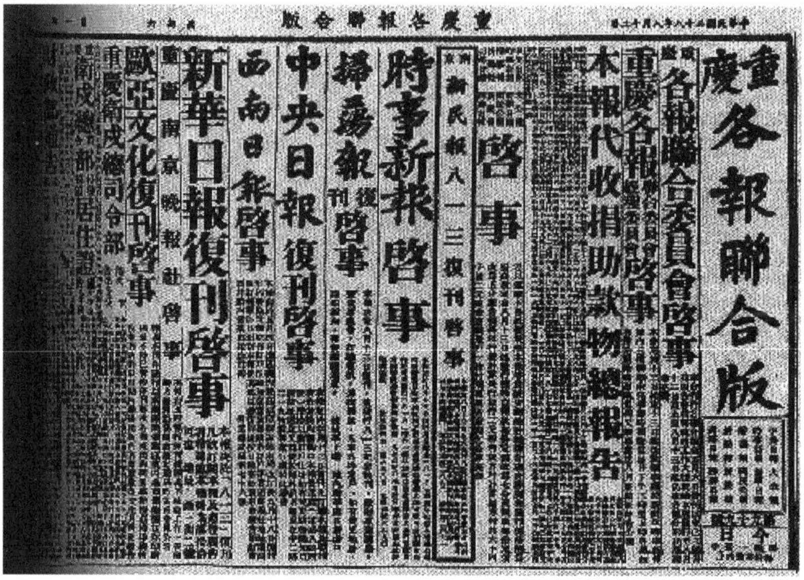
重慶各報聯合版
重慶各報聯合版
各報聯合委員會啓事
本報代收捐助款物總報告
啓事
新民報八一三復刊啓事
時事新報啓事
掃蕩報復刊啓事
中央日報復刊啓事
西南日報啓事
新華日報復刊啓事
南京晚報社啓事
歐亞文化復刊啓事

《重庆各报联合版》最后一期

确定“联合版”的期限，否则不予参加。之后周恩来亲自与叶楚伧交涉，得到国民党中央宣传部“各报出联合版只是临时措施，绝没有就此让贵报停刊之意”[①]的承诺后，几经权衡，《新华日报》决定加入联合版。

中共中央获悉《新华日报》停刊参加《重庆各报联合版》一事后，5月17日，中共中央书记处致电南方局指出，要尽快与国民党当局交涉单独出版事宜，并要求在《新华日报》未恢复出版之前，充实和扩大《群众》（隶属中共中央南方局领导的周刊）内容，翻印《新中华报》以保证中国共产党与国统区人民联系渠道的畅通。之后《新华日报》联合《大公报》《国民公报》《新蜀报》《新民报》等报社与国民党中央宣传部反复交涉，提出尽快恢复各报独立出版，并从7月7日起连续推出4期“七七特刊”。在各方要求下，最终“重庆各报联合委员会”于第七次会议决定：8月13日为各报复刊日期。

① 重庆市《新华日报》暨《群众》周刊史学会、四川省《新华日报》暨《群众》周刊史学会：《新华日报史新编》，重庆：重庆出版社，1998年，第49页。

8月12日，联合版在其结束号中刊载了“重庆各报联合委员会”的启事：“查本会刊行之联合版自5月6日发刊以来，已阅三月。兹以各会员报疏建工作大体就绪，本版发行至8月12日止，自8月13日起仍由各报分别出版，诸希亮察。”唯有《西南日报》因损毁严重，延至9月8日复刊，改出《西南日报晚刊》。至此，在中国报业史及中国新闻史上占有重要地位的《重庆各报联合版》宣告结束。

《重庆各报联合版》是中国新闻传播史上的一次壮举，更是一次能充分体现重庆陪都时期中国政治文化格局中兼容并蓄的历史奇观。该报的出版发行，适应了当时特殊形势下的特殊要求，也是战时中国新闻界团结奋斗、共同对敌的象征，是中国报业史和中国新闻史上前所未有的壮举。正如联合版5月6日刊登的《发刊词》写到的那样，“联合版所表现的精神，是最显著的团结……重庆的报界，现在本是集京、沪、津、汉的经营，今天结合在一个组织下面发行联合版，在人力、物力方面，比以前格外能充实，我们对抗的宣战，比以前格外能尽责，我们报界的这次联合组织，自信对业务上将更有进步，对读者更可尽我们的责任”。至于《重庆各报联合版》的意义，其中也有所阐述：“联合版的发刊，在将来的中国报业史上，永久是惨痛悲壮的一页。中国现在与未来的新闻记者，决不会忘记这个联合版发刊时的惨痛环境。”[①]

《敌伪经济汇报》（1939年）

该报于1939年5月创刊，16开，油印，月报，封面印有“密件”字样，经济部秘书处编辑出版。该报主要介绍敌伪经济情况，包括物资掠夺、物资经营、物资走私，以及财政、金融、交通等情况。该报于1940年9月停刊。

① 《发刊词》，《重庆各报联合版》，1939年5月6日。

《东南日报》(1939 年)

该报约于1939年上半年创刊，读者对象是苏、浙、闽、赣各省流亡在渝的人士，主要报道东南各省近况，以及东南游击区战情。

《内外金融周报》(1939 年)

该报于1939年7月创刊，重庆特种经济调查处编辑。自第十九期起，改由重庆战时经济研究所编行，约1941年10月停刊。

《祖国时代日报》(1939 年)

该报于1939年8月3日注册，发行人胡林厚，社址在重庆中山一路178号附1号。该报只登记未出版。

《西南导报》(1939 年)

该报创刊于汉口，1939年8月28日迁渝出版，发行人张国瑞，社址在重庆黄荆桥24号。该报旨在“建设西南，复兴中国”。该报设有短评、专载、地方通讯、参考资料、西南动态等栏目。

《中国合作导报》(1939 年)

该报于1939年在昆明创刊，旬刊，同年9月第七期迁往重庆，重庆中国合作学社附设中国合作通讯社编行。

《大众壁报》(1939年)

该报于1939年10月创刊，荣昌县大众壁报社主办，负责人林锡传、郭锡鸣。该报旨在“宣传抗日，唤起民众，提高救亡情绪”，社址在荣昌县大东街40号楼上。

该报实为中国共产党领导下的报纸，主要参与人员为荣昌中学师生。1939年10月28日出版第一期，红色石印1大张。自此以后，以手抄三日定期刊为经常工作，张贴在主要街道的墙壁上。该报分国际、国内等栏，照成都进步报纸《星芒报》的形式，以精简扼要、通俗易懂的文体编写，文章大多数根据《新华日报》《解放周刊》摘录，对荣昌青年起到了很大的引领作用。该报连续出版20期后停刊，后又续出两期，因当局扬言查封，办报的骨干先后离去，故而停刊。

《民兴日报》(1939年)

该报于1939年末在合川出版，后与《合阳晚报》《商报》合出三报联合版。

《石柱日报》(1939年)

该报于1939年创刊，石柱县县政府主办，县长刘永镛任社长。该报主要登载县政府各项政令及国内外要闻，不久即停刊。

《中国新星报》(1940年)

该报于1940年2月29日注册，发行人马伯超，只登记未出版。

《益世报》(1940年)

《益世报》是罗马天主教教会在中国出版的一份中文报纸，1915年10月14日在天津发行。因日军侵占天津和《益世报》天津版总经理生宝堂被杀害，报纸被迫停刊。1940年，《益世报》由昆明迁到重庆，社址在中华路138号，编辑部在曾家岩明诚中学内。《益世报》(重庆版)的社长是杨慕时，最初董事长为雷鸣远。雷鸣远去世以后，董事长由南京教区主教于斌担任。

1940年3月24日，《益世报》正式在渝复刊，编号8006。头版刊登《本报启事》，第二版刊登《发刊词》："从九一八起，我们始终一贯主张抗战；对内主张实现民主政治；本报为公教教友之报纸，有宣传教义之职责，我们遵循教义，对国际局面以促进世界和平，增加人类幸福为最终目的。"①在初期具体的实践运作中，《益世报》间或也掺杂了一些附和官方意识形态的内容。但总体而言，《益世报》仍不失为一份具有恪守公教立场、坚持团结抗战方向的报纸。

不过，由于《益世报》逐渐倾向着重强调"拥护政府"，很多时候站在国民党一边，与《中央日报》《扫荡报》沦为一丘之貉。1945年后，《益世报》由重庆教区接办。社长陈公亮，总编辑张绍曾。陈公亮代表主教请出四川财阀、天主教教徒刘航琛担任副董事长，后来刘担任董事长。刘航琛通过川康、川盐两家银行对报纸进行拨款资助。

《益世报》(重庆版)在解放战争后期销路日渐式微，直到再也无法经营下去，于1948年11月8日不得不自动关门停刊。

---

① 《益世报》，1940年3月24日，转引自张育仁：《重庆抗战新闻与文化传播史》，重庆：重庆出版社，2009年，第110页。

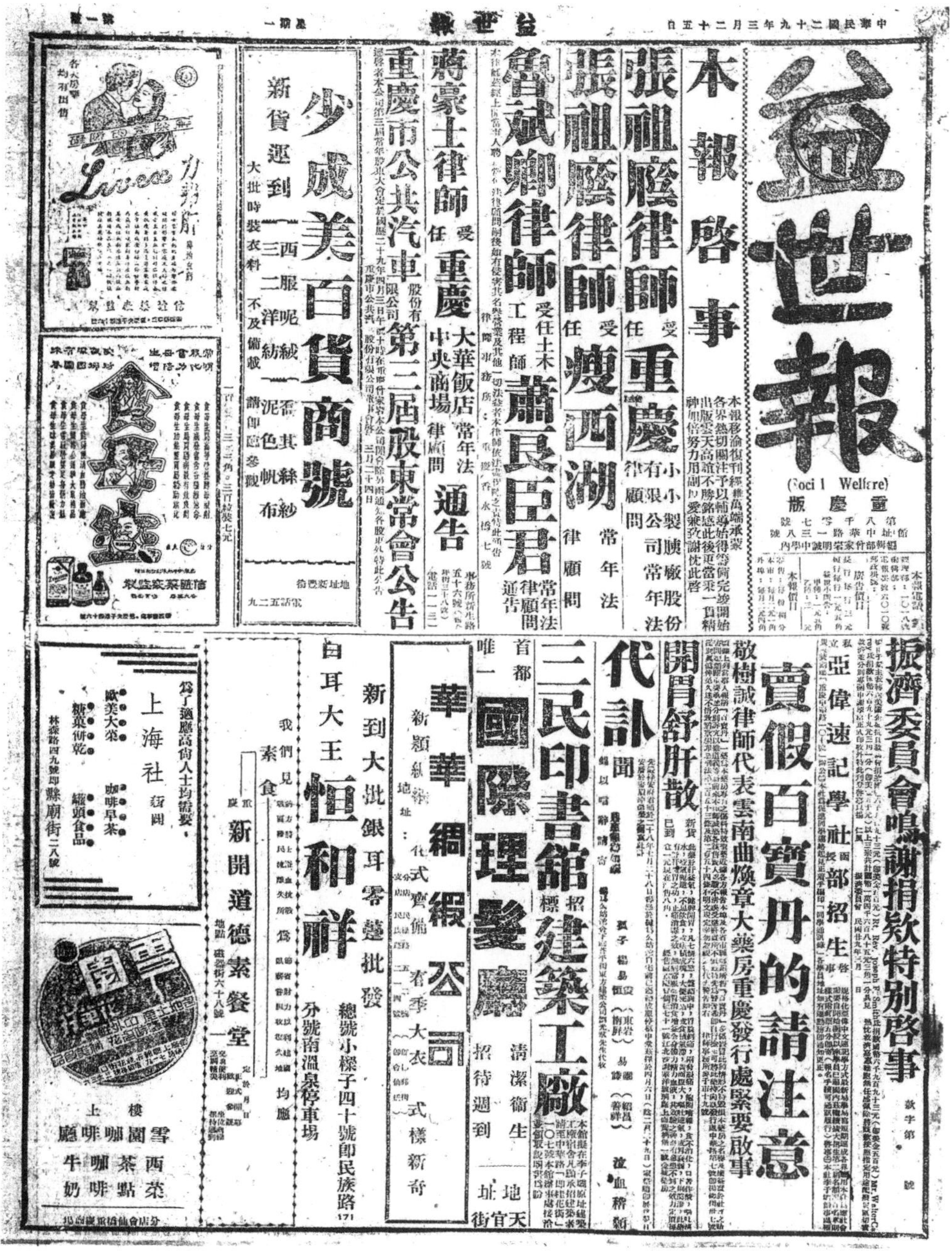
中華民國二十九年三月二十五日 益世報 星期一 第一張

益世報
(Social Welfare)
重慶版

本報啟事

張祖蔭律師受任重慶小小製腰廠股份有限公司常年法律顧問

張祖蔭律師受任瘦西湖常年法律顧問

魯斌卿律師受任土木工程師蕭良臣君常年法律顧問通告

蔣豪士律師受任重慶大華飯店中央商場常年法律顧問通告

重慶市公共汽車股份有限公司第三屆股東常會公告

少成美百貨商號
新貨運到 西服呢絨 三二洋紡 大批時裝衣料 不及備載 請即惠參觀

振濟委員會鳴謝捐款特別啟事

賣假百寶丹的請注意
敬樹誠律師代表雲南曲煥章大藥房重慶發行處緊要啟事

亞偉速記學社函授部招生

開胃舒肝散

代訃聞

三民印書館
建築工廠

首都唯一 國際理髮廳 清潔衛生 招待週到 地址 天官街

華華綢緞公司 新穎綢緞 式樣新奇

新到大批銀耳零躉批發
白耳大王 恒和祥 總號小樑子四十號即民族路 分號南溫泉停車場

我們見素食 新開道德素餐堂

為了適應高尚人士均需要
上海社
歐美大菜 咖啡早茶 糖菓餅乾 罐頭食品

雪園 樓上 西餐 咖啡廳 茶點 牛奶 咖啡

《益世报》（重庆版）

《葛城壁报》—《城口五日刊》(1940年)

《葛城壁报》于1940年5月创刊，国民党城口县执行委员会创办，主要收听和整理城口县政府播音室收听的消息，定期刊出。后改名为《城口五日刊》，石印，1946年停刊。

《政治旬报》(1940年)

该报于1940年7月11日创刊，重庆中央训练团特党部编印，油印。该报辟有国际动态、敌情、国内政局、本团消息等栏目。

《璧山导报》—《导报》(1940年)

《璧山导报》于1940年9月18日创刊，三日刊，4开4版，石印。社址在璧山县民众教育馆内，办报经费由民众教育馆从教育经费中补助。社长为璧山县民众教育馆馆长何戡黎，总编辑为民众教育馆教导主任何正声，编辑沈寄踪、周平野，记者周予敏，均是中共地下党员。该报以“三日刊”为由，拒绝采用“中央社”新闻稿，只将重庆各报纸的消息改写成综合报道，但内容广泛，既有政治、经济、文化、军事(包括抗日宣传)的文章，也有知识趣谈、生活琐事、诗歌和广告等方面的内容，且文字简练，印刷清晰，图文并茂。该报每期印数为350份。

1942年春，报纸改为铅印，并更名为《导报》，去掉“璧山”二字，意在扩大发行范围。这时周予敏离开报社。1943年春，因印刷厂不肯代印报纸，《导报》停刊。1944年改组为《渝北日报》。

《民众小报》(1940年)

该报于1940年10月10日创刊,4开4版。发行人萧家霖,重庆中国文化服务总社总经售,通信处在重庆青木关教育部国语推行委员会。该报所有正文文字均加注拼音,目标主要是为了扫除文盲、普及汉字与推广新闻。王世杰和吴敬恒先后书写过报名。

该报第一版为国内外重要新闻;第二版为社论、国际新闻;第三版为各种专刊;第四版为文艺性副刊。在第三版版心外白边处印有"会看报的人,讲给不会看的听";在第四版版心外白边处印有"已经看过的报,要送给别人看"。第二、第三版中缝写有:"本报可供三种人看:一、认识汉字的人,可以专看汉字正文;二、识汉字不多的人,可以参看旁边的注音;三、不认识汉字只会注音符号的人,可以专看注音符号,兼学汉字。"

该报有三大优点:"一、通俗浅易,适合一般民众口味;二、价钱便宜,看大报一月,可以订本报一年;三、本报字字注音,只要学会注音符号,便可无师自通。"该报在第一、第四版中缝刊登该报给各县教育科、民众教育馆、中小学校的函,要求协助推销报纸,内称:"本报应抗战建国之需要而产生。编辑的内容除重要新闻、战时消息外,还有常识和文艺,都是以民众为对象,用纯口语写成的。本报的特点,不仅仅是一种话报,而且是用注音汉字排印的。因此,它有帮助识字的特效,即使没有上过学堂的民众,只要用很短时间,学会了注音符号,自己就会看得懂这个报,看长了,汉字也都认识了。所以本报是帮助识字,扫除文盲,顶快顶快的有效工具。现在本报为着广泛推行,收到更大效果起见,特希望全国各县教育科、民众教育馆及中小学校,提倡订购,协助推行。用以教导民众,普及识字。"

另有资料称,1943年,《民众小报》与《千字报》合并改为《国语千字报》,由郭登敖任社长,从三日刊改为每日刊。

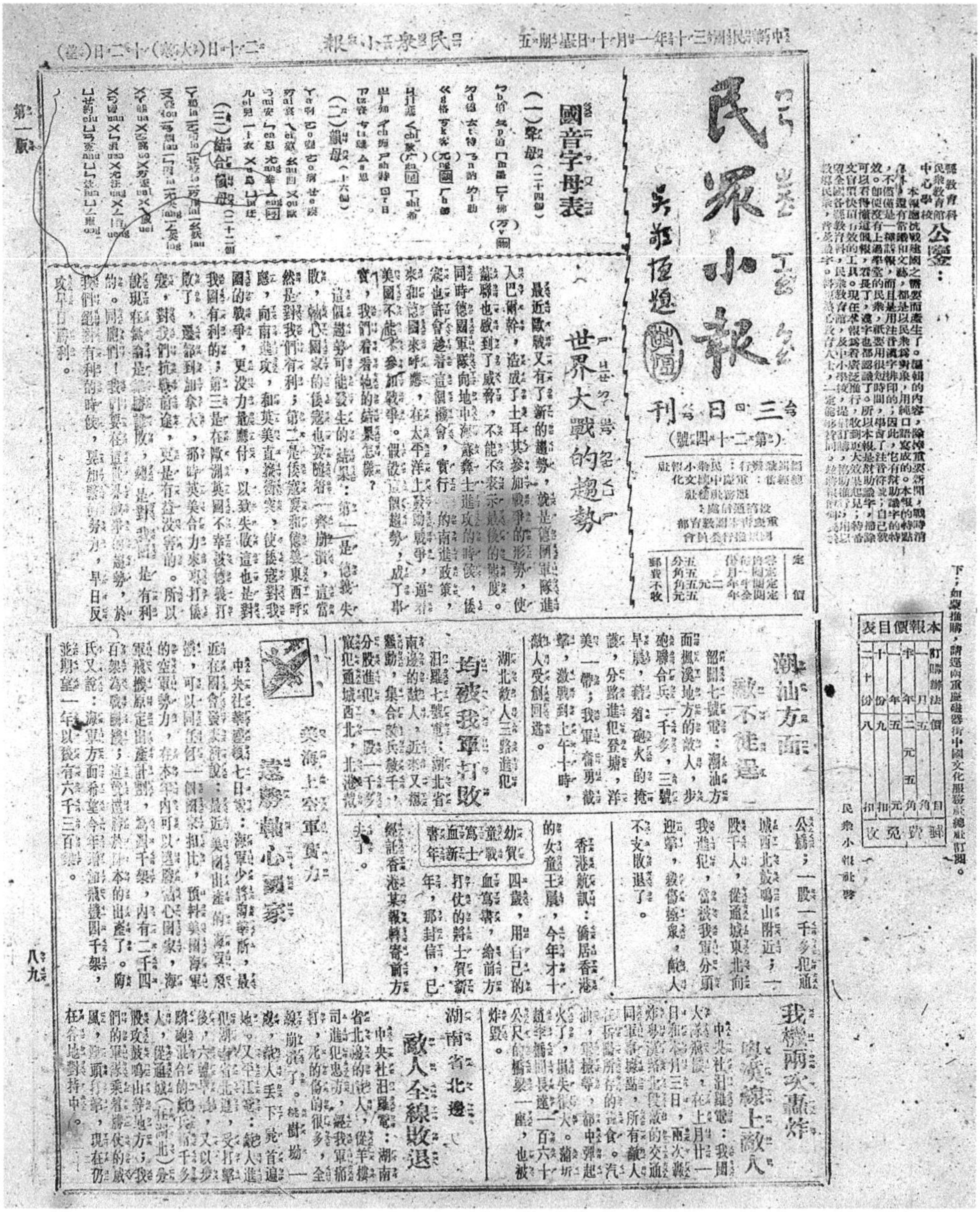

中華民國三十一年十一月十日星期五 民眾小報

第一版

民眾小報

吳敬恒題

三日刊（第二十四號）

國音字母表

（一）聲母（二十四個）

（二）韻母（十六個）

（三）結合韻母（二十二個）

公鑒：

世界大戰的趨勢

最近歐戰又有了新的趨勢，就是德國軍隊進入巴爾幹，造成了土耳其參加戰爭的形勢，使蘇聯也感到了威脅，不能不表示最後的態度。同時德國軍隊向地中海蘇彝士進攻的時候，倭寇也許會趁着這個機會，實行他的南進政策，逼着美國不能不參加戰爭。假設這個趨勢，成了事實，我們看看他的結果怎樣？

這個趨勢可能發生的結果：第一是德義失敗，軸心國家的倭寇也要隨着一齊崩潰，這當然是對我們有利；第二是倭寇要和德義東西呼應，向南進攻，和英美直接衝突，使倭寇對我國的戰爭，更沒力量應付，以致失敗，這也是對我國有利的；第三是在歐洲英國不幸被德義打敗了，退卻到加拿大，那時英美合力來專打倭寇，對我們抗戰前途，更是有益沒害的。所以說現在無論是誰勝誰敗，總是對我國是有利的。同胞們！我們要在這世界戰爭的趨勢，於我們絕對有利的時候，要加緊努力，早日反攻早日勝利。

潮汕方面 敵不進退

韶關七號電：潮汕方面楓溪地方的敵人，步砲聯合兵一千多，三號早晨，藉着砲火的掩護，分路進犯登塘、洋美一帶；我軍奮勇截擊，激戰到上午十時，敵人受創回逃。

湖北敵人三路進犯 均被我軍打敗

沮縣七號電：湖北省南邊的敵人，近來又擾動，集合敵兵數千，分股進犯，一股一千多，竄犯通城西北，北港公橋；一股一千多犯通城西北鼓鳴山附近；一股千人，從通城東北向我進犯，當被我軍分頭迎擊，殺傷極眾，敵人不支敗退了。

幼童賀戰士 血寫新年書

香港航訊：僑居香港的女童王麗，今年才十四歲，用自己的血寫書，給前方打仗的將士賀新年，那封信，已經託香港某報轉寄前方去了。

英美海上空軍實力 遠勝軸心國家

中央社華盛頓七日電：海軍少將葛寧斯，最近在國會發表演說：最近美國出產的海軍飛機，可以同任何一個國家相比，預料美國海軍的空軍勢力，在本年內可以遠勝軸心國家，海軍飛機原定出產計劃，為四千架，內有二千四百架為戰鬥機；這些遠勝於日本的出產了。葛氏又說：海軍方面希望今年海軍飛機四千架，並期望一年以後有六千三百架。

我機兩次轟炸 粵漢線上敵人

中央社沮縣電：我國一大隊飛機，在上月廿日和本月三日，兩次轟炸粵漢路北段的交通，同時轟炸了……所有敵人所存的糧食、汽油、軍械等，都中彈起火了，損失很大。蒲圻趙李橋附近長達一百六十公尺的橋梁一座，也被炸毀。

湖南省北邊 敵人全線敗退

中央社沮縣電：湖南省北邊的敵人，從羊樓司進犯忠坊，死的很多，經我軍痛打，全線崩潰了。桃樹坳一線，敵人丟下屍首，遍地。又平江電：湖北省北邊進犯的敵人，受打擊後，又以步騎砲混合的部隊千多人，從通城（在湖北）分股攻鼓鳴山等地方；我們的軍隊乘着勝仗的威風，迎頭打擊，現在仍在各地對持中。

本報價目表

訂購辦法	價目
一月	五角
半年	二元五角
一年	五元
十份	九扣
二十份	八扣
郵費免收	

如蒙推銷，請逕向重慶磁器街中國文化服務社總社訂閱。

民眾小報社啓

八九

《民众小报》

《洞庭晚报》（1940 年）

该报于1940年10月30日注册登记，负责人谢永夫，社址在重庆纯阳洞。该报只登记未出版。

《中国晚报》（1940 年）

该报约于1940年创刊，中苏友好协会的陈之宜任董事长兼发行人，彭集新任经理，总编熊明煊，会计主任王季旻，编采人员有尹泽宇、杜幼甫、罗烽等，社址在重庆左营街。该报为4开2版，第一版为要闻，主要采用“中央社”稿件，部分采用“交通通讯社”稿件，也有自采新闻；第二版上半版为文艺副刊《星火》，下半版为广告。数月后，该报因言论大胆，被新闻检查部门以登记证“不合法”为由勒令停刊。前后出版不到1年。

《建国晚报》（1941 年）

该报于1941年1月30日创刊，邹晋夫主办，社址在重庆仁爱堂街4号。

《东亚周报》（1941 年）

该报于1941年2月24日注册，负责人纪凯夫。该报只登记未出版。

《重庆快报》(1941年)

该报约于1941年2月24日注册,只登记未出版。

《西南日报》(1941年)

该报约于1941年2月创刊,杨平章主办,社址在重庆燕喜洞正街。

《渝州晚报》(1941年)

该报约于1941年3月1日注册,只登记未出版。

《天下周报》(1941年)

该报于1941年3月7日注册,只登记未出版。

《国语千字报》(1941年)

该报于1941年3月12日创刊,日报,8开4版。国民党教育部战区中小学教师第三服务团主办,发行人郭登敖,社址在重庆九道门7号。

《国语千字报》从小学教科书中选择常用汉字1000个为基本用字,以通俗的语言报道新闻,力求适合一般民众与小学儿童阅读。该报后迁往北平出版,发行人仍为郭登敖。

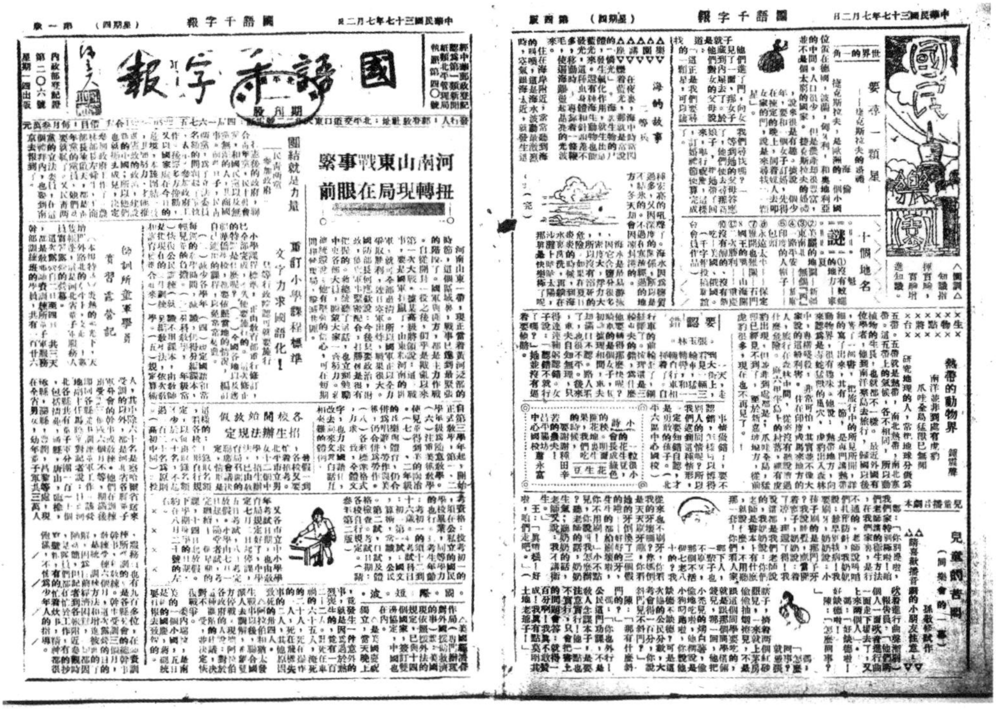
國語千字報
河南山東戰事緊
扭轉現局在眼前

《国语千字报》

《白沙周报》（1941年）

该报于1941年3月27日创刊，逢周一出版，4开4版，铅印，朱家骅题写报名。教育部特设大学先修班主任曹刍教授兼任社长，社址在江津县白沙镇教育部特设大学先修班。第一版为社论和广告，第二版为时事述评、杂著、广告，第三版为“本地风光”（即本地消息），第四版为副刊《沙场》。

《全民周报》（1941年）

该报于1941年4月4日创刊，负责人戴文忠，社址在重庆白象街88号。1946年7月被当局查禁。

《卫生周报》（1941年）

该报于1941年4月16日创刊，负责人薛映辉，社址在重庆江家巷69号。

《粮情简报》—《粮情周报》—《粮情旬报》（1941年）

《粮情简报》于1941年4月创刊，重庆粮食部调查处编行。1943年第九十期起改名为《粮情周报》，1944年第一百六十九期起又改名为《粮情旬报》。抗战胜利后迁南京继续出版。

《致公报》（1941年）

该报于1941年6月27日注册，只登记未出版。

《电影纪事报》（1941年）

该报于1941年6月28日创刊，重庆电影纪事报社编行，周报。该报出版5期后因印刷困难短暂停刊。1942年8月复刊，续出第6、7期合刊。

《侨声报》（1941年）

该报于1941年7月7日创刊。该报是受华侨领袖陈嘉庚的委托，在重庆创办的三日刊，社址在中山三路11号。创办人朱培璜，一起办报的还有朱培璜的同学陆铿、高怡伦、乐恕人，三人兼任采编工作。因经费困难，该报于同年12月31日休

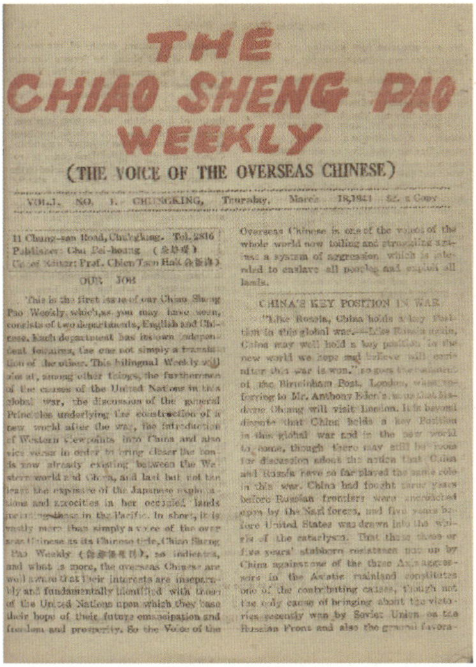

THE CHIAO SHENG PAO WEEKLY

(THE VOICE OF THE OVERSEAS CHINESE)

VOL.I. NO. 1. CHUNGKING, Thursday, March 18,1943 $2. a Copy

11 Chung-san Road, Chungking. Tel. 2816
Publisher: Chu Pei-hoang (朱培璜)
Chief Editor: Prof. Chien Tsun Hsiu (錢存訓)

OUR JOB

This is the first issue of our Chiao Sheng Pao Weekly which, as you may have seen, consists of two departments, English and Chinese. Each department has its own independent features, the one not simply a translation of the other. This bilingual Weekly will aim at, among other things, the furtherance of the causes of the United Nations in this global war, the discussion of the general Principles underlying the construction of a new world after the war, the introduction of Western viewpoints into China and also vice versa in order to bring closer the bonds now already existing between the Western world and China, and last but not the least the exposure of the Japanese exploitations and atrocities in her occupied lands [illegible] in the Pacific. In short, it is vastly more than simply a voice of the overseas Chinese as its Chinese title, Chiao Sheng Pao Weekly (僑聲報週刊), so indicates, and what is more, the overseas Chinese are well aware that their interests are inseparably and fundamentally identified with those of the United Nations upon which they base their hope of their future emancipation and freedom and prosperity. So the Voice of the Overseas Chinese is one of the voices of the whole world now toiling and struggling against a system of aggression which is intended to enslave all peoples and exploit all lands.

CHINA'S KEY POSITION IN WAR

"Like Russia, China holds a key position in this global war.—Like Russia again, China may well hold a key position in the new world we hope and believe will come after this war is won," so goes the [illegible] of the Birmingham Post, London, when referring to Mr. Anthony Eden's [illegible] that Madame Chiang will visit London. It is beyond dispute that China holds a key position in this global war and in the new world to come, though there may still be room for discussion about the notion that China and Russia have so far played the same role in this war. China had fought [illegible] years before Russian frontiers were encroached upon by the Nazi forces, and five years before United States was drawn into the whirls of the cataclysm. That these three or five years' stubborn resistance put up by China against one of the three Axis aggressors in the Asiatic mainland constitutes one of the contributing causes, though not the only cause of bringing about the victories recently won by Soviet Union on the Russian Front and also the general favora-

《侨声报》（英文版）

僑聲報

中英文周刊

社論

豈欲為虎作倀？

——論[illegible]國處理遠東民族問題

《侨声报》（中文版）

刊，1942年5月16日复刊，编号另起。

1943年3月18日，该报改出中英文周刊。该报站在华侨立场，以研究华侨问题为重点，也尽力探讨第二次世界大战的战势及战后各种问题，报道国内外要闻，尤重视引起国内外舆论界关注的战后华侨问题。

1946年4月，重庆《侨声报》迁至上海，改为日刊出版，朱培璜仍担任原职，发行条件也大为改观。

《新闻类编》（1941年）

该报于1941年7月17日创刊，初为三日刊，曾改日刊，后又改为周刊，非卖品。苏联驻华大使馆新闻处编印，社址在重庆中山二路。该报主要内容有两个部分，一是介绍苏联对国际大事、中国问题的看法和意见，二是介绍苏联的政治与建

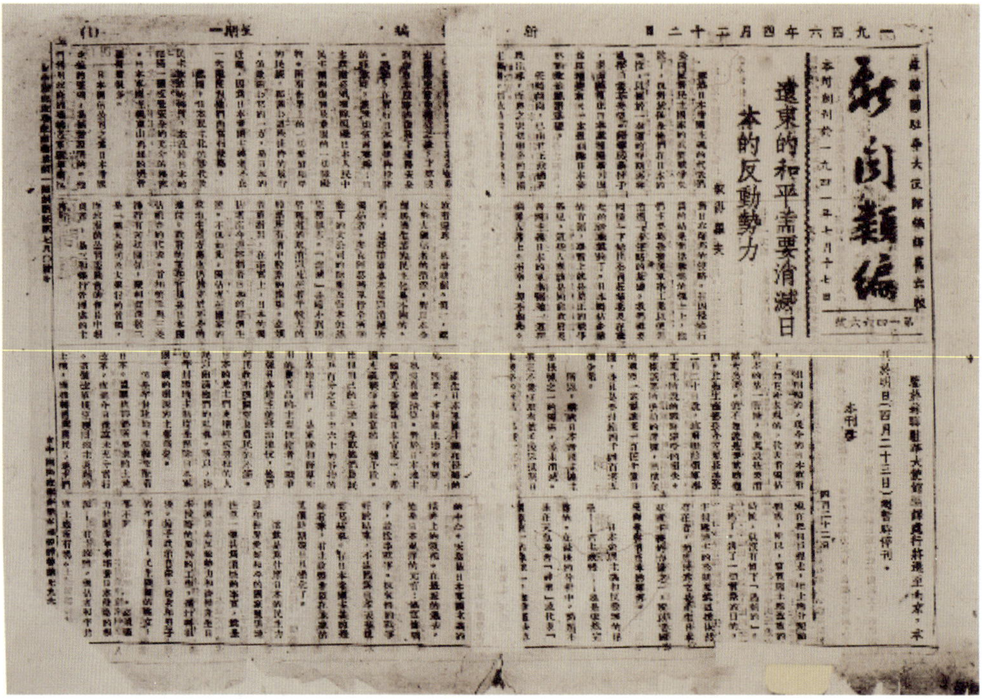
一九四六年四月二十二日

新聞類編

本刊創刊於一九四一年七月十七日

遠東的和平需要消滅日本的反動勢力

《新闻类编》

设情况。1946年3月停刊，不久迁南京继续出版。约1949年上半年终刊，共出1699期。

《长寿周报》（1941年）

该报约于1941年7月在重庆长寿县出版。

《民情旬报》（1941年）

该报于1941年9月1日创刊，垫江县绅士唐庄、李玄等人创办。发行人陈爵藩，社长唐庄，副社长李玄，主编董时敏，编辑罗保尘、洪余庆、胡汉池。报社购有石印机1台，每旬出版1中张，文章多宣传抗日救亡、抨击时弊等。不久停刊。

《民间日报》(1941年)

该报于1941年9月4日注册，发行人王知行。

《生活晚报》(1941年)

该报于1941年9月9日创刊，发行人刘承，社址在重庆文华街26号。

《前卫日报》(1941年)

该报于1941年9月18日创刊，铅印。国民革命军第六战区司令部主办，社址在黔江县白虎口。该报专门组织报道司令部各方面的情况和全国各地的重要消息以及国际时事等。

《川东快报》(1941年)

该报于1941年9月18日创刊，4开2版，日报。最初由陶劲秋主办，不久由三青团万县分团部接办，三青团万县分团干事长帅学富任发行人。社长陶劲秋，主笔兼副刊编辑邵嵩，主编戴大信，编辑和校对邹达夫。该报出版后日销二三百份，经营困难。1945年，《川东快报》与《万州日报》出两报联合版，发行人王作禹、帅学富，编辑部设在万县电报路8号。同年8月，王作禹任三青团万县分团干事长兼万州日报社社长后，《川东快报》停刊，《万州日报》成为三青团万县分团机关报。

《良心话》（1941年）

该报约于1941年9月创刊，重庆青白出版社编行。

《綦江潮》（1941年）

该报于1941年9月创刊，国民党綦江县县党部宣传委员会所办，4开4版，初为石印，后改为铅印，赠阅。除报道国内外要闻外，该报主要报道本县新闻。不久因经费不足而停刊。经报社呼吁，綦江县内各机关法团给予了津贴赞助，该报改赠阅为订阅，于同年11月继续出版，但官样文章多，吸引不了读者，发行量不大，始终未能摆脱经济拮据的窘境。1942年1月前后停刊。

《世皇论坛》（1941年）

该报于1941年9月在綦江县创刊，16开4版，铅印，不定期出版，由国民党少校营长张世皇创办。张世皇驻防重庆后，对社会上纸醉金迷的现象大为不满。1941年他在綦江养病时，拟将历年所记国民党腐败现象的日记公开，遂创办《世皇论坛》，自任编辑，杨济康为发行人。《世皇论坛》发行后，三青团綦江分团指控其"言论荒谬，诋毁党国尊严，影响党团威信"，向綦江地方法院起诉。该报被勒令停刊，并向三青团綦江分团出具悔过书，保证今后不再出版。

《正气日报（军中版）》（1941年）

该报于1941年10月1日创刊，4开4版，三日刊。发行人黄寄慈，青年军政治部编印，社址在重庆复兴关青村1号。1945年7月14日重新编号为渝新1号，后改为日报。重新编号后，第一版为社论、要闻；第二版为国际新闻；第三版为综合性文字；第四版为副刊《新地》。逢星期日，第三版是副刊《青年生活》，第四版是副刊《阵中文艺》。

《新闻导报》（1941年）

该报于1941年11月7日创刊。

《市民周报》（1941年）

该报于1941年11月10日创刊，发行人赵友培，社址在重庆陕西街沙井湾9号。

《綦江民众导报》（1941年）

该报于1941年12月创刊，4开4版，三日刊，铅印。创办人为三青团綦江分团部干事长刘孟加，编辑霍正侬等。该报旨在"传达政情，沟通民意，发扬地方文化，转移社会风气，灌输科学知识，启发民智敏慧"。该报每期发行千余份，发送给各机关、乡镇公所、乡镇中心学校和国民学校阅读。后因人事变动，经营困难，该报于1944年停刊。1947年9月，报社整顿后继续出版，并改为综合性旬刊，办报方针和读者范围未变。

正氣日報

中華民國三十四年七月廿七日（星期五）軍中版 渝新十二號

本報專供軍中閱讀 為優待青年軍讀者 收回成本 每份零售十元 每份每月三百元 郵費每月三十元

本報中請登記中 青年軍政治部編印 發行人 黃審慈 社址 重慶復興關 電話 二五九三 今日出四開一張

桂林外圍克復永福

桂越邊鎮南憑祥附近激戰

粵北克南雄湘東截敵退路

美空軍襲擊敵交通線

我機出擊零陵 炸中敵司令部 鄂西湘北均被轟炸

陝北邊區局部衝突

邵秘長昨赴渝負責人 希望派代表來商統一團結

社論 中國戰場看敵寇

美機炸上海 人民揮手歡迎

神戶大阪續遭轟炸

美機並炸襲川崎區兩煉油廠

盟軍登陸普克特島

上海近況

《 正气日报（军中版）》

《新报》(1941年)

该报约于1941年12月注册，只登记未出版。

《中国新闻》(1941年)

该报于1941年创刊，发行人马伯超，社址在重庆中一路35号。

《永川新闻》(1942年)

该报于1942年1月1日创刊，重庆卫戍司令部永川联络委员、永川县临时参议会议员磨杠鼎主办，社址在永川县中山路211号。1944年停刊。1945年5月复刊，改为三日刊，4开石印，由三青团永川分团主办，每期发行约500份，经费自筹。

《奉节三日刊》(1942年)

该报于1942年4月16日创刊，8开石印。国民党奉节县县党部、三青团、国民兵团政治指导室联合创办。县长包炜华任发行人，国民党奉节县县党部书记长罗玉策任社长，总经理王叔耀，总编辑艾俊，编辑杨立诚，社址在奉节县府正街县党部内，经费由县政府拨支一部分。因政府不予登记，该报于1943年停刊。

《党务日报》（1942年）

该报于1942年5月注册登记，发行人李蔚枝，重庆国民党中央党校训练处编行。

《青白报》（1942年）

该报于1942年5月注册登记，发行人唐三，社址在重庆国府路267号。

《大道日报》（1942年）

该报于1942年5月注册登记，发行人马超庸，社址在重庆健康路。

《商业日报》（1942年）

该报于1942年5月注册登记，发行人潘哲人，社址在重庆陡门桥徐家巷30号。

《新京日报》（1942年）

该报于1942年5月注册登记，发行人石信嘉，社址在重庆二帝庙。

《华报》（1942年）

该报于1942年5月注册登记，发行人徐恩曾，社址在重庆太平路288号。

《朝报》（1942年）

该报于1942年5月注册登记，发行人王公驰，社址在重庆新街口60号。

《人民晚报》（1942年）

该报于1942年5月注册登记，发行人蒋坚忍，社址在重庆洪武路25号。

《中国日报》（1942年）

该报于1942年5月注册登记，发行人唐兆民，社址在重庆明瓦廊22号。

《中国妇女日报》（1942年）

该报于1942年5月注册登记，发行人张梦慈，社址在重庆红庙18号。

《大学报》（1942年）

该报于1942年5月注册登记，其他情况不详。

《新学日报》(1942年)

该报于1942年5月注册,只登记未出版。

《边事日报》(1942年)

该报于1942年5月注册登记,发行人克治平,社址在重庆缄庄街62号。

《大京报》(1942年)

该报于1942年5月注册,发行人鲁夫,社址在重庆火瓦巷紫金坊12号。

《大午晚报》(1942年)

该报于1942年5月注册,发行人殷再为,社址在重庆中华路63号。

《合阳·民兴·商报三报联合版》(1942年)

《合阳晚报》于1935年6月1日创刊,合川大记进新印刷公司经理潘香林筹资出版,断断续续出至1944年3月后停刊。《民兴》即合川的另一份报纸《民兴日报》。《商报》于1935年4月在合川创刊,是消遣性小报。三家报纸曾在20世纪40年代出版"三报联合版",8开,单面,石印。联合版除报道新闻,还有商业动态,副刊为《合群》。现存的《合阳·民兴·商报三报联合版》主要集中出版于1942年5月至7月。

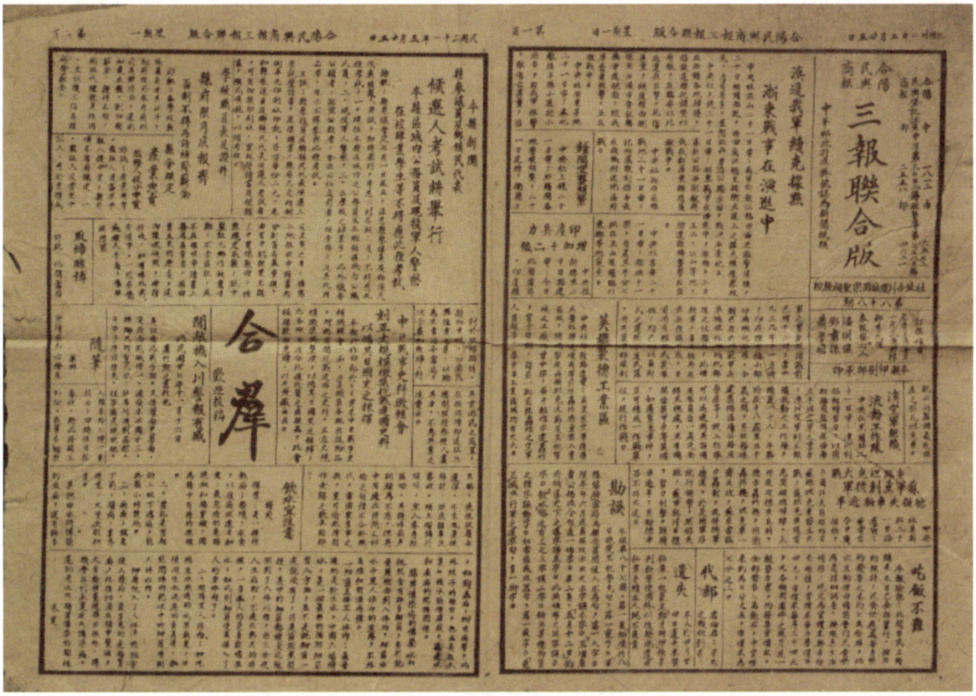

《合阳·民兴·商报三报联合版》

《中央日报·扫荡报联合版》(1942年)

1942年6月1日，在“意志集中，力量集中”的目标下，国民党高层决定《扫荡报》与《中央日报》联合出版。两报合并的形式上是两个报头并列出版，《扫荡报》只保留报头三个字，实际上是两报合并，《扫荡报》停刊。联合版基本由《中央日报》原班人马负责，《扫荡报》只有编辑4人参加。

很快，双方就在业务上出现分歧，《扫荡报》的军报属性使来自《扫荡报》的工作人员在新闻版面安排上要求多向军事方面倾斜，而《中央日报》方面则势必要兼顾平衡，遂成为不可调和的矛盾。这次联合版也在坚持10个月后告终。

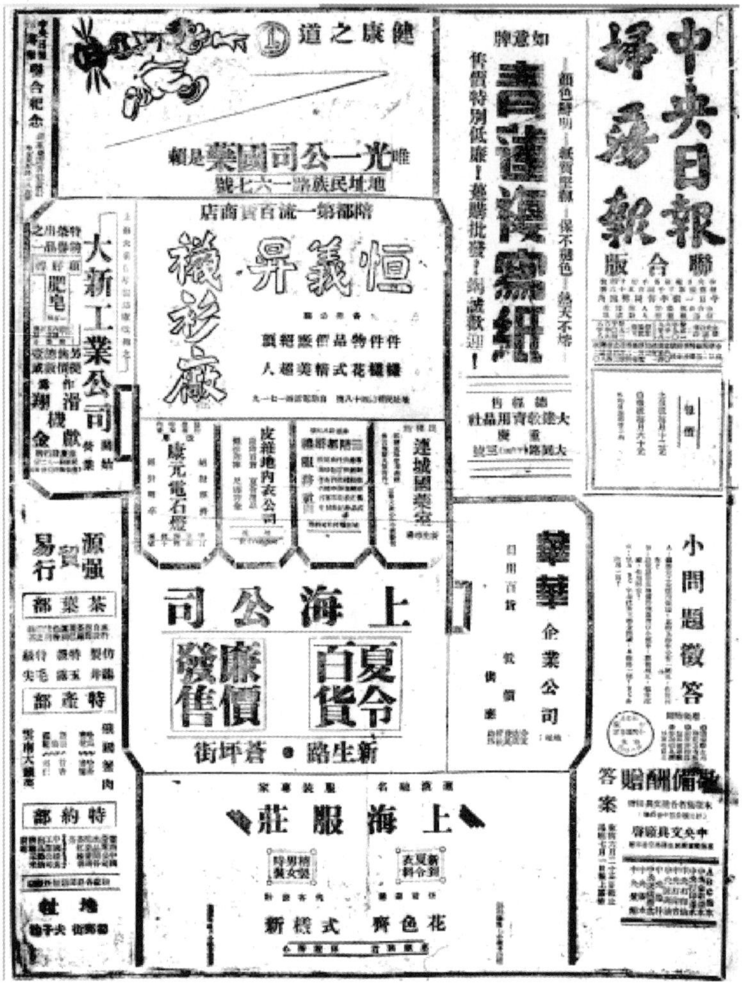

《中央日报·扫荡报联合版》

《戏报》(1942年)

该报于1942年7月1日创刊，刘菊禅主办。1949年10月19日终刊。

《佛化月刊》（1942年）

该报于1942年夏创刊，薛怀西居士创办，小型宗教报纸，中途停刊，1944年11月1日复刊。

《涪陵青年》（1942年）

该报于1942年夏创刊，涪陵青年社编辑发行，石印，8开4版。

《中国论坛报》（1942年）

该报于1942年8月28日创刊，又称《中国评说报》，社址在重庆江北。

《联合画报》（1942年）

该报于1942年9月25日创刊，周报，逢星期五出版，4开4版，是以图片为主的画报，社址在重庆南岸玄坛庙中央电影厂内，后迁至保安路211号，再迁至青年路特5号。发行人先后为温福立、司徒华、杭勤思（均为美国人），主编舒宗侨，所以也有资料称该报为“同盟国宣传的战时画报”。

1941年，珍珠港事件后，太平洋战争爆发，中、英、美成立战时图片宣传机构“联合国幻灯供应社”。美国驻华大使馆新闻处牵头邀请舒宗侨创办《联合画报》，主办单位为“联合国幻灯供应社”。该报创办之初每期发行3000份，也有说只印三四千份，为4开1张，3个月后增至每期万余份。于是美国新闻处就彻底接办，对外称“联合画报社”。该画报经费充裕，稿源丰富，越办越好，发行量增至每期50000份，在成都、昆明等地均设有办事处。

当时重庆的印刷、纸张、发行等都很困难，而《联合画报》却有许多有利条件，比如：①图版材料由盟国及时供应，中国及印、缅战场随时有部队通讯员拍摄照片；②在重庆还设有无线电传真接收站，重要新闻照片三四天即可见报（因为是周报的关系）；③画报社自身也拍摄新闻照片，并与国内其他新闻单位保持联系以提供图片，还有其他的条件使《联合画报》在大后方打开了销路。

抗战胜利后，属于美国战时情报处的美国新闻处被撤销，宣传工作移交美国驻华大使馆文化参赞办理。于是美方与主编舒宗侨签订《联合画报》转让协议书，其中写明，美方为感谢舒宗侨对第二次世界大战宣传工作的贡献，将《联合画报》以美金一元的象征性代价转让给舒宗侨继续经营（不包括任何物质财产）。该报于1945年11月停刊。

1946年10月，《联合画报》在上海复刊，月刊，刊期续前，发行人兼主编舒宗侨，社址在上海百老汇大厦，并在北京、南京设有办事处。1949年4月终刊。

《世说》+《国际新闻周报》+《图画副刊》（1942年）

《世说》于1942年10月10日创刊，周报，逢星期六出版，16开，英国驻华大使馆新闻处编印，社址在重庆民生路。除出正刊外，该报还出有《国际新闻周报》《图画副刊》，不另收费。

《白沙实验简报》（1942年）

该报于1942年12月15日创刊，系国民党中央宣传部指导白沙实验简报社出版的报纸，社址在江津县白沙镇光华路7号。发行人为张仲衡，编辑为文芳北、章荑荪、丁放鹤、彭逸龙。国民党中央宣传部委派庄敏求为社长。

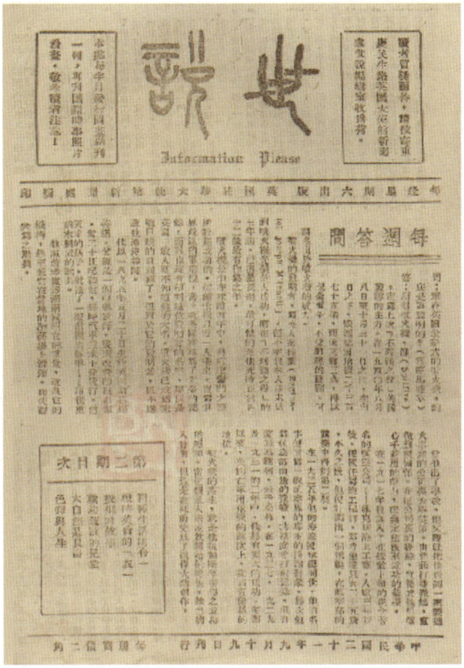
世說
Information Please
每週答問

《世说》

國際新聞週報
英國在埃及之新攻勢

《国际新闻周报》

《强者之报》—《强者报》(1942 年)

《强者之报》于1942年12月19日创刊，吴太威主办，社址在重庆民国路关岳庙内。吴太威的身份是重庆大学体育系学生，该报在申请登记时，就邀请吴的老师程登科担任发行人，报纸内容也以体育为主。抗战胜利后，该报更名为《强者报》，吴太威任发行人，社址迁往中华路夫子池特1号。该报一周或半月发行一次，均由吴太威一人编辑，出了五六十期。1947年初，吴太威将该报出让给李四维。李四维任社长，张天赐任副社长。

《垦建通讯》(1942 年)

该报于1942年在丰都县创刊，4开4版。创办人何梓光，明盛印刷社代印。

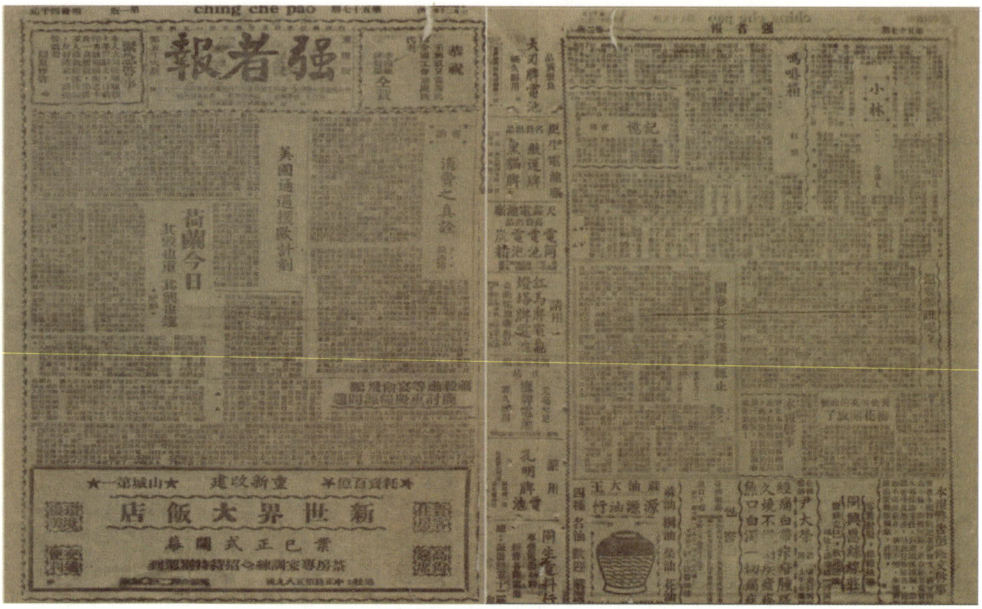
強者報

新世界大飯店

《强者报》

《老百姓日报》(1942 年)

该报于1942年左右创刊，系陶行知创办的育才学校师生所办，在合川出版，壁报。据尤在回忆说，陶行知在某次学校的朝会上讲，“必须办一张真正属于老百姓的报纸，把天下的大事向老百姓报告，也让老百姓发表主张”。“我们正在打算办一张《老百姓日报》，有真实的报道，公正的论调，还要有正确的专稿。编排了然，印刷清楚，出得早，送得早，每个老百姓，把它当至宝。”①

《金融日报》(1942 年)

该报于1942年创刊，主要刊载经济、金融、财政方面的消息，具体情况不详。

① 尤在：《报人陶行知》，转引自陶行知先生纪念委员会：《陶行知先生纪念集》，上海：上海书店出版社，1992年，第434页。

《时兆月报》(1943 年)

该报于1943年1月在渝复刊，原名为《福音宣传》，创刊于1905年11月，由美国基督复临安息日会传教士米勒耳创办于河南上蔡县，是基督复临安息日会在远东的机关报。1908年11月迁到上海出版，改名为《时兆月报》。1941年11月该报停刊，1943年1月迁重庆复刊，卷期另起。抗战胜利后迁回上海复刊，1951年后停刊，后在新加坡复刊。该报由傅忆文、苏清心、李宝贵、徐华先后主编，由时兆报馆编辑并发行。

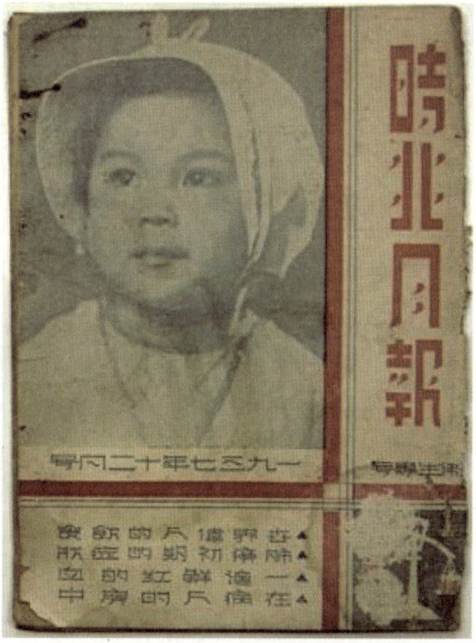

《时兆月报》

该报文章大多数译自美国的《时兆周刊》，有小言论、时事释义、工商界、论坛、卫生专栏以及科学消息与世界珍闻等内容。到20世纪30年代，该报增加家庭乐园、农村问题、中外趣闻等栏目。该报内容丰富、选材得体、文字浅近，又大量赠阅，颇受读者的欢迎。在渝期间，《时兆月报》成为战时教会发行量最大的刊物。

《北碚实验简报》(1943 年)

该报约于1943年2月创刊，8开，油印。先由周俊元负责，后由邢祖寰接办，社址在重庆北碚。

《中国评论报》+《中国评论报晚刊》(1943年)

《中国评论报》于1943年2月创刊，日报。王乃昌、彭集新等人筹办，发行人王乃昌，社址在重庆江北。该报以“超越党派的民间报”自诩，实际上与官方关系密切。同年6月1日又出版《中国评论报晚刊》，又名《评论晚报》，王乃昌仍是发行人。《中国评论报》于1947年1月1日迁往南京出版，停刊时间不详。

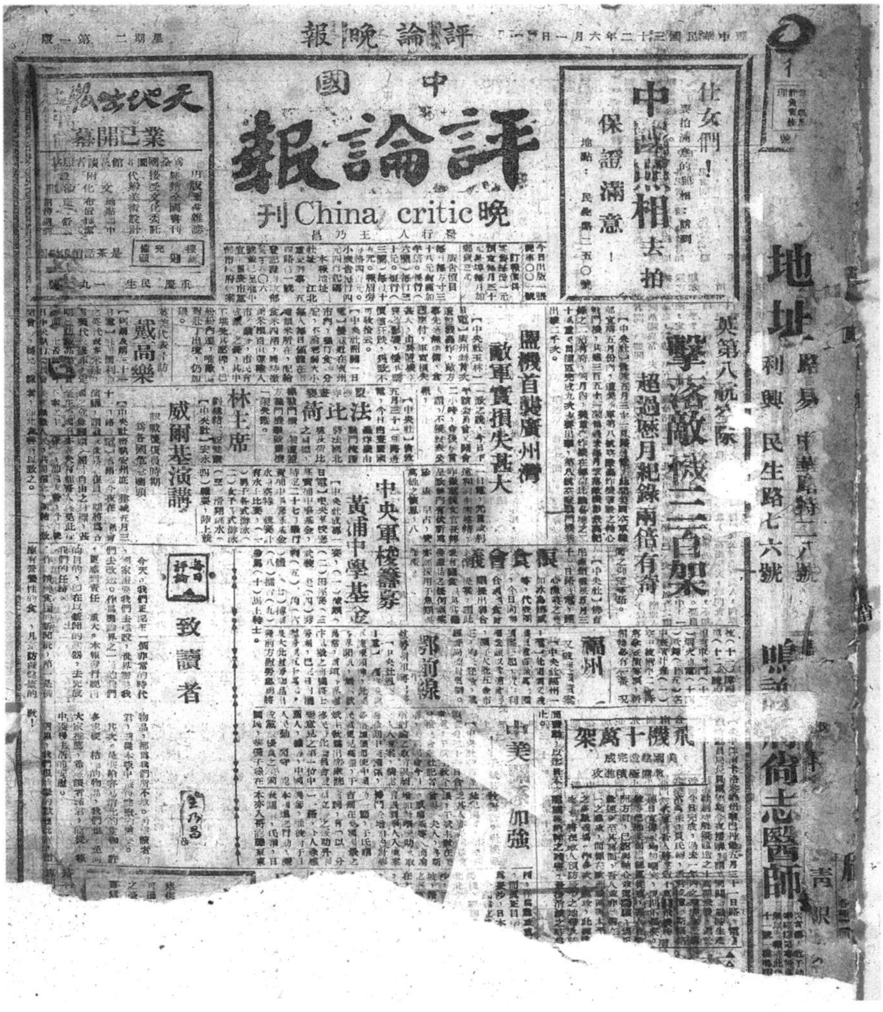
評論晚報
中國評論報
晚刊 China critic
發行人 王乃昌
擊落敵機二百架
超過歷月紀錄兩倍有奇
盟機首襲廣州灣
敵軍實損失甚大
林主席
戴高樂
威爾基演講
中央軍校籌募黃浦中學基金
致讀者
飛機十萬架

《中国评论报晚刊》

《社会服务》(1943年)

该报于1943年3月1日创刊,周报。发行人王克,社址在两路口5号。

《战士月报》(1943年)

该报于1943年3月15日创刊,军队文化刊物,战士月报社编辑发行,主编谢永炎,社址在重庆纯阳洞55号。撰稿人有郭沫若、张治中、胡秋原、冯玉祥等。该报主要刊登关于开展军中文化运动的讨论,发表反帝反侵略的论文,报道抗战中的优秀妇女、优秀战士事迹,还辟有战士诗园、战士信箱栏目,刊载战士的诗歌和战士的心里话。

《大美晚报》(1943年)

该报于1943年3月在渝复刊。该报是20世纪上半叶美国侨民在上海发行的一份著名英文报纸,1929年4月16日在上海创刊(前身为《大晚报》),英文初名*Shanghai Evening Post*。1930年8月13日,合并英文《文汇报》后,英文报名改称*Shanghai Evening Post and Mercury*。该报以旅沪美国侨民为主要读者对象,着重报道美国和其他西方侨民在中国的活动情况。每日下午出版,每份14页左右。报馆设于爱多亚路21号。

1931年,美国记者高尔德任总编辑。美商友邦保险公司董事长C.V.史带任发行人。1933年1月16日,《大美晚报》增出中文版。1937年12月1日,又增出中文版《大美晚报晨刊》,经常发表宣传抗日的文章。1939年8月30日,《大美晚报》中文版副刊《夜光》编辑朱惺公因宣传抗日被暗杀。此后,《大美晚报》连连受到威胁，但仍坚持出版到太平洋战争爆发，高尔德返回美国。1941年12月日军占领租界后，接管《大美晚报》，作为占领军在上海的英文报纸，后更名为《上海报》。

1943年3月，高尔德到重庆恢复出版《大美晚报》，8版，周报，社址在重庆神仙洞后街，由自由西报社提供印刷支持。该报在1945年6月24日宣布停刊。抗日战争胜利后，高尔德返沪恢复出版《大美晚报》，自任总经理兼总主笔。上海解放后终刊。

《南川实验简报》—《南川日报》—《南川日报·南川民报联合版》—《南川民众日报》—《南川人民日报》（1943年）

《南川实验简报》于1943年3月底创刊，社长周游，发行人李震涛，编辑皮钧陶、韦雅吕，记者曹寄依。报纸宣传抗日救国，揭露社会黑暗，因"立言正直"为读者所喜爱。1944年6月，该报出版《南川实验简报号外》第一号，报道盟军在法国登陆的消息。

1946年，该报因故改名为《南川日报》，由油印改铅印，社长李震涛。1947年，国民党南川县县党部以"合作"为名，将《南川日报》并入《南川民报》，更名为《南川日报·南川民报联合版》，社长陈仲亨、李能芳，发行人周榕郸。每日出8开1张，社址在南川西街63号。

1948年12月，县参议会决定改组报纸，更名为《南川民众日报》，社长谭明渊，总编辑金光德，记者卓绿波（中共地下党员）。《南川民众日报》于1949年1月1日出版，4开单面1张，经费由县政府拨付。1949年11月26日南川解放，南川县治安维持会接管此报，更名为《南川人民日报》继续出版，至30日奉令停刊。

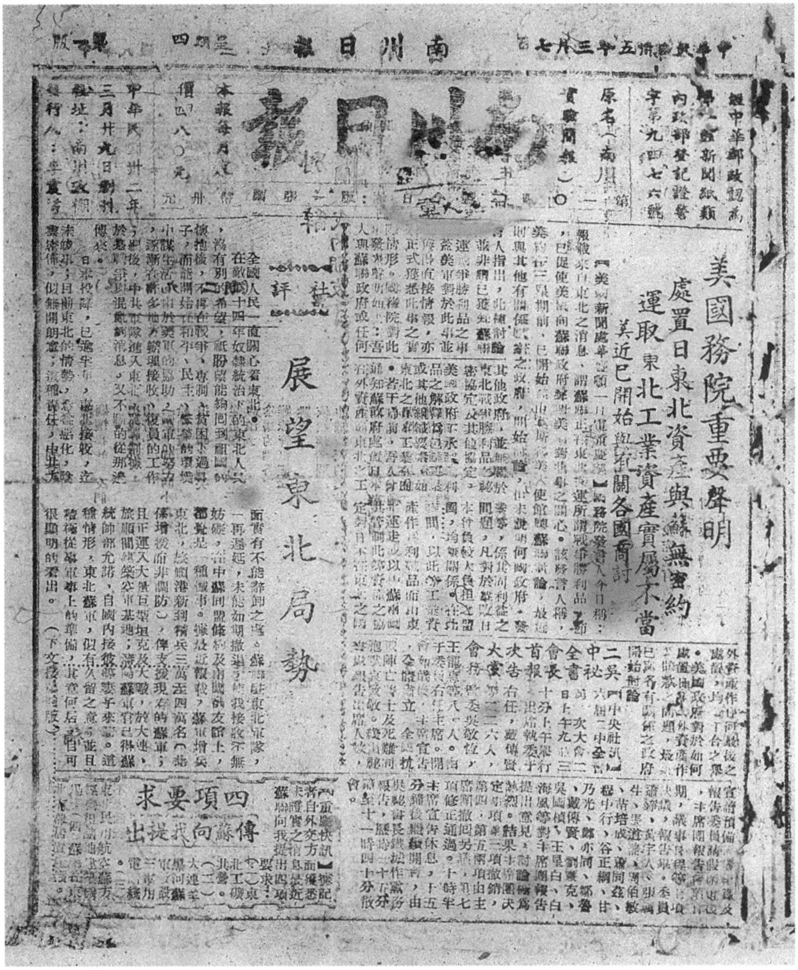
南川日報

美國務院重要聲明

處置日東北資產與蘇無當約

運取東北工業資產實屬不當

美近已開始與有關各國商討

社評

展望東北局勢

四項要求

傳蘇向我提出

《南川日报》

《联合征信所行情日报》—《征信新闻》（1943年）

该报于1943年4月5日创刊，联合征信所编辑发行，初名《联合征信所行情日报》，约1946年更名为《征信新闻》，社址在重庆林森路下督学巷。初为油印，第二年改为铅印，16开，约10页装订成册。除星期日及例假外，每天下午3时半出版后即迅速送至订户。联合征信所是当时中央、农民、中国、交通四银行联合办事

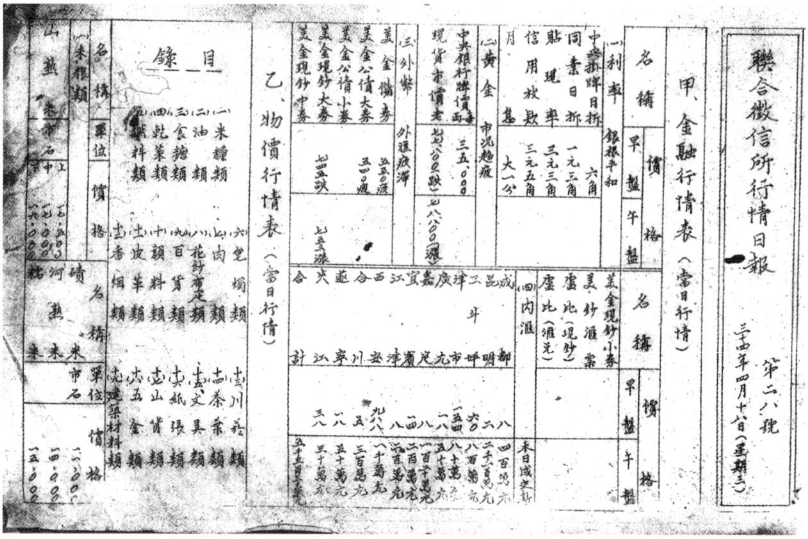
聯合徵信所行情日報
第二八號
三十四年四月十一日（星期三）
甲、金融行情表（當日行情）
乙、物價行情表（當日行情）
目錄

《联合征信所行情日报》

处（即四联总处）的金融征信机构，于1943年3月成立，受四联总处领导。总处除下辖四大银行外，还包括中央信托局、邮政储金汇业局及其他公私银行、钱庄。

《征信新闻》属四联总处的新闻组管辖。新闻组负责人杨爱全兼任该报主编。该报的内容分两部分，一部分是报道国内和本埠的经济、金融、财政、交通、工商业等新闻，有专职记者、外埠特约记者采访重要消息。凡政府发布的有关财政、金融和工矿企业贸易等的公报，以及四联总处公布的贷款条例，均由《征信新闻》公布。另一部分为当日金融行情和物价行情，包括外埠和重庆的黄金、美钞行情，如当日上海和重庆金融市场上黄金、美钞开盘价与收盘价，以及重庆中央银行每日挂牌利率。市场物价行情分为粮食、棉纱、布匹、百货、五金、中西药、纸张、建材、文具等类，均派具有经济学识、富有商业经验的记者采访。每日还报道各市场行情动态，每周末发表一篇对各市场物价起落或平稳概况及未来趋势的分析。

《征信新闻》以金融业和大中型工商户为主要发行对象，《大公报》特辟专栏登载它的物价行情。抗战时期，该报只在重庆一地发行，日销约2500份。抗战胜利后，联合征信所总所迁上海，重庆保留分所。1949年重庆解放后，由西南贸易部接管，《征信新闻》照常出版发行，并增出《西南商情》日刊。

《征信新闻》

《眷合小报》(1943 年)

该报于1943年4月15日创刊，8开4版，半月刊。重庆各机关工务员工眷属生产合作推广部组织课编印，发行人喻志东，社址在重庆九道门羊子坝12号。其内容主要是报道社务进展概况、业务经营情形，商讨各项计划和规章办法，展示社员生活素描、工作剪影、人物速写，公布有关合作研究与报告等，是战时较有影响的妇女报刊。

《天地画报》(1943 年)

该报于1943年4月创刊，4开，小报，半月刊，双色套印。创办人李任子、宗亮晨，天地画报社出版，重庆时代印刷出版社代印，社址在重庆民主路178号。

该报旨在“团结抗日，反对法西斯”。报纸每期都有多幅新闻图片，并附有文字说明，主要介绍苏德战场战况和国内前后方抗日活动的情况，此外还刊载时事漫画、时事评论、影剧评介和文艺小品等，另有八分之一的版面刊登广告。该报的照片由苏、美、英驻华使馆新闻处的焦敏之、钱歌川、王槐乡等免费提供。该报刊发的不少漫画与漫画简讯切中时弊，揭露黑暗，讽喻现实，所以稿件经常被当局查扣。该报于1945年夏停刊。

《文汇周报》（1943 年）

该报于1943年5月1日创刊，每周六出版，每期20页。“融刊大王”孙伏园主编，社址在重庆美专校街106号，中外出版社印行。1945年9月第五卷第十九期起，发行人改为孙伏园，主编陈翰伯。其间因为中外出版社经济困难，该报从第三卷第十七期（总第六十九期）起，改出双周刊。1944年1月，该报发行桂林、昆明航空版，不久又停刊。1946年出版至第六卷第十二期后迁往上海，不久即停刊。

该报内容主要有国内时评、政评、战时各国政治经济状况、国际战争形势、海外文讯等，旨在“试着介绍中国以外，最新的杂志报章论文、报告、新闻记载，以至于文艺作品。对于大战中的每个重要事件和有关问题，尽速并多方面反映海外人士的看法、想法和他们的实际印象与经验”。该报每期发行4000余份。乔冠华、章汉夫、孙承佩、石啸冲、陈原等知名新闻工作者和评论作者都经常为该报撰稿。

《世界周报》（1943 年）

该报于1943年6月14日试刊，龚啸风主编，重庆世界周报社编行。该报于1944年9月正式创刊，参与人士主要为在渝的武汉新闻界工作者。同年11月停刊。

《中美图画壁报》(1943 年)

该报于1943年6月15日创刊，半月刊，4开1版，单面印刷，非卖品。联合画报社主办，发行人为美国人艾德华，后为杭勤思，主编舒宗侨，社址先在重庆保安路211号，后迁至青年路特5号、青年路16号。该报出版的主要目的是向读者介绍欧美社会历史、人物、风俗、风景等，图文并茂，文娱性强。该报主要是供各级民众教育馆、学校、工厂在公共场所张贴。1945年6月出版第五十三、五十四期合刊后即停刊。

《万象周刊》(1943 年)

该报于1943年6月26日创刊，万象周刊社编辑发行，陈璧雨等主办，社址在重庆新生路28号。张恨水、老舍等人都在该报发表过文章。该报约于1945年停刊。

《永川民报》(1943 年)

该报于1943年6月创刊，发行人是国民党内政部调查局重庆调查处永川调查站站长、国民党永川县县党部秘书兼宣传干事范道松，社址在永川县中山路186号。经费从县党部宣传事业费用中支拨。初为铅印的三日报，4开4版，后因经费不足，改为石印，每期发行300份，共出版200多期。

《士兵周报》(1943 年)

该报约于1943年上半年创刊，国民政府军事委员会政治部士兵周刊社编辑发行，通信处设在巴县三圣宫赖家桥。其栏目有广播台、讲故事、小谜语、士兵文艺、士兵信箱等。

《营中日报》（1943年）

该报于1943年7月出版，每日出8开1张。重庆市青年夏令营营中日报社编行，内容主要是夏令营相关新闻，设有文艺副刊。同年8月停刊。

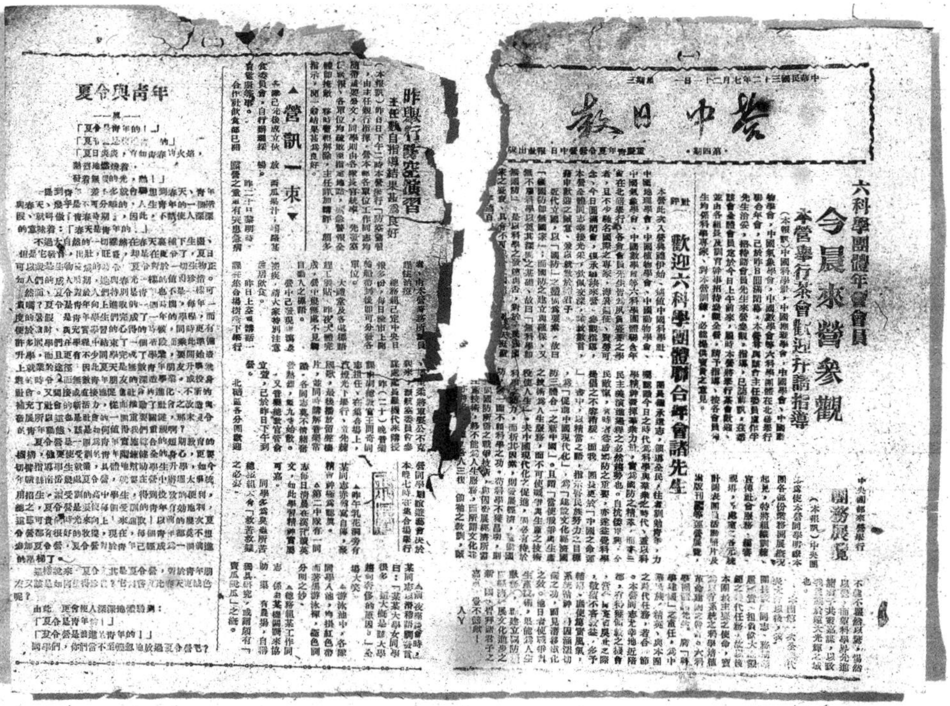
營中日報
中華民國三十二年七月二十一日 星期三
第四期
重慶市青年夏令營營中日報社出版
六科學團體年會會員
今晨來營參觀
本營舉行茶會歡迎并請指導
社評 歡迎六科學團體聯合年會諸先生
團務展覽
昨舉行野外演習
營訊一束
夏令與青年

《营中日报》

《中国工人》（1943年）

该报于1943年8月1日创刊，4开4版，最初为月报，不久改为半月报，后又改为周报，也称《中国工人周刊》。中国劳动协会发行，社址先在重庆林森路中大街，后迁往中正路352号。该报主编原为王觉源，后为顾锡章。该报在重庆共发行68期。1946年5月中国劳动协会总部迁往上海，同年7月该报在沪复刊。

《重庆舆论周报》（1943 年）

该报于1943年8月8日创刊，重庆舆论周报社编辑，发行人沈善宏，编辑杨丙初，社址在保安路保安里。该报旨在“宣扬三民主义文化，拥护抗战建国”，其内容主要介绍全国优秀社论，摘录全国新闻报刊中的优秀文章，并刊有国际大事、文艺小品等。

《潼声旬报》（1943 年）

该报于1943年9月1日创刊，国民党潼南县县党部机关报，由时任潼南县县党部书记杨敬业牵头主办。该报旨在“宣传党务，吸收党员”。该报每期石印300余份，发至区分部、乡党委、党小组。1946年县党部书记改选后停刊。

《工商新闻》（1943 年）

该报于1943年9月创刊，张常人主办，社址在重庆李子坝三江村。20世纪40年代，报人张常人在桂林筹办中国工商新闻社，主办《工商新闻》，主要报道前后方的市场情况和不断变动的物价，受到经济界的欢迎和好评。1943年9月，在渝发行《工商新闻》重庆版。

《大华周报》(1943年)

该报于1943年10月出版，大华周报社编行，发行人王庆孙，社址在重庆学田湾14-1号。约1944年4月停刊，共出28期。

《明星晚报》(1943年)

该报于1943年10月出版，发行人周洁，社址在重庆临江路村24号。

《自由东方》—《自由导报》(1943年)

《自由东方》于1943年11月5日创刊，16开，月刊，每期8页，孙科题写刊名。社长司徒德，主编马义，自由东方社发行，社址在重庆上清寺232号。该报出至第二卷第三期更名为《自由导报》，重新编号。

《自由导报》于1945年11月17日出刊，是中国共产党直接领导下的进步报刊，社址在重庆中正路125号。该报最初由杜国庠、邵荃麟、侯外庐、马寅初、田钟灵（笔名“苏东”）等人组成编委会。田钟灵任主编，李学民任经理，杜国庠任总编辑。报纸主要言论为争取和平、民主，反对内战，团结中小工商业主，反对官僚资本。1945年12月民主建国会成立后，尤其是民主建国会重庆分会成立后，该报即转变为民主建国会重庆分会的机关刊物，编辑“民主建国会成立特辑”，发表了民主建国会成立大会记、民主建国会成立宣言、政纲以及民主建国会组织原则等，公布了民主建国会的全部政治主张。

该报以工商界为宣传对象，其宗旨是“为工商界争取民主，揭露四大家族独占中国经济命脉，扼杀民族工业的倒行逆施”。1945年12月25日，重庆警察局四分局令三联书店停止经售《自由导报》，并到各书店查禁该报。

《自由导报》停刊后，重庆出版界联合会与27家杂志社联谊会于1945年12月

26日举行会议，各民主党派及各界代表人士也参加了会议，会议一致声讨、抗议国民党政府对《自由导报》的迫害，反对国民党对言论、出版自由的限制。经过斗争，该报于1946年元旦恢复出版。

《社会周报》（1943年）

该报于1943年11月9日注册登记，主办人王一士，社址在重庆江北董家溪4号。

《新声周报》（1943年）

该报于1943年12月9日注册登记，主办人黄雍，社址在重庆沙坪坝覃家岗中正中学。1946年10月1日被重庆社会局查禁。

《华侨导报》（1943年）

该报于1943年12月9日创刊，主办人余俊贤，社址在重庆山洞新开寺19号。

《建国周报》（1943年）

该报于1943年12月创刊，重庆建国周报社编辑发行。约1944年3月停刊。

《重庆新闻》（1943年）

该报约于1943年冬创刊，英文，周报，4开1张，每期4页（4版）。登记人董显光，重庆新闻学院办的学生实习报纸。1946年7月，因新闻学院停办，该报终刊。

该报内容主要是新闻，包括国际新闻、国内新闻、本市新闻和特写等。“后来还刊登过一些派往前线采访的学生所写的战地通讯。当时第二次世界大战各战场战事方酣，‘国际新闻’主要是各战场的军事消息，包括太平洋战场、苏德战场、意大利战场、西欧开辟第二战场等，消息主要根据‘中央社’的英文稿及美联社、合众社、路透社的新闻。‘本市新闻’一部分是学生自己采访的消息，一部分是翻译、改写重庆中文报纸的新闻，如《中央日报》《大公报》等。”①

《白沙青年》（1943年）

该报约于1943年创刊，16开。发行兼主编冷维翰，白沙青年周报社出版，社址在江津白沙镇。

《盟利通讯社社稿》—《盟利通讯》（1943年）

《盟利通讯社社稿》约于1943年创刊，重庆盟利通讯社编行。1945年1月改名为《盟利通讯》，号数续前，还办有《盟利副刊》。1942年6月20日，盟利通讯社开始发稿。盟利通讯社为国民党中央宣传部掌握的机构。

---

① 葛思恩：《回忆重庆新闻学院》，《新闻研究资料》（第9辑），1981年第4期，第154页。

中華民國三十三年一月八日出版

盟利通訊社社稿 第一四二期

通信處：重慶化龍橋郵政信箱二十二號

納粹在巴爾幹暴行

南希兩國被殺百萬人以上

盼盟軍早日進兵俾得解放

渝市工商業趨勢

一月三十日羅斯福六一誕辰

蘇北通訊

蘇北人民水深火熱

《盟利通讯社社稿》

《石柱旬报》(1943年)

该报于1943年创刊，次年停刊。社长为石柱县救济院副院长何代生，主编黎道湘。

《夔光报》(1944年)

该报于1944年1月1日创刊，间日刊，后改日报。发行人为奉节县县长曹葆章，社长为国民党奉节县县党部执行委员罗玉策，后罗任发行人，曹明渊任社长，副社长为县政府秘书秦茂生，主编先后有邹达夫、冉嵛，编辑潘作鲲，社址在奉节

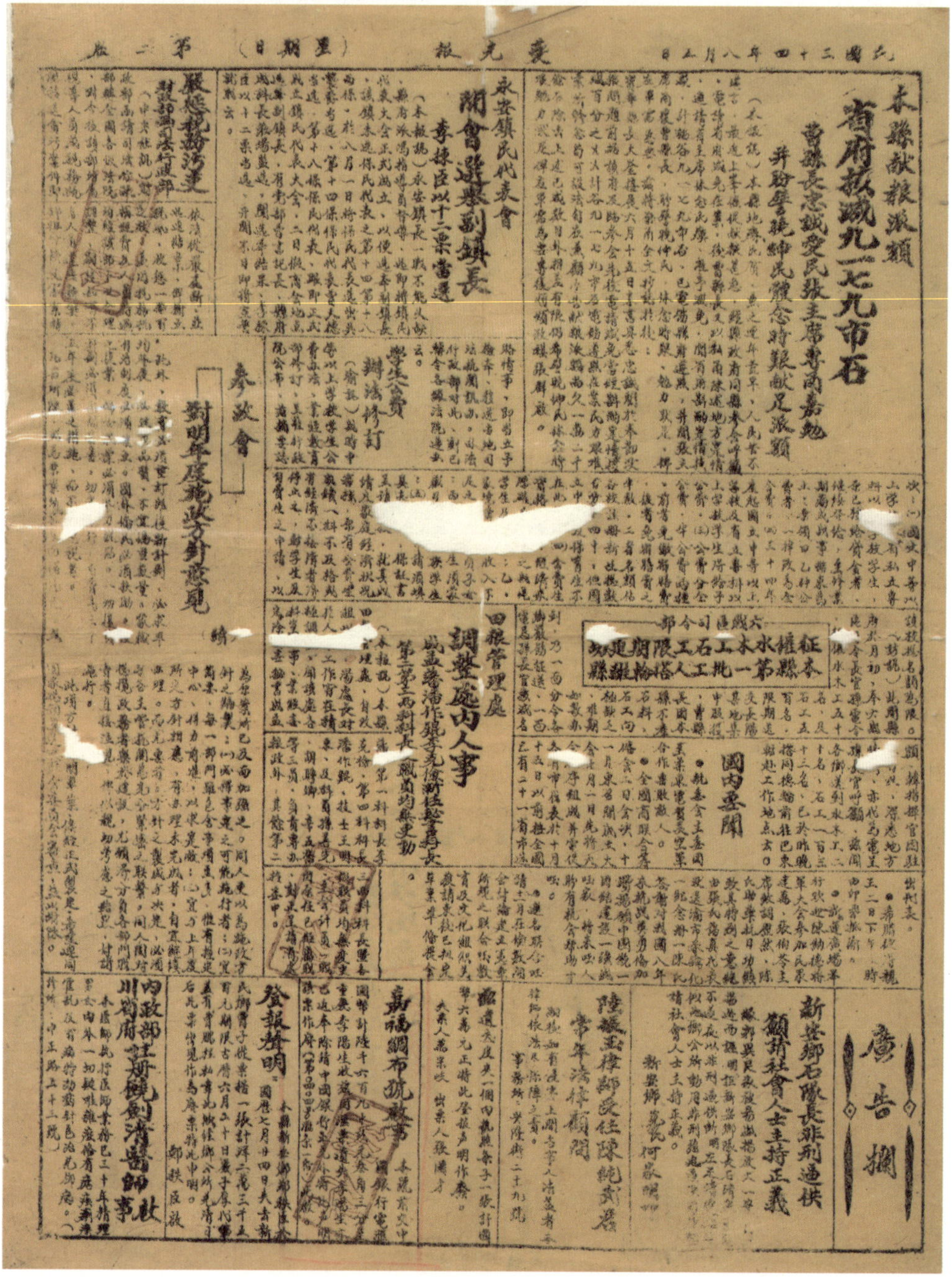

民國三十四年八月五日 夔光報 (星期日) 第二版

本縣獻糧派額
奉府核減九一七〇九市石
曹縣長忠誠愛民張主席寄函嘉勉
并盼督飭紳民體念時艱獻足派額

永安鎮民代表會
開會選舉副鎮長
李祿臣以十二票當選

參政會
對明年度施政方針意見

學生公費
辦法修訂

田糧管理處
調整處內人事

六戰區司令部
征購水木工石工限期運府
本縣第一批工人搭輪離縣

國內要聞

廣告欄

新盛鄉石隊長非刑逼供
願請社會人士主持正義

陸振聲律師受任陳純貴為
常年法律顧問

嘉福鋼布號啟事

登報聲明

《夔光报》

县中正路93号。该报经费自筹，每期发行400份。同年12月县政府发出训令，饬令所属机关、学校、乡镇长期订阅。

1945年1月，该报经内政部核准获得登记证，还创办了夔光印刷厂。同年，四川省政府电令巴万要塞指挥部，要求拨发收音机一台给夔光报社使用，由县长曹葆章经办交接。夔光报社用此收录新闻，并配何天祥为报社收音员。

1946年，经国民党奉节县县党部提议，县政府动用经济建设资金，在武汉购回脚踏四开铅字印刷机一台、脚踏铅印圆盘机一台、手摇铸字炉一台、铅字铜模二副，交夔光报社使用。从此，报纸由石印改为铅印，并由免费发送改为向订户按月收费。

1948年11月5日，四川省政府发出指令，以登记换证期间，“《夔光报》未经登记换证，应即交还原证”，并令其停刊。11月28日，该报呈报更换登记证申请书于四川省政府。1949年2月，四川省政府以申请书漏列经济状况、考查意见以及未加盖奉节县政府章为由，将申请书退回。该报因此停刊。

《世事周报》（1944 年）

该报于1944年1月6日注册登记，发行人周平渊，社址在重庆中华路165号。

《宣传导报》（1944 年）

该报于1944年1月20日出版，重庆三青团中央团部宣传处编行，周报。

《正义报》（1944 年）

该报于1944年3月注册，只登记未出版。

《上海风》(1944年)

该报于1944年3月创刊,4开小报,周报。上海风周刊社编辑出版,社址在重庆邹容路43号,大公报社印刷所代印。该报侧重"报道东南各地之消息",长于抓住客居重庆的"下江人"心理,辟有副刊《海角》。社长顾芷庵,发行人王鲁。抗战胜利后停刊。

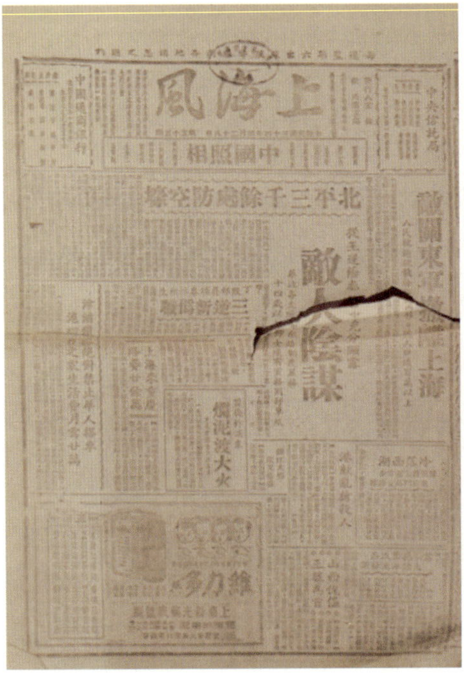
上海風
中國照相
北平三千餘處防空壕
敵人陰謀

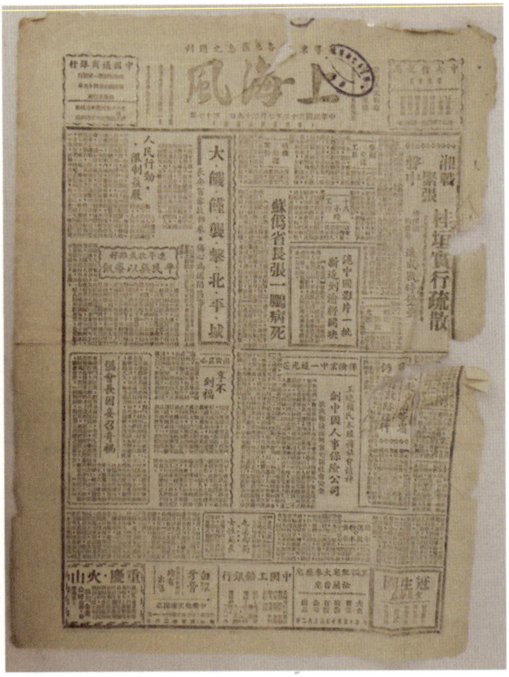
上海風
大饑饉襲擊北平城
蘇偽省長張一鵬病死

《上海风》

《中外春秋》—《春秋新闻》(1944年)

《中外春秋》于1944年春在万县出刊。《中外春秋》原为上海法学院教授章苍萍在上海所办。上海法学院在抗战期间迁万县建分院后,该报仍由章苍萍主持并在万县出版,初为16开本杂志,后改为每周4开1张的报纸。该报编辑、记者由该院师生担任,一定程度上是该院报业专修科学生实习的性质。抗战胜利后,章

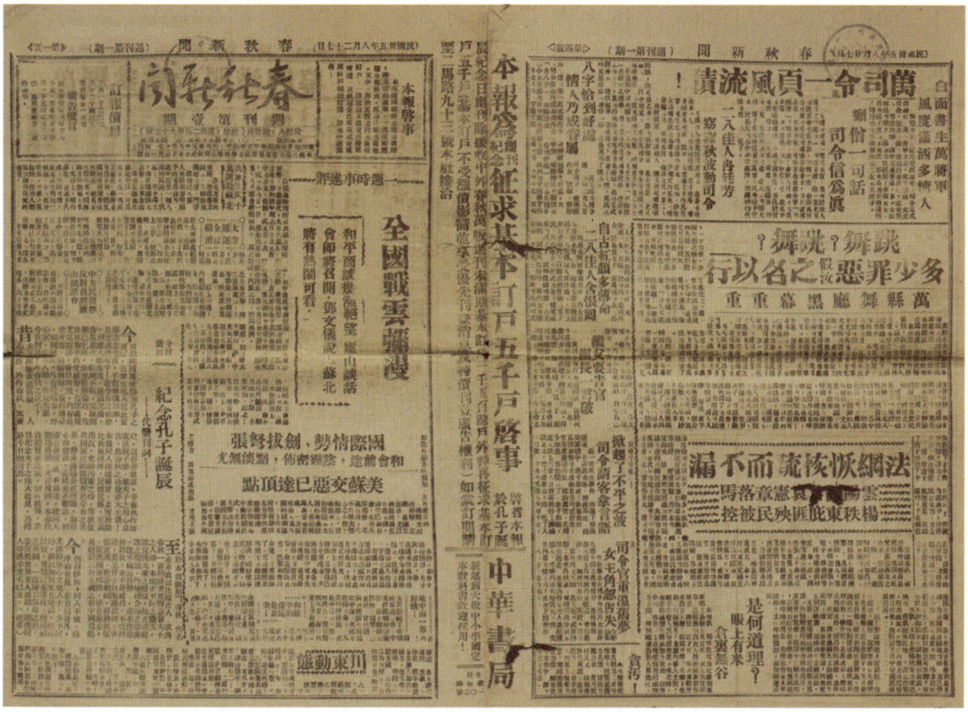

春秋新聞

全國戰雲瀰漫

國際情勢劍拔弩張

美蘇交惡已達頂點

紀念孔子誕辰

川東動態

本報爲創刊紀念征求基本訂戶五千戶啓事

中華書局

萬司令一頁風流債！

跳舞？跳舞？

多少罪惡假汝之名以行

萬縣舞廳黑幕重重

法網恢恢疏而不漏

是何道理？

《春秋新闻》

苍萍随学院迁返上海，报纸交由他的学生盛超群负责。

盛超群将报纸改名为《春秋新闻》，并邀请中统万县区室主任段启高任发行人。该报编辑部名义上设在环城路，实际上并无固定的编辑场所。在《春秋新闻》工作期间，盛超群以幽默讽刺的手法，写了许多揭露贪官污吏、土豪劣绅丑恶面目和国民党政治腐败的文章。1946年夏，盛超群写了一篇题为《万县三首长动荡之谜》的内幕新闻，闹得满城风雨，使万县的专员、县长和警察局局长几乎丢掉官职。警察局局长艾兴权气急败坏，扬言要枪杀盛超群。盛超群毫不畏惧，立即写了一篇揭露艾兴权压制民主、迫害进步人士的文章——《记者笔下一点墨，局长枪口一滴血》。艾兴权大怒，立即派人抓捕盛超群。盛超群在轮船工人的帮助下逃脱。1947年，盛超群改名为盛建华，在云阳县税捐稽征处当课长期间，他揭露中统特务税捐处处长邹新校营私舞弊，控告县党部书记长杨秩东纵匪殃民、残害孤儿，搅得云阳县县党部、县政府惶恐不安。在西南长官公署二处密令下，万县、云阳的反动派经过密谋策划，将盛超群秘密逮捕。1949年，盛超群在重庆渣滓洞大屠杀中遇难。

《戏报》—《天地报》（1944 年）

该报于1944年4月10日创刊，周报。发行人蔡光德，主编俞宗鼎，社址在重庆民生路271号。《戏报》内容多为文艺界消息、梨园掌故、戏剧动态。约1947年秋冬改名为《天地报》，社址改在邹容路138号，由王宏力、赵翼、朱王杰负责编采及经理工作。该报每日出4开1张，由商务日报社代印。1949年停刊。

《国际新闻（画报）》（1944 年）

该报于1944年4月26日创刊，重庆国际新闻社创办，发行人李鹤鸣，经理胡是侬。该报注重图文并茂。

《重庆风》（1944 年）

该报约于1944年4月创刊，李鲁子主办，小报。

《涪陵新闻》（1944 年）

该报于1944年4月创刊，4开，周报，铅印。发行人甘辑五，社长吴雨亭，总编辑刘钜文，社址在涪陵中山街303号。甘辑五为时任涪陵县民众教育馆馆长，社长吴雨亭兼任涪陵民报社副社长、总编。该报实际代表着当时涪陵县参议会副参议长蒲师竹为首的所谓蒲派势力，所以该报也被认为是涪陵县半官方性质的民办报纸。该报每期发行500份左右。1949年停刊。

《中国农村生活报》（1944年）

该报于1944年5月1日注册登记，发行人张继志，社址在重庆民族路英年大楼。

《小旬报》—《小时报》（1944年）

该报于1944年5月20日创刊，开始名为《小旬报》，黄锡琪是发行人兼主编，主笔于去疾，社址在重庆太平门四方街4号1楼。该报出版6期后，同年10月18日改名为《小时报》，周报，4开4版，重新编号。该报内容上以茶余饭后的谈资为主。1945年10月3日，该报停刊，迁往南京后复刊。1947年2月14日，该报出版第100期，第101期改为杂志。

《龙门学报》（1944年）

该报约于1944年6月出版，月报。重庆龙门学报社编行，社址在南岸下浩鄂中里4号。同年11月停刊，共出6期。第四期登有《对于中学国文教育的一点意见》《文化运动的基本观念》《推行法治》《中国统一之症结》等文章，并有少量广告，第四版为文艺副刊。该报从第五期起改为半月刊。

《建军导报》（1944年）

该报约于1944年上半年创刊，编辑卢建人，发行人袁守谦。

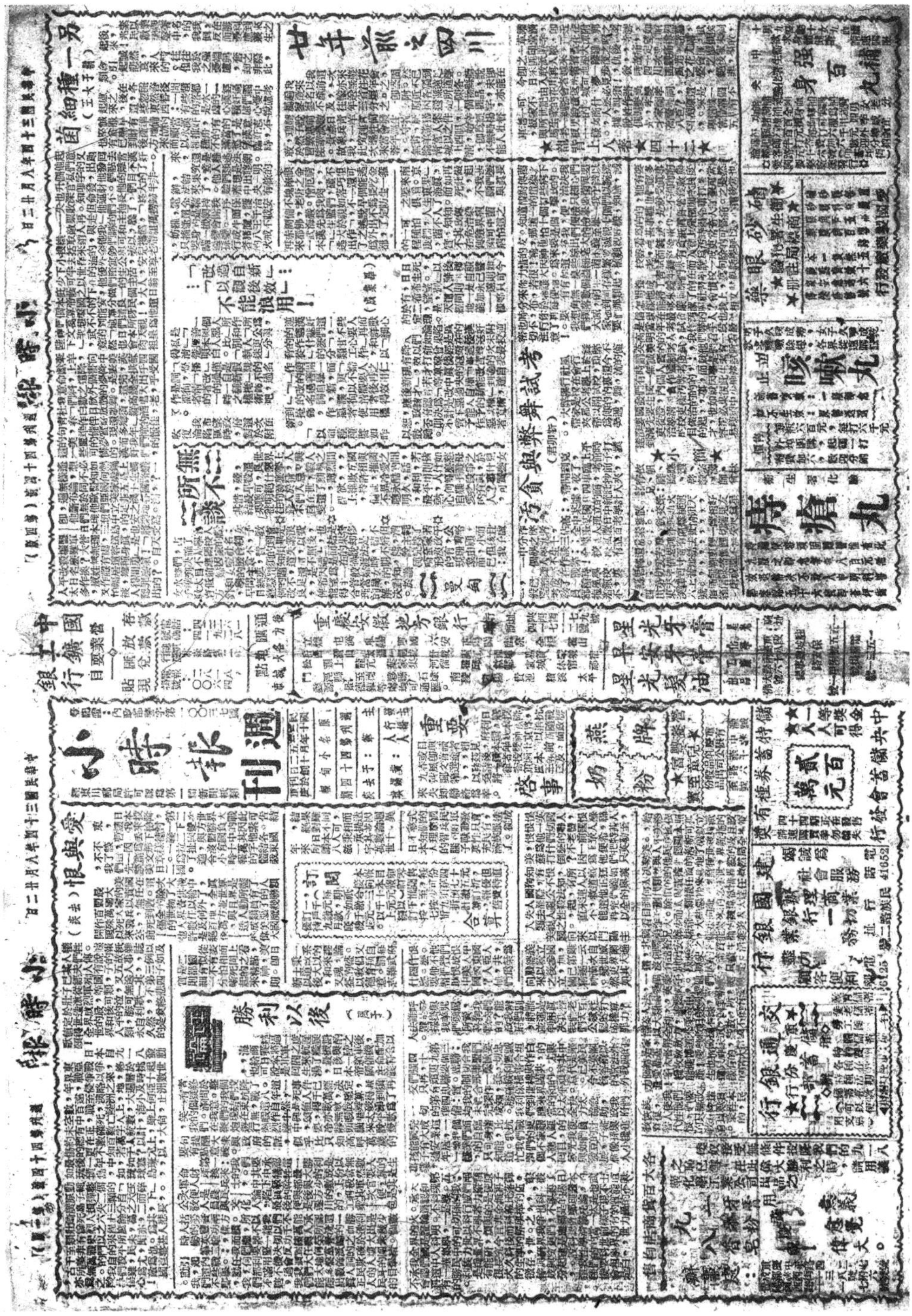

《小时报》

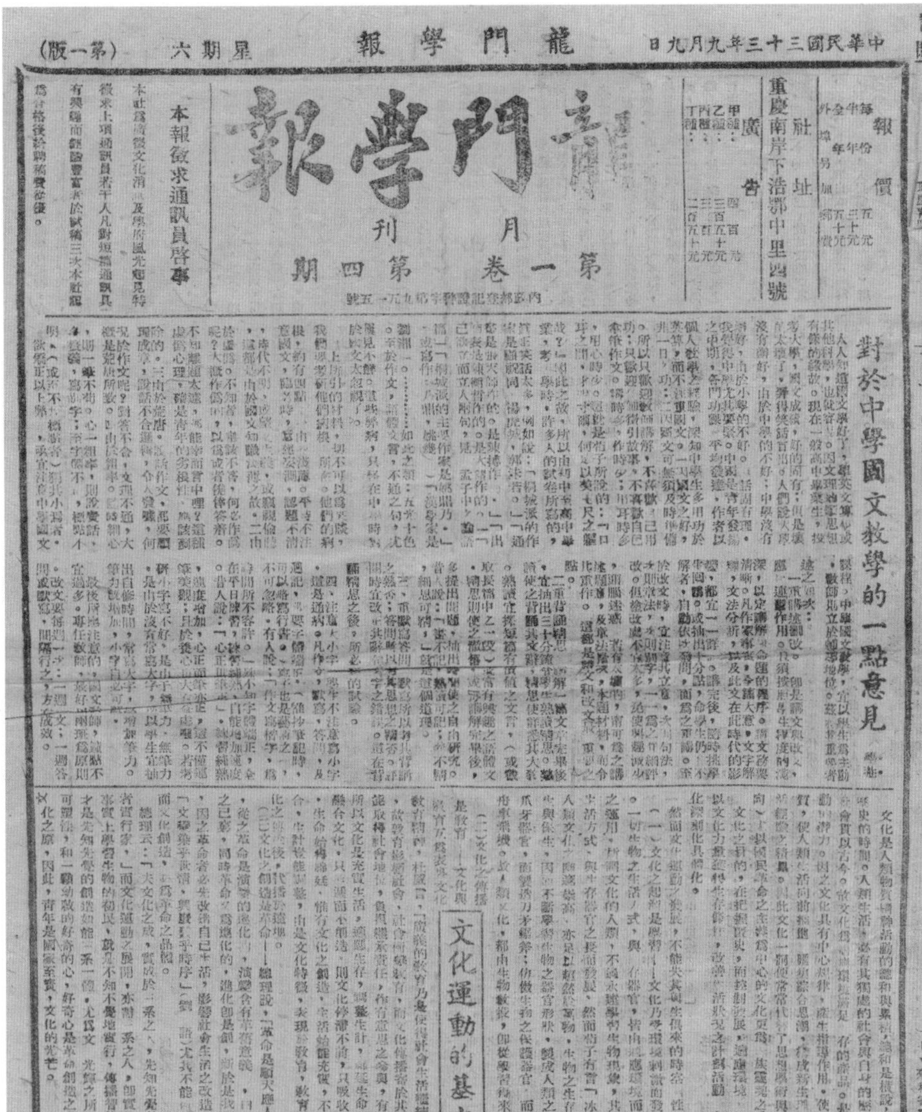
中華民國三十三年九月九日
龍門學報
星期六
（第一版）
龍門學報
月刊
第一卷 第四期
內政部登記證警字第九一五號
報價
社址 重慶南岸下浩鄧中里四號
廣告
本報徵求通訊員啓事
對於中學國文教學的一點意見
文化運動的基本觀念

《龙门学报》

《新闻周报》(1944 年)

该报于1944年9月1日创刊，重庆新闻周报社编行，社址在重庆林森路110号附4号。该报约于1945年2月停刊。

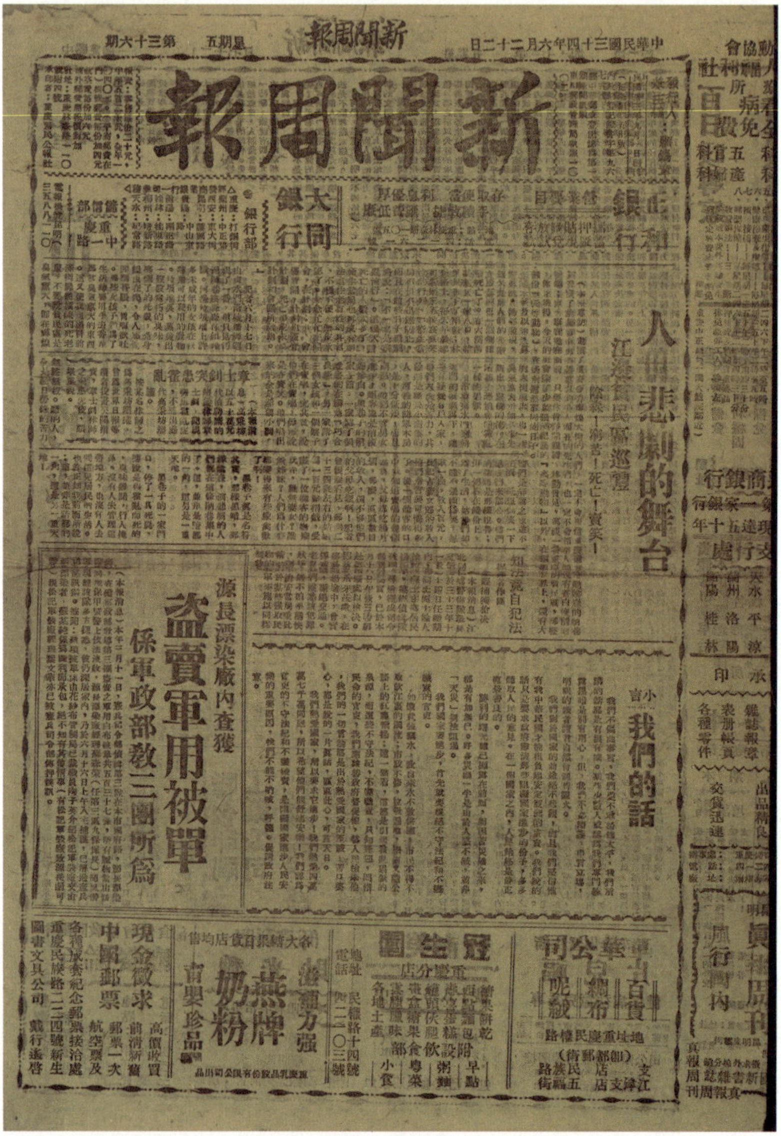

中華民國三十四年六月二十二日　新聞周報　星期五　第三十六期

新聞周報

人世悲劇的舞台

盜賣軍用被單
係軍政部敎三團所爲
源長漂染廠內查獲

我們的話

大同銀行

燕牌奶粉

華華公司

《新闻周报》

《艺新画报》（1944 年）

该报于1944年9月1日创刊，月刊。重庆艺新图书社编辑发行，主编郑克基。该报为综合性画报，内容有新闻摄影、漫画、美术作品，以及小说、散文、诗歌等文学作品。该报约1945年11月停刊。

《艺新画报》

《金融导报》（1944 年）

该报于1944年9月6日创刊，三日刊，发行人是何伊仁，康心如为该报股东之一，社址在重庆第一模范市场100号。其内容有社评、时事要闻、金融动态、物价行情、金融专论、金融常识等。1946年元旦前后，该报迁上海出版。

《苏联公报》（1944 年）

该报于1944年9月29日注册登记，发行人卫诺德，社址在重庆枇杷山苏联大使馆内。

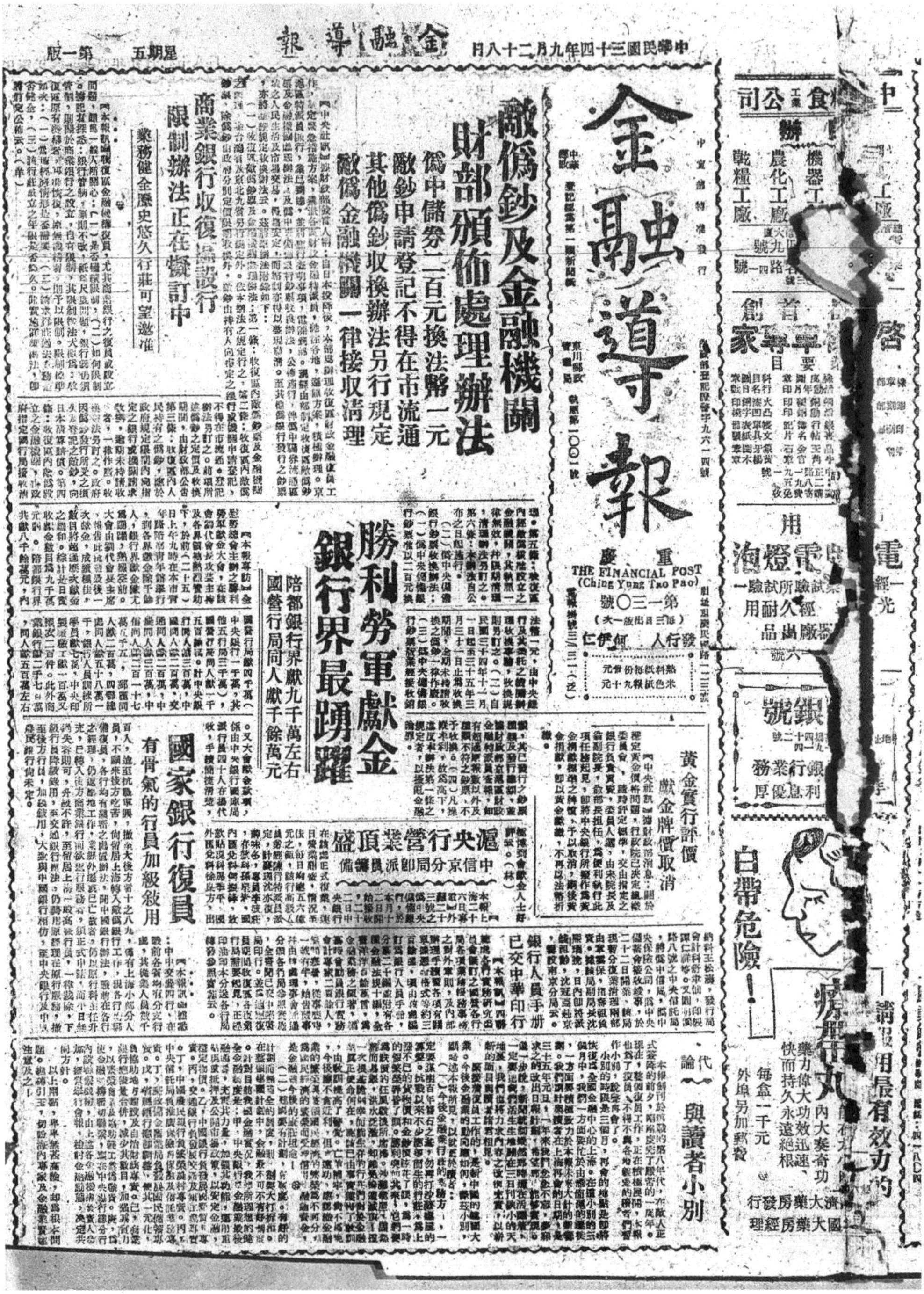
中華民國三十四年九月二十八日
星期五
第一版
金融導報
金融導報
THE FINANCIAL POST
(Chin Yung Tao Pao)
重慶
第一三〇號
敵偽鈔及金融機關
財部頒佈處理辦法
偽中儲券二百元換法幣一元
敵鈔申請登記不得在市流通
其他偽鈔收換辦法另行規定
敵偽金融機關一律接收清理
商業銀行收復區設行
限制辦法正在擬訂中
業務健全歷史悠久行莊可望邀准
勝利勞軍獻金
銀行界最踴躍
陪都銀行界獻九千萬左右
國營行局同人獻千餘萬元
黃金實行評價
獻金牌價取消
滬央行營業頂盛
中信京滬分局派員籌備
國家銀行復員
有骨氣的行員加級敘用
銀行人員手冊
已交中華印行
代論
與讀者小別
機器工廠
農化工廠
乾糧工廠
電燈泡
銀號
白帶危險！
每盒一千元
外埠另加郵費
濟大藥房發行
國大藥房經理

《金融导报》

《民教导报》（1944 年）

该报于1944年9月创刊，月报。重庆市立民众教育馆民教导报社编辑，重庆市立民众教育馆发行，社址在重庆朝天门沙井湾9号。发行人黄楚青。1945年2月第六期停刊。其内容主要是有关社会教育理论、政论、经济、自然、史地、人生、时事等问题的论述。

《渝北日报》（1944 年）

该报于1944年秋创刊，铅印，4开4版，三日刊。该报是在《璧山导报》的基础上改名而来。社长黄麟，经理张骏祥，主编戴时维（兼写评论），副刊主编周平野，记者唐席清、张庆和、张帮颜（三人皆为当时国立社会教育学院学生），社址在璧山县府街拐弯处。每期发行1000份，其中一半赠送。该报主要内容是国际、国内和县内信息，先期较为活跃，后受到当局抑制。1945年秋，因报道当地驻军新闻，被驻军认为毁坏其名誉，报社被捣毁而停刊。不久该部队调防，报纸复刊，由曾继愈主持编务，又出版半年，因经费、人力不足而终刊。

《妇女导报》（1944 年）

该报于1944年10月5日创刊，发行人段吉亭，社址在重庆牛角沱中央文化驿运站。

《渝风旬报》（1944 年）

该报于1944年10月30日创刊，发行人陈经辉，社址在重庆中山二路193号。

《学生评论报》（1944 年）

该报于1944年10月创刊，日刊，油印。重庆北碚复旦大学编行。

《大学新闻》（1944 年）

该报于1944年11月12日创刊，4开4版，周报。重庆中央大学新闻社编行。《新华日报》曾介绍说："重庆《大学新闻》，四开生料纸印的学生报纸，共分四版。第一版和第四版是全国各地学生的新闻消息；第二版是关于中学生的消息、报告和文章；第三版是文艺和一些短论、通讯。它最大的特点是新闻多，消息丰富，文字生动，版面活泼，十足表现着青年学生的味道。"

该报最初掌握在三青团手中，后接受中共中央南方局的领导，由中共地下党员和进步青年掌握，童式一为总编辑，刘宪贞为副总编辑。中共中央南方局青年组要求《大学新闻》以"中间姿态"出现，"从关心学生切身利益出发，用中间同学能够接受的、欢迎的方式，逐步扩大影响"。《大学新闻》有一个分布很广的通讯员网，并与许多学校的油印报刊建立了交换关系，因此消息灵通。1945年，昆明发生"一二·一"惨案，《大学新闻》进行了充分报道，并呼吁社会募捐，援助昆明学生，在社会上产生一定影响。该报创刊时每期约发行2000份，后保持在5000份左右，最高时达到7000份。1946年3月，中央大学迁返南京，《大学新闻》停刊，前后总计出版50多期。

《鳌峰周报》（1944 年）

该报于1944年11月13日创刊，南川县师中校（南川县立简易乡村师范学校和县立中学的简称）语文教师李振华自己出资，自采、自编、自发的油印体育小报，蒋邦锋帮助刻写蜡版。每星期日出8开1张，发行数六七十份。李振华是体育爱好者，该报主要反映师中校鳌峰球队的篮球训练和赛事，也兼及报道南川中学等其他学校的篮球活动以及社会上篮球队的动态，同时也起着为鳌峰球队鼓劲助威的作用。

《沙坪新闻》（1944 年）

该报于1944年11月创刊，重庆沙坪坝沙坪新闻社编行，周报。沙坪新闻社由当时沙坪坝地区各大学学生联合发起成立。

《中国学生导报》（1944 年）

《中国学生导报》是抗日战争末期在重庆出版的进步学生报纸。1944年7月，复旦大学的进步学生在筹办《中国学生导报》的过程中成立了中国学生导报社。1944年12月22日，报纸在重庆创刊发行，创刊当日，《新华日报》在本报第一版右上方刊登了一个醒目的广告：“《中国学生导报》出版了。”

该报社的社员主要是复旦大学的学生和重庆许多大中学校的师生。社员当中音乐学院、育才学院、社会大学的同学较多，重庆大学、中央工专、四川教育学院、女子师范学院的同学偏少。

该报社的社址在北碚的复旦大学校园内，社长是杜子才，副社长是陈以文，总编辑是戴文葆。1946年以后，由于复旦大学迁往上海，总社也随之迁往。重庆成立报纸分社，原来的副社长陈以文任重庆分社的社长，总编辑由范泰枢担任。

中國學生導報

《中国学生导报》

此时社址改在育才学校内，但报纸其实并没有固定的社址。

陈以文和复旦大学的学生成立了中国学生导报社，任中国学生导报社推进委员会主任。《中国学生导报》正式出版后，他任核心小组副组长。为了更好地团结和发动广大青年学生参加反对内战、争取和平民主的斗争，经中共中央南方局青年组同意，在中国学生导报社的基础上，建立了中国学生社，他是这个组织的主要组织者和领导人之一。他利用合法的身份，巧妙地把公开合法的斗争和党对群众的教育、组织等秘密工作结合起来，做了大量的工作。

《中国学生导报》由甘祠森任发行人，复旦大学毕业生廖毓泉任编辑。甘祠森对《中国学生导报》在经费周转、稿件组织、争取社会支持等方面都给予了帮助。沈钧儒、史良、邓初民、张志让、洪琛等也给予了大力支持。

《中国学生导报》这张学生报纸，没有一个领薪水的工作人员。编辑、印刷、发行，所有出版经营工作，都由学生自己承担。办报经费除中共中央南方局青年组每月补给3万元外，全由学生自己募集和捐助。但是发行一直没有间断，除因寒暑假休刊外，报纸一直坚持出版。每周出一期，每期发行约5000份，多时达7000份，读者对象主要是当时国统区的大中学生，也包括西南地区各界社会人士。到1947年11月，《中国学生导报》转入地下，与《挺进报》并肩作战出过一期地下版。

《中国学生导报》是4开4版的小报，主要“报导学生动态、反映学生生活、加强学生学习”，以“把正在兴起的学校民主运动推向高潮”为办报宗旨。第一版为重要的教育新闻和学校新闻，包括校园内学生的抗日民主活动和学习生活；第二版为时事政治描评和各种专论；第三版为文艺版；第四版为校园通讯。该报对国民党反动势力在学校的倒行逆施进行由浅入深、先晦后明的揭露、抨击，并大力宣传国际民主力量战胜法西斯反动势力的必然趋势，介绍美、英、苏学生维护民主的战斗情况，宣传“五四”“一二·九”学生运动战斗精神，宣传“要胜利必须要团结，要团结必须要民主”的指导思想，动员号召广大学生团结起来，为建立一个独立、民主、幸福的新中国而战斗。其文艺版则始终贯穿着劳动人民是历史变革的主要力量这一观点，指出发动农民的必要性，引导广大学生接近人民、了解人民，向人民学习，为人民服务。

《中国学生导报》是重庆唯一的进步学生报纸。它在中共中央南方局青年组领导下，曾多次组织、发动重庆各大中学校的学生运动。如1945年昆明“一二·一”血案发生后，《中国学生导报》除了在报纸全部版面刊登学生争取民主、反对内战的运动外，还与重庆另外25家媒体（包括报纸杂志）向全国和全世界发出“不要内战”的呼吁，联合《大学新闻》《渝南新闻》和叶圣陶主编的《中学生》杂志发表《告全国同学及同胞书》，声援昆明死伤师生，愤怒讨伐国民党当局的倒行逆施。文化界名流郭沫若、茅盾等很支持《中国学生导报》，该报第十一期上曾发表郭沫若的《我仍然是一个学生》的文章。

《中国学生导报》因为政治立场鲜明，态度明确坚定，出刊后日益表现出锋利的战斗力，导致其新闻时常受到国民党新闻检查机构的扼杀和删改。其第三期总编辑戴文葆写的《古城枪声》就被全文扣发。面对删除和扣发稿件的情况越来越多，该报索性“开天窗”以示抗议。1946年6月1日，该报4个版面就有3个版面开了天窗，第四版几乎整版是个“大天窗”，只在“天窗”上保留了标题。在长期艰苦的战斗中，不少同志奉献出自己的生命。该报重庆版社长陈以文在川东武装起义中被捕，于1949年11月14日与江竹筠等被杀害于“中美合作所”集中营。曾一度负责该报财务工作的王朴，也在同年10月28日和陈然等一同被害于大坪。

《中国学生导报》在1946年出版到第三十七期，于同年5月10日被迫停刊。后来分别在上海和重庆继续出版。分成两版后的《中国学生导报》，沪版出了4期，因政治形势急剧变化停刊。渝版直到1947年6月停刊，共出版了56期。后来，中共重庆地下党市委为了向广大人民报道解放战争第二年的基本任务和我军捷报，曾半公开地出版过一期，因形势险恶，自动停刊。《中国学生导报》在争民主、争自由、反内战的学生运动中发挥了不可磨灭的作用。

《艺声周报》（1944 年）

该报于1944年12月创刊，重庆艺声周报社编辑发行。

藝聲週報

目錄

創刊號

中華民國三十三年十二月十六日出版

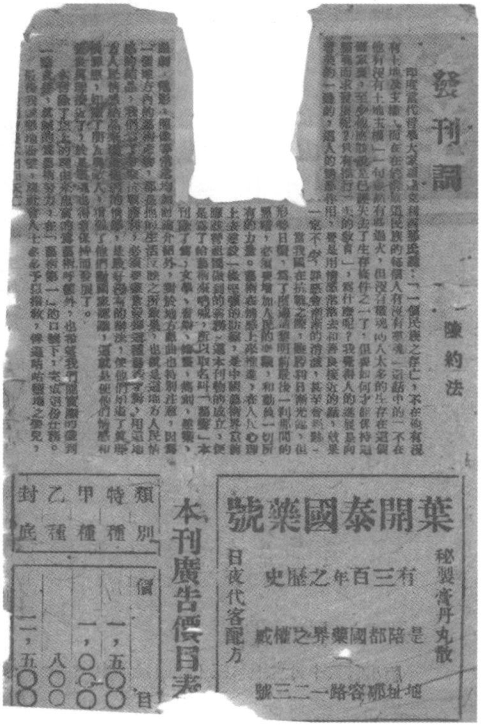

發刊詞

陳約法

本刊廣告價目表

類別	價目
特種	一，五〇〇
甲種	一，〇〇〇
乙種	八〇〇
封底	二，五〇〇

葉開泰國藥號

秘製膏丹丸散

有三百年之歷史

是陪都國藥界之權威

日夜代客配方

地址鄒容路一二三號

《艺声周报》

《新型报》（1944年）

该报约于1944年12月创刊，具体情况不详。

《群力周报》（1944年）

该报于1944年冬创刊，重庆中华大学群力周报社编辑发行，约1945年4月停刊。

《地下火》(1944年)

该报约于1944年在永川县创刊，创办人周裕宽（又名王立行），为永川中学学生。该报为小报，专门揭露国民党学校的黑暗，与国民党反动教育方针作斗争。

《抗日简讯》(1944年)

该报于1944年在垫江出版，音乐教师董仲甫等人创办，每日出版，内容以抗日宣传为主。

《义声周刊》(1944年)

1944年前后，该报由章伯钧（中华民族解放行动委员会主委）与杨坤义（重庆岁丰面粉公司总经理兼厂长）创办，4开，周报，每期印数3000份，社址在重庆民权路27号。杨坤义任社长，汤海萍任总编辑，万钧涛任总经理，经费由杨坤义负担。中华民族解放行动委员会为农工民主党的前身。1947年5月，该报因被国民党当局扣发登记证而停刊。重庆解放后，该报于1949年12月1日复刊欢迎人民解放军，后因汤海萍去南京而停刊。

《东方周报》(1945年)

该报于1945年1月1日注册登记，主办人唐贤龙，社址在重庆林森路627号。

《中国新闻晚报》(1945年)

该报于1945年1月1日创刊，仅见于1945年12月31日万县《中外春秋》的报道："万县讯：上海法学院报业专修科学生筹办之《中国新闻晚报》，将定于明日（元旦）在万县创刊。内容偏重于国内外时事之综合报道，为一试验性的新型报纸。该报发行部设三马路19号，关于订阅及广告事宜，均可巡回接洽。"该报是否出版不详。

《奉节青年报》—《正声报》(1945年)

《奉节青年报》于1945年1月1日创刊，旬刊，4开4版，每期发行300份。三青团重庆支团奉节分团机关报。陈唯践任发行人兼社长，编辑严希珍、孙必胜、傅理，社址在奉节县城内野园。该报内容有社评、小言、时事新闻、地方消息、青年园地、学府风光、团务活动等。该报经费由三青团分团部提供一部分，分团指导员万世炯赞助一部分，还向团员募捐。同年10月1日该报改名为《正声报》，间日刊，8开，石印，发行人为国民党奉节县县党部副书记王增琪，编辑谭丽生，社址在奉节县城内新公馆8号。《正声报》的经费为自筹，每期发行400份。1947年5月，《正声报》呈请四川省政府核转内政部发给登记证。5月22日，四川省政府以"《正声报》申请登记手续与规定不合"为由退回原件，但该报仍坚持出版。1948年11月5日，四川省政府发文，指其"未经核准登记，擅自发行"，勒令停刊。

《扫荡简报》(1945年)

该报于1945年1月4日登记出版，发行人李希纲，国民党扫荡报社编辑发行，社址在重庆捍卫新村14号。

《冬令营特刊》(1945 年)

该报于1945年1月13日创刊，4开4版。三民主义青年团中央干部学校冬令营营本部主办，社址在重庆复兴关。其内容为报道冬令营的活动。

《学生导报》(1945 年)

该报于1945年1月创刊，周报。重庆学生导报社编辑发行。1949年停刊，共出77期。

《铜营》(1945 年)

该报约于1945年初在铜梁出版，青年远征军201师铜梁旬报社编辑，社址在铜梁青年远征军602团督导室。第一、二、三版辟有时事综述、新闻天地、文苑（副刊）等栏目，第四版为602团的相关新闻或“青年生活”等专版。该报出版至第十四号后，曾短暂停刊；第十六号重新改版续出。

《军中导报》(1945 年)

该报于1945年2月2日创刊，周报，4开4版，石印，201师军训部合作社印刷部代印，后改为铅印。发行人张正权，社址在璧山县201师司令部。5月23日，该报出版第十四号，同时宣布停刊。该报于9月19日复刊，续出第十五号。11月起该报改为五日刊，出副刊《新战士》。

《国际新闻》(1945年)

该报于1945年2月24日创刊，4开4版，周报，逢星期六出版。重庆国际新闻社

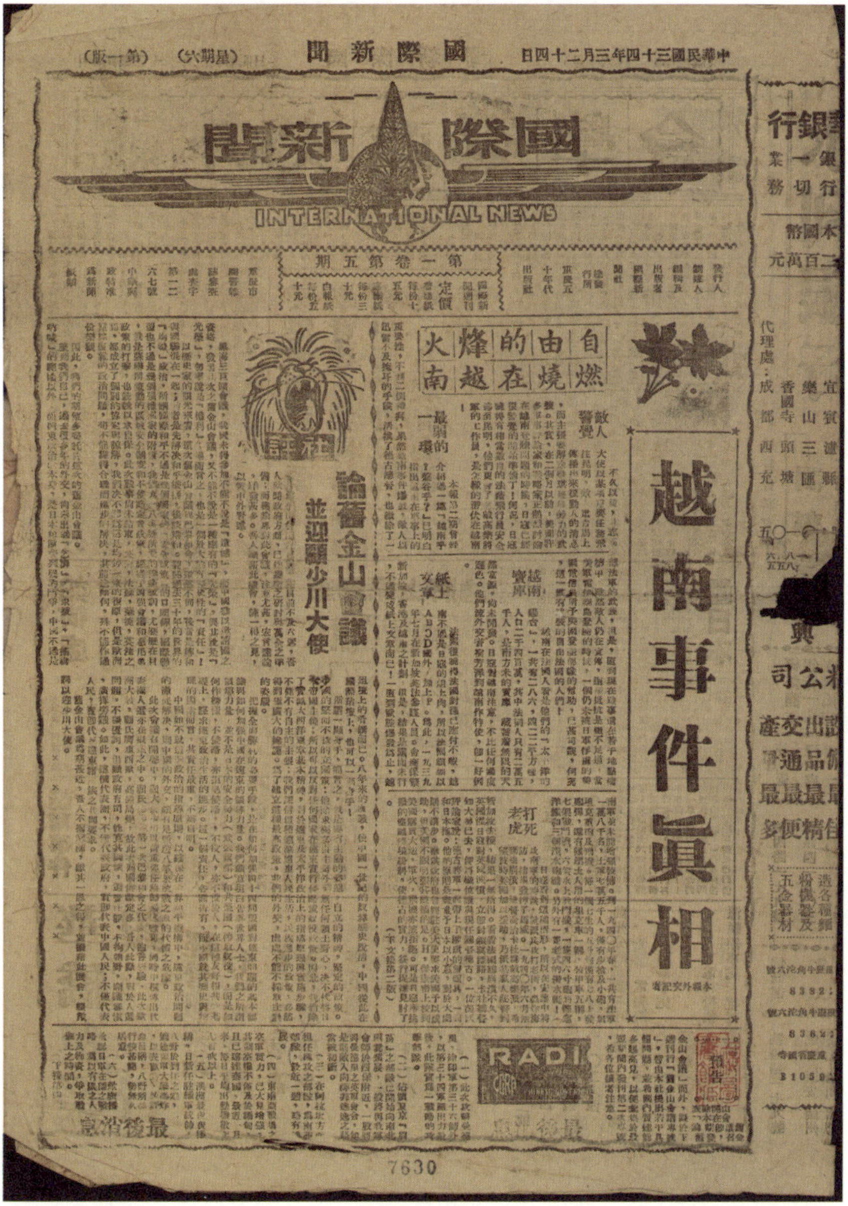
中華民國三十四年三月二十四日 國際新聞 (星期六) (第一版)

國際新聞

INTERNATIONAL NEWS

第一卷第五期

自由的烽火 燃燒在越南

越南事件眞相

論舊金山會議 並迎顧少川大使

7630

《国际新闻》

编辑出版，总发行所为重庆五十年代出版社，发行人刘达人。其主要内容为国际新闻、社论、副刊《重庆夜话》以及其他转载的新闻。

《人生画报》（1945 年）

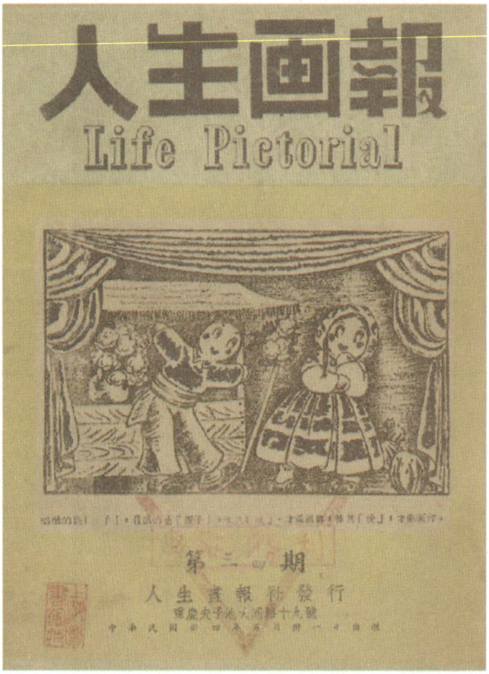

《人生画报》

该报于1945年2月28日创刊，月刊，16开。人生画报社出版发行，社址在重庆夫子池大同路17号。该报主编为复旦大学学生周俊元，编辑张有为、张仲庆、姚正基，发行人许君武。

该报设有农家乐、重庆生活、长篇连载、生活漫谈等栏目，也曾收录丰子恺与张乐平的漫画作品。此外，该报刊载名人画像、名贵摄影作品，如《近代印度文化创造者——泰戈尔》等；也记录世界猎奇异志，发表漫画漫文等，如“重庆生活”栏目中的《公交汽车上的“挤一挤”》《雅俗共赏》等，反映了重庆的生活百态；“图片说明”栏目分别介绍了几件科学界新的小小发明，如防水绝缘物、八角办公桌、风镜等，为时人了解世界新知提供帮助。1945年5月停刊。

《市民周刊》（1945 年）

该报约于1945年2月创刊，4开4版，周报。重庆社会局局长包国华主持创办，董事长傅况麟，发行人吴志乾，主编王国华，经理包华章，社址在重庆来龙巷，后迁至江家巷。该报内容有国外大事述评，市政新闻报道（包括市政府及各局、处新发布的政策法令，全市的社会动态，有关市民生活大问题的讨论文章），也有一些知识性、趣味性的副刊。

1945年8月25日，该报发表社论《欢迎毛泽东先生》，阐述人民要求和平、民主、团结、富强的愿望。抗战胜利后，由于一些主要人员离去，包国华聘陈次铮（重庆市煤炭业公会理事长）任董事长，姜国光任发行，社址迁到大阳沟渔业公会楼上。该报发行经费曾得到蓝文彬的资助。1946年蓝文彬不再资助，该报遂陷入困境，于同年2月底停刊。

《自由周报》（1945 年）

该报于1945年3月7日注册登记，发行人马汉岳，社址在重庆放牛巷12号3楼。

《青友周刊》—《青友报》—《民铎报》（1945 年）

《青友周刊》于1945年3月29日创刊，内容侧重工作指导和团务消息。三青团干事长周先骅任发行人，隗寿生任编辑。社址在内西街文庙。该报为油印报纸，每周出版1中张，4开2版，单面印刷，每期发行600份，全部为赠阅，赠阅对象为三青团团员和部分青年。

1945年7月底，《青友周刊》更名《青友报》。开县三青团将其定为机关报。《青友报》以时事政治为主要内容，改油印为石印，8开2版，双面印刷，每周出刊一次。周先骅任发行人兼社长，改聘张子信任主任编辑，杨曾唯任外勤记者，还敦聘多人担任特约撰述人。《青友报》为独立经营，实行以报养报，改赠阅为订阅，面向社会，约有订户1000户。

1946年5月，《青友报》又改名为《民铎报》。《民铎报》仍为开县三青团的机关报，报务负责人及编采人员均不变，仍是石印周报，8开2版。第一版刊登社评和时事要闻，第二版组编本县新闻和副刊。1947年3月1日，《民铎报》改周报为三日报，逢三、六、九日出报。1947年11月，开县实行党团合并，《民铎报》遂于是月底停刊。

《胜利周报》（1945 年）

该报于1945年3月创刊，重庆胜利周报社编辑发行，发行人方治，出版不久即停刊。

《训练导报》（1945 年）

该报约于1945年三四月间创刊，重庆三民主义青年团编印。该报以三民主义为中心，评论时事政治，探讨中国青年团工作的方针，刊发青少年文化教育及政治教育等方面的文章，也刊载三民主义青年团的组织活动以及各地分团团务动态等消息。该报封面印有“团内刊物，对外秘密”字样。

《中国工商日报》（1945 年）

该报于1945年4月1日注册登记，发行人周烈勋，社址在重庆中山二路229号。

《中国儿童》（1945 年）

该报于1945年4月4日创刊，发行人是儿童文学作家胡伯周，每周三出版，社址在重庆中山一路258号特1号巷内。

该报是当时大后方唯一的儿童报纸，报纸特点是“形式画报化，内容杂志化，文章儿童化，材料趣味化。有文又有图，有说又有笑，有唱又有玩”。创刊号登载社论《中国儿童团结起来》，还刊有陶行知、郭沫若、潘公展、子冈、丰子恺的作品。

《台湾民声报》（1945 年）

该报于1945年4月16日创刊，16开，半月刊。台湾革命同盟会主办，发行人李万居，主编连震东，社址在重庆李子坝建设新村特19号。该报自第十一期起，迁台湾出版，是否继续出版不详。

《星期快报》（1945 年）

该报于1945年4月19日在重庆创刊，赵敏恒与陈丙一合办，发行人赵敏恒，社址在重庆中一路153号。后因赵敏恒担任《世界日报》总编辑，不久停刊。

赵敏恒，江苏南京人。1927年，他担任北京《英文导报》副总主笔，兼任中国大学教授。1928年，他任中华民国政府外交部情报处副科长兼秘书，同年8月至英国路透通讯社工作，先后任南京特派员、汉口特派员、中国分社兼重庆分社社长，并兼美国联合通讯社驻南京特派员、路透社远东司司长。九一八事变后，美国国际新闻社、英国每日电讯报、日本朝日新闻社、苏联塔斯社都曾聘请他采写新闻。赵敏恒于1945年创办《星期快报》，任重庆《世界日报》总编辑，兼任复旦

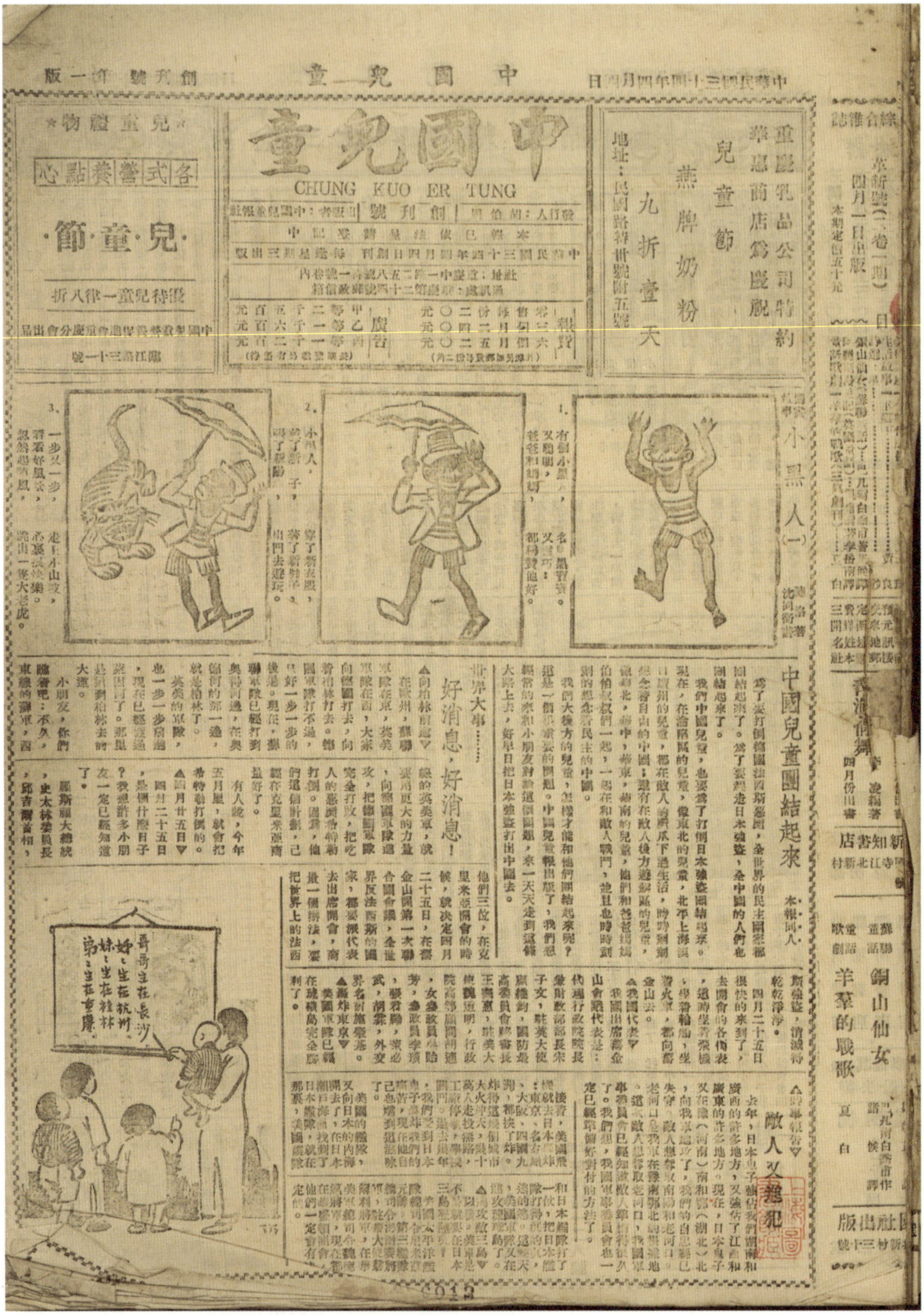

中華民國三十四年四月四日　中國兒童　創刊號　第一版

中國兒童

CHUNG KUO ER TUNG

創刊號

中華民國三十四年四月四日創刊　每逢星期三出版

★兒童禮物★

各式營養點心

·兒·童·節·

優待兒童一律八折

重慶乳品公司特約
華惠商店為慶祝
兒童節
燕牌奶粉
九折三天

小黑人（一）

中國兒童團結起來

好消息，好消息！

敵人又慘敗

銅山仙女

羊羣的戰歌

《中国儿童》

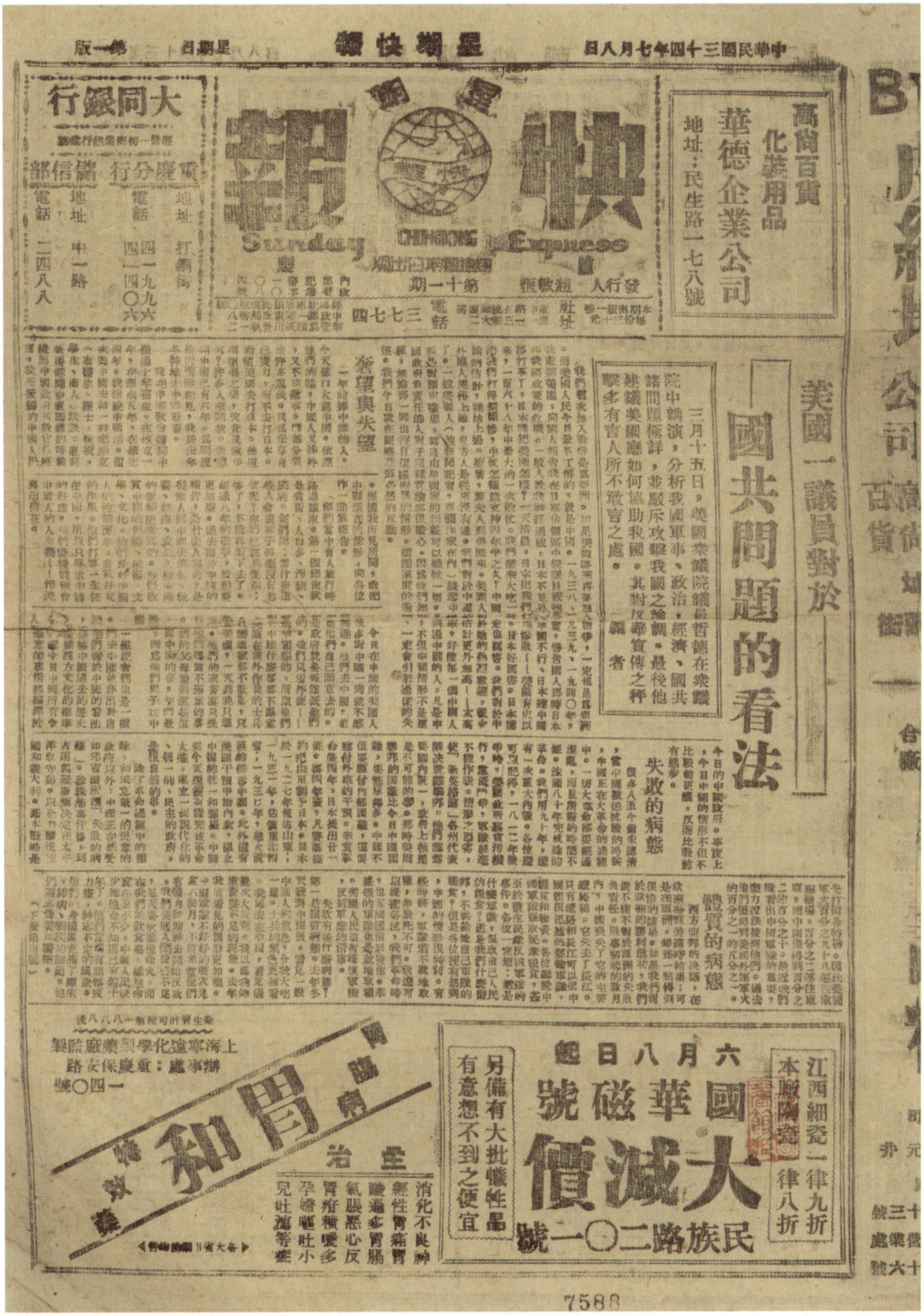
中華民國三十四年七月八日 星期日 星期快報 第一版

星期快報

Sunday Chungking Express

高尚百貨 化裝用品
華德企業公司
地址：民生路一七八號

大同銀行
重慶分行 儲信部

美國一議員對於
國共問題的看法

希望與失望

失敗的病態

體質的病態

國華磁號
六月八日起
大減價
民族路二〇一號
江西細瓷一律九折
本號陶瓷一律八折
另備有大批犧牲品
有意想不到之便宜

胃和
上海寰遠化學製藥廠監製
辦事處：重慶保安路一四〇號
主治
消化不良
神經性胃痛
胃酸過多
孕婦嘔吐
小兒吐瀉等症

7588

《星期快报》

大学教授。1945年10月，赵敏恒任上海《新闻报》总编辑。1949年以后，赵敏恒担任复旦大学新闻系教授、新闻采访与写作教研室主任。

《渝工导报》（1945 年）

该报于1945年4月20日注册登记，发行人胡森霖，社址在重庆下陕西街37号。

《纵横周报》（1945 年）

该报于1945年4月30日注册登记，发行人王兴中，社址在重庆中华路211号。

《时论周报》（1945 年）

该报于1945年4月注册登记，发行人曾思五，社址在重庆石板新街2号。

《世界日报》（1945 年）

该报于1925年在北平创刊，由成舍我独资经营。1945年5月1日在重庆复刊。

成舍我，湖南湘乡人。辛亥革命时曾一度参加北伐。1918年，经陈独秀特许考入北大国文系，后来到北平《益世报》任编辑。1923年，成舍我加入北平联合通讯社任编辑。1924年初，他拿出自己的200元创办了一张日出4开的《世界晚报》；1925年2月10日，出版《世界日报》；同年10月1日，出版单张《世界画报》。初时，这三张报对外的名称为《世界晚报》，后以《世界日报》为总称。1944年，成舍我到重庆，与程沧波共同创办“中国新闻公司”，并于第二年在重庆办起《世界日报》。

世界日报社社长为成舍我，负责全社的工作。程沧波以“中国新闻公司”董事的身份为总主笔，并聘从英国路透社退下来的名记者赵敏恒为总编辑。成舍我沿袭北京版的传统，在《世界日报》上不仅继续推出“教育界”和“明珠”两大专栏，还办得更有特色。报纸中时常有些同情青年、关注知识分子、憎恨社会腐恶、表示向往进步的文字出现。成舍我除选派得力记者分别采访文教界名流学者和学校当局连续在“教育界”发表专访稿件外，还挑选特约通讯员，扩大消息来源，吸引社会注意。“教育界”从刊登南开大学校长张伯苓、著名史学家顾颉刚和师范教育老专家李建勋等人的访问记开始，陆续登载了教育界许多人物的专访，颇受社会欢迎。“明珠”先后发表老舍的中篇小说《偷生》、茅盾的《格罗斯曼及其小说》、田汉的七绝八首及臧克家写的《岂非世道之隐忧哉？》等。

1945年9月1日起，重庆《世界日报》由报人陈云阁经营。这段时期，重庆版《世界日报》的定位发生了一些变化。陈云阁自称“我们是无党无派的独立报纸”，实际上“一直是站在维护旧社会制度基础和偏袒国民党政府权力一边”。由于该报违背了客观公正的立场，失去大量读者，业务一落千丈，经济上很难维持。陈云阁不得不征得“中国新闻公司”董事会同意，进行增资改组，新聘社评委员李泰华、傅筑夫、王铁岩、陈剑恒、罗志如、吴贞安等教授共同商讨后，于10月2日发表由陈剑恒执笔的《中国需要新革命运动》的社论，明确提出报纸应该走“第三条路线”，即中间道路的主张，号召中国的自由主义分子团结起来，进行政治革新。

由于全国内战以及通货膨胀、物价上涨，《世界日报》的经营再度陷于困境。1948年，报社进行第二次增资改组，报纸的言论、主要内容不再为国民党政权打气，转而要求当局“正视现实，坦率认输”。在新闻方面，该报主要报道群众生活、青年心理、经济财政、社会动态。

1949年以后，《世界日报》先后发表了《赶快停战谈和》（1月21日社评）、《停战言和》（2月3日“人民公论”）、《迎接伟大的时代》（2月28日专论）、《时代要求和平》（3月3日社评）、《识时务、收人心》（3月22日社评）、《和谈之症结——应承

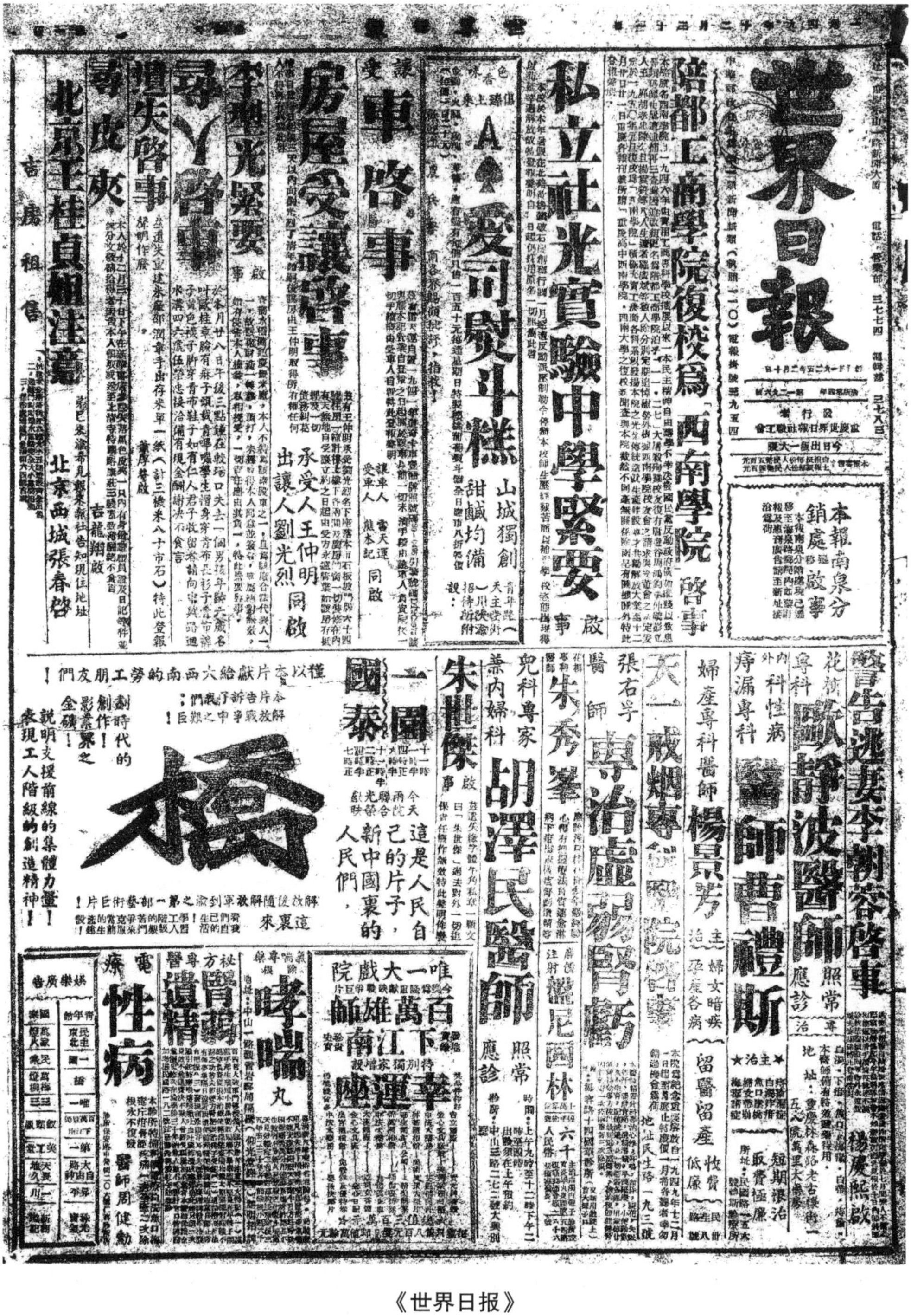
世界日報

陪都工商學院復校爲「西南學院」啟事

私立社光實驗中學緊要啟事

愛司熨斗糕

車啟事

房屋受讓啟事

李和光緊要啟事

遺失啟事

尋皮夾

北京王桂貞姐注意

本報南泉分銷處移啟事

警告逃妻李桐容啟事

歐靜波醫師

醫師曹禮斯

楊景芳

張石孚

朱秀峯

胡澤民醫師

朱世傑啟事

國泰

一園

橋

唯一大戲院

百萬雄師下江南

哮喘

遺精

性病

《世界日报》

认失败》(4月3日“人民公论”)、《暗潮与逆流》(4月14日社评)、《不可太爱面子》(4月18日社评)、《不要把大西南拿来殉葬》(4月25日“来论”)等文章。同时,《世界日报》大量采用外电,收听并刊登延安广播,转载新华社社论、评论,受到读者群体的欢迎。

1949年7月,该报发表了一篇指向四川省主席王陵基、重庆市市长杨森的《请西南执政诸公拿话来说》的文章,惹怒了两位地方政要,于1949年7月24日深夜被查封。此后,国民党重庆市党部派宣传处处长吴熙祖任社长,又以宣传处科长王蕴卿为总编辑,仍以原报名继续出版了3个多月,变成国民党重庆市党部的报纸。重庆解放后,该报由重庆军管会派员接管。

《民间报》(1945年)

该报于1945年5月1日创刊,周报,4开4版,在报头上方印有“我们来自民间,说的是老实话”12个字。该报发行人王知行是国民党重庆市党部宣传科科长,编辑为其弟王明宪。社址在重庆大同路32号。第一版为国内外重要新闻,第二、第三版为市内新闻,第四版为副刊。该报约1947年停刊。

《民力周报》(1945年)

该报于1945年5月5日创刊,4开小报,中国合作事业协会机关报。主办人秦松元,民力周报社发行,社址在重庆储奇门羊子坝12号,编辑部设在中国合作事业协会。该报创刊号登有寿勉成撰写的发刊词《民力与国力》。

该报分发给各省市县合作行政单位、重要的各级合作社与各合作社团、中央和地方各有关行政机关,报道合作消息,指示应有改进并介绍有关合作业务的知识。抗战胜利后,该报随中国合作事业协会迁往南京继续出版。

《中国星期报》(1945 年)

该报于1945年5月6日创刊,周报,每周四出版。发行人周心万,社址在重庆上清寺春森路12号。该报自称是“时代综合的报道,人民忠实的喉舌”,设有“星期评论”和“星期春秋”栏目,刊登专栏文章;“时事纵横”栏目主要分析国内大事;“新闻侧写”是该报的特稿;副刊《星海》由作家轮流执笔;“新幻想曲”“大重庆”栏目报道山城故事;“经济圈内”报道工商界动态。该报仅出两期即停刊。

《星岛画报》(1945 年)

该报于1945年5月6日在渝复刊,8开,星岛画报社编辑出版。该报原在香港出版,发行人胡好(华侨企业家胡文虎之子),主编糜文焕,社址在重庆莲花池正街10号。创刊号有旧金山会议、美国总统罗斯福逝世照片,以及叶浅予、张光宇等人的漫画作品。该报于同年7月停刊,共出3期。

《经济日报》(1945 年)

该报于1945年5月7日注册登记,发行人郑惠人,社址在重庆民生路274号。1946年10月1日重庆社会局以“登记手续不完备”为由,通知警察局将其取缔。

《信义报》(1945 年)

该报原在汉口出版,1945年5月在重庆复刊,月报,期数另起。同年8月停刊。1947年在汉口复刊,约1949年终刊。

中華民國三十四年五月六日 中國星期報 星期日 第一版

中國星期報

重慶 每逢星期日出版

發行人 周心萬 第一期

社址 重慶上清寺春森路十二號

中央銀行 國民政府設置 資本一萬萬圓

中央信託局

時事縱橫談

光明照耀在前面

歷史向我們呼喚

最大的戰爭罪犯死了

沒有？

星期評論

由本報旨趣說到時局重點

聯合國可稱道的行動

適應世界新動向的會議

升不怎樣好看的把戲

新聞天地

新鮮！刺激！

今年的最佳讀物

010935

《中国星期报》

《真报》(1945年)

该报于1945年5月创刊，周报。社长赵则诚，编辑兼记者庄涌。赵则诚编辑第一、二版，庄涌编辑第三版，第四版为副刊，聂绀弩曾主编副刊《桥》，郑英主编副刊《新妇女》。1946年初停刊。

《星报》(1945年)

该报于1945年6月8日注册，发行人龚惠青，社址在重庆德兴里34号。该报只登记未出版。

《长江周报》(1945年)

该报于1945年6月10日注册，发行人纪凯夫。该报只登记未出版。

《大地报》(1945年)

该报于1945年6月20日注册，发行人张弦，社址在重庆南岸玄坛庙聚福巷22号。该报只登记未出版。

《人渝风报》(1945年)

该报于1945年6月22日注册，发行人陈经辉。该报只登记未出版。

《桂林力报》（1945 年）

该报于1945年6月27日注册登记，发行人张稚琴。

《新潼南报》（1945 年）

该报于1945年6月创刊，油印，8开2版。潼南旅渝同学会主办。该报主编为当时中央大学农经系学生周继造，组稿发行有王庶绩、陈孟溟、李白华、王若伟、周汝森、黎家祥，刻写油印有李旦君、周性祯、周季树。该报旨在“加强互相团结，报道潼南建设，反映家乡生活，促进县政改革”。该报分发至潼南机关法团及区、乡、村小学。1946年，中央大学迁回南京，该报由文衡、蒋道澂等续办。不久后，该报停刊。

《宇宙报》（1945 年）

该报约于1945年6月注册，发行人王栋，社址在重庆姚家巷41号。该报只登记未出版。

《男报》（1945 年）

该报约于1945年6月在重庆出版，具体情况不详。

《褒贬周刊》(1945年)

该报约于1945年上半年出版，韦晓萍所办，社址在重庆中正路老街7号。第一版辟有专栏“时事春秋”，第四版为副刊《笔剑》。因经费问题于同年停刊。

《兵役旬报》(1945年)

该报于1945年7月3日注册登记，发行人刘进修，社址在重庆林森路。

《科学时报》(1945年)

该报于1945年7月20日注册登记，发行人孟宪章，社址在重庆中山路15号。

《星期新报》(1945年)

该报于1945年7月创刊，重庆星期新报社编辑发行，仅出4期即停刊。

《新学报》(1945年)

该报于1945年7月创刊，重庆新学报社编辑发行，月报，同年8月停刊。

《峡风三日刊》（1945 年）

《峡风三日刊》于1945年8月2日创刊，4开2版，石印。国民党巫山县县党部机关报，县党部、县参议会、县民众教育馆、三青团巫山分团联合主办。社长徐振南，发行人为苏竹勋、谭纯武，编辑朱奉天。该报旨在“宣传总理遗教，增进地方文化”。其内容除当地新闻外，多为摘抄其他报纸消息，内容单调，版面呆板，发行量有限。1949年4月停刊。

《光复报》（1945 年）

该报于1945年抗战胜利后在重庆创刊，具体情况不详。1946年10月1日，重庆社会局禁止《光复报》等20家报刊发行，理由是“未经登记或登记手续不完备”，并通知警察局将其取缔。次日，重庆市杂志界联谊会发表声明，谓“该会各杂志会员均未逾越民主国家言论自由之范围，愿政府尊重言论自由之诺言及政协精神，取消禁令”。

《香槟》—《香槟报》（1945 年）

1945年抗战胜利后，张钟灵创办《香槟》，社址在重庆保节院，不久即停刊。1947年4月，该报复刊，16开，周报，社址在重庆上安乐洞258号。发行人张钟灵，主编岚支，副主编宪戈，总经理冯忆之，撰述人立亭、吟声等。该报内容侧重重庆掌故、轶闻趣事、社会怪相等。1948年8月改名为《香槟报》出版。

《武风周报》（1945 年）

该报约于1945年8月中旬在铜梁创刊，4开4版。青年远征军201师603团武风周报社主办，发行人江国栋。该报主要反映该师团的军营生活，也有一些知识性、文艺性、娱乐性的内容。

《铜营一周》（1945 年）

该报约于1945年8月在铜梁创刊，青年远征军201师602团铜梁旬报社编辑，对外发行，主要报道一周以来602团的生活及动态。

《农会导报》（1945 年）

该报于1945年8月创刊，月报。农会导报社编辑并发行，社址在重庆张家花园72号。乔启明为主编，陆京士为发行人。该报属于农会工作刊物，辟有时事摘要、短评、农业新闻、资料、农会消息、讨论、小统计、通讯、法规等栏目。主要撰稿人有杨琪、蒋荫松、樊子良、乔启明、任碧瑰、陈鸿佑等。

1946年2月该报迁往南京出版。1947年7月停刊。

《天文台》（1945 年）

该报于1936年11月在香港创刊，1945年9月迁渝复刊，周报。发行人陈孝威，主笔韦晓萍，社址在重庆中正路育婴堂街道老7号。

陈孝威，早年毕业于福州武备学堂，1924年兰封之役中，陈孝威因采用“左回旋”大军作战战术击败军阀部队万余人而闻名全国，并被提升为泰宁镇守使兼第七军援军总司令。后来因与军界保守派不合，于1929年辞职。1936年，陈孝威加入白崇禧部参加浙沪作战，同年10月再次离开军界，并携家到香港。11月，陈孝威在香港创办《天文台》，在报上发表了很多军事预言，他对形势的精辟见解，对战事的准确预测，令世人惊异，被人称为“神奇的军事预言家”。

该报纵谈天下事，介绍风云人物等，销路颇广。其内容涉及外交、军事、政治、经济、哲学、历史等方面，主要刊载有关中日关系、抗日战争和抗日战争胜利后的国共关系、建国问题等方面的文章，同时也发表诗歌、杂文等文学作品。该报初为周报，出至1946年3月第四十期停刊。该报自称“宁为独角兽，不做两头蛇”。

《天文台》于1947年迁上海复刊，改为月报。1949年2月终刊。

《民主导报》（1945年）

该报于1945年9月26日创刊，周报，4开4版。发行人刘曼华（女），实为中国民主党机关报，社址在重庆陕西路63号。

该报创刊时，抗日战争刚刚胜利，编者在《发刊词》中说：“这不是陶醉胜利的时候，我们虽然赢得了战争，还没有赢得和平。我们虽战胜了敌人，但今天国家的建设还得从头做起。”“我们将尽自己之所及，为中国的民主运动尽一点报道的责任，我们将竭诚的为关心民主的读者服务。”

该报于1945年12月9日出第九、十期合刊，在第四版登出启事：“自下期始，改在上海发行。为了继续为读者诸君保持文化上的接触，《民主导报》重庆版改为半月刊。今后专注重民主理论的介绍，与中国实际情形的报道。”

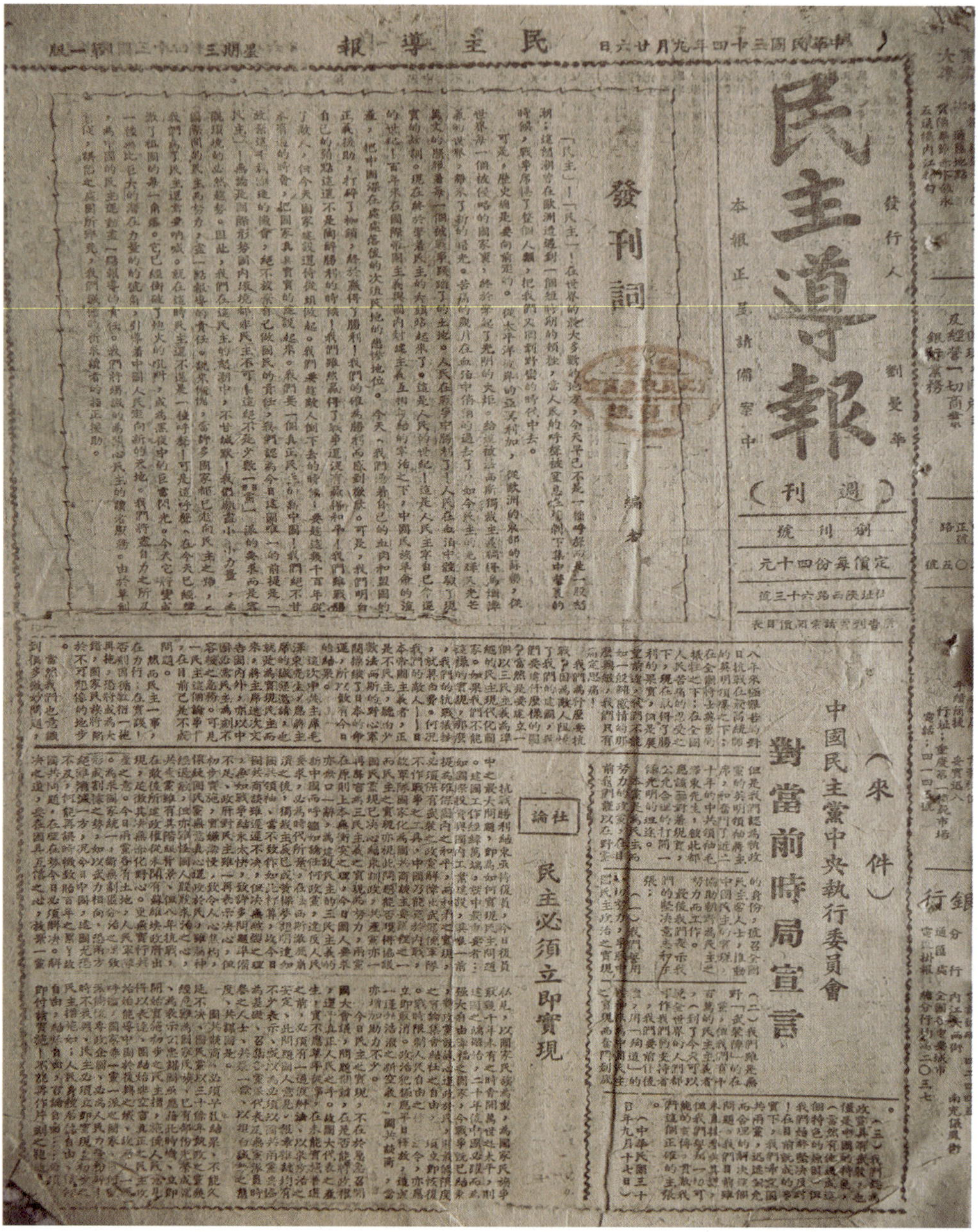
民主導報

（週刊）

創刊號

發刊詞

對當前時局宣言

中國民主黨中央執行委員會

社論

民主必須立即實現

《民主导报》创刊号

《前夜周报》(1945年)

该报约于1945年9月创刊，社长容威，发行人戈琪，社址在重庆保安路。当年冬停刊，约出4期。

《战时经济旬报》(1945年)

该报约于1945年9月创刊，具体情况不详。

《月华报》—《月华旬报》(1945年)

该报于1945年9月注册登记，发行人唐秋晖，社址在重庆中兴路132号。同年12月，又重新登记，改名为《月华旬报》。

《民众周报》(1945年)

该报于1945年10月1日注册登记，发行人张镛，社址在重庆南岸龙门浩觉林寺街18号。

《全力日报》(1945年)

该报于1945年10月10日创刊，发行人陈正凡，社址在重庆中山三路272号。

《义声周刊》—《义声报》(1945 年)

该报于1945年10月15日创刊，4开4版，周报。发行人杨良、陈行健，编辑刘云非、曾庆名，社址在重庆中正路箭道子街10号。

杨良在《创刊词》中说：“揭正义的旗帜，高举公理的明灯，为政府的先导，为民众的喉舌。庶几将来我中华民族能集中力量复兴文化，进而给予世界人类文化、和平，尽伟大崇高的贡献，此实为本报唯一之鹄的。”其言论的基点是：“一、建立革命哲学，改造社会风气；二、促进民主政治，发扬法治精神；三、报道社会需要，主持严正舆论；四、刊载司法新闻，普及法学常识。”

1946年6月24日，该报改名为《义声报》继续出版，社长吴小康，副社长杨立达，仍为周报，社址在重庆国府路14号。

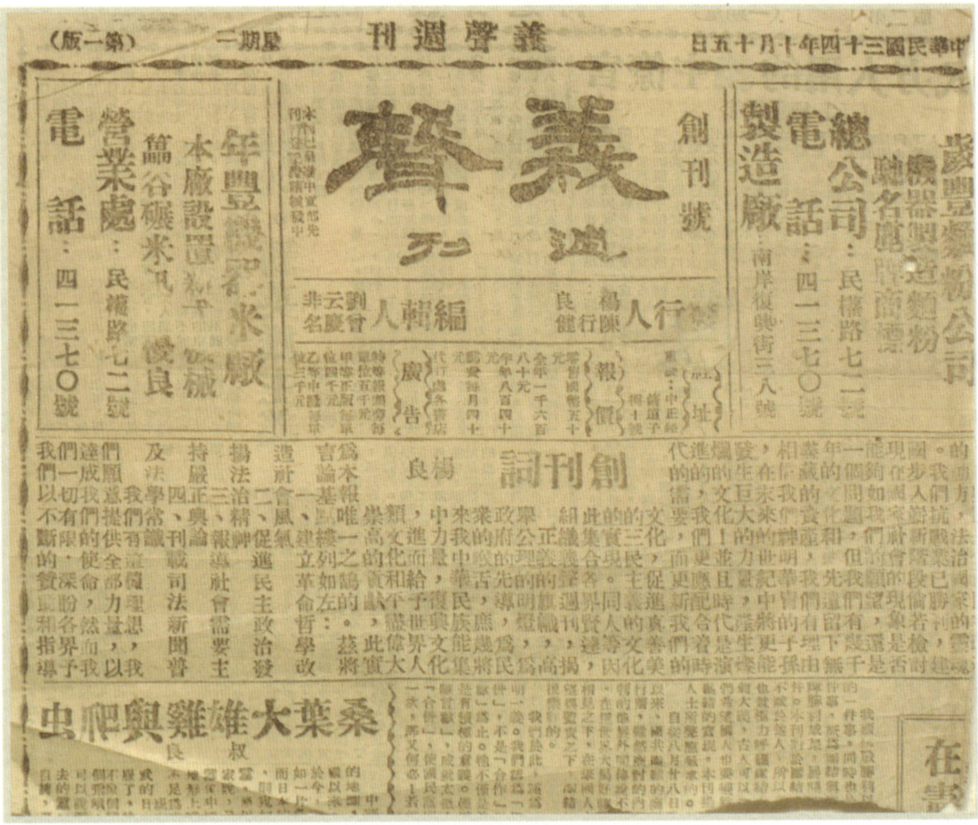
中華民國三十四年十月十五日　義聲週刊　第一期　（第一版）

義聲　創刊號

發行人　楊良　陳行健
編輯人　劉云非　曾慶名

年豐機器碾米廠
營業處：民權路七二號
電話：四一三七〇號

總公司：民權路七二號
電話：四一三七〇號
製造廠：南岸復興街三八號

創刊詞　楊良

桑葉大雄雞與爬虫　良叔

《义声周刊》

《人民周报》（1945年）

该报于1945年10月23日创刊，主编兼发行人马义。该报为马义、王文受等人组织的中国人民党的机关报。

《国兴周报》（1945年）

该报约于1945年11月在重庆创刊。

《云阳周报》（1945年）

该报于1945年12月1日创刊，4开4版，每周出刊1中张，每期发行400份。三青团云阳县分团部主办。1946年秋停刊。

《铜梁民报》（1945年）

该报于1945年12月11日创刊，国民党铜梁县县党部筹办的地方报纸，几经计议，决定仍名《铜梁民报》，由铜梁县参议会出面主办，并建立了铜梁民报社，社址设在县参议会内，巴川印务局承印。报社开支由县财政拨款。县参议长刘代芹兼任报社社长，县党部秘书长黄承曦任主编，报纸发行人为雷筱龙，先后聘请黄定文、雷汝维、田乐为编采或特约撰稿人，还在全县各乡、镇聘本地通讯采访员一人。

从1946年4月17日第十九期起，该报改为三日刊，发行人改为县参议会。1948

年春，因县财政拮据，无法支持报社开支，该报不得不停刊。

《永川通讯》（1945 年）

该报于1945年12月创刊，创办人为国民党永川县党务部监察委员、县政府社会科科长罗永模。该报初为三日刊，石印1中张，每期发行200份。次年5月，该报改为周报，每期发行500份左右，出版70余期后停刊。

《民众导报》（1945 年）

该报于1945年创刊，永川县民众教育馆馆长邓崇仕主办。该报不定期出版，4开，石印，每期发行400份，共出20多期。1948年该报停刊。

《加拿大新闻报》（1945 年）

该报于1945年出版，加拿大驻华大使馆主办，发行人欧德伦，社址在枇杷山后加拿大驻华大使馆内。

《正风报》（1945 年）

该报于1945年在丰都出版，曾尔寿主编。

《新人周报》(1946年)

该报于1946年1月1日创刊，4开小报。社址在重庆小龙坎正街16号。

《民言日报》(1946年)

该报于1946年1月1日创刊，江津印刷商黎隆星创办，社长任应秋，主笔朱近之，总编辑龚慰农（中共地下党员），校对赖文光，收音员李大海，会计喻宽尧，营业主任叶裁成。

黎隆星办报主要是对抗《江津日报》的社长刁之鲜，因为刁之鲜不能按时付印刷费，致使黎隆星亏损。《民言日报》出版后，与《江津日报》形成对立，前者言论也比《江津日报》要开明一些，因此，在业务方面对《江津日报》有压倒之势。江津日报社社长刁之鲜向县政府检举说《民言日报》擅用共产党人，言论左倾。江津县政府最开始采取警告方式，要求该报立即撤换总编辑，1946年2月初下令将其查封。

报社被封后，黎隆星、梁绿野、任应秋等人通过关系获得出版许可，并恢复出版。发行人改为任伦昉，钟德祺接替龚慰农担任总编辑。1947年12月，《民言日报》与《江津日报》出联合版，报社大权由刁之鲜独揽，《民言日报》的人员则陆续离开，直至解放时停刊。

《九人周报》(1946年)

该报于1946年1月1日创刊，4开，石印。永川县民社党党部组织专员肖（萧）恩志任主编，社址在永川县浓荫茶园。该报与掌握地方政权的“九班系”（永川中学第九班毕业的学生）对立，取名“九人”，即“仇”字之意。该报以敢言著称，辟有信不信由你、枭戈集等栏目。后因触怒当局，报纸被查封。

该报被查封后，肖（萧）恩志仍以《九人周报》的名义，出过8期壁报，张贴在县城的热闹地区，直至永川和平解放。

《民语》（1946年）

该报于1946年1月5日创刊，发行人张正之，民语社主办，每月3期，逢5出报，社址在重庆沧白路48号，总经销社设在重庆新中国文化社，并在重庆、上海、南京、西安、柳州等地设立分销处。

《报报》（1946年）

该报于1946年1月初创刊，文摘性周报，专门摘登各地报纸重要新闻，总共出版3卷39期，当年9月停刊。《报报》内容丰富，每期栏目超过30个，封面上刊有报纸的口号“大众性历史性的记事刊物，报道性建设性的综合新闻”，主要刊登一周的要闻、时论、文献、统计，材料摘自全国的各类报章。其内容分为24个门类，有国际关系、各国要闻、中央要闻、宪政与政党、外交、国防与军事、经济建设、财政、交通、社会、教育、考监司、侨务、卫生与医药、对外贸易、金融与商业、地方新闻、边疆等。

报报出版社董事长茅以升，秘书董事兼总经理王镂冰，会计董事张自立，总编辑欧阳敏讷，另有发起人22名，编辑主任、编辑、特约编辑等7人。该报于1946年4月15日迁往上海出版。

《平民》（1946年）

该报于1946年1月12日创刊，4开4版，周报，每周六出版。中国民主建国会的

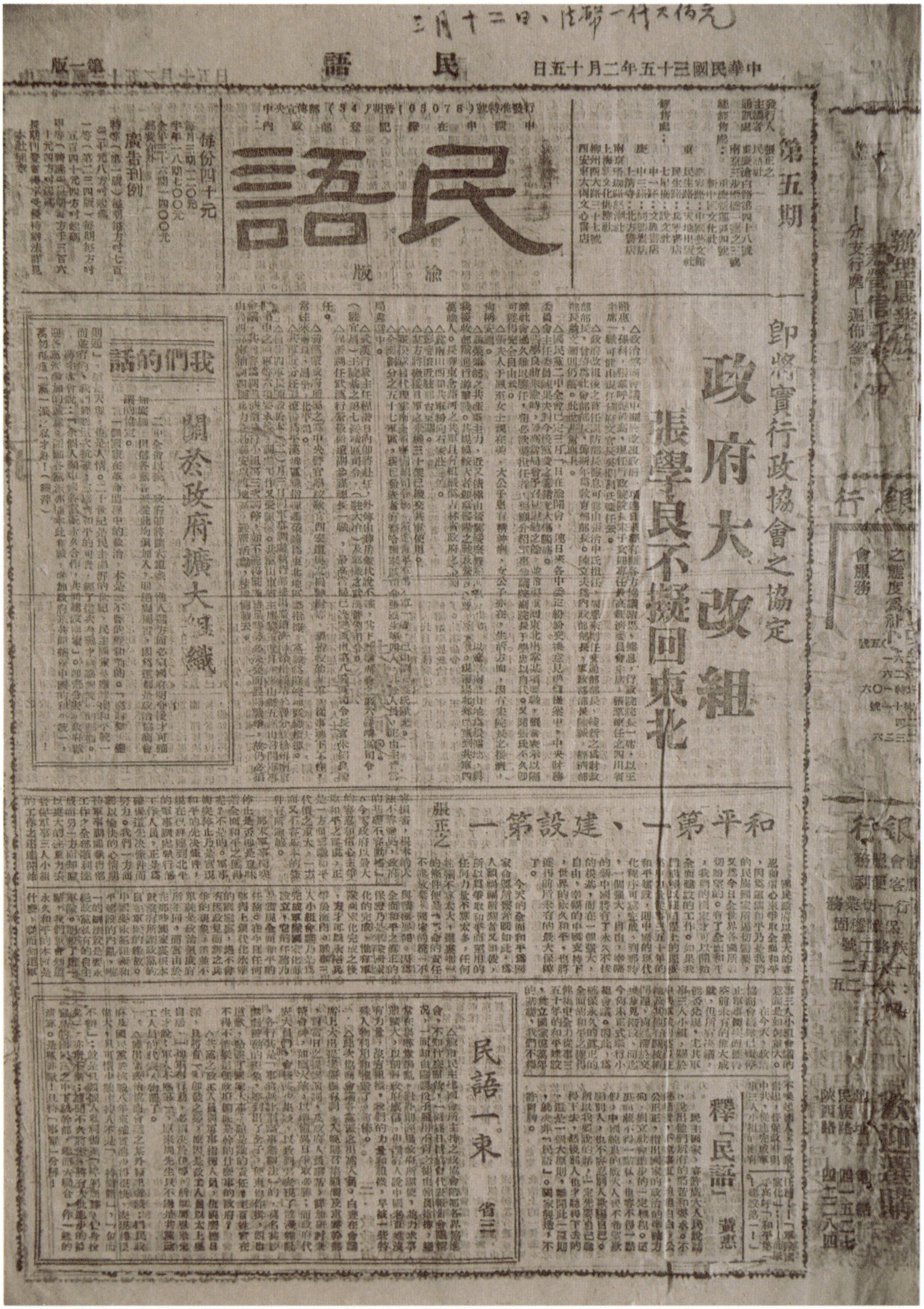
民語

中華民國三十五年二月十五日

第五期

即將實行政協會之協定

政府大改組

張學良不擬回東北

我們的話

關於政府擴大組織

和平第一、建設第一

張正之

民語一束

省三

釋「民語」

貴忠

《民语》

机关报。该报发行人为胡厥文、黄炎培、黄墨涵，编辑委员有伍丹戈、施复亮、姜庆湘、孙起孟、章乃器、章元善、毕相辉、彭一湖、张雪澄。社址在重庆江家巷1号。该报提倡民主政治，反对国民党一党专政。

《中央边报》（1946 年）

该报于1946年1月16日创刊，发行人凌纯声，社址在重庆川东示范学校内。

《重庆人报晚刊》（1946 年）

该报约于1946年1月创刊，社址在重庆节约街17号。第一版主要刊登新闻，第二、第三版为副刊，设有“重庆夜话”专栏，第四版为社会新闻。1946年10月1日，重庆社会局禁止《民主生活日刊》《民主星期刊》《重庆人报晚刊》等20家报刊发行，以未行登记或手续不完备为由，通知警察局将其取缔。10月2日，重庆市杂志界联谊会发表声明，抗议压制言论自由。10月10日，该报恢复出版，日出4开4版，发行人宣战。该报在《复刊词》中说：“我们想以诚恳的态度表示意见，我们想以客观的态度传达新闻。我们要鼓吹的是人的自由平等。要保障的是人的权利。”该报还出副刊《重庆夜话》。

1946年前后，重庆曾有一家《重庆人报》，不知与《重庆人报晚刊》是否有关。

《民主日报》（1946 年）

该报约于1946年1月创刊，4开4版，发行人为国民党元老孔庚。民主日报社社长为国民党重庆市党部主任委员龙文治，总主笔为市党部宣传处处长吴熙祖，总

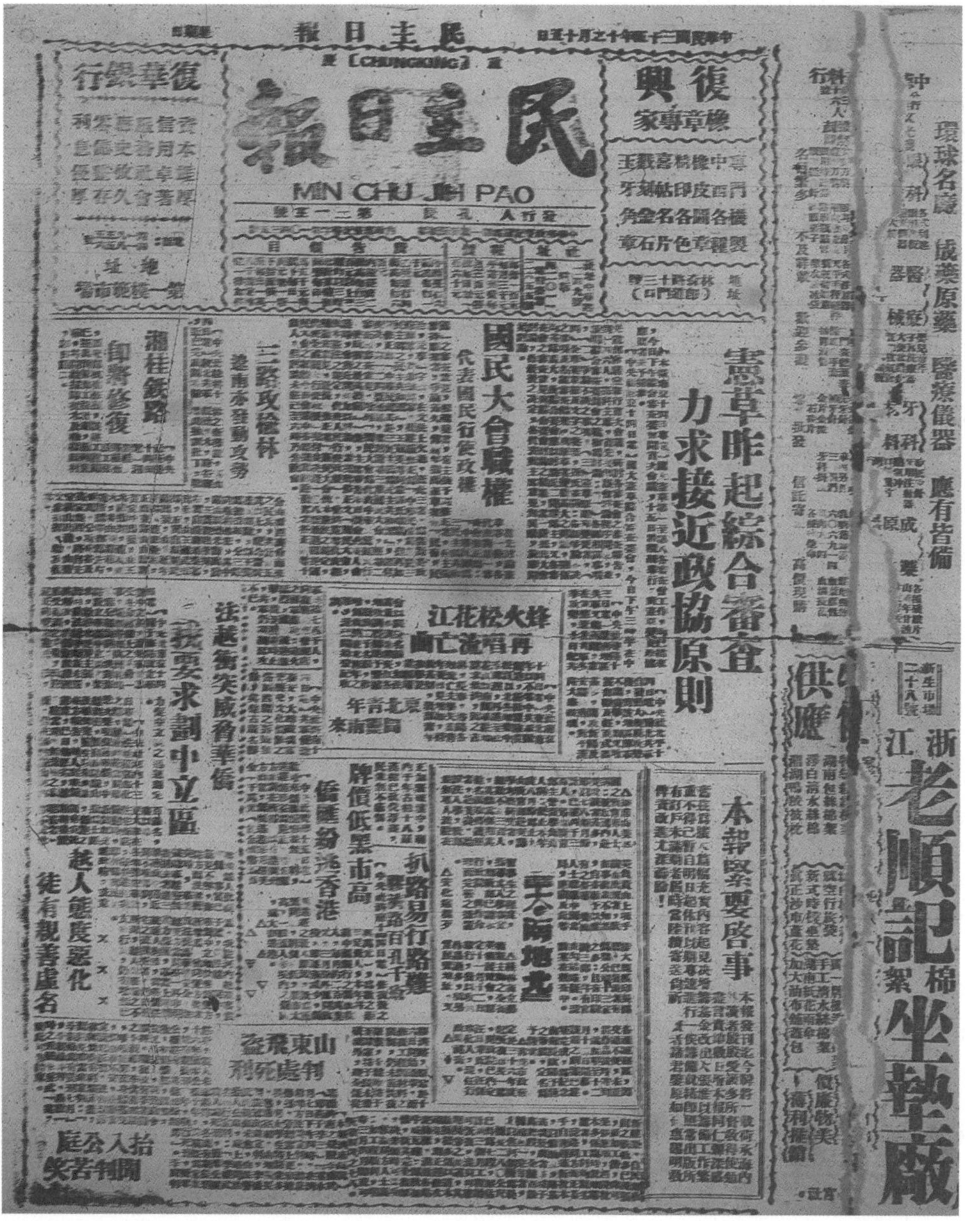
民主日報

MIN CHU JIH PAO

復華銀行

復興 徽章專家

憲草昨起綜合審查 力求接近政協原則

國民大會職權 代表國民行使政權

湘桂鐵路 即將修復

三路攻榆林

烽火松花江 再唱流亡曲

本報緊要啓事

環球名廠 成藥原藥 醫療儀器 應有皆備

浙江 老順記棉絮坐墊廠

《民主日报》

编辑为市党部宣传处编审科科长王蕴卿，采访主任毛普东，记者马俊良、陈钟灵等。社址最初设在巴县县政府内，后迁往中华路249号。该报是国民党CC系所办，目的为“以民主招牌对付民主同盟”，报名也是对中国民主同盟机关报《民主日报》的抢先注册，中国民主同盟不得不为此将机关报改名为《民主报》。

《民主日报》内容以反民主为主，于1947年6月停刊。

《民主报》（1946年）

该报于1946年2月1日创刊，日报，4开4版1张。中国民主同盟的机关报，为“重庆临时版”。发行人张澜，社长罗隆基，总编辑马哲民，编辑部由叶丁易主持，社论委员会有郭沫若、章伯钧、张东荪、梁漱溟、张申府、陶行知、马寅初、邓初民等。社址最初设在重庆民生路178号，后迁往国府路300号民盟总部。

《民主报》旨在加强民主舆论，表达民盟和其他民主党派、人民团体的政治主张。在抗战胜利后全国民众呼吁民主自由的口号下，《民主报》顺应时代，陆续发表了诸如《人权保障必须兑现》《打倒官僚资本》《联合政府如何成立》《不要把人民作炮灰》《还像不像一个政府》和《取消特务组织，保护爱国运动》《法治·宪法·特务》等一系列立场鲜明的社论、消息、文章，被誉为“民主号角”。

《民主报》与《新华日报》紧密配合，相互支持，所以政治主张与《新华日报》非常一致。两报被誉为国统区的“两大火炬”。

1946年8月1日，《民主报》扩版，由原来的每天4开1张扩大为对开1张。扩版后的《民主报》，增加了专论、时评、通讯、特写等栏目。第四版为副刊，周一到周六上半版为《呐喊》，下半版依次为《现代史萃》、《民主青年》（与《民主妇女》单双周轮流出刊）、《漫画》（与《音乐》单双周轮流出刊）、《大家说》、《社会服务》、《舞台》，周日为全版的《呐喊文艺》。

1947年3月1日，《新华日报》被迫停刊后，国民党当局也要求《民主报》停刊。国民党重庆市党部还派出大批军警到国府路300号查封民主报编辑部和工厂，限令报社3天内撤出。该报只能被迫停刊，前后共出版409号。

中華民國三十五年七月十三日 星期六 第一版

民主報

中華民國三十五年二月一日創刊

重慶 第一六三號

昆明一大血案

民盟中執委李公樸氏在昆遭暴徒狙擊逝世

為民主教育奮鬥

李氏一生獻出大部時間

昆明黑暗

特務份子橫行 李氏早受譏諷

社論

抗議！抗議！抗議！

蔣主席馬歇爾會談

國共五代表定今續商

饑餓死亡圖

實際幫助不大

無獨有偶

三民主義同志會主張重開政協

打破僵局澈底解決問題 反對美國軍事援華法案

聯總駐華辦事處職員致拉加第亞原信

司徒赴京日期未定

《民主报》

《大众》（1946 年）

该报于1946年2月10日创刊，半月报，4开8版。发行人张理、曾梦生，编辑委员会有李学民、高龙生、张理、汪子美、曾梦华、刘铁华、骆宾基，通信处为重庆中正路15号。

该报作者阵容强大，仅为创刊号撰文的就有张申府、张西曼、周鲸文、邓初民、张理、曾梦生、黄炎培、白芜、田丰、郁文哉、汪子美（漫画）、李桦（木刻画）、苏东、刘铁华（木刻画）、高龙生（木刻画）。该报停刊时间不详。

《罗宾汉报》（1946 年）

该报于1946年2月10日注册，夏国宾主办，社址在重庆中华路6号。该报只登记未出版。

《扫荡简报（涪陵版）》（1946 年）

该报于1946年2月16日创刊，石印，8开2版，初为周刊，后改为三日刊，每期发行500份左右，免费发行于陆军新编第25师各军事部门及师辖县的机关团体。社址在涪陵大庙。

当时，国民政府军事委员会政治部要求全军各师级单位创办“扫荡简报班”。涪陵为第117班，隶属陆军新编第25师政治部。第117班班主任王秋实兼《扫荡简报》发行人，编辑有滕百权等3人。所以，该报也被称为《扫荡简报（涪陵版）》。

该报因转载重庆暴徒捣毁《新华日报》的消息，被国民政府军事委员会责令追究停刊。同年10月10日复刊，4开4版，但报纸不再隶属第25师，转属重庆行辕政治部。

《青年导报》(1946年)

该报约于1946年2月创刊，8开4版，周报，社址在铜梁县北街三青团内，后迁至保安路47号。青年导报社报务委员会发行，社长宋雪庄，后为罗良继任，副社长杨昌质，总编辑黄美瑚。该报曾短暂停刊。同年12月12日复刊，改为8开2版。该报初期关注国际新闻和国内大事，第四版为《青年副刊》，有长篇连载《求婚》，后期内容转向本地化。

《说文》(1946年)

该报于1946年3月1日创刊，4开4版，周报，逢星期一出版。发行人为重庆任说文社理事长卫聚贤，社址在重庆中山一路96号。每期都有一篇社评。

另，《重庆报史资料》第十一期《重庆报纸一览表》载有《说文日报》，创办人也是卫聚贤，社址也是重庆中山一路96号，但创刊时间为1946年10月12日。不知是否是《说文》的更名和期号另起。

《中国时报》(1946年)

该报于1946年3月1日创刊，主办人为复兴社头目、国民政府国防部新闻局局长邓文仪。1947年1月1日，该报迁往南京出版。该报初创时以青年军出版社经费为基础，后来得到国防部经费支持，并受其控制，成为国民政府国防部新闻局的一份官办报纸。该报自我标榜有“公正的言论，独特的报道，内幕的新闻，新颖的副刊”。

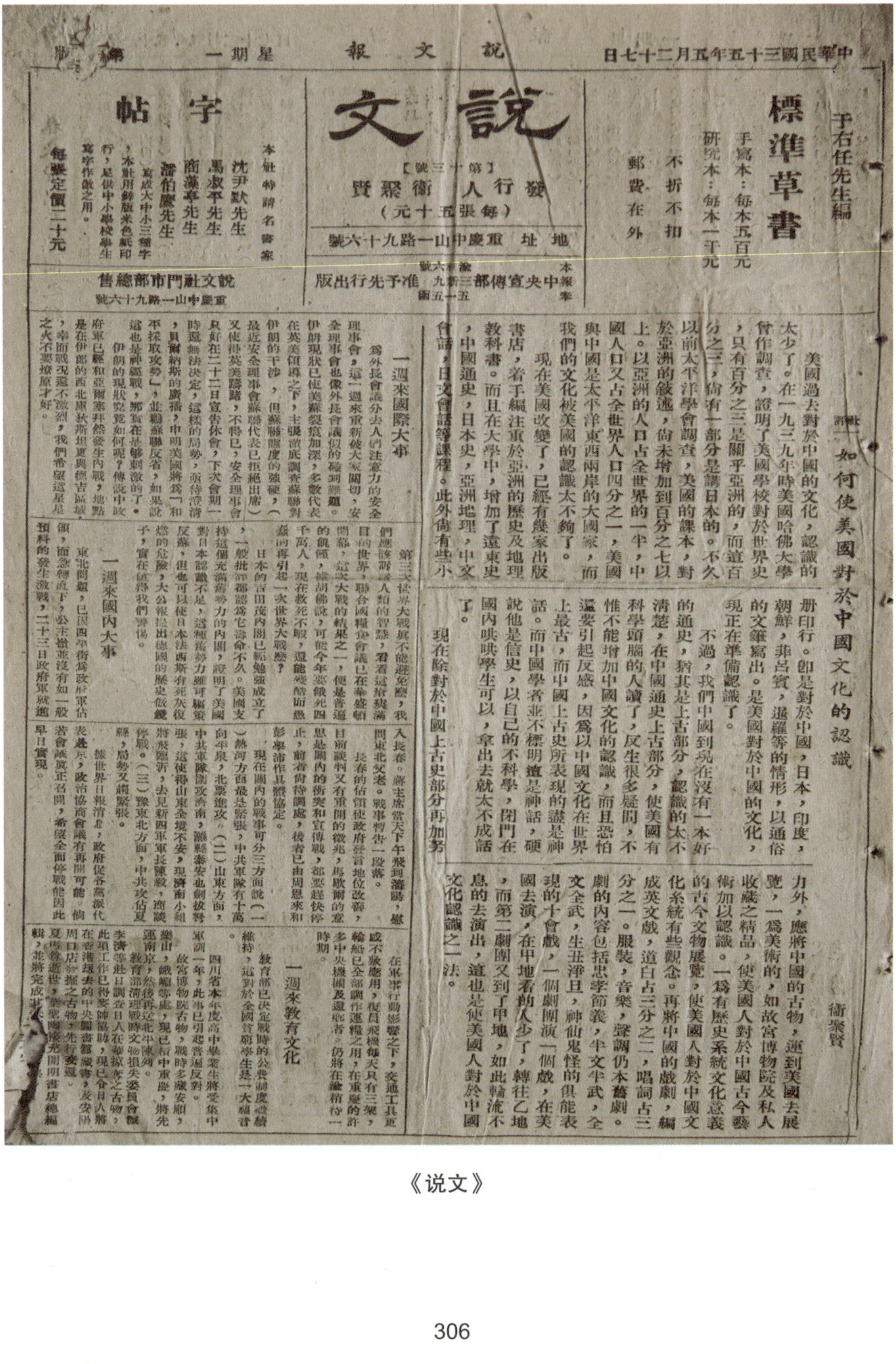

中華民國三十五年五月二十七日　說文報　星期一

說文

【第十三號】
發行人　衛聚賢
（每張五十元）
地址　重慶中山一路九十六號
本報奉中央宣傳部三五一九渝新六號函准予先行出版

于右任先生編
標準草書
手寫本：每本五百元
研究本：每本一千元
不折不扣
郵費在外

字帖
本社特請名書家
沈尹默先生
馬叔平先生
商藻亭先生
潘伯鷹先生
寫成大中小三種字，本社用鋅版米色紙印行，足供中小學校學生寫字作倣之用。
每張定價二十元
說文社門市部總售
重慶中山一路九十六號

如何使美國對於中國文化的認識
衛聚賢

美國過去對於中國的文化，認識的太少了。在一九三九年時美國哈佛大學曾作調查，證明了美國學校對於世界史，只有百分之三是關乎亞洲的，而這百分之三，倘有一部分是講日本的。不久以前太平洋學會調查，美國的課本，對於亞洲的敍述，尚未增加到百分之七以上。以亞洲的人口占全世界的一半，中國人口又占全世界人口四分之一，美國與中國是太平洋東西兩岸的大國家，而我們的文化被美國的認識太不夠了。

現在美國改變了，已經有幾家出版書店，着手編注重於亞洲的歷史及地理教科書。而且在大學中，增加了遠東史，中國通史，日本史，亞洲地理，中文會話，日文會話等課程。此外倘有些小冊印行。卽是對於中國，日本，印度，朝鮮，菲呂賓，暹羅等的情形，以通俗的文筆寫出。是美國對於中國的文化，現正在準備認識了。

不過，我們中國到現在沒有一本好的通史，猶其是上古部分，認識的太不清楚，在中國通史上古部分，使美國有科學頭腦的人讀了，反生很多疑問，不惟不能增加中國文化的認識，而且恐怕還要引起反感，因爲以中國文化在世界上最古，而中國上古史所表現的盡是神話。而中國學者並不標明這是神話，硬說他是信史，以自己的不科學，閉門在國內哄哄學生可以，拿出去就太不成話了。

現在除對於中國上古史部分再加努力外，應將中國的古物，運到美國去展覽，一爲美術的，如故宮博物院及私人收藏之精品，使美國人對於中國古今藝術加以認識。一爲有歷史系統文化意義的古今文物展覽，使美國人對於中國文化系統有些觀念。再將中國的戲劇，編成英文戲，道白占三分之二，唱詞占三分之一。服裝，音樂，聲調仍本舊劇。劇的內容包括忠孝節義，半文半武，全文全武，生丑淨旦，神仙鬼怪的俱能表現的十會戲，一個劇團演一個戲，在美國去演，在甲地看的人少了，轉往乙地，而第二劇團又到了甲地，如此輪流不息的去演出，這也是使美國人對於中國文化認識之一法。

一週來國際大事

爲外長會議分去人們注意力的安全理事會，這一週來重新被大家關切，安全理事會也像外長會議似的碰到難題。伊朗現狀已使美蘇裂痕加深，多數代表在英美領導之下，主張徹底調查蘇聯對伊朗的干涉，但蘇聯態度的強硬，（最近安全理事會蘇聯代表已拒絕出席）又使得英美躊躇，不得已，安全理事會只好在二十二日宣告休會，下次會期一時還無法決定，這樣的局勢，亟待澄清，貝爾納斯的廣播，申明美國將爲「和平採取攻勢」，並勸蘇聯反省，如果說這也是神經戰，那實在是夠刺激的了。

伊朗的現狀究竟如何呢？傳說中政府軍已經和亞爾塞拜然發生內戰，地點是在伊朗的西北庫狄斯坦更與德吉區域，幸而戰況還不激烈，我們希望這星星之火不要燎原才好。

第三次世界大戰眞不能避免麼，我們應該評議人類的智慧，看看這煩擾滿目的世界，聯合國糧食會議已在華盛頓開幕，這次大戰的結果之一，便是普遍的飢饉，據胡佛說，可能今年要餓死四千萬人，現在救死不暇，還能殘酷而愚蠢的再引起一次世界大戰麼？

日本的吉田茂內閣已經勉強成立了，一般批評都認爲它壽命不久。美國支持這個充滿舊勢力的內閣，證明了美國對日本認識不足，這種舊勢力雖可驅策反蘇，但也可以使日本法西斯有死灰復燃的危險，大公報提出德國的歷史做鏡子，實在值得我們警惕。

一週來國內大事

東北問題，已因四平街爲政府軍佔領，而急轉直下，公主嶺並沒有如一般預料的發生激戰，二十三日政府軍就進入長春。蔣主席當天下午飛到瀋陽，慰問東北父老。戰事暫告一段落。

長春的佔領使政府發言地位改善，目前談判又有重開的徵兆，馬歇爾的意思是關內的衝突和宣傳戰，都要趕快停止，前者尚待調處，後者已由周恩來和彭學沛作具體協定。

現在關內的戰事可分三方面說（一）熱河方面最是緊張，中共軍隊有十萬向平泉，北票進攻。（二）山東方面，中共軍隊圍攻濟南，濰縣泰安也劍拔弩張，這使得山東全境不安，現濟南小組將飛臨沂，去見新四軍軍長陳毅，商談停戰。（三）豫東北方面，中共攻佔夏縣，局勢又趨緊張。

據世界日報消息，政府促各黨派代表返京，政治協商會議有再開可能。倘若會議眞正召開，希望全面停戰能因此早日實現。

在軍事行動影響之下，交通工具更感不敷應用，復員飛機每天只有三架，輪船已全部調作運糧之用，在重慶的許多中央機關及還鄉者，仍將在渝稍待一時期。

一週來教育文化

教育部已決定戰時的公費制度繼續維持，這對於全國貧窮學生是一大福音。

四川省本年度高中畢業生將受集中軍訓一年，此事已引起普遍反對。

故宮博物院古物，戰時多藏安順，樂山，峨嵋等處，現已集中重慶，將先運南京，然後再送北平陳列。

教育部清理戰時文物損失委員會擬李濟等赴日調查日人在華掠奪之古物，此項工作已得麥帥協助，現已令日人將在香港刼去的中央圖書館藏書，及安陽周口店發掘之古物，先行交還。

夏丏尊逝世，葉聖陶將充開明書店總編輯，並將完成其[illegible]

《说文》

《中国民主报》+《中国民主报晚刊》—《民主晚报》（1946 年）

该报于1946年3月12日创刊，发行人辛自强，总编辑陈英，主笔张中鹿，社址在万县安子坝，编辑部在万县二马路永达钱庄内，营业部在二马路217号，同时出日报、晚报，两张报纸一套班子。该报为4开4版，内容平淡，印刷质量差，每期仅发行数百份。同年6月6日改组，发行人张畴，社长颜佛，副社长辛丹域，总编辑张中鹿。改组过程中，《中国民主报晚刊》更名为《民主晚报》。后因经费困难，晚报出版不久即停，集中力量办日报。不久，因经费问题，1948年11月改为周报，发行人辛自强，总编辑仍是张中鹿，社址迁至万县凉水井7号，每期发行三四百份，主要依靠零售，不定期出版。该报曾因报道失实，被万县各界人民代表会议筹备会于1950年2月提出警告。1950年5月，被万县军事管制委员会处以“即日停刊，并予以查封”的处分。

《荣昌报》（1946 年）

该报于1946年3月29日在荣昌创刊，4开4版，周报，社址在荣昌县昌元镇玉屏街23号，后迁至大北街30号，最后迁到县党部内。该报由国民党荣昌县县党部吕君实、县训练所张涛扬、教育科周道望及其他公职人员刘荣芳、蒋席珍等筹组成立的荣昌报社特种股份有限公司创办，董事长吕君实。公司名为招股，实由县党部主办。由荣昌文化服务社代理印刷发行。发行人先后有吕君实、郑献征，主编甘白水，社长王介福。该报标榜“宣扬政令，表达民情”，是荣昌县第一张综合性报纸。“《荣昌报》设本县新闻专栏，不时还刊载一些文艺作品，有散文，有诗歌，有杂感，也有一些能呼吸到时代气息、反映群众苦难心声的内容。”[1]《荣昌报》创刊后，因经

① 《荣昌县志》编修委员会：《荣昌县志》，成都：四川人民出版社，2000年，第917页。

费困难，于同年底停刊。1947年10月17日，该报复刊，仍为周报，1948年底再停刊。

另，《重庆报史资料》（第十一期）的《重庆报纸一览表》载，该报的发行人为林昌瑶、曾采予。

《文化新报》（1946 年）

该报于1946年3月创刊，文化新报社发行，社址在沙坪坝下中渡口19号。该报内容主要是文化类新闻。

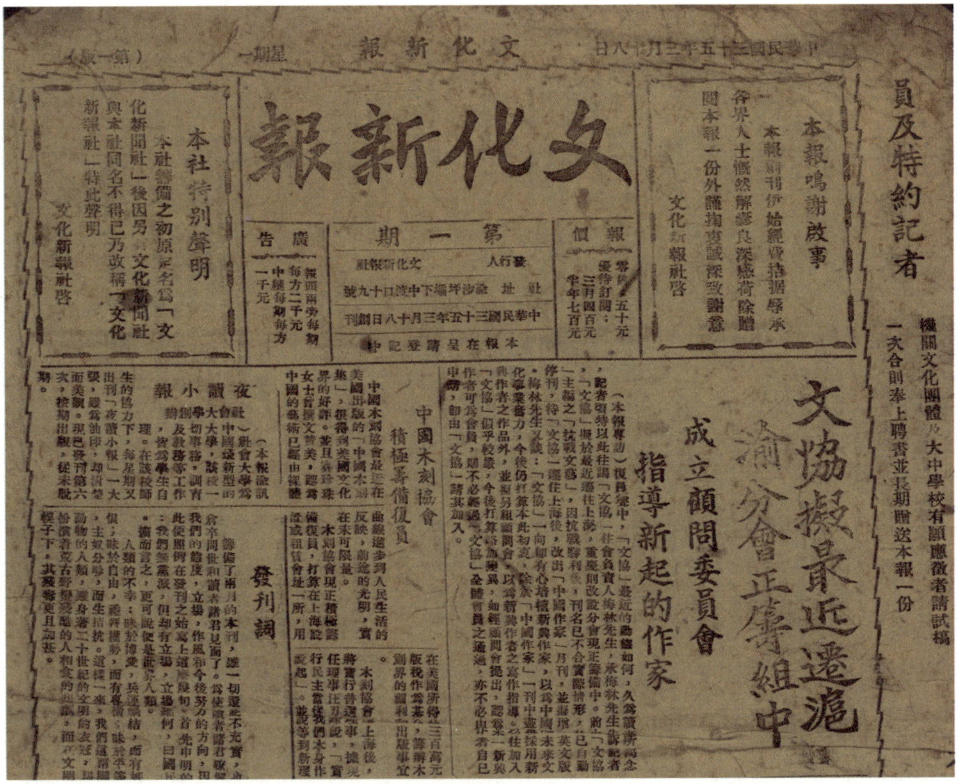
中華民國三十五年三月十八日 文化新報 星期一 （第一版）

文化新報

第一期

報價 零售五十元 優待訂閱：三月四百元 半年七百元

廣告 報頭兩旁每期每方二千元 中縫每期每方一千元

發行人 文化新報社
社址 沙坪壩下中渡口十九號
中華民國三十五年三月十八日創刊
本報在呈請登記中

本社特別聲明
本社籌備之初原定名為「文化新聞社」後因另一「文化新聞社」與本社同名不得已乃改稱「文化新報社」特此聲明
文化新報社啓

本報鳴謝啓事
本報創刊伊始經費拮据辱承各界人士慨然解囊良深感荷除贈閱本報一份外謹掬寅誠深致謝意
文化新報社啓

員及特約記者
機關文化團體及大中學校有願應徵者請試稿一次合則奉上聘書並長期贈送本報一份

文協擬最近遷滬 渝分會正籌組中
成立顧問委員會 指導新起的作家

中國木刻協會 積極籌備復員

夜讀小報 創刊

發刊詞

《文化新报》

《新闻快讯》—《美国新闻处电讯稿》(1946 年)

《新闻快讯》约于1946年三四月创刊，重庆美国新闻处发行，为16开油印，后改名为《美国新闻处电讯稿》，仍为油印，每日刊发10至13条新闻。

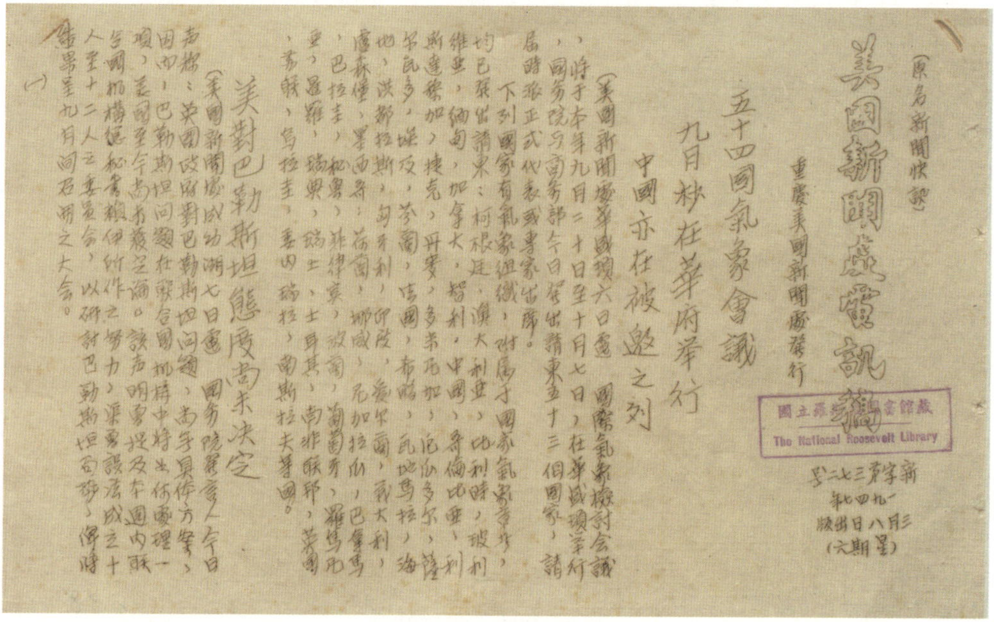
（原名新聞快訊）

美國新聞處電訊稿

重慶美國新聞處發行

新字第三七二號

一九四七年

三月八日出版

（星期六）

五十四國氣象會議

九月杪在華府舉行

中國亦在被邀之列

美對巴勒斯坦態度尚未決定

《美国新闻处电讯稿》

《联合三日刊》(1946 年)

该报于1946年4月10日创刊，4开小报，重庆杂志联谊会主办。该报内容主要是揭露国民党制造血案、镇压人民，歌颂解放区等。创刊号刊有郭沫若撰写的《发刊词》，还登载有《向国民党说教》《要求一切民主的支票赶快兑现》《人民才是原子弹》等文章，作者多是当时有影响力的人物。此外，报纸还登载少量诗歌和杂文。

《联合三日刊》在重庆只出了8期，5月17日就结束发行。该报5月17日在《新华

中華民國三十五年四月十日

聯合三日刊

雜誌聯誼會編輯發行

創刊號

發刊詞

編者

國大與憲草

東北眞相原來如此

《联合三日刊》

日报》上刊出终刊启事："本刊将移沪出版，渝版自本期起停刊。"虽然出刊时间不长，期数不多，但因为都是名家执笔，立场鲜明，对重大政治事件做出了回应，因此在当时产生了相当大的社会影响。

《自由报》（1946 年）

该报于1946年4月23日创刊，周报。发行人赵有涛，社址在重庆林森路262号。该报第一、第二、第四版以新闻和评论为主，并登有少量广告；第三版设有流沙主编的副刊《自由谈》。每周二发行。

《剧影周报》（1946 年）

该报于1946年4月29日注册登记，发行人胡天涯，社址在重庆冉家巷13号附6号。

《新闻快报周刊》（1946 年）

该报于1946年4月创刊，社长厉百凡，主编白碧，社址在重庆临江路58号，重庆新闻快报社发行。

《四川新闻》（1946 年）

该报于1946年4月创刊，4开4版，周报。发行人为万县青年党主席何萍（即何子健），总经理夏文梁，董事长何朝俊，董事有何萍、邬黎清、夏文梁等，总编辑林一森（中共地下党员），记者有任天钧（中共地下党员）、徐志鲁等，社址在万县岔街子何宅。该报经费由油类同业公会提供，内容偏重商业报道和市场经济，以及青年党的活动。1948年8月何萍病逝，该报停刊。

《一一闻》—《正视报》（1946年）

《一一闻》于1946年4月创刊，石印，不定期刊。吴运（云）逵创办，一一闻刊社主办（该社成员主要是当时重庆志成中学、渝南中学、重庆市中的30位同学），编辑萧朝镛，社址在重庆巴县鱼洞镇。该报出两期后迁至綦江县中山路，并改为4开4版的半月报，每期发1000份。该报在鱼洞、南温泉、綦江、古南镇设有通讯机构。1947年中共地下党员刘国镒、何琦到报社工作，刘国镒编辑文艺副刊，何琦任记者，这段时间的报纸侧重“地方新闻，有隐约的民主色彩”。同年秋，吴运逵赴四川大学读书，加之经费困难，该报随即停刊。

1948年暑假，吴运逵决定停学，并愿筹集经费而复刊，改名《正视报》，社址在新新别墅。该报起初用石印，4开4版，三日出版一期。此时，何琦因有被捕的危险已离开綦江，刘国镒仍编副刊，高志远任采访主任，外勤记者有叶安模、陈济民等，发行人吴运逵，编辑萧朝镛。该报大胆抨击县政府，因此受到当局刁难，1949年重新办理登记时，因当局不予登记而停刊。

《星期日报》（1946年）

该报于1946年4月创刊，周报，办事处设在重庆纯阳洞55号。该报内容有幕后新闻、重庆街头、时代插曲、小统计、小茶座等，其他情况不详。

《中国午报》—《中国夜报》(1946 年)

《中国午报》约于1946年春创刊，由国民党中统特务谭慧浓、刘俊三(山)筹办，社址在重庆民生路271号。谭慧浓的妻子罗逸芳任社长，谭慧浓任总编辑，王北辰任记者。该报出版后发行量很少，无法维持，不久即停刊。后谭慧浓甩开刘俊三，以罗逸芳的名义申请将《中国午报》改名为《中国夜报》，但获准后又无力出版。

此后，重庆李家沱中国毛纺厂的老板刘同楷买下《中国夜报》刊号，报纸于1947年6月5日再次出版，日出1开4版。发行人罗逸芳，社长龚曼华，总编辑谭慧浓。1948年4月14日报社改组，发行人为刘同楷。报纸重新编号，日出对开1大张，为重庆第一份对开的晚报。但该报却只有一个专职编辑成文辉，负责第一版的国内外要闻和第四版的本市新闻。第二版是综合性文艺副刊《小夜曲》，由在《国民公报》任编辑的艾白水主编，每天有半版篇幅。副刊以杂文和散文为特色，艾白水以

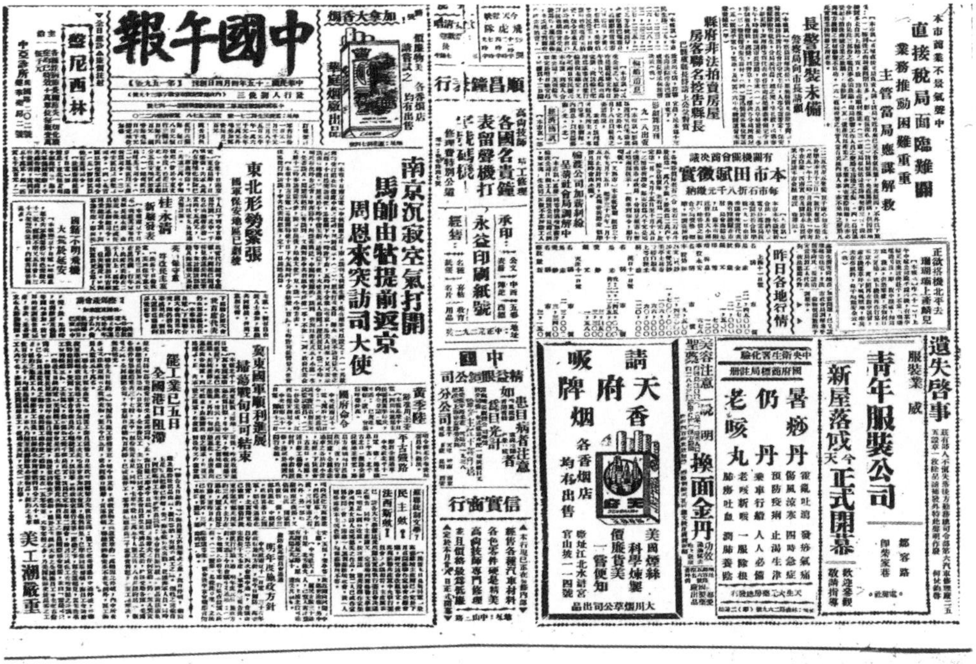
中國午報

南京沉寂空氣打開
馬帥由牯提前返京
周恩來突訪司大使

東北形勢緊張

罷工業已五日
全國港口阻滯

美工潮嚴重

直接稅局面臨難關
業務推動困難重重
主管當局應謀解救

本市田賦徵實
每市石折八千元

請吸天府香牌烟

青年服裝公司
新屋落成 今天正式開幕

遺失啓事

《中国午报》

“潘尼西”笔名写作“灯下私语”栏，很受欢迎。第三版是轮流见报的专业性周刊，每天半版，有《法律生活》《剧场生活》等七个专刊，均请外人兼编。中共地下党员成天木、程谦谋、李累先后编辑过《剧场生活》专刊。该报总编辑由《国民公报》的总编辑曾俊修挂名，因此可以借用《国民公报》编辑部白天空闲的办公室编报，报纸也由国民公报社印刷厂代印、代发，节省了物力、人力。

《中国夜报》在这种条件下办得很有生气，重庆警备司令部企图收买，遭到刘同楷拒绝，于1948年9月被迫停刊。

《中国民声报》（1946年）

该报于1946年5月5日创刊，周报。主编周德侯，发行人高显鉴，社址在重庆林森路394号。该报宣称宗旨为“人民喉舌、持论公正、内容隽永、消息确实”。高显鉴在《发刊词》中写到该报的办报目标：“一是真正为人民说话；二是为新闻而新闻的真实报道；三是有严正之批评，去无稽之谩骂；四是普及国民教育，促进民主”。该报约1949年停刊。

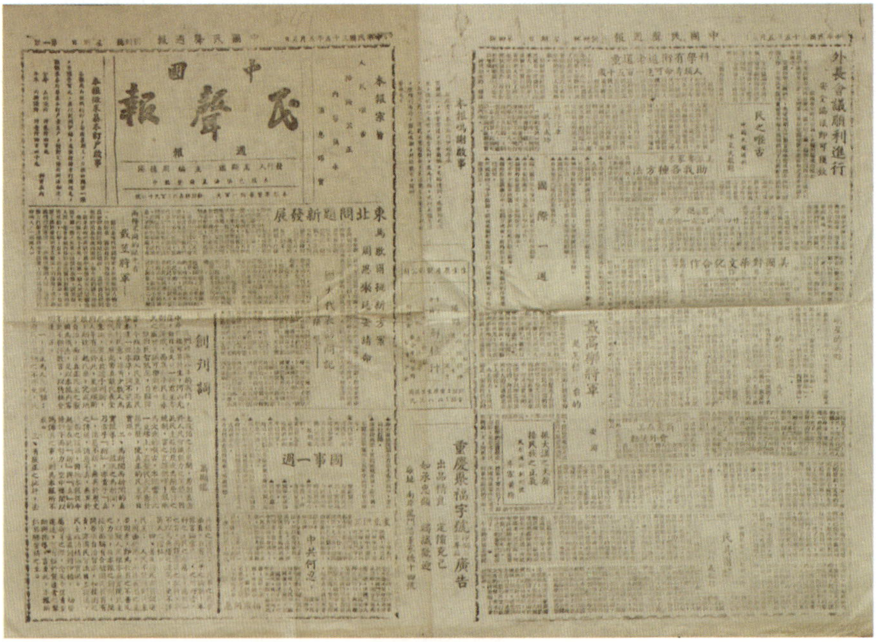
中國民聲報
週報
東北問題新發展
創刊詞
週一事周
國際一週
重慶聚福字號廣告

《中国民声报》

《大华新闻》(1946 年)

该报于1946年5月9日创刊，发行人雷一鸣，社址在重庆青年路。

《大同报》—《大同报晚刊》(1946 年)

该报于1946年5月10日创刊，三日刊，实为不定期出版。社长金国瑞，编采艾正修。《大同报》曾刊文指责王陵基，被勒令停刊。

1947年9月19日，该报改名为《大同报晚刊》恢复出版，社址在市区保安路170号，编辑部设在左营街中央大楼。《大同报晚刊》出版不久，同年内停刊。

《陪都晚报》(1946 年)

该报于1946年5月12日创刊，发行人胡林，总编辑鲁炯，总经理胡中逵（胡林的哥哥）。编辑先后有李冰若、单本善、潘光军、李文诗、陈光甫、苏岚等。记者先后有杨竞、詹述（詹光）、邬子渊、胥正邦、徐帜、卢伟涛。社址在重庆民生路262号，编辑部在上安乐洞街51号。

该报办报经费由胡氏兄弟提供，4开4版，日报，第一版为社会新闻，第二版为副刊《夜花园》，第三版为文艺性副刊《西南风》，第四版主要是本地新闻。该报追求荒诞离奇的新闻，因此也常常捏造新闻，在标题上采用耸人听闻、夸张的词语以吸引读者。该报日发行量最高时达8000份。该报于1949年12月31日终刊。

陪都晚报
中華民國三十六年三月十九日
陪都晚報
發行人 胡一林
【第二年】【第七八號】【本報創刊於民國卅五年九月二十日】
最新的 最名貴的
四合一霜
營養皮膚之美容劑
上海新一行獨家發行
西川企業公司經售
上海 新新內衣廠 重慶發行所
哈嘰衣褲 襯衫內褲 挺括耐穿 零售批發
地址：民國路二五〇號
社址
報價
廣告價目
台變漸告平息
白崇禧視察基隆
並將考察全台週內返台北
涪陵國民兵團
范讓泉違法貪污
涪旅渝同鄉招待記者
各地軍官隊
本月內結束
未退役者將除役
私專開辦招生
須候教部核定
救濟機關
一部搬家
警備部負責人
談新民報事件
妨害人權
改革幣制
中航飛機在漢失事
報業貸款
一律停止
運輸業營業稅
財部允續免一年
太太露出胳膊
春夏香貨上場
今午行情

《陪都晚报》

《大明晚报》（1946 年）

该报于1946年5月注册，只登记未出版。

《永公报》（1946 年）

该报于1946年5月创刊，周报。永川县知名人士苏拭琴与退役军官宋子杨合办，社址在永川县文庙。该报主张通过办报“说公道话”，故取名“永公报”，出版两期后停刊。

《民联日报》（1946 年）

1946年5月，蒋介石为冯玉祥安排了一艘“民联”号轮船由重庆去南京，同船下行的还有李济深、王宠惠、邹鲁诸氏及眷属、侍从。附搭该轮的还有一大批文化学术界人士，如徐悲鸿、侯外庐、吴组缃、安娥等人。途中，该轮船上多次举行报告会、讨论会、游艺会，气氛热烈。途中，冯玉祥发起创办了一份《民联日报》，冯玉祥自任社长，谭平山任编辑。船过万县时，又买得一架油印机。经与船长借用该轮通信设备，抄收广播，一张自编自印的8开油印小报就此诞生。

该报每期印刷100多份，前后总计7期。报纸出来后，大家争相传阅，不少名流、学者、爱国民主人士也纷纷向报纸投稿，稿费一律每篇两个熟鸡蛋。

《民联日报》是我国报刊史上有特殊意义的一份报纸，时间虽短，印量也少，且只在“民联”号轮船上发行，但其作用、影响不可低估，实际上这是当时冯玉祥等爱国民主人士积极投身民主革命运动的一种反映，是珍贵的历史文献。

中華民國卅五年六月二日

民聯日報

東北共軍繼續撤退

民生公司苦於輾轉

社論

《民联日报》

《三民时报》(1946 年)

该报约于1946年5月注册，发行人萧筱仙，社址在重庆文化街99号。该报只登记未出版。

《白沙日报》(1946 年)

该报于1946年6月1日创刊，发行人邓石士，报社社址借用当地乐园饼干厂楼上的一间房舍。名誉社长夏仲实。新本女中校长邓石士、白沙商会会长夏培德曾先后担任报社社长。该报主编凌承梓，编辑钟治彬、夏菊阳，采访廖征年，出纳廖征才。

该报内容有国际国内新闻、本地消息、社论、评论，以及文艺副刊等。其消息及资料来源为：①转载当时《大众公报》《新蜀报》《中央日报》《新民报》等大报上登载的可取部分；②记录从聚奎中学收音机收听来的广播消息；③特约写稿和部分采访稿件。报纸还办有副刊《沙风》和《翡翠集》。该报发行量不大。有的资料也称《白沙日报》为《白沙日刊》。

1948年，江津师范学校师生抗议校方不按时发放教师薪金，贪污学生伙食费，举行罢课。该报发表社论对此进行攻击，激怒学生，报社被捣毁而停刊。

《文化导报》(1946 年)

该报于1946年6月24日创刊，中华文化建设学会主办，发行人徐中齐，总编辑卢莲舫，社址在铜梁保安路47号。该报在成都与重庆两地设立发行处。

该报创刊号登载有徐中齐的《发刊词》，认为“文化建设是一切建设之基础”，报纸以三民主义文化建设为宗旨，创刊号还发表了《我们对当前国是的主张》。

中華民國三十五年五月日 白沙日報 星期三 第一版

本報正依法呈請登記中

白沙日報

夏仲實

民國卅五年六月一日創刊

發行人 鄧石士 第五號

重慶各報 白沙分銷處 快遞

國軍七路向哈市推進

收復僅係時間問題

鞍山三日發生大戰

政府決本寬大態度

司恩來訪馬師

白崇禧陳誠兩氏

宣誓典禮日期

聯合國籌造原子彈

紅軍復員

美國勞工聯盟要求

佛朗哥政權有威脅和平可能

江津縣銀行

存放匯兌

厰乾餅果糖園樂

白沙電板藝術社

《白沙日报》

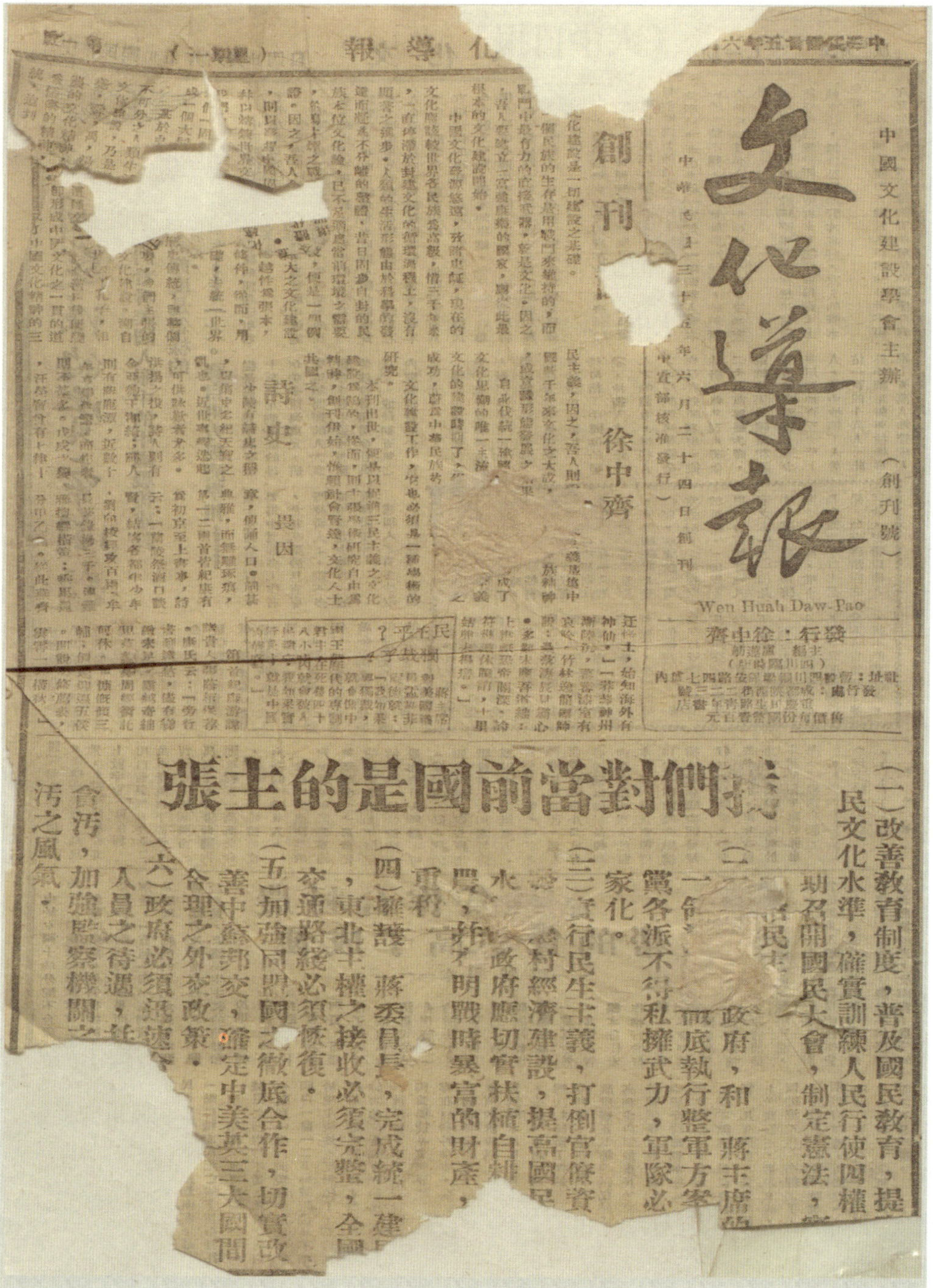
文化導報

中國文化建設學會主辦

（創刊號）

（中華民國三十五年六月二十四日創刊 中宣部核准發行）

Wen Huah Daw-Pao

發行：徐中齊

創刊詞

徐中齊

詩史

畏因

我們對當前國是的主張

（一）改善教育制度，普及國民教育，提
民文化水準，確實訓練人民行使四權
期召開國民大會，制定憲法，

（二）……民主……政府，和 蔣主席……
一……徹底執行整軍方案
黨各派不得私擁武力，軍隊必
家化。

（三）實行民生主義，打倒官僚資
……村經濟建設，提高國民
水……政府應切實扶植自耕
農，并……明戰時暴富的財產，
重稅。

（四）擁護 蔣委員長，完成統一建
，東北主權之接收必須完整，全國
交通路綫必須恢復。

（五）加強同盟國之徹底合作，切實改
善中蘇邦交，確定中美英三大國間
合理之外交政策。

（六）政府必須迅速……
人員之待遇，並……
貪污，加強監察機關之……
汚之風氣。

《文化导报》创刊号

《大中日报》(1946年)

该报于1946年6月30日试刊，7月1日正式创刊，日出对开1张，对开4版，历时将近3年，于1949年3月底停刊，社址在重庆临江路200号。

该报最初为郑能(即郑育英)独资创办。郑能原为陆军师长，时任中央警官学校教育长。他创办《大中日报》的原因，有两种说法：一种说法是他为参选国大代表建立宣传阵地；另一种说法是他怕受人攻击，想办个报纸作为舆论工具，进行自卫。他聘请原《扫荡报》总编辑许任飞任总编辑，另有副总编辑王炽如，编辑主任洪晓青，副刊编辑陈迩冬，采访主任先是赵慕归，后是廖济航，记者杨竞(中共地下党员)、张行健、王公悦、陶天白、黎树基，经理陈志彬、涂志荣，总务主任是周湘。

两个月后，郑能前往南京任职，该报被转给重庆警备司令孙元良。孙元良于同年10月9日接办，由其父孙动庐任发行人，其兄孙希圣挂名经理，具体工作由刘邦达负责。该报第二版是要闻版，除照刊国民党"中央社"稿件外，每天登有社论。星期天有"星期论坛"。第三版是国内外消息，包括工商小志、学府风光、山光城影、艺文拾缀、各地通讯、十日国际、陪都行情等栏目。

孙元良调离重庆时，该报即转卖给大庆新闻股份有限公司。该公司由以陈鼎卿为董事长的袍哥组成，经营有《大中日报》、《重庆夜报》、大庆印刷厂。该报新聘社长易涤非，副社长叶培根、李樵逸，经理何正华、帅永廉，总经理王尚志，副总经理陈光荣，总编辑李征榆，副总编辑孙迺煌，副刊编辑萧军，编辑曾良钜、许可、许诚、邹光海，记者张行健、潘中闳、周德纯等。

该报于1949年3月31日终刊。

大中日報

本報聘任胡文律師為常年法律顧問

還鄉人往請購

三江特茶 是最名貴的 見面禮

上海 萬寶銀樓

同生印刷所 正式開幕

宣傳已久 轟動山城之

皇后大餐廳

業已開幕

歡迎 各界光臨 指導

陪都 楊鴻興印刷木材廠

營業要目 印刷器材 建築工程

攝影部

中國照相

材料部

佛標二天堂川陝康區行成立啟事

本堂出品二天油二天膏及各種丸散久已馳名世界南洋羣島華中沿海各埠凡經採用莫不口碑載道後因抗戰而梗阻故爾中斷現既復常本堂為適應社會人士需要爰將在港出品各種長期繼續內遷并在重慶設立分行為酬答各界愛護誠意已於六月二十四日起廉價十天以示優待外埠函購以發信日期郵戳為憑川陝康各省歡迎同業經銷手續簡便不取押金利潤優厚盍興乎來

區行分行：地點重慶中正路三四四號（即虎標永安堂分行原址）

佛標

萬應萬靈

二天油二天膏

起死回生 居家旅行 擦食咸宜 救急扶危

能治百病 不可不備 百發百中 萬勿輕視

價目每打國幣四千五百八元折優待

《大中日报》

《新儿童报》(1946年)

该报于1946年6月创刊，周报，社址在重庆大同路32号。主编俞（喻）斯骏，社长魏志清（魏林），发行曾文奎、刘镕铸，编辑有王世芬、张并间、郑华、曾永执等。时任重庆市教育局局长任觉五为该报题写报名。该报受中共地下党领导，“新”字即取自《新华日报》的“新”，曾刊载长篇小说《白毛人的故事》（根据《白毛女》改写）。1947年2月，该报因经费等问题停刊，总计出版23期。

《童军周报》(1946年)

该报于1946年上半年创刊，发行人张正亚，社址在重庆中央公园7号童军理事会。陈介生题写报名。

《原子时代》—《大风报》(1946年)

《原子时代》约于1946年下半年在万县出版，发行人熊本生，同年10月10日改名为《大风报》继续出版，4开，周报。该报以发表社会名流、富商大贾的轶事秘闻为主要内容。1948年3月，熊本生与张义文合办《立言晚报》，《大风报》即停刊。

《民治晚报》(1946年)

该报于1946年7月10日创刊，4开，日报。重庆袍哥组织民治社的负责人陈攸序任发行人，社址在重庆太平门征收局巷。总编辑欧阳醇，编务马宁帮，编辑邬子渊，外勤记者马腾祥、杜琳、游道钧、杨元善。

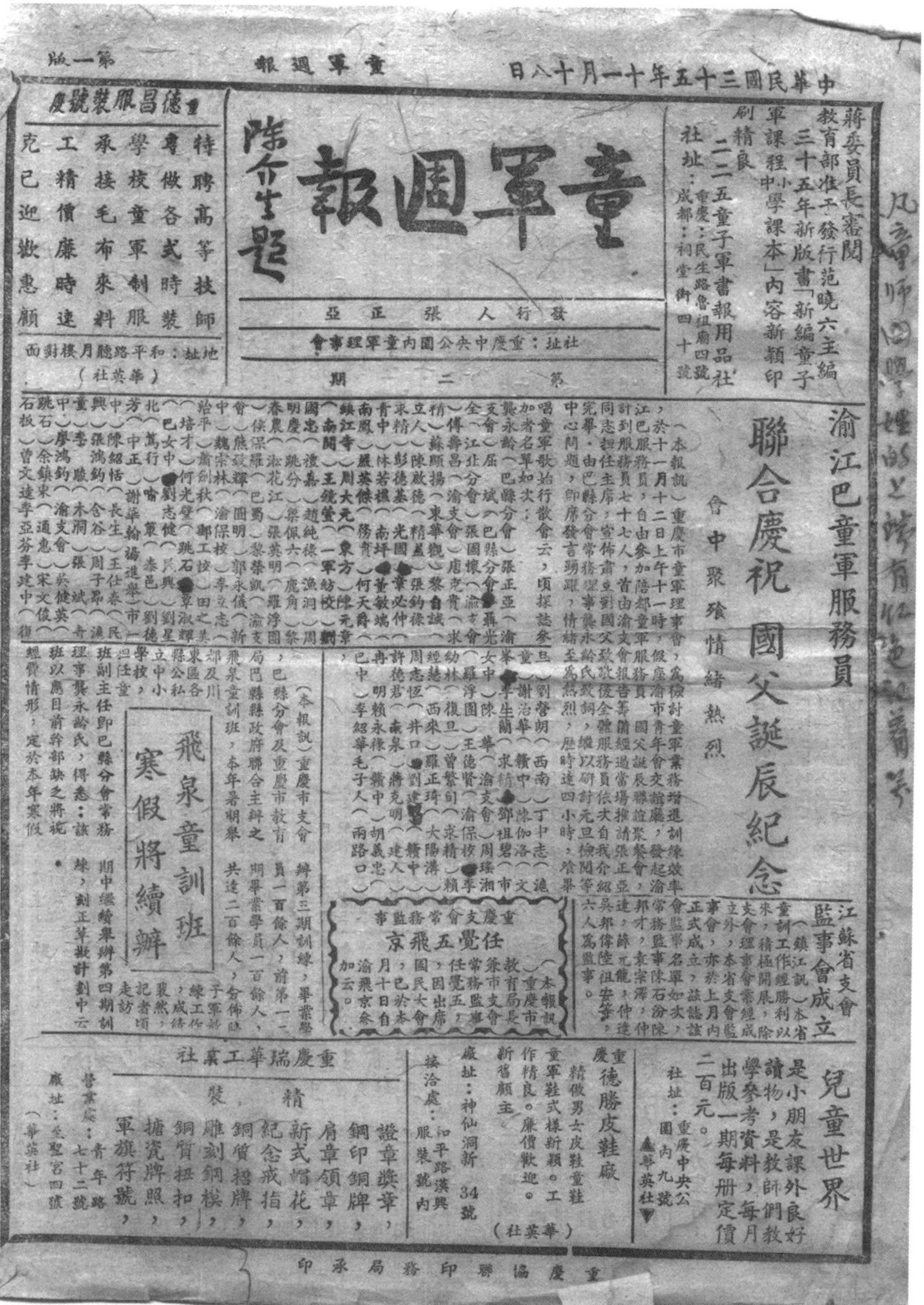

中華民國三十五年十一月十八日　童軍週報　第一版

童軍週報

陳介生題

發行人　張正亞

社址：重慶中央公園內童軍理事會

第二期

重慶德昌服裝號　特聘高等技師專做各式時裝學校童軍制服承接毛布來料工精價廉時迷克己迎歡惠顧　地址：和平路月樓對面（華英社）

蔣委員長審閱　教育部准予發行　范曉六主編　三十五年新版書「新編童子軍課程小學中學課本」內容新穎印刷精良　二二五童子軍書報用品社　社址：重慶：民生路魯祖廟四號　成都：祠堂街四十號

渝江巴童軍服務員聯合慶祝國父誕辰紀念

會中聚餐情緒熱烈

飛泉童訓班寒假將續辦

重慶支會常務監事任覺五飛京

江蘇省支會監事會成立

兒童世界　是小朋友課外良好讀物，是教師們教學參考資料，每月出版一期每册定價二百元。社址：重慶中央公園內九號（華英社）

重慶德勝皮鞋廠　精做男女皮鞋童鞋童軍鞋式樣新穎。工作精良。廉價歡迎。新舊顧主。廠址：神仙洞新34號　接洽處：和平路漢興服裝號內（華英社）

重慶瑞華工藝社　精製　證章獎章，鋼印銅牌，肩章領章，新式帽花，紀念戒指，銅質招牌，雕刻鋼模，銅質扭扣，搪瓷牌照，軍旗符號，營業處：青年路七十二號　廠址：至聖宮四號（華英社）

重慶協群印務局承印

《童军周报》

该报最初日发行2000多份，后销量下降到数百份，且不能每天出版。约1947年秋终刊。

《自治报》（1946 年）

该报于1946年7月15日创刊，4开4版，周报。发行人马世闻，社长冯炎，副社长钱楚雄、陈鉴之，社址在巴县参议会内，编辑部在重庆凯旋路57号。

《新华时报》（1946 年）

该报于1946年8月1日在重庆创刊，社址最初在较场口石灰市17号，后迁至民生路33号重庆市稽查处内。

抗日战争胜利后，《新华日报》和各种不同政治势力的报刊纷纷发出“反内战，反独裁”的声音，让国民党在舆论界相当孤立。在这种情况下，军统特务组织利用“时报”与“日报”的一字之差，出版《新华时报》，企图鱼目混珠。

《新华时报》的发行人是重庆警察局刑事警察处处长谈荣章，社长是其妻薛树华。原《午报》总主笔张客公为该报总主笔，胡丹流为总编辑，廖凌云为编辑，谢启明为编辑助理，副刊编辑雷禾村、刘玉声。《新华时报》最初为4开1张，发行时除了在国统区各大报纸上大肆鼓吹外，还会派出刑警大队的队员到各个商店强迫商人和市民订阅。后来在市长张笃伦的支持下改版为对开1张，最后又改回4开。

《新华时报》除了当国民党的喉舌外，还积极辅助国民党破坏民主进步的活动。1947年2月28日到1947年6月2日，是重庆市“反美、反蒋”学生运动高潮期。国民政府为镇压这些活动无所不用其极，还让《新华时报》当其帮手——用舆论恐吓、威胁。《新华时报》每天都要刊登一些“骇人听闻”的所谓“本报专讯”，用各种严肃词汇来起到震慑作用。这些“本报专讯”的信息都来源于国民党在重庆的各个情报机构。比如，沙坪坝当时是全市学生运动的中心，“市学联”召开会议，会中的行动、决定和斗争步骤都带有保密性质，这些开会内容的情报就由三青团驻派沙坪坝的学运侦查机构提供给《新华时报》。

不过，《新华时报》在一段时期内言论方针改变为揭露贪污腐败，出现过短暂的销售黄金期。报纸对重庆市议长胡子昂这样的首要人物进行批判，同时把老百姓所不齿的“较场口血案”打手刘野樵作为目标进行批驳。最令人意想不到的是，该报连续报道张笃伦在西昌“贩毒”的事件。此时的《新华时报》纸销量不断攀升，日销量逼近8000份大关。

《新华时报》副刊在1948年扩大为《戡乱》，此版负责人由雷禾村变为叶青。《戡乱》副刊的稿件供应来自三个机构：一为国民党中央宣传部；二为国民党国防部政工局“心理作战室”；三为国民党国防部政工局“军事新闻社”。

1948年8月，国防部保密局（原名军统）西南特区办事处在泸县（现泸州市）成立，《新华时报》从重庆迁到了泸县城内。此时的报纸主办人是四川省第七区行政督察专员公署专员、保安司令兼军统泸县组长罗国熙，泸县本地人张家琪（张家齐）任社长，采编人员有陈卓如、苏岚、张羽等5人，社址在中平远路杨春芳公馆内。所谓的《新华时报》泸县版，实际上就是重庆《新华时报》的延续，不仅报纸名字相同，登记号与重庆版的一样，而且连隶属关系都没有改变。其宣传方针和特点也沿袭重庆版，主要刊登“中央社”电讯稿和少数当地新闻。1949年12月3日泸县解放的前一天，《新华时报》自动停刊。

《醒华报》（1946 年）

该报于1946年8月28日注册，发行人李向荣，社址在重庆中华路三教堂街3号。该报只登记未出版。

《建国先锋报》(1946年)

该报于1946年8月创刊，4开4版，石印，不定期出版。綦江县青年军联谊会主办，联谊会常务干事马斌任发行人，常务监事万惠民任主编，编辑萧朝镛，记者高志远，社址在綦江县古南镇小学内。该报内容主要是地方新闻，抨击弊政。该报与《綦江周报》对立，经常论战。

《咀报》(1946年)

该报约于1946年8月创刊，发行人吴震光，社址在重庆捍卫路104号附1楼。

《白云》—《綦江周报》(1946年)

《白云》于1946年夏创刊，重庆商校学生王念抚、王先炳创办，仅出版第一期。同年秋季，在《白云》基础上改出《綦江周报》，社长兼主编为屈开先，记者为杨国华，撰稿人有卢宾华、卢肇华、肖银初等，社址在綦江县北街支马路。该报为石印，经费充足时也出铅印版，4开2版。《綦江周报》名为周报，实际上不定期出版，政治上倾向于青年党，为青年党竞选“国大”代表呐喊助阵，约于1948年6月停刊。该报与綦江当地进步报刊《一一闻》《建国先锋》的言论针锋相对，分歧极大。

《新闻导报》—《新闻快报》(1946年)

《新闻导报》于1946年夏秋间创刊，周报。发行人马津正，《大中日报》记者包直也参加《新闻导报》的工作。1946年末马津正离开重庆。1947年7月11日，包直将该报改名为《新闻快报》出版，日报。不久《新闻快报》因经济问题停刊，后由袍哥组织融志社接办，舵把子曾成五任社长，总主笔谢繁，发行人包直兼总编辑。1947年11月，曾成五因贩毒殒命，《新闻快报》随即停刊。

《影剧周报》（1946 年）

该报于1946年9月16日注册，发行人马膏如，社址在重庆太平门王家花园号14号。该报只登记未出版。

《民呼周报》（1946 年）

该报约于1946年9月注册，发行人周天寿，社址在重庆南岸上浩新街45号。该报只登记未出版。

《大民周报》（1946 年）

该报约于1946年9月注册，主办人俞丁，社址在重庆江北县下关街9号。该报只登记未出版。

《文建周报》（1946 年）

该报约于1946年9月注册，发行人李亚敏，社址在重庆大河顺城街15号3楼。该报只登记未出版。

《青年周报》(1946年)

该报约于1946年秋创办,4开4版。万县民社党的机关报,该党党部书记汪易生任发行人。1949年冬万县解放前夕该报停刊。

《凯旋报》(1946年)

该报于1946年10月10日出版,三日刊,4开4版。社长张锡君,经理郑伯康,总编辑吴太威,副刊编辑欧阳平,采访主任李鲁子,记者李官林,社址在重庆临江门川盐三里6号。1947年上半年停刊。

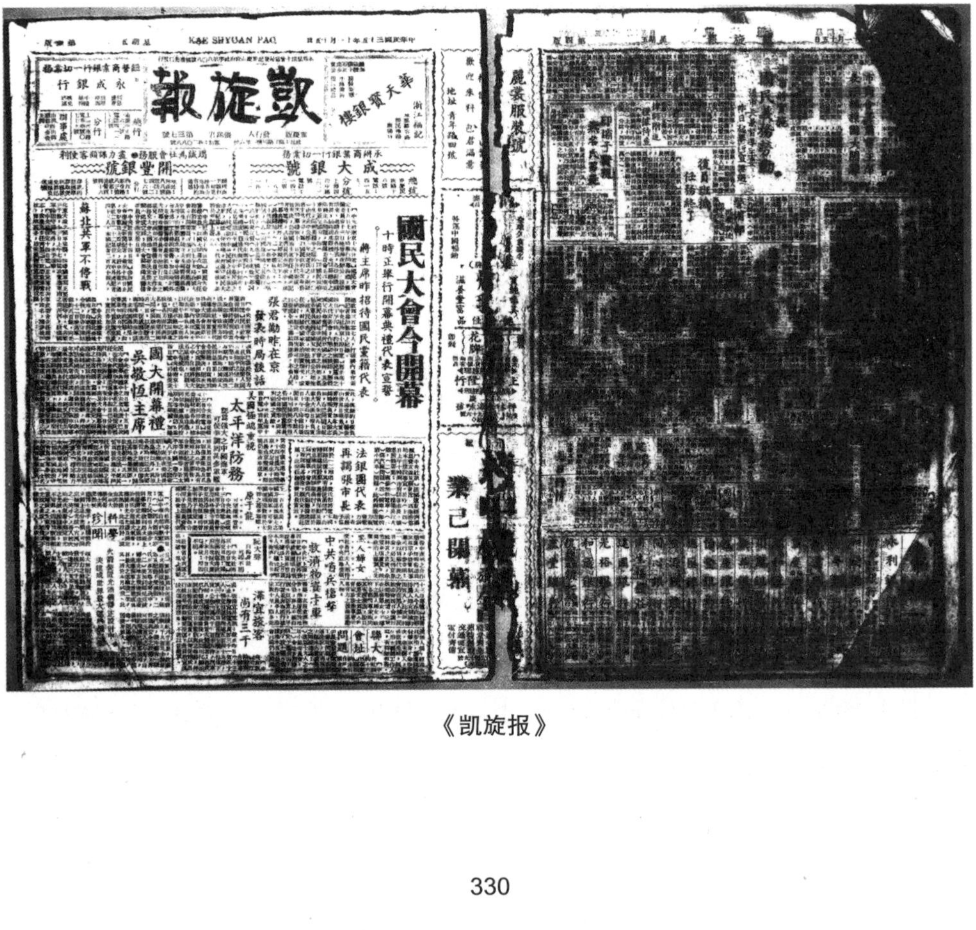
KAE SHYUAN PAO
凱旋報
國民大會今開幕
國大開幕禮 吳敬恒主席
太平洋防務

《凯旋报》

《儿童生活》（1946年）

该报于1946年10月10日创刊，周报。发行人向瑞新，主编陆洛，社址在重庆回水沟34号。该报自称“是儿童的伴侣，是儿童的恩物，是儿童的老师”。不久，该报因未办理登记手续，被重庆社会局要求停止发行。

《晓报》（1946年）

该报于1946年10月10日创刊，逢十出刊，8开2版，石印400份。陈伯霖、宁雄豪、陈化文等人自筹资金主办，社址在开县外西街133号。中共地下党员陈化文任发行人兼社长，周鸿钧负责组稿，陈伯霖、宁雄豪分任编辑和采访。该报不收报费，分赠县内中小学教师及旅外大专院校学生，并在城区街头四处张贴。

该报受中共地下党的影响，“实事求是地报道，不登马路消息，不写拍马屁文章”，主要内容为反映群众疾苦，针砭时弊，揭露开县官商贪赃枉法等社会丑闻。1947年元旦，当局借口该报“未经上级核准”，勒令报纸停刊。

《新闻杂志报》（1946年）

该报约于1946年10月12日创刊，彭华甫主办，社址在重庆罗汉寺街41号。

《工农日报》（1946年）

该报于1946年10月16日注册，发行人李品璋，社址在重庆四德村18号。

《万方周报》(1946 年)

该报约于1946年10月注册，发行人萧特，社址在重庆大田湾90号附1号。该报只登记未出版。

《民权晚报》(1946 年)

该报约于1946年10月出版，发行人赖牧。具体情况不详。

《猛旭周报》(1946 年)

该报约于1946年10月注册，发行人季孟玖，社址在重庆民生路德兴里29号。该报只登记未出版。

《农工日报》(1946 年)

该报约于1946年10月创刊，刘镇武主办，社址在重庆上清寺街73号。该报于1947年7月停刊。

《昌州公报》(1946 年)

该报于1946年11月12日创刊，4开4版，周报，每周星期日出版。三青团荣昌分团主办，发行人林昌瑶，主编陈圃农、曾乐予，编辑薛明馨、刘立炎，都是中学校长或教师。该报社址在荣昌县银行内，编辑部在伯桥中学，荣昌报社印刷，后由荣昌文化服务社代印。该报旨在“流通消息，鼓励舆论，促进建设，灌输文化”。因荣昌报社印刷业务停顿，报纸无法印刷，该报在次年五六月停刊。1948年元旦复刊，同年8月又因经费问题再度停刊。该报前后断断续续仅出十余期，内容上本县新闻比重很大。

《蜀东报》（1946年）

该报于1946年11月15日创刊，日报。三青团云阳县分团部机关报，发行人蒋计生，社址在云阳县帝主宫。该报开始为8开2版，后改为4开4版。第一版为国际国内消息，第二版为杂谈、文艺，第三版为地方新闻“云城鳞爪”，第四版为杂论、启事，辟有副刊《晓云》。1949年10月，该报由云阳县人民政府接收改组为云阳县印刷厂。

《大重庆民报》（1946年）

该报于1946年12月1日注册，只登记未出版。

《学习周报》（1946年）

该报于1946年12月4日注册，发行人苏松，社址在重庆民生路227号。

《新闻正报》(1946 年)

该报约于1946年12月4日注册，李治州主办，社址在重庆中山一路349号。该报只登记未出版。

《永川新声报》(1946 年)

该报于1946年12月创刊，三日刊，每期印400份。国民党永川县县党部主办，发行人刘宗泽，社址在永川县永昌镇中山路。

《立报》(1946 年)

该报约于1946年12月创刊，周报，4开4版。立社创办，发行人张政之，社址在重庆南坪马鞍山。该报所刊时事要闻主要摘抄自各大报，另有专访、特写，广告占很大篇幅。其经费主要靠捐助。约1948年夏，该报停刊。

《民声日报》(1946 年)

该报于1946年创刊，4开4版。张正宣任社长兼主笔。1950年1月停刊。

《全民周报》(1946 年)

该报于1946年注册，发行人邱汉平，社址在重庆张家花园1号。

《前声周报》—《前声晚报》(1946 年)

《前声周报》于1946年创刊，周报。发行人向耀星，社长张再，编辑程天泰、程齐宣，采访李楠、向超泉。不久，万县袍哥组织万安社头目李兴渊以拉来若干订户为条件，入报社任经理。后李兴渊与张再发生矛盾，张再迫于李兴渊的势力退出报社，李兴渊就任社长，并聘请万安社大爷彭整沉担任发行人兼总编辑，因此报社的袍哥色彩比较浓厚。1948年5月，报纸改名为《前声晚报》，日出8开1张。该报因经济实力较强，雇用采编人员较多，而且用好纸印刷，报头套红，每期发行800~1000份，销售量在万县晚报行业中一直靠前。该报社址先后在万县一马路、鞍子坝、二马路114号。该报一直出到1950年1月停刊。

《重庆人报》(1946 年)

该报于1946年前后创刊，社长是重庆水上警察分局局长曾祥麟，编辑李某，记者冯瑞果。出版未满3个月即停刊。

《艺术导报》(1946 年)

该报约于1946年在重庆出版，周报。主编丁孟牧。该报以社会新闻和川剧改良为主要内容，多在剧场售卖。出版不久便停刊。

《儿童生活报》(1947 年)

该报于1947年初创刊，重庆上清寺小学校长、进步人士邓朝浚和中共地下党员许敬先筹办。邓朝浚任社长，许敬先任主编，编辑有揭祥麟、余文涵、石启文、徐叔通，社址先在重庆大田湾19号，后迁至神仙洞101号，1948年迁到七星岗神仙洞一家印刷厂内。该报4开4版，以"丰富儿童知识、帮助儿童身心健康成长"为宗旨。报纸第一版为时事，第二、第三版为科学知识、文艺，第四版为儿童习作。

1948年初，许敬先赴川南开展工作，报纸改为揭祥麟负责。由于物价飞涨，该报缺乏经费，于年中停刊。后许敬先返渝，该报复刊，维持到1949年5月停刊。在此期间，报社作为中共地下党的联络站发挥了重要的作用。

《十日新闻》（1947年）

该报于1947年2月创刊，发行人杨敬年，社长赖超，主编马军风、包直，社址在重庆张家花园5号。每月10日、20日、30日出一中张。学生、军人、公务员订报费八折优惠。

《世界青年》（1947年）

该报于1947年3月21日创刊，日报。重庆世界青年筹备会编辑发行，社址在重庆市复兴路64号。该报创刊号登载有洪长铭、张笃伦的题词，第二版刊登国民党重庆市党部副主任委员陈介生的文章《世界青年团结起来》。

《学府导报》（1947年）

该报于1947年3月23日创刊，重庆大学部分同学创办的报纸，发行人周佐源。重庆大学校长张洪沅题写报名。

中華民國卅六年三月廿八日　重慶世界青年週專刊

世界青年

第八期

發行人：重慶世界青年週籌備會

地址：重慶市復興路六十四號

中華民國三十六年三月廿八日出刊

標語

世界青年週籌備會為舉辦世界青年週論文競賽辦法

車水馬龍盛況空前

渝青年昨野遊□園

是中華兒女熱情的匯流

是世界和平曙光的新生

沙坪壩上圖片展覽

夫子池續舉行球賽

明在青年館辦體育晚會

重慶世界青年週籌備經過

公宜

生龍活虎

戰復興關

《世界青年》

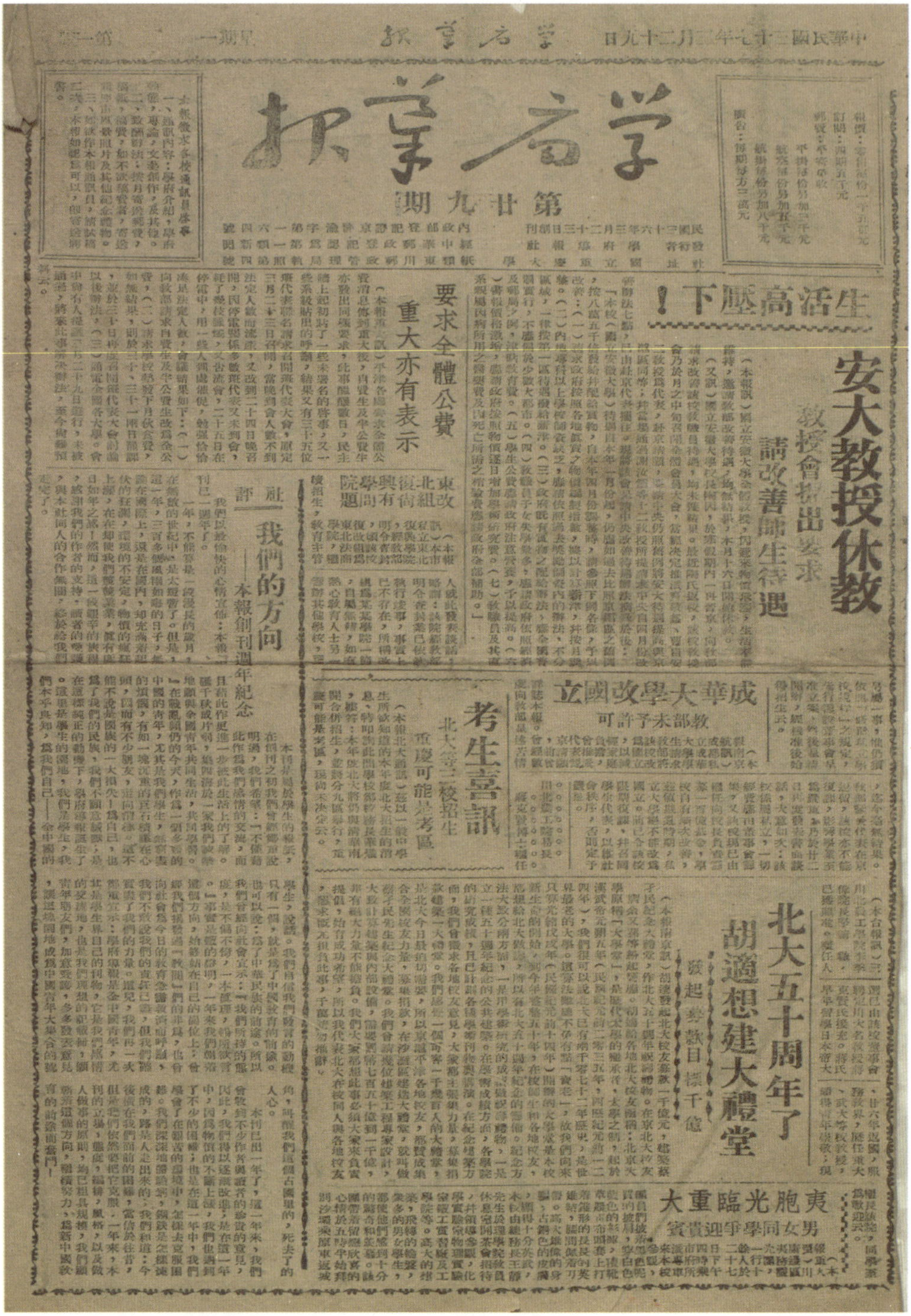

中華民國三十七年三月二十九日 學府導報 星期一

學府導報

第廿九期

生活高壓下！

安大教授休教
教授會提出要求 請改善師生待遇

要求全體公費 重大亦有表示

東北復興改組 院學有問題

社評 我們的方向
——本報創刊週年紀念

成華大學改國立 教部未予許可

考生喜訊
北大等三校招生 重慶可能是考區

北大五十周年了 胡適想建大禮堂
發起募款目標千億

夷胞光臨重慶 男女同學爭迎貴賓

《学府导报》

《长风报》（1947年）

该报于1947年3月29日创刊，三日刊，4开版面。三青团长寿支团部主办，社址在长寿县禹王街7号。该报出版后不久，被省政府要求停刊。1949年8月1日复刊，改为周刊，版面仍为4开。该报是三青团长寿支团机关报，于县内发行，解放前停刊。

《正风报》（1947年）

该报于1947年3月31日申请注册，发行人吴训南，社址在重庆上清寺街31号附5号。该报只登记未出版。

《大众报》（1947年）

该报于1947年3月注册，发行人黄寿材，社址在重庆嘉陵新村1号。该报只登记未出版。

《小刚报》（1947年）

该报约于1947年3月创刊，周报，4开4版。发行人穆痴珊，社长程彰，主笔吴连碧，社址在重庆磁器街22号。该报和重庆袍哥组织孝义社关系密切。1947年断断续续出过数期，每期发行300份左右，不久即停刊。

《劳声报》（1947年）

该报于1947年3月创刊，周报，4开4版。万县青帮头目、川东生产促进会理事长熊其侠主办，社长黄长华，总编辑熊本生，社址在万县北山观。该报以青帮和生产促进会成员为发行对象。该报的目的是加强舆论宣传，提高青帮和生产促进会的社会地位。该报因资金和印刷问题于1948年秋停刊。

《重庆夜报》（1947年）

该报创刊于1947年4月6日，日出4开纸1张。重庆夜报股份有限公司发行。另有资料称《重庆夜报》的社长为军统特务李樵逸。[①]该报《发刊词》称其“来自民间”，“站在人民立场说话”。该报副刊《夜市》先后刊有长篇连载：《落花飞絮》《长江春梦》《奇异随录》《女学生随笔》《重庆女人》《重庆福尔摩斯》《重庆杂志》《巴渝春秋》《巴渝剑侠传》《放牛娃日记》等。1947年8月5日，《重庆夜报》宣布接办《大中日报》。

《全民日报》（1947年）

该报于1947年4月11日注册登记，发行人罗心量，社址在重庆民生路134号。

① 参看欧阳平：《昙花一现的黄粱梦——抗日胜利后的一些寿命不长的报刊》，转引自重庆日报新闻研究所：《重庆报史资料》（第五辑），内部报刊，1989年；丁孟牧：《如此党报——〈巴渝晚报〉创办始末》，转引自重庆新闻志编辑部：《重庆报史资料》（第七辑），内部报刊，1991年。

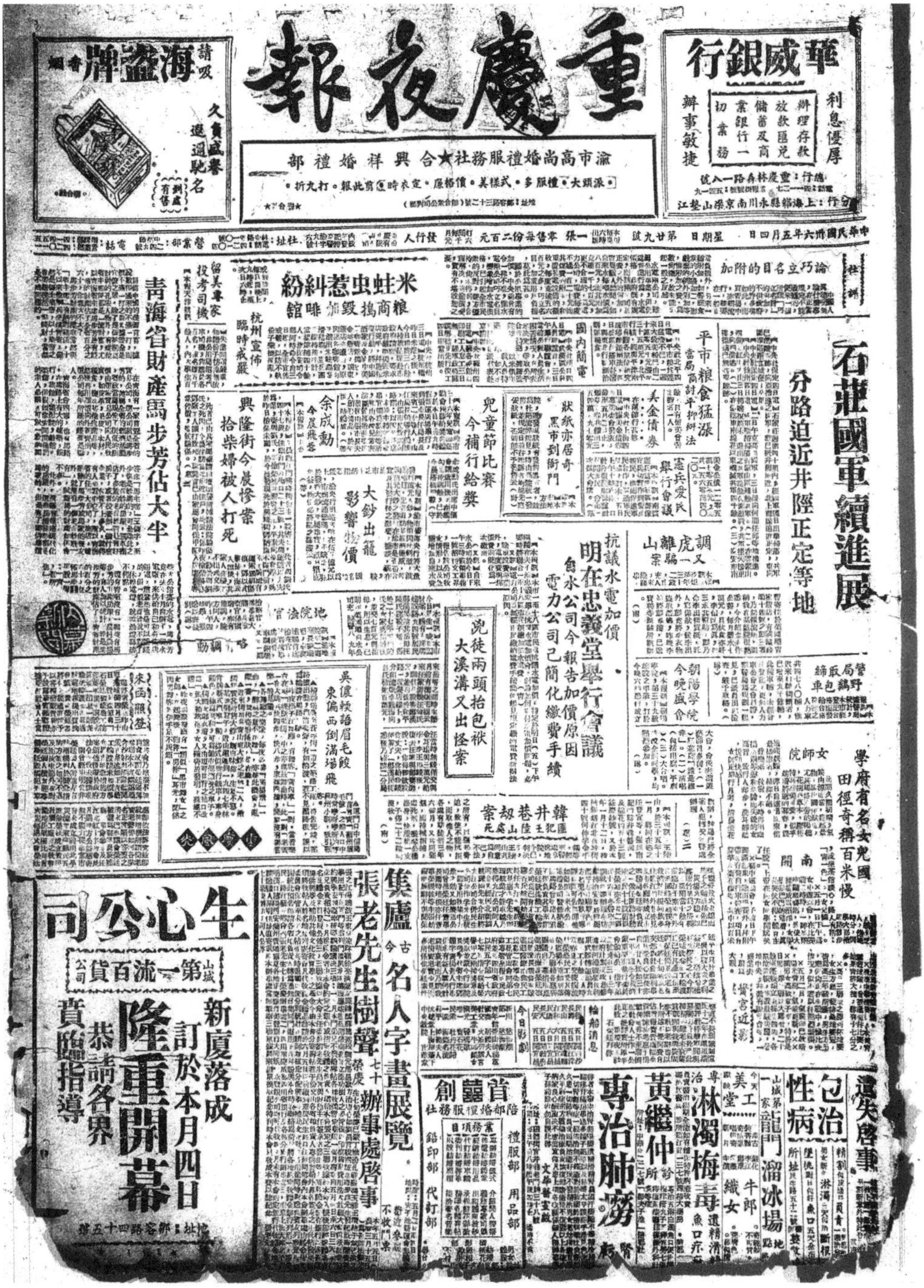
重慶夜報

請吸 海盜牌香烟 久負盛譽 遐邇馳名

華威銀行 利息優厚 辦理存款 放款匯兌 儲蓄及商業銀行一切業務 辦事敏捷

渝市高尚婚禮服務社★合興祥婚禮部

米蛀虫惹糾紛 糧商搗毀咖啡館

青海省財產馬步芳佔大半

石莊國軍續進展 分路迫近井陘正定等地

平市糧食猛漲

兒童節比賽今補行給獎

抗議水電加價 明在忠義堂舉行會議

兇徒兩頭抬包袱 大溪溝又出怪案

韓井巷劫案

生心公司 山城第一流百貨公司 新廈落成 訂於本月四日隆重開幕 恭請各界貴臨指導

集廬古今名人字畫展覽

張老先生樹聲七十

專治肺痨

黃繼仲

淋濁梅毒

包治性病

龍門溜冰場

《重庆夜报》

《天下日报》(1947年)

该报于1947年4月11日注册登记,发行人季卫民,社址在重庆临江门顺城街39号。

《南浦新闻》(1947年)

该报于1947年春在万县创刊,发行人谭朝举,出版不久即停刊。

《西南新闻》(1947年)

该报于1947年5月3日创刊,周报。西南新闻通讯社创办,发行人谭征辉,编辑江有功,社长赵丕勳,社址在万县中正街16号。1948年该报因谭征辉病逝而停办。

《中工》(1947年)

该报于1947年5月4日创刊,半月刊。重庆国立中央工业学校校友总会编辑发行,负责人许传经,社址设在沙坪坝中央工校内。1949年10月停刊。

该报创刊号曾发表社论《建设才是中国的出路》,其内容最初主要关注高校新闻和本校新闻,并辟有副刊《工园》,后来逐步关注全国工业建设状况,并积极介绍新兴技术。

中華民國卅八年十一月一日
中工半月刊
第四十一期
第一版
中工
半月刊
祥元炭號
推銷天府焦煤
代售合江洗煤
專辦大批松柴
地址：中渡口炭幫八號
本刊歡迎
訂閱！
投稿！
批評！
中工半月刊社啓
中工群力服務社啓事
歡迎
光顧指導！
川省水利局長
鄭獻征談川省水利建設
都江堰灌溉工程較前增加三分之一
十五年後全川水利建設全部可完成
川省二期水利工程費有着
農復會補助及各縣自籌均已解決
新式壓蔗機
農復會作製糖工業示範
配貸中糖廠
專載
藝徒與學校
前言
魏元光譯
風雨岩塌影響
萬開路恐將延期完工
萬開兩縣會同勘界
大修都江堰
經費有問題
灌縣河堤崩潰
淹農田數千畝
百業蕭條聲中唯一喜訊
經緯紡織合作工廠成立
日產藥棉五十磅土洋線百磅
熊哲帆談片
全國公路共十餘萬公里
今後更應加倍努力積極建設
隆昌將建示範水壩
勘定大洞坎為壩址
短期內開工
梁開公路
藝徒與學校
（下轉第四版）

《中工》

《重庆晨报》（1947年）

该报于1947年5月30日注册登记，发行人徐一慈，社址在重庆和平路173号。

《达人报》（1947年）

该报于1947年5月31日注册，发行人陆中铎，社址在重庆枣子岚垭136号。该报只登记未出版。

《江洋通讯》（1947年）

该报于1947年5月在涪陵创刊，周报，8开4版，石印。国民党涪陵县县党部委员白天佑和县师教员曾恂如发起创办，白天佑任董事长兼发行人，社长曾恂如，总编辑杨大利。该报主要刊登地方消息和社会新闻。该报每期印行二三百份，出刊3月左右，因经费问题和主编人离开而终刊。

《正诚日报》（1947年）

该报于1947年6月1日出版，江津地方势力正诚社江津总社出资创办，社长任应秋，总编辑兼记者杨肇崇，发行人谢增勋（江津驻军第366师师长）。该报每期仅发行三四百份，1949年11月停刊。

《青职导报》（1947年）

该报约于1947年6月初创刊，万县青年职业训练班主办。

《电声晚报》（1947年）

该报于1947年6月6日注册，发行人张汉书，社址在重庆保安路204号。

《大刚周报》（1947年）

该报于1947年6月11日注册，发行人丁健民，社址在重庆国府馆建国村36号。

《重庆嘉陵潮周报》（1947年）

该报于1947年6月12日注册，发行人鲁文翰，社址在重庆至诚巷村4号。该报只登记未出版。

《正声报》（1947年）

该报于1947年6月16日创刊，初为三日刊，4开4版，后改为日报。发行人兼社长张之良，副社长毛光运，社址在重庆学田湾29号。该报第一版为要闻、社论；第二版为省内新闻、广告；第三版为《正声》副刊、广告；第四版为国际新闻、本市新闻。1949年2月停刊。

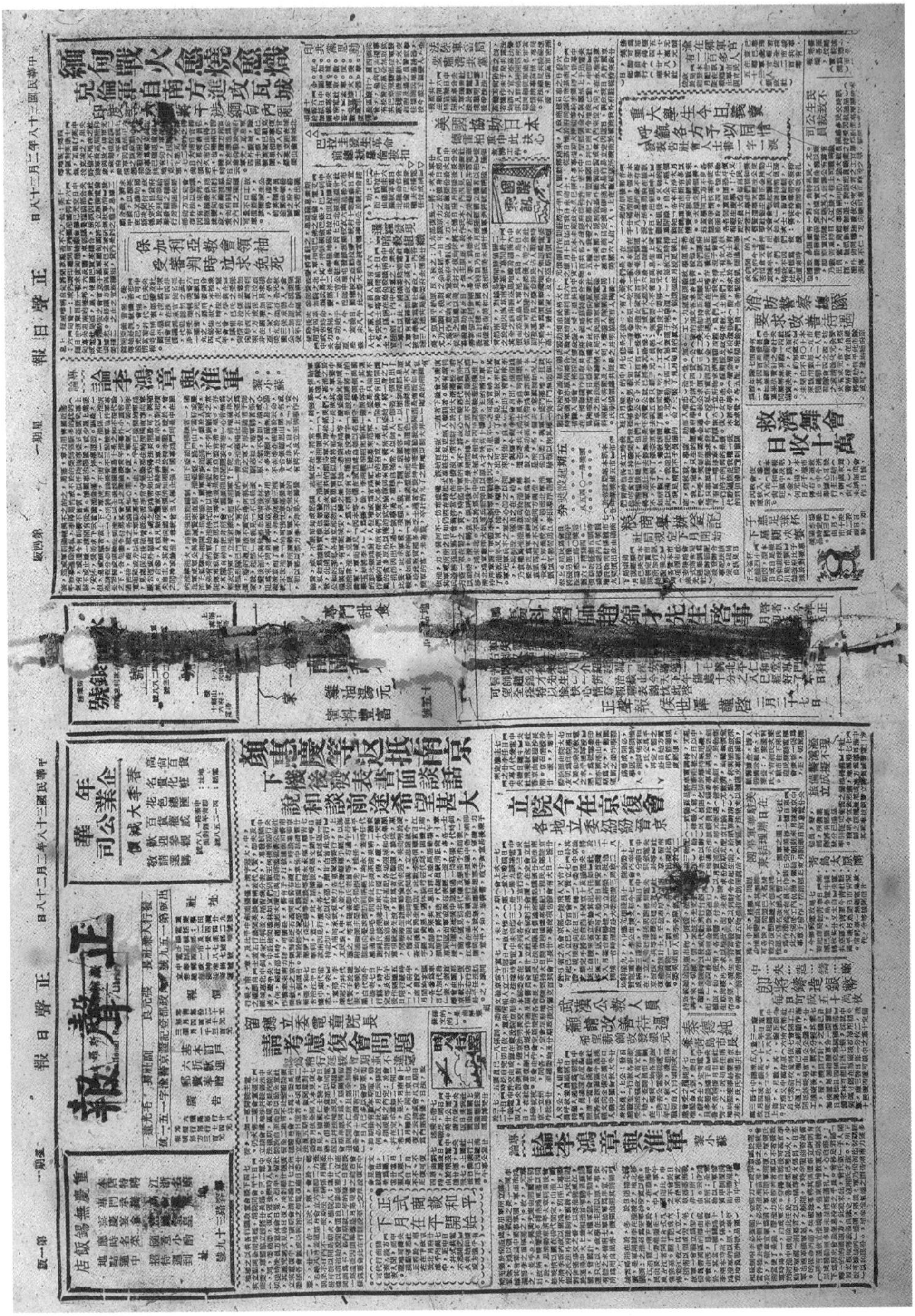

《正声报》

《挺进报》(1947年)

《挺进报》是解放战争时期中共重庆市委的机关报,是一张在国民党统治区发行,进行秘密斗争的红色报刊。该报为宣传中共中央政策、传播解放战争胜利消息、揭露敌人的欺骗宣传、团结教育党员和人民发挥过重要的作用。

挺進報
重慶市戰犯特務調查委員會
嚴重警告蔣方官員

《挺进报》

《挺进报》的前身叫《彷徨》,是一份在国统区领有合法登记证而公开出版的杂志。虽然形式上是灰色的,但该杂志却是一份以谈青年切身问题为内容,借此联系群众,深入社会青年,从而在长期隐蔽中发展聚集革命力量的红色报刊。在中共四川省委的领导下,当时主要的编辑和有关工作人员有蒋一苇、刘镕铸、陈然等。1947年3月中共四川省委和《新华日报》突然被迫撤走后,《彷徨》失去了领导核心,但几位同志决定先隐蔽下来,继续坚持“灰皮红心”的方针把杂志办下去,“独立作战,在斗争中找党”[①]。

1947年6月,蒋一苇通过《彷徨》信箱收到了新华社香港分社寄来的油印新闻稿,上面报道了解放军在华北、东北和西北等各个战场取得胜利的消息。蒋一苇阅后交给刘镕铸,刘爱不释手,反复熟读几近背诵后便通宵将新闻稿翻印成16开的油印小报散发出去。这份没有取名的油印小报在地下党和进步群众中广泛传阅,深受好评。此后,他们又通过《彷徨》和《科学与生活》杂志的信箱收到更多的来自香港的新闻电讯稿,二人同陈然商量决定,继续办这份转载电讯稿的

① 吴子见:《回忆彭咏梧领导期间的〈挺进报〉》,转引自重庆新闻志编辑部:《重庆报史资料》(第十二辑),内部报刊,1992年。

小报，并命名为《读者新闻》。又出了两期后，他们感觉报名过于平常，缺乏战斗性。于是同新加入的吕雪棠、吴子见（盛儒）开会商议改名，会上采纳了吴子见的意见，从第三期起改名为《挺进报》。

通过《挺进报》的出版，1947年7月，中共重庆市委委员彭咏梧在一番周折之后终于和刘镕铸接上了关系。中共重庆市委根据当时实际情况和斗争需要，决定《彷徨》停刊，将主要刊登新华社电讯稿的《挺进报》作为中共重庆市委的机关报，由市委直接领导，并由彭咏梧直接联系。《挺进报》增加印数，主要交由市委发行，并建立了以刘镕铸为特支书记，恢复党籍的陈然任组织委员，新入党的蒋一苇任宣传委员的《挺进报》特别支部，以及成员有成善谋、程途、朱可辛和张永昌等的电台特别支部。两个支部均在市委的直接领导下，但严格分开，分头单线联系。电台特别支部由市委书记刘国定联系。同年冬，彭咏梧和江竹筠前往川东领导武装斗争，吴子见随行，《挺进报》便由市委常委兼宣传部部长李维嘉（黎纪初）领导。

《挺进报》每周出版两期，版面大小为8开1张或2张，每期2至3张，由相关人员分头散发。由市委领导后，该报印数大幅增加，从每期约200份不断上升至每期800~1000份，最多时达1200份。版面也随之增加，最多时有4张。该报初期的工作流程大致如下：每天由电台特别支部的成善谋抄收邯郸新华社的新闻以提供电讯稿，由江竹筠负责转交给吴子见整理，之后再交给蒋一苇进行编刻。报纸的印刷则在重庆南岸玄坛庙野猫溪中国粮食公司机器厂陈然家中进行。印好后，由熟悉沿途和各渡口特务盯梢情况且擅长伪装的陈然过江送到时事新报馆三楼，交给吴子见，然后江竹筠取走大部分，剩下的由吴子见交给刘国定，整个过程都是单线联系。后来，吴子见随彭咏梧、江竹筠离开重庆，陈然便将报纸直接送到民生路开明书局，交给刘镕铸。刘镕铸收到报纸后，通过委托转发和邮寄的方式发行。

《挺进报》的主要内容分为五个部分。第一部分是战局综述，编辑人员根据收听记录到的新华社新闻，报道解放军在各个战场的战况。第二部分是评论文章，主要刊载川东临委、重庆市委对地下斗争的指导意见和地下组织发展的工作思路。第三部分是特载，全文或部分地转载一些重要的文告。如第十四期《挺进报》就节录转载了日丹诺夫1947年9月发表的《论当前国际局势》。第四部分是新闻简报，刊发一些国内发生的政治性的新闻。第五部分为警告并开导敌特人员的内容。如第十九期就刊载了《重庆市战犯特务调查委员会严重警告蒋方官员》等文章，用以瓦解和动摇敌人。到了1948年春，《挺进报》还增出了《目前的形势和我们的任务》《论大反攻》《耕者有其田》和《被俘人物志》共4篇文章，作为特刊出版。

当时受中共重庆市委领导的还有一个地下油印刊物，叫《反攻》，由赵隆侃、苏心韬、向洛新、张亚滨、王大昭、黄冶和文履平等负责。它和《挺进报》各有分工，《反攻》主要发表政论性文章，《挺进报》主要刊登新闻消息并配小评论，两份红色刊物在言论上互为犄角，互相支持。到了1947年底，因赵隆侃等另有任务，市委决定把《反攻》也交给《挺进报》接办。然而由于各种原因，刘、蒋等接手后的《反攻》只办了一期，于1948年1月出版，之后未再继续发行。

1948年初，川康地下党组织收到指示，要加强统一战线工作，对敌采取攻心为上的策略。为了能有效按照此项斗争策略开展对敌宣传工作，《挺进报》在内容上做出调整，除了继续大量报道解放军胜利进军的消息以外，还有针对性地增加了用来对敌人发动思想攻势的文章，并在发行方针上做出改动，从第十五、第十六期起，该报开始大量地邮寄给敌方人员。《挺进报》的工作人员周密地考虑了邮寄方式，所使用的信封都是印有机关头衔的，包括重庆警察总局、中央银行在内的信封共有四五十种，都是平时通过诸如索取印刷样本等光明正大的渠道和方式搜集来的。承担此项工作的同志们在书写信封内容时十分注意经常变换笔迹，而且在寄送时频繁变更寄出地。这些谨慎而细致的措施使敌人很难追查。就这样，一封封“亲启”信源源不断地送到了大小敌特头目的手上，里面的一份份《挺进报》令敌人惊骇万分，万万没有想到在自己的眼皮之下和要害之处，中共地下党竟有如此强大的活力。《挺进报》像一把插入敌方心腹的利剑，既起到了震慑敌胆、瓦解斗志的作用，也引起了敌人的高度重视。

1948年4月初，由于叛徒的出卖，中共重庆市委的主要领导人相继被捕，而被捕的主要领导人中意志不坚定者的迅速变节，尤其是重庆市工委副书记兼组织部部长冉益智和市委书记刘国定将所知情况全数出卖于特务的无耻行为，给《挺进报》带来了惨重的损失。4月，负责电台特别支部的成善谋被逮捕，原定3

月就应遵循组织决定撤离重庆的陈然因为担心工作无人接替，在屡次收到地下党同志告警的情况下依旧在危险的环境中坚守岗位，于4月22日晚在家中被捕，同时被查抄的还有未印完的第二十三期《挺进报》。第一代《挺进报》被迫停刊。

由于各种原因，这次国民党对地下党组织的疯狂破坏行动被称为“挺进报事件”，然而不仅是《挺进报》，整个重庆和川东地区的地下党组织也因此同时遭受了灾难性的破坏。但留下的同志们迅速集结起来，继续牺牲者未竟的事业，仅仅3个月后的1948年7月，川东特委副书记邓照明就做出了要恢复《挺进报》的决定，随即成立“挺进报小组”，由李累任组长，负责收听电台，记录新闻电讯稿并进行编辑整理，由唐祖美、吴宇同和廖伯康负责刻印，程谦谋负责发行。1948年9月，在第一代《挺进报》被敌人查获不到5个月后，第二代《挺进报》又出现在了重庆。

新的《挺进报》接过了前代的宣传任务和斗争精神，也适当调整了自己的办报方针和内容，为此邓照明曾对第二代《挺进报》成员郑重交代：“要吸取前届《挺进报》的经验教训，不能再搞对敌攻心，要以党员和进步分子为主要阅读对象，也不扩大发行范围，内容以战局报道、政局评论为主，也可适当加些地方局势的分析。”[①]于是该报采取不定期出版的方式，通过党的各个系统内部发行，每期刊印300~400份，只在地下党和进步群众之间流通，不再邮寄给敌特头目。在新《挺进报》第二期中，该报编辑室曾发出启事：“这是我们自己的报，不可靠的朋友别拿他看。自己看后，不要乱丢，最好把它烧掉，免得落入敌手。”这一系列调整是对原《挺进报》被破坏的教训的反思和改进，也是对中共中央给逐渐恢复起来的重庆和川东地区地下党组织的“保存力量，保护城市，迎接解放，配合接管”这一指导方针的遵守和贯彻。1948年12月，程谦谋被捕，李累和唐祖美等被迫转移，《挺进报》第二次停刊。

1949年初，邓照明又与马华滋、董退民和宋志开等组成新的《挺进报》班子，交由重庆社会大学支部书记朱镜直接领导，第三代《挺进报》很快又送到了地下

① 唐祖美：《复刊后的〈挺进报〉》，转引自重庆新闻志编辑部：《重庆报史资料》（第十二辑），内部报刊，1992年。

党和群众的手中。1949年7月17日，朱镜被国民党当局逮捕，《挺进报》至此终刊。

《万州晚报》（1947年）

该报于1947年夏创刊，发行人为万县县银行经理陈笃（陈友于），总编辑由《万州日报》总编辑姚从化兼任，社址在万县兴隆街万州日报营业部。当时《万州晚报》就是以陈笃的名义创办的，但实际上出钱的是万州日报股份有限公司董事长兼总主笔牟欧平。后因人力不济，该报出版一个多月即停刊。

《綦江日报》（1947年）

该报是解放前綦江唯一的一份日报。1947年8月初创刊，由刘国镒、何琦、刘兆芬等人筹资创办，社长由刘兆芬担任。报纸为4开4版，铅印，自办发行。报社借用綦江县民众教育馆作社址。

该报内容多为针砭时弊，鞭挞邪恶。该报曾揭露税捐处的贪污行为，报道綦江县中小学教师的罢教运动。1947年11月，报纸被国民党綦江县县党部强行接管，并继续以《綦江日报》的名义出版。新的《綦江日报》由萧朝镛任编辑，高志远任记者。

《綦江日报》被接管时，曾在《綦江周报》上发表《綦江日报是怎样被迫停刊的》一文。该报被接管后，实际上成为国民党綦江县县党部机关报，销售量下滑，1948年终刊。

《民族日报》（1947年）

该报于1947年8月2日注册登记，发行人张大谋，社址在重庆丹凤街6号。

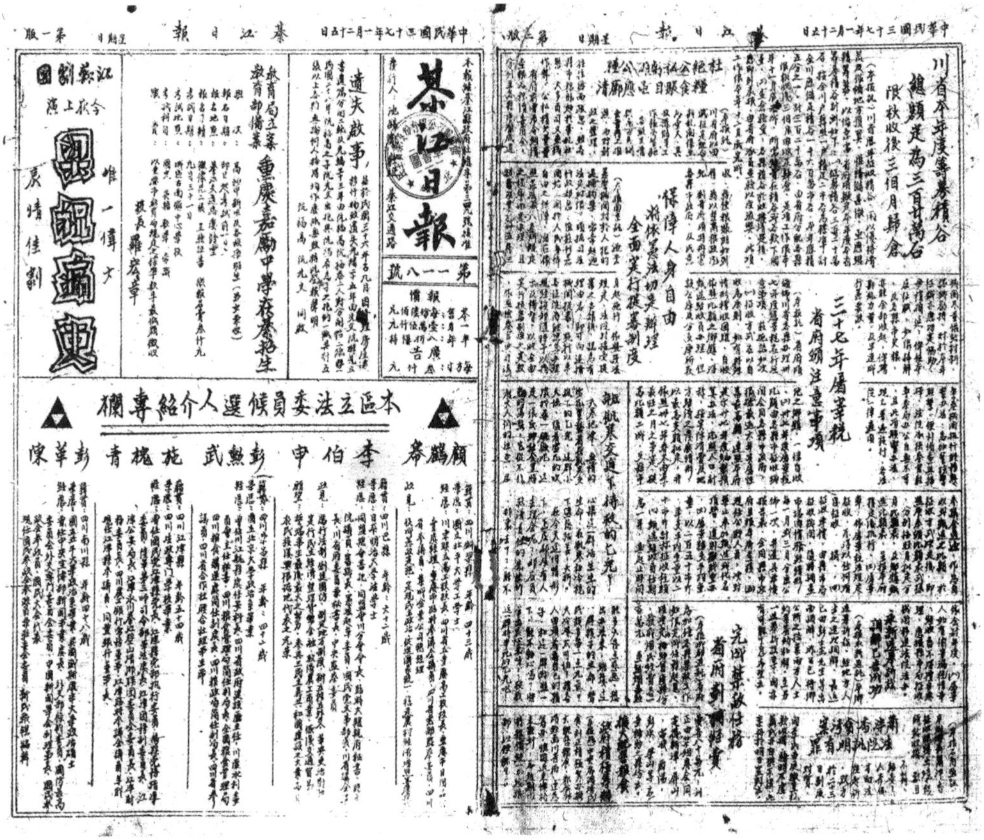
綦江日報

本區立法委員候選人介紹專欄

《綦江日报》

《镜报周刊》(1947 年)

该报于1947年8月8日注册登记，发行人董新华，社址在重庆文化街86号。

《西南学生导报》(1947 年)

该报于1947年8月8日注册登记，发行人叶化文，社址在重庆省教院。

《长虹报》（1947年）

该报于1947年8月24日创刊，8开2版，石印。朝阳学院张朝翰、朱音（又名朱经营）、何克俊、廖泗滨等编辑，社址在潼南县长虹商店。报纸经费来源于长虹商店的经营利润，1949年12月终刊。

《东亚周报》（1947年）

该报约于1947年8月注册，发行人千贯江，社址在重庆千厮门街25号。该报只登记未出版。

《垫江导报》（1947年）

该报于1947年8月创刊，三青团重庆支团垫江分团所办，每周出1中张。发行人钟石痴，社长李仁宇，副社长萧本初并兼总编辑。该报以“阐扬三民主义，宣达政令，推进乡村文化”为宗旨。1948年10月10日改为三日刊，1949年末停刊。

《建涪公报》（1947年）

该报于1947年9月1日创刊，涪陵袍哥组织建涪公会主办，8开2版，铅印。该报是《涪陵新闻》分裂的产物，思想倾向表现出半官方色彩。总主笔蒲师竹，社长兼经理陈志廉，总编辑张国炳。该报主要刊登地方消息和社会新闻，经费来自国民党党员的捐助。每期发行四五百份，社址在涪陵公园路11号。

《新闻时报》（1947年）

该报于1947年9月10日创刊，8开2版，周报。发行人周泰岳，社长黄定文，社址在铜梁县中山路65号。第一版主要登载新闻、社论，后设有“九一信箱”，专门回答读者的问题。第二版设有文艺性的《青梅副刊》。

《建设日报》（1947年）

该报于1947年9月创刊，蓝文彬创办并任董事长，经理李景芝，总编辑李延藏，社址在重庆青年路。1949年停刊。此前，蓝文彬就在重庆、成都办过同名报纸。

《突击报》（1947年）

该报于1947年10月初创刊，重庆松花江中学的中共地下党员与进步教师贺一然、王德裕、许智伟等人主办，以“突击社”的名义发行。该报内容主要是报道解放战争的形势，号召革命青年到群众中去。每期发行300份左右。后来改为16开小册子形式，经费由参加工作的人筹集。

1948年初，根据形势需要，报纸停刊。同年3月复刊，由许智伟、屈尚先（民盟成员）主编，参加编辑工作的还有徐明松、彭时淮（中共党员）。同年8月，该报根据指示，再度停刊。

《恒报》（1947年）

该报于1947年10月15日在万县创刊，4开4版，周报。发行人严赋生，社长王群，编辑张再。

《万声报》—《民声报》（1947年）

《万声报》约于1947年10月在万县创刊，抗日负伤军官邓俊良、尤举等人所办。该报每周出4开1张，后改名为《民声报》。1948年停刊。

《重庆大江日报》（1947年）

该报于1947年11月10日注册登记，具体情况不详。

《大众报晚刊》（1947年）

该报于1947年11月12日创刊，大众报股份有限公司发行，日出4开纸1张，社址在重庆中山一路53号。该报在发刊词中说定位是“报人之报”“陪都职业报人业余大组合”。

《大众报晚刊》由重庆《中央日报》总编辑王能掀任发行人、社长、总编辑，原《新民报》记者施白芜任总主笔。1948年4月1日，施白芜针对当时的群众心理，编造出一条“内幕新闻”，说“蒋介石杀孔、宋以谢天下”，当时引起重庆社会轰动，影响黄金、美钞市场交易。许多人向该报追问这条消息的来源。施白芜说：“今天是愚人节，世界各国的报纸都可以编造愚人新闻，不受法律约束。如果当局把我关起来，《大众报晚刊》更可打开销路。”次日，该报刊出启事，说明4月1日是愚人节，读者可作笑话对待。王能掀因受有关方面严加责难，被迫脱离该报社。

1949年1月3日，报纸宣布改组，由解宗元、王能掀、淦康成、熊克勤、淦康成、汪定符等人任董事，王能掀任发行人，解宗元任总经理，淦康成任经理兼采访部主任。重庆解放后，该报经批准继续出版，到1950年春停刊。

另，1947年3月曾有一份《大众报》在重庆注册登记，不知是否与《大众报晚刊》有关。

《重庆晚报》（1947年）

该报于1947年11月15日注册登记，发行人韩永岑，社址在重庆飞来寺190号。

《劳声报》（1947年）

该报于1947年11月15日创刊，4开4版，晚报。社长杨春，发行人邓发清，总编辑李之森，社址在重庆仓坝子总工会内。该报是在国民党重庆市党部宣传处的支持下，由国民党重庆市总工会协办的。该报的推销员、通讯员、特约记者大多是各工会的书记、文牍，读者对象是产业工人。该报鼎盛时每期发行千余份，后来仅有四五百份，断断续续维持到1949年重庆解放前夕。

《社会时报》（1947年）

该报于1947年11月创刊，发行人刘野樵，社址在重庆林森路九道门7号。

《青年周刊》（1947年）

该报于1947年冬创刊，4开2版。万县青年党县党部主办，傅伯衡主持，编辑蓝文惠，万县电报路新生书店印刷。该报主要在青年学生中发行，无钱的还可以用食物订报。1948年春停刊。

《民声周报》（1947年）

该报于1947年创刊，主办人谢鼎铭，主笔熊伯庚，社址在梁山县暗桥街，仅出一期。该报主要为支持谢鼎铭竞选“国大代表”所办。

《蜀东快报》（1948年）

该报于1948年1月1日创刊，4开4版，周报。发行人万县税捐处代处长何耀南，社长倪念涤，总编辑梅虹，编辑王导时、张启贤等，社址在万县四方井税捐处内。该报曾连载黄梅的小说《风云巴朗寨》。同年4月停刊。

《垫江新闻》（1948年）

该报于1948年2月15日创刊，8开4版，周刊，石印。段成德等人集资创办，主编段成德，编辑萧本初、董启明、胡启恒，社址在垫江县东街。该报以报道地方新闻为主，不涉及党政、党务、军事、外交等内容。1949年停刊。

《大正晨报》（1948年）

该报于1948年3月1日注册登记，发行人邱汉平，社址在重庆民权路裕大公司二楼。

《渝光周刊》(1948 年)

该报于1948年3月3日注册登记，发行人钟诚，社址在重庆下曾家岩411号。

《立言晚报》(1948 年)

该报于1948年3月创刊，4开4版。发行人兼社长张义文，经理刘凤池，总编辑王寄萍(后为秦凯切)，社址先后在万县杨家街、中正街，1948年10月后迁至大桥头三马路口联合商场二楼。1948年秋，报纸因针砭时弊，社长张义文被捕，报纸停刊两月。同年10月1日由李德俊任发行人，刘凤池兼任社长。

该报除采用“中央社”电讯稿外，大量采用各地报纸新闻的改写稿，也有自己采写的本地新闻。该报每天发行五六百份。1949年12月初，万县解放时停刊。

《展望》(1948 年)

该报于1948年春在万县创刊，4开4版，周报。蓝诗啸(即蓝文志)、陶梅岑、文守涛三人合办，蓝诗啸任社长，文守涛任发行人，程开宣为编辑。该报稿件除由蓝诗啸、陶梅岑撰写外，主要采用青年学生的来稿，并转载上海、成都、重庆等地的新闻。因无固定经费来源，该报出版不久后停刊。

《劳动周报》(1948 年)

该报约于1948年春在重庆创刊，四川省国民劳动督导团主办，督导团主任周世霜任社长，乐镇钟、黄怀瑾为副社长。该报旨在“阐扬发挥劳力，建设地方的理论，使各项工作顺利进行”。

《大学新闻周报》(1948 年)

该报约于1948年春创刊，4开4版。重庆大学、复旦大学、朝阳学院等校进步学生主办，总编辑兼发行人江孝述，副总编辑金起昌，经理邓孝怡，副经理欧循清、宋廉培。该报面向高中毕业生，为他们报考大学进行指导。其内容主要是介绍大学的情况，刊登数理化难题的辅导材料，也报道一些国内形势。该报每期发行量最初只有四五百份，后增加到千份左右。除订阅外，该报也在重庆大学所在的沙坪坝街上张贴。1948年6月停刊。

《汽工报》(1948 年)

该报于1948年4月10日注册登记，发行人重庆汽车工会，社址在重庆中山一路7号。

《文化导报》(1948 年)

该报于1948年5月20日注册登记，发行人乔诚，社址在重庆枣子岚垭53号。

《民主日报》(1948 年)

该报于1948年5月20日注册登记，发行人唐野涵，社址在重庆中华路249号。

《群力时报》（1948 年）

该报于1948年夏创刊，4开4版，周报。万县袍哥组织群力社主办，董事长由群力社董事长黄次九兼任，发行人为群力社副董事长何文征（朝俊），社长陈永升，会计主任任天柱，总编辑梅虹，编辑有张启贤等。该报社址在万县环城路。当时，万县发生了检举县长钱佐伊贪污案件，国民党万县县党部书记长刘庭槐制造舆论说，“‘群策群力’是共产党人的口号，《群力时报》与中共地下党有关”。1949年4月，该报被迫停刊，约出版10个月。

《社会导报》（1948 年）

该报未见实物，仅见于1948年7月3日成都《四川时报》第三版报道，“万县《社会导报》《中国新闻联报》正在筹备中”。是否出版情况不详。

《中国新闻联报》（1948 年）

该报未见实物，仅见于1948年7月3日成都《四川时报》第三版报道，“万县《社会导报》《中国新闻联报》正在筹备中”。是否出版情况不详。

《民言报》（1948 年）

该报于1948年8月1日创刊，万县民社党主任委员廖仲律等主办。

《大宁报》(1948年)

该报于1948年8月16日创刊，4开，石印，土纸，每期2版。地方政府官员和士绅所办，初为旬刊，后改为周报。编辑部、印刷部均设在巫溪县民众教育馆内，营业部设在县城中正街国民教师合作社。向鉴秋任发行人，向培生为社长，李天孚为主任编辑，县政府会计室科员、城厢中心国民学校事务主任李寿益为编辑，还有义务编辑数人。

该报主要刊登“中央社”电讯稿，转载《中央日报》《万州日报》等的消息，以及报道本县党政军重要活动，发行到县属各机关、法团、乡镇、学校。该报共出版60多号，于1949年11月25日停刊。报纸取名“大宁”，是因为巫溪县原名大宁县。

《峡声周刊》(1948年)

该报约于1948年9月10日创刊，国民党巫山县县党部、巫山县民众教育馆联合主办，社长颜澄，总编辑黄炽昌。该报除刊发少量国内新闻外，主要是采写本地新闻，揭露社会弊端。1949年4月停刊。

《重庆文化新报》(1948年)

该报于1948年9月18日注册登记，发行人尹培根，社址在重庆临江路233号。

《重庆日报》（1948 年）

该报于1948年9月20日创刊，是杨森调任重庆市市长后创办的一份报纸，对开4版，社址在重庆中山一路143号。

《重庆日报》的班底多为杨森在贵阳所办《贵州日报》的人马。社长由杨森过去的参谋长向廷瑞担任，总编辑郑千里，经理刘运谋，编辑主任曾萍若，采访主任薛熙农，编辑郭尼迪、孙音（罗泅，中共党员）、许仁泽（中共党员）、曹开晶、周亚夫。

该报最初日出4开4版，第一、第四两版是广告，第二版是国内新闻，第三版是国际新闻。另外，该报每天发表社论，并配发市场行情。

报纸初创时，杨森借用行政权力建立发行网络，最高时日发行量达两万份，后因印刷质量差，报纸内容也无特色，销量降至数千份。加上报社内部混乱，1949年6月曾暂时停刊，并进行整顿。整顿过程中，报社大量吸收杨森所办的成都天府中学在渝校友，天府中学副校长姜芸丛任名誉顾问，并由他组建社务委员会。社长张明达，副社长颜尧江，总编辑薛熙农，总经理王家臻，主笔兼秘书谢树清，采访主任陈毓菁，其他社务委员也都担任主笔。另外，该报又聘请尹从华、胡佛之为专职主笔，邓泽华、罗志明为主编，副刊编辑潭天。

该报于1949年8月复刊。由于重庆临近解放，报社内部矛盾加剧，外部发行也不尽如人意，勉强维持到1949年11月末停刊。

《瞿塘导报》（1948 年）

该报约于1948年9月创刊，周报。发行人孙明义（中共地下党员），主编孙秉仇，编辑邓作宾，社址在奉节县永安镇木牌坊。该报以报道时事消息、刊登文艺作品为主。同年12月，当局以“该报漏列刊期，经济状况、政治背景、发行人资历均未填注清楚”为由，勒令停刊。

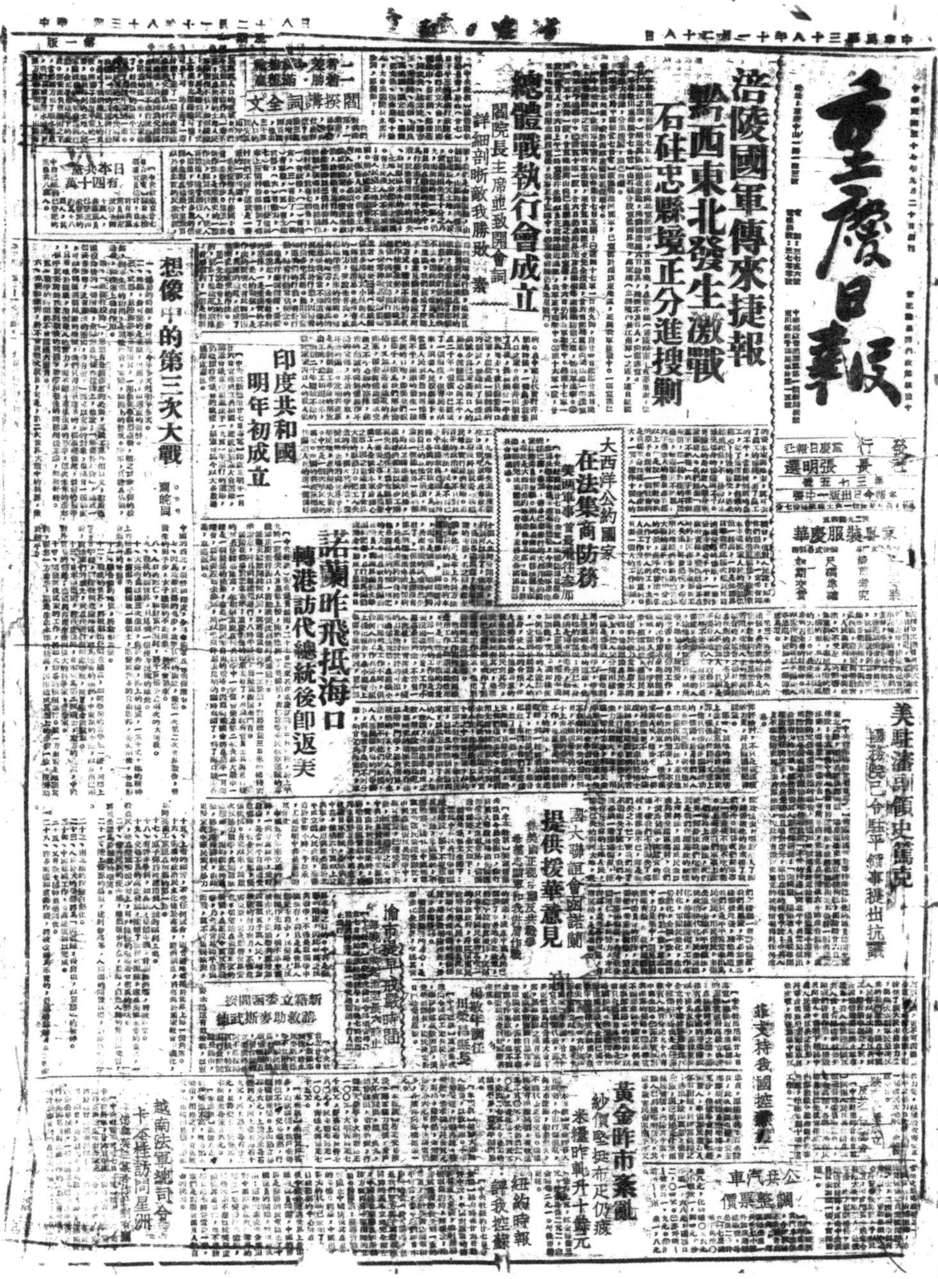
重慶日報

涪陵國軍傳來捷報
黔西東北發生激戰
石柱忠縣境正分進搜剿

總體戰執行會成立
閻院長主席並致開會詞
詳細剖晰敵我勝敗因素

想像中的第三次大戰

印度共和國明年初成立

大西洋公約國家在法集商防務

諾蘭昨飛抵海口
轉港訪代總統後即返美

提供援華意見

黃金昨市紊亂

紐約時報評我控蘇

公共汽車調整票價

越南法軍總司令卡本特訪問星洲

《重庆日报》

《幸福报（重庆版）》（1948年）

该报于1948年10月2日创刊，负责人沈天冰，社址在重庆中正路。该报原在贵阳发行，1947年夏在贵阳停刊。

《巴渝晚报》（1948年）

该报于1948年11月24日创刊，4开4版。国民党重庆市党部的党报，社址在重庆正阳街46号，编辑部设在和平路28号。该报名誉董事长是国民党重庆市党部主任委员龙文治，董事长是何兴隆，经费也由何兴隆提供。该报发行人为国民党重庆市党部宣传处处长吴熙祖，并兼采访部主任。社长是重庆市警察局股长李文治，总经理是警察局侦缉队副队长吴本初。经理兼采访部副主任王文远，副经理董维新，秘书长李克愚，总编辑韩永龄，副总编辑兼编辑主任丁孟牧。主笔王蕴卿、吕伯申，编辑游鸿钧、刘又新、周夏恂（茕）、周其超、廖世钊等。报社还成立有报务委员会。

该报第一版为要闻，第二版为省市新闻，第三版为副刊《巴山》，第四版为副刊《欲曙天》。重庆解放后，该报社由重庆市公安局接管。

《川东日报》（1948年）

该报于1948年11月注册登记，发行人陈德明。

《南新新闻》（1948年）

该报约于1948年在万县出版，4开，周报。主办人谭德行，出版不久即停刊。

《巴渝晚报》

《西南风晚报》（1949 年）

该报于1949年1月17日创刊，日出4开1张。发行人曹儒森，社址先设在枣子岚垭雪庐，5月10日迁至中山一路156号，10月12日又迁至七星岗德兴里26号，营业处设在中一路143号。

1949年4月2日，该报刊出国民党立法委员夏斗寅起草的《孙科墓志铭》一文，内容是立法委员写给孙科的一封公开信，要求孙科“以国家安危为重，人民意志为重，即日引退”。该报的综合性副刊是《上下古今》，长篇连载了《女县长的故事》《广播员日记》《大河藏龙记》等。该报在同年11月终刊。

红岩烈士黄细亚曾以该报记者的身份作掩护，协助策反国民党部队。

《星报》（1949 年）

该报于1949年2月创刊，中共长寿县地下党城区支部主办的油印小报，文克勤、徐春轩为编辑，罗宗南搜集资料并整理成稿，罗云刻写蜡纸，曹正油印，秘密发行，社址在长寿县石堡街电料行。该报着力宣传马列主义，揭露国民党的腐败，报道解放战争的胜利消息，以鼓舞民众开展抗丁、抗粮、抗捐的斗争。同年11月长寿解放时，该报停刊。

《经济时报》（1949 年）

该报于1949年3月15日创刊，发行人诸仁知，社址在重庆沧白路。

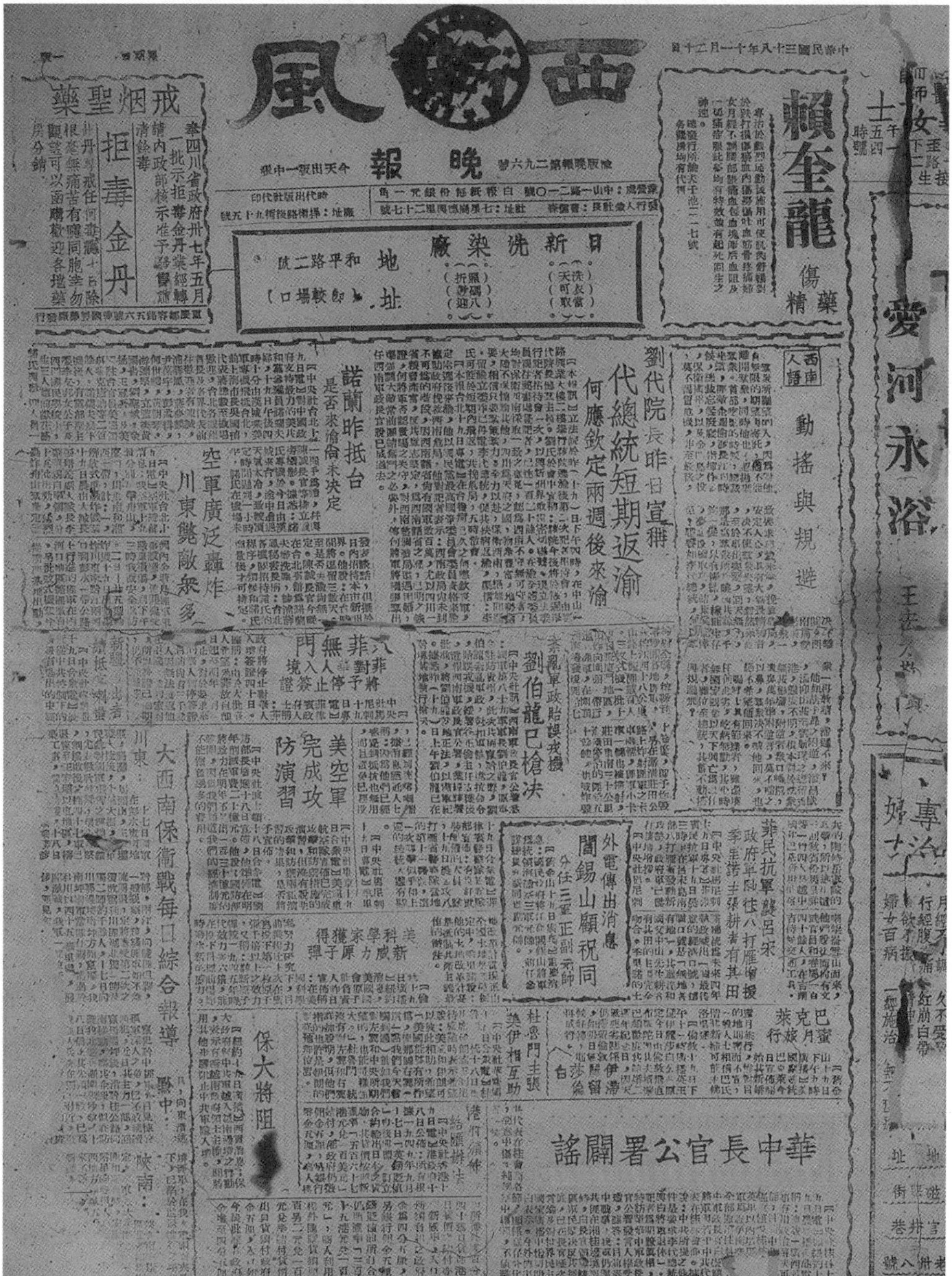

西南風 晚報

戒烟聖藥 拒毒金丹

賴奎龍 傷藥精

日新洗染廠

劉代院長昨日宣稱 代總統短期返渝 何應欽定兩週後來渝

諾蘭昨抵台 是否來渝尚未決定

空軍廣泛轟炸 川東襲敵衆多

劉伯龍已槍決

大西南保衛戰每日綜合報導

美空軍完成攻防演習

外電傳出消息 閻錫山顧祝同

華中長官公署闢謠

愛河永浴

《西南风晚报》

《奎新日报》（1949 年）

该报于1949年3月29日在江津县创刊，发行人吴汉骧，社址在白沙镇聚奎中学。

《南泉新闻》（1949 年）

该报于1949年3月29日创刊，周报。发行人唐先光，社址在重庆南温泉。同年10月停刊。

《星夜报》（1949 年）

该报于1949年3月创刊，发行人马俊良，社址在重庆胜利路142号。

《武汉日报》（1949 年）

该报于1929年6月10日创刊，为国民党湖北省党部机关报。后归川鄂绥靖公署管辖，1944年初开始在宜昌出版。1948年末宜昌解放，该报随川鄂绥靖公署迁往万县，约1949年春在万县复刊。社长陶效侃。该报强制派订，日发行量达1500份。该报自恃党报的身份，与当地新闻界很少来往，但又企图控制万县新闻界。1949年11月，该报随川鄂绥靖公署撤退到大竹县。12月大竹解放，该报即被军事管制委员会接收。

《工商晚报》（1949 年）

该报于1949年4月7日注册，发行人吴永才。该报只登记未出版。

《民导报》（1949年）

该报于1949年4月28日创刊，4开4版，日报。社长张再，总编辑程树芬，编辑张中鹿、程天锡，采访主任李楠，记者程天竺、余希舜、熊帆风，社址在万县万安桥头考奇餐厅楼上。该报得到当地袍哥组织的支持。该报每日下午3点后出版，也被读者称为《民导晚报》，每日发行500余份。1949年11月解放前夕，该报停刊。

《乡风报》（1949年）

该报于1949年5月4日注册，发行人颜邦平，社址在重庆临江门大井巷10号。

《纲报》（1949年）

该报于1949年5月注册登记，发行人张克明。

《民言报》（1949年）

该报于1949年6月7日注册，社址在重庆陕西街180号。

《文报》（1949年）

该报于1949年6月25日注册登记，发行人宋法之，社址在重庆罗汉寺41号。

《涪陵日报》（1949 年）

该报于1949年7月23日创刊，私人集资所办，4开4版，铅印。发行人郭邮，社长冉明远，总编辑陈遇春，总主笔张中朗。该报遵循“宣扬政令”的宗旨，并以县政府名义发行到各单位及各区、乡、保。该报于同年11月停刊。

《土地改革周报》（1949 年）

该报于1949年7月创刊，重庆土地改革周刊社编辑发行。该报于同年12月停刊。

《每日晚报》（1949 年）

该报于1949年8月1日创刊，4开4版，油印，套红印刷。发行人黄永湘，主编兼采访部主任罗明德，经理黄永锟，编辑部主任吴新民。创刊号发行400多份。出版不久后，因为当地驻军认为“该报是‘左倾’分子搞的”，报社决定“紧急停刊”。8月9日罗明德被捕，直到11月28日江津解放的第二天被解救，并受聘到《江津每日新闻》（1949年12月1日创刊，中共江津县行政委员会主办的机关报）任采访记者。

《重庆今日导报》（1949 年）

该报于1949年8月注册，社址在重庆中正路4号，出版情况不详。

参考文献

戈公振：《中国报学史》，上海：商务印书馆，1927年。

重庆新闻志编辑部：《重庆报史资料》系列。

中国人民政治协商会议四川省重庆市委员会文史资料研究委员会：《重庆文史资料选辑》系列。

中国社会科学院新闻研究所《新闻研究资料》编辑部：《新闻研究资料》系列。

中国社会科学院近代史研究所文化史研究室：《辛亥革命时期期刊介绍》系列。

方汉奇：《中国新闻事业通史》，北京：中国人民大学出版社，1992年。

王桧林、朱汉国：《中国报刊辞典（1815—1949）》，太原：书海出版社，1992年。

重庆抗战丛书编纂委员会：《抗战时期重庆的新闻界》，重庆：重庆出版社，1995年。

四川省地方志编纂委员会：《四川省志·报业志》，成都：四川人民出版社，1996年。

重庆报业志编纂委员会：《重庆市志·报业志》，重庆：重庆出版社，2000年。

马光仁:《上海新闻史(1850—1949)》,上海:复旦大学出版社,1996年。

王文彬:《新闻工作六十年》,重庆:重庆出版社,1990年。

王文彬:《中国现代报史资料汇辑》,重庆:重庆出版社,1996年。

王绿萍:《四川近代新闻史》,成都:四川大学出版社,2007年。

王绿萍:《四川报刊五十年集成(1897—1949)》,成都:四川大学出版社,2011年。

杨钟岫、文世昌:《风雨传媒》,重庆:重庆出版社,2006年。

张育仁:《重庆抗战新闻与文化传播史》,重庆:重庆出版社,2009年。

周勇:《重庆通史》(第一、二、三卷),重庆:重庆出版社,2002年。

周勇、王志昆:《中国抗战大后方历史文献联合目录》(全三册),重庆:重庆出版社,2011年。

蔡斐:《重庆近代新闻传播史稿(1897—1949)》,重庆:重庆出版社,2017年。

蔡斐:《重庆近代报业图史初编(1897—1949)》,重庆:重庆出版社,2017年。

蔡斐、刘大明:《城市、报刊与现代性——以晚清重庆报业(1897—1911)为中心的观察》,重庆:重庆大学出版社,2020年。